규제개혁과 정부책임

선 정 원

도서출판 대영문화사

머리말

세상의 모든 꽃은 바람에 흔들리고 비에 젖고 햇볕에 그을린다. 그렇다고 그것이 두려워 꽃을 피우지 않는 나무는 없다.

행정법학은 정부의 활동을 규율하는 방대한 양의 실정법령을 연구대상으로 하면서 법해석학적 측면과 입법학적 측면을 갖는다. 지금 행정법학의 입법학적 측면은 위기에 처해 있다. 정부규제론은 1980년대 레이건 행정부시대 신자유주의적 개혁의 기초이론으로서 그 기본골격을 소개한 교과서가 등장한 이후 현재까지 이론으로서 긴 세월 답보상태에 머무르고 있다. 개혁과 발전이 필요한 상황이다. 비판은 매우 소중한 가치를 갖는다. 일정 수준 성장한 후에는 자신을 회고하고 비판하지 않고는 더 이상 발전할 수 없는 것이다.

이 책은 『규제개혁과 정부책임』을 다룬 새로운 전문서적으로서, 보다 역량을 키워 충실한 내용을 갖추어 출판해야 하는 것 아닌가 하는 고민도 했었지만 출발하기로 했다. 무엇이 나올지 모르는 숲 안으로 한 발을 걸친 후에는 안개에 가려져 길을 찾기 힘들다 해도 숲을 벗어나기 위해서는 출구로 걸어가는 수밖에 없을 것이다.

이 책의 출판에는 많은 분들의 도움이 있었다. 우선 학창시절, 학문연구의 혹한기이었던 1980년대 후반 서울대 대학원에서 최송화 교수님으로부터 정부규제론을 배우지 않았었다면 필자의 꿈은 자랄 수 없었을 것이다. 이 자리를 빌어 깊은 감사를 드린다.

또 젊은 시절 법제처에서 1년 동안 공무원으로 짧게나마 근무했었던 경험이 없었다면 주로 법해석연구에 치우친 법학계의 풍토에서 벗어나 입법의 개혁을 중심으로 하는 규제개혁의 연구에 몰두할 수 없었을 것이다. 실무와 학계의 경험의 공유는 우리 실정에 적합한 학문의 발전에 중요한 자산이 될 것이다. 보다 활발한 교류가 있기를 기대한다.

필자는 현재 법과대학에서 학생들을 가르치고 있지만 직전 10년 동안 명지대학교 행정학과에서 정부규제론을 포함하여 행정법을 가르쳐 왔다. 이 책에서 법학적 연구와 사회과학적 연구를 결합시켜 제도설계와 제도의 운용에 대해 깊은 관심을 가지고 학제적 성과들을 상당 부분 포함시키고 있는 것은 이러한 경험 덕분이었다.

그리고 이 책을 출간해주신 대영문화사 임춘환 사장님과 정재훈 과장님, 그리고 장선옥 선생님께 깊은 감사를 드리고 싶다.

2016년 11월
저자 씀

차 례

서론 행정법개혁론과 규제개혁론

1. 우리나라에서 규제개혁론은 행정법학의 개혁론을 위하여 왜 중요한가?

첫째, 행정법학은 헌법학, 민사법학, 형법학이나 소송법학과 비교하여 연구대상의 차이로 인해 다른 특성을 가질 것이 요청되고 있다. 행정법학은 다른 법학들과 달리 연구대상으로 방대한 특별법들을 포괄하고 있다. 이로 인해, 우리나라 행정법학에 커다란 영향을 미쳐온 독일과 미국에서 공법연구자들은 최근 20여 년 동안 행정법학개혁론을 줄기차게 전개해왔다.

이에 비하여, 우리나라에서는 로스쿨출범 이후 전반적인 법학연구의 침체 속에서 해석법학적인 행정법학에 더욱 편향되었다.

둘째, 민주적 선거를 통해 등장한 정권이 시대적 과제에 부응하여 전개하는 개혁적 임무를 수행하려 할 때 행정법학의 연구대상인 방대한 특별법령들은 빈번하게 개폐의 대상이 된다. 이러한 개폐는 어떤 이념이나 정책목표를 따르는 것으로서 일정한 방향성을 가지고 법치국가의 내용과 형식에 상당한 변화를 가져온다.

다른 법학에서는 행정작용이 포괄하는 다양한 특별법령들의 변화를 포괄적으로 다룰 수가 없다. 때문에 행정법학만이라도 법치국가의 내용과 형식의 변화를 가져오는 규제개혁을 학문적으로 다룸으로써 권력의 남용을 비판하고 권력이 지향해야 할 곳을 제시하려는 노력을 해야 한다. 이러한 이유로 행정법학은 다른 법학과 달리 더 법해석론에만 머물러서는 안된다.

셋째, 규제개혁론은 행정법학의 연구대상인 수많은 특별법령들의 개폐를 직접적인 연구대상으로 하여 입법에 대한 평가와 개선방향을 주요 의제로 다룰 수 있게 해줌으로써 외국의 행정법개혁론이 지향하는 목표들과 공통의 논의장을 가질 수 있게 해준다.

2. 우리나라에서 행정법개혁론은 규제개혁론을 위해 어떤 기여를 할 수 있는가?

첫째, 행정법개혁론이 실정법의 해석이 아니라 법령의 제정과 개폐도 중요한 행정법학의 연구대상으로서 삼으면서 연구대상에 대한 접근도 법해석학적인 것과는 다른 방법을 채용하게 된다.

정치경제적 목적을 달성하기 위해 그 수단으로서 규제개혁을 다루는 입장에서는 실정법령의 규제들은 달성하고자 하는 종합적 목적을 위한 수단들이 된다. 목적론적으로 접근하고 특정 규제를 근거지우는 개별 조문이 아니라 여러 법조문에 규정된 다수의 규제수단들을 종합적으로 고려한다. 이에 비하여, 법해석론에서는 실정법령에 규정된 특정 허가의 요건과 효과에 과한 규정을 해석적용하므로 조건명제의 해석방법에 따라 특정 조문을 중심으로 검토한다.

위와 같이 규제개혁론은 보다 거시적이고 종합적인 목적에 따라 다수의 법령들의 개혁을 통해 경제사회의 상황변화에 대응하고자 하는 목표에 적합한 연구방법을 취함으로써 입법의 형식과 기술을 넘어 그 실질적 내용까지 다룰 수 있으므로 행정법개혁론의 목표에 잘 부합한다.[1)]

둘째, 정치경제적 개혁의 일부로서 규제개혁은 다수의 특별행정법령들의 개혁을 수반하는 데 개혁의 주도자들은 다수의 법령들을 관통하는 공통의 목표와 원칙을 제시하지 않으면 개혁의 목표를 달성하기 어렵다.

규제개혁론은 행정법학과 연계됨으로써 행정법각론의 영역에서 축적해왔던 특별행정법들의 실질적 연구성과들을 활용할 수 있게 됨으로써 입법연구가 빠지기 쉬운 형식과 절차의 연구로부터 벗어나 실질적 내용을 다룰 수 있는 유형적 개념

1) Martin Eifert, § Regulierungsstrategien, in: Hoffmann－Riem, Schmidt－Aßmann & Andreas Voßkuhle (Hg), *Grundlagen des Verwaltungsrechts*, 2Aufl., 2012, SS.1321－1327.

들을 수용할 수 있다.

이 책에서는 규제개혁의 목표를 위험방지, 성장촉진과 제도적 인프라의 건설로 유형화하여 그 정신과 목표를 개별법령의 개혁을 통해 달성하기 위해 필요한 지식을 전달하려고 하였다.

셋째, 우리 경제의 규모가 커지면서 새로운 정부들이 제시하는 정치경제적 목표달성을 위한 수단으로서 규제개혁이 적절하지 못해 목적달성에 실패하는 경우가 과거에 비해 현저히 증가하고 있다.

정부가 시장실패의 교정을 위해 규제개혁을 하고자 하여도 개혁 대상인 규제가 핵심규제일 뿐만 아니라 다수의 다른 규제들과 복잡하게 얽혀 있어서 개혁목표를 달성하기가 지극히 어려워지고 있다. 이 문제들은 특정 정치인의 리더쉽만으로는 해결하기 어렵다.

핵심규제가 보호하려는 공익은 현대사회의 복잡성과 위험의 관리를 위하여 필수적인 것으로 철폐하기가 대단히 어려운 것인 경우가 많다. 특히, 도시화가 급격히 진행되고, 산이 많고 좁은 국토에서 많은 인구가 모여 사는 우리나라와 같은 상황에서는 핵심규제의 철폐로 인한 비용이 너무 커지게 된다. 그러므로 핵심규제들의 취지는 존중하면서도 대안을 가지고 그 시스템을 조정하는 규제체계의 합리성 개선노력이 필요하게 된다.

이 책에서는 규제개혁을 강조하면서도 우리 사회가 지켜야 할 핵심적 가치들을 보호할 수 있는 대안적 수단들을 제시하면서 단순한 규제철폐론을 탈피하고자 하였다.

3. 정부책임을 고려한 규제개혁에의 접근방법은 기존의 정부규제론의 발전에 어떤 기여를 할 수 있는가?

1980~1990년대 이후 우리 사회에서 맹위를 떨친 정부규제개혁운동의 이론적 토대이었던 정부규제론은 실정법령들과 공무원들의 행태에 대해서 경제적 규제와 사회적 규제로 나누고 비용편익분석을 하면서 경제적 규제의 영역에서는 가능한 한 진입규제와 명령적 규제를 철폐하거나 시장유인적 규제로 대체하는 이론적 근거가 되었다.

하지만, 규제개혁이 꾸준히 추진되면서 정부규제론은 몇 가지 약점을 드러냈고 그의 한계의 극복이 우리 사회의 법치주의 발전을 위하여 긴요한 것이 되었다.

첫째, 좁은 국토에서 많은 인구가 모여 살면서 고도로 산업화된 경제를 영위하는 우리나라는 글로벌 경제에의 개방정도가 높아지면서 경제침체가 잦아져, 시장에 대한 정부의 개입이 여전히 빈번했고 그 단기적 효율성을 높이기 위해 실체적 성격을 갖는 명령적 규제도 여전히 줄어들지 않았다. 비용편익분석의 예측적 평가도 많은 문제점을 드러냈다. 한국적 상황에서 줄어들지 않는 정부의 역할을 고려한 규제개혁론이 필요하다.

둘째, 정부규제의 많은 부분을 연구대상으로 하였던 행정법학은 위험방지와 급부행정으로 나뉘어 연구되고 있었는데, 정부규제론은 기존 법학연구의 축적된 연구성과나 개념들과 연계되어 발전하지 못해 1980~1990년대 등장했던 초창기의 교과서적인 내용에서 더 발전할 수 없었다.

셋째, 기존 법학은 공법과 사법으로 구별되어 연구되고 있었으나, 점차 사회의 복잡성 증대에 따라 공법과 사법의 상호보완적 측면에 주목하여 한쪽의 규제완화는 다른 쪽의 입법변화를 통해 보완되도록 하는 융합적 법학연구가 발전되어 가고 있는데, 정부규제론은 실정법령의 상호관계에 대한 법학적 연구들과 단절된 결과 실정법령의 구체적 분석과 개혁을 위한 법적 대안의 제시측면에서는 약점을 보여 왔다.

정부책임을 고려한 규제개혁에의 접근방법이 이상과 같은 정부규제연구의 침체상태의 극복을 위해 중요한 활력을 제공할 수 있기를 기대한다.

제 1 장 경제사회에서 정부의 역할과 법치주의의 발전

I 경제사회에서 정부의 역할

1. 현재의 법치국가의 모습에 영향을 미치는 규제패러다임의 역사

1) 적극적 발전국가의 패러다임과 그 한계

(1) 적극적 발전국가의 패러다임

현대사회에서 기업은 사회발전에서 핵심적인 역할을 하고 있어 해방 이후 전쟁의 어려움을 극복하자마자 우리 정부와 사회는 기업들을 육성발전시키기 위해 노력했다. 특히, 제3공화국의 적극적 발전국가시대에 정부는 육성하고자 하는 산업에 참여하는 기업들을 위해 높은 진입장벽을 설치하고 자본과 인재를 집중시켜주는 등 강력하면서도 종합적인 유인조치들을 통해 기업들을 지원하였고, 현재까지도 그러한 흔적은 여러 곳에 남아 있다.

박정희정부로 대표되는 적극적 발전국가시대의 정부는 시장에 대해 적극적인 사전개입이 필요하다고 보면서도 국회와 사법부에 대해 강한 불신위에 비효율적이라는 인식을 가지고 있었다. 이러한 입장에서 경제에 대한 행정의 적극적 개입조치에 대한 사법심사에 반대했고, 다만 사인의 권리가 침해된 경우에만 민사소송이나 행정소송을 제기하는 것이 가능하다고 보았다.

정부에 비해 시장이 지나치게 작고 그 기능이 미약할 때 시장기능의 확장과 개선을 위해 정부의 적극적 역할은 매우 중요하다.[1] 미국에서도 1930년대 대공황이후 등장한 루스벨트(F. Roosevelt)정부와 뉴딜(New Deal)정책의 입안자들은 경제에 대한 정부의 적극적 개입에 대해 긍정적인 신념을 가지고 있었다. 또 1980~1990년대 이후 중국, 동유럽 및 러시아에서 자본주의경제가 도입되고 발전하는 과정에서 정부는 새로운 시장과 기업을 창출하고 확장하며 시장기능을 개선하기 위해 적극적 역할을 수행해 왔다.

(2) 적극적 발전국가 패러다임의 한계

가. 구체적 지시와 임기응변적 대응의 축적으로 법치주의의 위기

적극적 발전국가시대가 지속되면서 정부의 적극적 개입으로 구체적 지시와 무분별한 임기응변적 법령과 규칙들이 축적되어 규제의 숲을 이루게 되었다. 법치주의의 장점인 예측가능성은 현저히 떨어졌고 법적 기준의 집행여부에 불확실성이 가득하게 되었다.

국내·외 기업들은 악의적으로 불법행위를 하면서도 정치인들이나 고위관료들에게 로비를 하거나 전관예우를 받는 전직 법조인들을 고용해 제재를 회피하려는 행태를 보여주었다. 이로 인해, 우리나라의 실정법령에 대한 저항과 우리의 법치현실에 대한 불신도 증가하였다.

나. 국민의 건강과 환경을 침해하는 기업들의 불법행위에 대한 통제의 부족

적극적 발전국가시대 이래 오랫동안 기업우위의 경제정책과 법집행 때문에 국민의 생명과 환경보호의 이익의 침해는 방치되거나 소극적인 보호의 범위를 벗어나지 못했다. 이로 인해, 우리나라에서는 기업의 공익침해위험과 불법행위에 대해 글로벌 기준에 비추어 약한 정도의 규제와 제재만이 가능했다.

점차 우리 경제가 국제적으로 개방되면서 우리 시장에도 수많은 다국적 기업들이 들어왔는데, 이들은 영리추구만을 우선시해 우리 국민의 생명과 환경을 침해하면서도 적극적 발전국가시대의 특징인 기업에 대한 약한 규제와 제재로 인해 우리

---

1) Charles Wolf, Jr., *Markets or Governments–Choosing between Imperfect Alternatives–*, 1997, pp.162–176.

의 법적 제재를 전혀 두려워하지 않았다. 이러한 상황에서도 정부는 외교적 마찰 등을 우려해 소극적인 대응만을 하는 경우도 있어 국민의 정부불신을 증폭시키고 있다.

2) 신자유주의적 패러다임과 그 한계

미국에서 뉴딜정책이 출현하기 전에도 그 고전적 모습을 갖고 있었던 신자유주의적 패러다임은 1980년대 레이건(R. Reagon) 행정부 이후 우리 사회의 정부시장 관계에 관한 논의와 제도형성에 심대한 영향을 미쳐 왔다.

적극적 발전국가시대의 패러다임과 달리 신자유주의적 패러다임은 시장이나 기업과의 관계에서 시장형성적 기업육성을 위한 정부의 개입에 반대한다. 더 나아가, 기업의 불법행위에 대한 제재는 정부가 할 것이 아니라 시장에 맡겨 사인이 전통적인 사권이 침해될 경우에만 소송을 제기하여 해결해야 한다고 주장한다.

신자유주의적 패러다임은 기업가의 창조적 파괴를 통한 혁신과 사회환경변화에 기업의 민감한 대응을 위한 공간확보를 강조한다. 때문에 정부의 유인적 성격의 적극적 시장개입이나 제재권 모두를 규제로 보고 그의 철폐를 주장한다. 시장에서 기업들과 소비자들이 자기책임적 판단에 따라 시장질서를 유지하는 것을 선호하여 룰(rule)의 위반자에 대한 제재는 시장의 거래법칙에 맡기거나 직접 사인이 소송을 제기하여 해결해야 한다고 본다.

신자유주의적 패러다임을 적극적 발전국가의 패러다임과 비교할 때, 전통적인 사권이 침해되는 경우에만 행정작용에 대한 사법심사가 허용된다고 본다는 점에서 공통점을 갖는다. 이 입장에서는 민사소송이나 행정소송을 제기할 수 있는 자격을 결정하는 기준인 사권이나 권리 개념을 매우 협소하게 파악함으로써,[2] 경제위기의 원인이었던 기업경영자들이나 고위관료들의 도덕적 해이와 불법행위는 대부분 법적 통제의 대상에서 제외된다.

2) Cass R. Sunstein, Standing and the Privatization of Public Law, *Columbia Law Review* 1988, p.1432f는 사법모델(Private－Law Model)이라고 부른다. 행정법학의 전통적 모델로서 방어권모델(Private Rights of Defense)이라고 부르기도 한다. Richrd B. Stewart & Cass R. Sunstein, Public Programs and Private Rights, *Harvard Law Review* 1982, p.1193f 참조.

2. 우리나라 규제시스템의 목표와 방향에 대한 현재의 혼란과 의문

1) 현재의 규제시스템이 처한 딜레마 상황

민주사회에서 국민들은 정부에 대해 모순된 기대를 가지고 있다. 정부가 국민들을 위해 더 많은 일들을 배려하고 처리해주기를 바라지만, 정부권력이 분산되고 더 적은 예산을 사용하며 보다 엄격하게 감시받고 통제받게 되기를 원한다.[3)]

우리의 규제시스템은 경제활동과 관련한 정부의 역할이나 책임범위를 둘러싼 정치사회적 갈등으로 인해 사회적 규제의 강화와 경제적 규제의 완화의 얽힌 매듭을 풀지 못하고 있다. 규제철폐와 국민의 안전보호의 임무 사이에서 방향을 잡지 못한 채 방황하고 진흙탕에 빠져 있다.

역사적으로 보면 미국과 영국에서 1980년대 이후 신자유주의에 기초해 작은 정부와 복지축소의 정치사조가 출현하면서, 우리나라에서도 1980년대 이후 특히, 1997년 IMF 경제위기를 거치면서 규제철폐와 작은 정부운동이 전개되었고 지방분권정책이 강화되어 오고 있다. 하지만, 미국 및 영국과 달리 사회발전단계의 차이로 2000년대에 들어와서는 환경보호운동의 확대, 복지정책의 확대로 인해 큰 정부로의 흐름도 계속 강화되어 왔다.

박근혜정부 들어와서도 우리 사회에서는 경제침체의 지속과 갑작스러운 안전사고의 빈발로 인해 규제철폐와 사회안전보호를 위한 규제강화 사이에서 계속 갈팡질팡해 왔다. 정부는 성장촉진정책을 추진하다가도 안전과 삶의 질의 보호를 위한 규제강화쪽으로 선회하기도 했다.

2) 규제시스템의 설계 및 관리에 있어 행정부의 역할에 대한 의문

규제시스템의 설계 및 관리에 있어 존재하는 혼란은 사회와 시장에 대한 행정부의 역할을 둘러싼 의문 및 혼란과 깊이 관련되어 있다. 최근에는 특히, 경제적 위기의 대응을 위한 규제철폐와 양극화에의 대응을 위한 사회복지의 강화 사이에

---

3) 이러한 모순성은 민주사회에서 현대정부들이 공통적으로 직면한 숙명적인 상황이기도 하다. Robert Kagan, Adversarial Legalism and American Government, 10 J. *Pub. Pol. & Management* 369 (1991) Americans want government power to do more, but government power is fragmented and mistrusted. So Americans seek to achieve their goals by simultaneously demanding more government and by fragmenting it and regulating it still further.

서 정부가 나아갈 방향과 역할에 관한 혼란이 심화되고 있다. 그리고 점증하는 다국적 기업들의 불법행위에 대한 제재에 있어 행정의 주도권을 계속적으로 유지하도록 할 것인가, 아니면 피해자인 국민들이 주도권과 징벌적 배상권을 갖도록 할 것인가가 중요한 쟁점이 되고 있다. 아래에서 이를 조금 상술해보자.

첫째, 2016년에 들어와서도 해운업이나 조선업의 위기와 같은 경제위기가 주기적으로 반복되면서 행정부의 적절한 대응을 요구하는 기대가 높다. 뿐만 아니라 첨단산업의 신속한 육성이나 청년실업률을 줄일 수 있는 중견기업들의 육성, 농축산업 등 유치산업의 보호에 대한 사회적 기대도 높다.

그럼에도 불구하고 우리 행정부는 과거 적극적 발전국가시대에서와 같이 경제계획에 따라 자원을 특정 분야에 집중하여 권위주의적으로 강력하게 대응을 할 수는 없다. 이미 대외무역의존도가 높은 상황에서 국제적 무역기준을 준수해야 하는 우리 행정부가 우리 기업들에 대해 과거와 같이 적극적 지원을 하는 것은 자유롭고 공정한 무역행위를 방해하는 행위가 되어 제재와 보복을 받을 것이기 때문이다. 뿐만 아니라 행정부가 과거와 같이 정책결정과 집행의 과정에서 관련 기업들과 시민들의 참여기회를 배제시키는 관행을 계속하면 결국 강력한 저항과 비협조, 정책집행의 무기한 연기 등으로 행정무능력상태가 초래될 것이다.[4]

그렇다고 해도 경제적 위기나 사회양극화, 중소기업의 육성 등에 대한 국민들의 요구와 기대가 큰 상황에서 국가는 그의 임무에서 이러한 과제들을 배제할 수는 없을 것인데, 그것이 어떻게 가능할 것인가?

둘째, 글로벌 사회가 되면서 기업들은 숫자나 크기, 그리고 국적 등에 있어 과거와 비교할 수 없을 정도로 다양하고 증가하였다. 이에 따라, 기업들의 불법행위의 양과 질도 매우 방대하고 다양해졌는데, 이것들을 그대로 방치하면 국민의 건강을 침해할 뿐만 아니라 경제위기의 원인이 되기도 한다. 그래서 사회의 존속과 지속적 발전을 위해 기업들의 불법행위에 대해 효과적인 억제와 징벌의 문제가 국가와 사회의 중요 의제가 되고 있다.

다른 측면에서 볼 때, 기업들의 불법행위에 대한 제재와 배상의 문제는 자본주

---

4) 미국에서도 경제침체상황이 지속됨에도 과거 뉴딜정부방식의 국가운영은 비생산적인 사회적 갈등을 낳을 것이라고 비판받는다. C. R. Sunstein, *Free Markets and Social Justice*, 1997, pp.322-326.

의 사회에서 가장 많은 자원을 소유한 집단인 기업에 대한 통제권력에 관한 것으로서 사회의 가장 핵심적 권력의 소재와 관련되어 있기도 하다. 때문에 그 제재권을 누가 어떤 형태로 갖도록 하고 어떻게 분배하는 것이 타당한 것인가 하는 문제가 대두되는 것이다.

적극적 발전국가를 지나면서 기업에 대한 행정부의 권한이 약화되기는 했지만 여전히 강력한 힘을 가지고 있다. 비대해진 대기업들에 대해 행정부는 기업형성적 역할이 약화되고 그를 대신하여 기업들의 불법행위를 제재할 수 있는 능력을 강화했고 이 권한에 의해 우월적 지위를 유지하려 하였다.

사회의 핵심적 권력으로서 기업의 불법행위에 대한 제재권을 누가 갖도록 제도를 설계해야 하는가? 적극적 발전국가시대 행정부중심적 지배구조 또는 행정부중심적 거버넌스에 많은 환상을 갖는 정치인들이나 행정관료들은 동아시아의 유교문화권에 속한 우리나라에서는 현재에도 행정부가 갖는 것이 타당하다고 주장할 것이다. 우리나라에서는 행정처분으로서 과징금부과처분이 기업들의 불법행위에 대한 억제수단으로서 주요한 역할을 담당하고 있고, 민법에서는 징벌적 배상소송을 아직 도입하지 않고 있다. 그런데 이와 같은 행정부 우위/사법부 열위의 법시스템은 현재에도 개방적 합리성을 갖는 것일까?

3. 우리 규제시스템의 지향목표: 약한 법치국가 또는 강한 법치국가?

1) 우리 사회가 지향하는 법치국가의 성격은?

우리 사회의 법과 제도가 개방사회에서 자신의 아이덴티티(identity)를 확립하지 못해 국민들과 세계에 강력하고 효율적인 인상을 주지 못하고 있다. 우리 정부도 특히 외국의 기업들과의 관계에서 법집행에 있어 눈치를 보며 우왕좌왕하고 있다는 인상을 국민들에게 주고 있다.

이러한 상황에서 공법학은 사회에 길을 제시하고 주요 장애요인을 예측하여 대비할 수 있도록 주요 수단들의 유용성과 문제점을 분석해주어야 한다. 이를 위해 과거의 정부역할과 공법학의 역할에 대한 한계에서 벗어나야 한다. 적극적 발전국가의 패러다임이나 신자유주의적 패러다임을 넘어 양자의 단점은 버리고 장점은 모아 현단계에서 한국인의 아이덴티티와 한국사회에 적합한 사회발전의 패러다임

을 발견하고 형성시켜나가야 한다.[5)]

공법학에서 주로 다루어왔던 법치국가론은 행정작용에 대한 사법권의 통제를 중심주제로 삼아왔다. 위에서 살펴본 바와 같이 우리의 현행 규제시스템이 여러 어려움에 부딪쳐 나아가야 할 방향을 찾기가 어려운데 법치국가론은 이 문제에 대해 어떻게 대응해야 하는가? 현재 상황에서 우리나라가 지향해야 할 법치국가상은 법해석뿐만 아니라 새로운 입법에 영향을 미치지만, 더 나아가 우리나라에서 정부규제의 역할과 한계에 대한 우리 사회의 인식에도 영향을 미칠 수 있다. 현재 부딪친 어려움을 타개하기 위해 법치국가는 어떤 대응을 해야 하는가 하는 문제에 대해 답을 찾아 나서야 한다.

2) 약한 법치국가론

약한 법치국가는 정부와 국민들이 법제정과 법적용에 있어 어느 정도 법치주의의 외관과 실질을 보여주지만 법에 대한 신뢰가 낮아 쉽게 법령을 바꾸고 필요에 의해 법집행을 중단하거나 지연시키며 일정 정도의 법위반은 필요한 경우 용인하는 행태를 보여주는 국가이다.

약한 법치국가와 강한 법치국가의 구별은 약한 규제국가와 강한 규제국가의 구별에 상응하는가 하는 문제가 제기될 수 있는데, 약한 법치국가는 당연히 약한 규제국가이고 강한 법치국가는 당연히 강한 규제국가라고 볼 수 없다. 이 대응은 반드시 성립하지는 않는다. 인치주의적 성격이 강한 약한 법치국가에서 경제에 대해 정부가 강한 규제권을 갖는 경우가 많다. 하지만, 적극적 발전국가 시대는 강한 인치주의적 특성 때문에 아주 약한 법치국가이었다고 볼 수 있을 것이다.

우리 사회에서는 적극적 발전국가시대의 영향을 받아 현재에도 국민들과 정치인들 사이에 법원칙과 법적 기준에 대하여 무시와 불신이 존재하고 있다. 더구나, 법집행자와 국민 모두에게 법지식이 부족한 상태에서 정부는 압력과 저항, 여론의

5) 필자는 그것을 민주적 법치사회의 패러다임이라 부르고 그것을 구체화하는 작업을 계속해왔다. 전자정부와 개인정보보호, 공법연구 제29권 제3호(2001.05), 113-148면; 규제개혁과 정부책임-건설산업의 규제개혁실패와 공법학의 임무-, 공법연구 제30권 제1호(2001.12), 377-401면; 항고소송의 대상에 관한 입법적 검토, 2002.7.2 행정소송법법관세미나자료.; 새로운 행정조직모델과 중앙행정조직개편의 방향, 공법연구 31권 2호(2002.12.), 119-176면; 조직법이론의 새로운 동향과 정부조직에 관한 민주적 법치국가모델, 월간법제, 2003.01, 33-64면.

향배에 의해 법적 기준의 집행여부와 집행강도를 결정하는 경향이 있어 왔다. 경제사회에서는 이것을 법적 불확실성으로 받아들이고 기업들은 투자와 고용을 주저하며 노동자와 인근 주민들은 반대와 저항의 행태를 반복해서 보여 왔다.

이러한 행태는 반대로 일부의 사람들에게는 군사정권에서의 강력한 권위주의 정부에 대한 향수를 온존시키고 있다. 강력한 독재정권체제인 북한과 경쟁의 압력을 피할 수 없고, 통일 후 통합과 발전을 위해 강력한 질서의 확보가 절실한 우리에게 독재정권으로의 회귀와 법치주의의 약화만이 그것을 가능하게 할 것이라는 사고도 여전히 존재한다. 이러한 생각이 장기적으로 법치국가에 대한 근본적 신뢰를 약화시키고 있다.

3) 강한 법치국가론

강한 법치국가론은 독일의 법치국가나 미국의 법치주의를 모델로 삼아 헌법의 규범력을 존중하고 경제사회영역에서 공익의 보호와 위험방지를 위해 인·허가와 같은 진입규제의 예방적 위험방지기능을 인정하며, 미국에서와 같이 강력한 사법권에 의해 보장된 국민의 재판청구의 활성화를 통해 기업의 불법행위를 억제하거나 제재하고 행정의 부패나 권한남용에 대해서도 사법적 통제를 강화하자는 입장이다.

강한 법치국가의 특징은 헌법에 의한 입법권의 구속강화, 감독규제는 물론 진입규제의 가치존중, 시장에서의 악의적인 불법행위에 대한 강한 제재, 행정에 대한 사법적 통제의 강화 등이다.[6)]

강한 법치국가라고 해도 사회가 상호 신뢰와 법의식에 의해 지탱되는 것을 전제로 행정부의 역할은 매우 제한적일 수도 있는 것이므로 강한 법치국가가 반드시 행정부에 의한 강한 규제국가를 의미하지는 않는다. 특히, 시장경제를 교란하는 악의적인 불법행위자에 대한 제재를 행정규제나 과징금같은 제재에 의존하는 비율을 줄이고 미국의 법치주의시스템처럼 소송(예, 징벌적 배상소송)을 통해서 해결하는 비율을 높여감으로써 행정규제의 완화에도 불구하고 법치국가는 강화될 수도 있다.

---

6) 미국에서 뉴딜시대 적극적 위기관리정부의 정신이 1960년대 이후 현저히 약화되면서 환경보호운동이나 소비자보호운동 등 권리혁명의 시대가 도래하고, 사법적극주의입장에서 연방정부가 내리는 많은 결정들과 의사결절절차에 대한 심사강화가 추구되었다. Robert L. Rabin, Federal Regulation in Historical Perspective, 38 *STAN. L. REV. 1264*(1986).

우리나라에서 강한 법치국가론의 근거는, 첫째, 민주사회가 성숙되어 가면서 국민의 권리의식과 함께 비판의식이 높아지고 있다는 점, 둘째, 글로벌 사회에서 수많은 외국기업들이 국내에 들어오면서 극단적 영리목적으로 국민의 생명과 생활환경에 대해 악의적인 침해를 하여도 과징금같은 행정주도의 제재나 징벌적 성격이 결여된 개별 손해의 배상에 그치는 현재의 약한 사법적 구제수단에 대한 비판이 고조되고 있다는 점, 셋째, 자본주의화가 진전되면서 증가하는 행정부패나 권한남용에 대해 사법적 통제를 강화할 필요가 있다는 점 등을 들 수 있을 것이다.

4) 결어: 보다 강한 법치국가로

우리나라는 이제 강한 법치국가를 지향해야 한다. 과거의 관행과 신자유주의 이데올로기에 대한 맹신은 1997년 IMF 경제위기의 직접적 원인이었던 지나친 금융자유화와 경영자들의 도덕적 해이, 관료들의 감시부족을 다시 초래하여 또 한국사회를 혼란과 정체로 몰고 갈 수도 있다. 따라서 정치인과 고위관료, 그리고 경영자들의 태만과 불법행위에 대해 적절하게 책임을 추궁하고 제재할 수 있는 제도적 시스템이 건설되어야 한다.

강한 법치국가로 전환해가야 하는 근거를 더 상술해본다.

첫째, 정부의 경제개입조치에 대해 헌법과 그를 구체화한 법률은 행위의 방향과 내용의 결정을 위한 기준일 뿐만 아니라, 행위의 절차를 제공해 행정과 다양한 경제주체들의 소통을 조정하고 정부의 행동에 대한 예측가능성과 안정성을 높일 수 있다.

하지만, 우리나라에서 법률 그 자체만으로는 한계도 비교적 명백하다. 법률은 경제개입 시 투입할 예산의 규모나 시기, 그리고 구체적 대상 등에 대해서는 명시하지 않는 경우가 보통이다. 또 촉진적이거나 선언적인 내용을 담은 법률들이 많이 등장하면서 법률들은 기준으로서의 힘을 발휘하지 못한 경우도 많다. 실제로는 각 정권들이 제시한 공약들이 경제개입의 규모와 시기, 그리고 구체적 대상을 결정하는 중요한 기준이 된다.

이러한 상황에서 우리 사회의 중요한 정책의 결정, 집행과 통제에 있어 법률이 보다 적절한 공익보호와 국민들의 권리의 효과적인 보호의 역할을 담당하게 하기 위해서는 사법권이 더 강화되어야 한다.

둘째, 진입규제는 적은 비용으로 공익침해의 위험을 방지하는 기능을 갖는다. 이것의 가치에 대해서는 그에 상응하는 정도로 평가하여야 한다. 맹목적으로 규제철폐가 성장을 촉진시킬 것이라는 환상을 버려야 한다. 오히려 현실에서 기업의 성장에 방해가 되는 것은 유사한 목적의 진입규제들이 병존하고 다수의 부분적 관할권을 가진 행정기관들이 난립하며 절차가 복잡하여 통과하기가 매우 힘든 다수의 복합적 규제로 인식되는 경우가 많다. 문제와 그의 해결의 핵심적 본질을 직시해야 한다.

정부가 그의 조직과 재정을 통해 직접적으로 개입하고 집행하는 직접이행방식을 따를 수 있지만, 규제가 철폐되는 경우에도 공익보호에 대한 최종적 책임은 정부가 진다는 점은 망각되거나 포기되어서도 안된다. 또 규제완화나 민영화를 통해 사인에게 그의 이행을 맡기거나 사인과 협력할 수도 있지만 이 경우에도 정부는 사인의 활동에 대한 감독을 통해 공익의 보장책임을 져야 한다.

셋째, 시장경제가 계속 발전하기 위해서는 시장경제를 지탱하는 룰(rule)을 침해한 자에 대한 제재가 실효적으로 보장되지 않으면 안된다. 악의적인 불법행위에 대한 감시와 제재의 부족과 같은 소극적 대처는 기술발전과 함께 증가한 위험물질과 글로벌화과정에서 증가한 기업들의 규모로 인해 사회전체에 치명적 재난을 가져올 수 있다. 또 불법행위를 방치하면 시장의 작동의 기초인 룰과 제도에 대한 불신을 확대시켜 정부를 무력화시키고 시장경제 자체를 무너뜨릴 수도 있다.

악의적으로 시장에서의 룰을 위반한 불법행위자들에 대한 제재절차에 있어 지나치게 불법행위자에게 유리한 시스템을 극복하여 피해자인 사인(私人)들의 주도권을 강화하고 사법부의 제재권을 강화하는 방향으로 전환되어가야 한다.[7]

7) 다만, 강한 법치국가로 전환해감에 있어 나타나는 문제들이나 부작용들이 무엇인지 연구되어야 하고 그것을 완화할 수 있는 조치들도 함께 검토되어야 한다. 특히, 재판절차를 모델로 발전한 법치국가론에 대한 사회적 비판의 핵심인 대심적 변론주의의 경직성, 문제해결의 장기화, 양 당사자들의 지나친 사익민감성에 따른 공익소홀의 우려 등을 완화하기 위한 대안들에 대한 연구가 필요하다.

Ⅱ 민주적 법치사회에 있어 헌법합치적 규제개혁

1. 살아있는 경제헌법으로서의 규범력 확보

우리 헌법은 경제에 관한 원칙들을 규정하고 있는데 적극적 발전국가시대와 달리 헌법재판소가 적극적으로 헌법상의 경제 관련 규정들을 적용하여 재판을 하면서 규범력을 확보해가고 있다. 하지만, 재판 속에서의 경제헌법이 갖는 규범력이 재판 밖에서의 경제사회에서도 그 효력을 발휘하고 있는가? 경제헌법이 어떤 의미를 갖지 못하고 대통령과 국회 내에서의 정당들의 세력분포에 따라, 그리고 글로벌 경제상황과 국내경제상황에 따라 규제입법들의 개폐와 경제사회정책의 수립시행이 반복되고 있는 것은 아닌가?

경제침체가 장기화하면서 사회의 양극화가 가속화하고 있는 상황에서 경제헌법은 재판 내에서는 물론 재판 밖에서도 법과 정책의 설계와 집행에 있어 존중해야할 원칙으로서 정부정책의 방향, 기준과 한계가 되어야 한다. 이를 위해서는 경제헌법이 경제사회정책의 형성과 추진에 있어 국민들의 여론형성의 지침이 되어 극단적 분열을 방지하고 중산층의 약화를 막을 실효적인 정책의 추진이 가능하게 하는 힘을 제공할 수 있어야 한다.

이미 우리 헌법은 행정부의 정책형성에 있어 보수적인 입장과 진보적인 입장 사이에서 넓은 재량을 부여하여 경제현실에 맞게 탄력적인 대응을 할 수 있도록 중립성과 개방성을 유지하고 있다. 헌법은 공익의 보호임무는 포기하지 않도록 하는 구속력을 유지하면서도 사회와 함께 다양한 방식으로 그 임무를 수행할 수 있는 자유와 개방성을 정부에 부여하고 있다.

헌법에서 규정된 경제원칙들이 입법, 법해석 및 정책의 수립집행에 재량을 구속하는 원칙과 기준이 됨으로써 정권의 교체나 사회의 변화과정에서도 정책의 지속성과 예측가능성이 확보될 수 있도록 해야 한다. 과거 정권이 추진해왔던 중산층의 보호육성정책이나 지역균형발전정책과 같은 경제사회정책들이 정권교체로 지속되지 못하면서 정책의 실효성이 떨어지는 것과 같은 현상이 반복되어서는 안된다.

법학은 헌법과 법률의 내용을 체계화하고 구조화하여 각 정권들과 행정의 지나친 자유를 헌법에 맞게 구조화하고 제약하는 것이 필요하다. 다른 측면에서는 우리 헌법과 그를 구체화한 법률이 어느 정도로 어떤 한계까지 정부의 정책재량, 예산편성재량 및 행위재량을 구속하는지 구체적인 이슈에 따른 법해석과 검토가 전개되어야 한다.

2. 시장경제에 대한 정부역할의 정의와 이해

1) 위험감독과 삶의 질 보호

우리나라는 "사유재산과 시장경제를 골간으로 한 경제질서"를 채택하고 있지만, "재산권의 행사는 공공복리에 적합하도록 하여야" 하고(헌법 제23조 제2항), 국민의 자유와 권리도 "국가안전보장 · 질서유지 또는 공공복리를 위하여 필요한 경우에 한하여 법률로써 제한할 수" 있다(헌법 제37조 제2항, 헌재 2001헌마132, 2001.06.28.). 또 국가는 시장의 지배와 경제력의 남용을 방지하기 위하여 경제에 관한 규제와 조정을 할 수 있다(헌법 제119조 제2항, 헌재 2008헌마711, 2009.11.26.). 이러한 이유로 우리 헌법의 경제체제는 "사유재산제를 바탕으로 하면서 법치주의에 입각한 재산권의 사회성, 공공성을 강조하는 사회적 시장경제체제"로 불리우고 있다(헌재 89헌마204, 1991.06.03.).

헌법이 공익침해의 위험으로부터 국민의 자유, 생명과 재산의 보호를 위하여 국가에게 시장에 개입할 권한을 부여하기 전에도 역사적으로 국가성립 이후 오랫동안 공익보호를 위한 경찰활동은 국가의 가장 핵심적인 임무로 존재해왔다. 과거와 달리 경제주체들의 경제활동을 감독하는 광의의 경찰작용으로서 국가의 위험감독활동은 법치주의의 보장을 위하여 법적 근거가 존재할 때에만 허용되고 그 경우에도 명확한 기준과 사전에 규정된 절차에 따라 수행되어야 한다.

우리 경제가 성장하면서 시장의 영역은 확대되었지만 도시화된 공간에서 많은 인구가 살고 수명이 늘어나면서 부와 건강에 대한 국민들의 욕구는 더 강해지고 있고 사회적 갈등도 증가하고 있다. 또 국민들의 경제활동이 국제화하면서 상품과 서비스의 안전성과 신뢰성에 대한 국내 · 외적 위험요인이 가중되면서 국가의 위험감독임무는 국민적 관심사가 되고 있다.

규제철폐가 강조되는 시대임에도 불구하고 삶의 질에 영향을 미치는 식품과 같은 상품의 안전성은 물론 여객운송과 같은 관광서비스의 신뢰성에 대한 위험요인들로부터 경제활동참여자들을 보호하기 위한 국가의 임무는 소홀하게 평가되어서는 안된다. 하지만, 시장경제의 주체들에 의한 합리적인 의사결정권이 중심적인 역할을 수행하는 것을 방해해서도 안되고, 시장경제질서가 과도하게 위축되게 하거나 개인과 기업의 경제상의 자유와 창의가 존중되지 못하도록 해서는 안된다(헌재 2005헌바34, 2008.12.26.).

다양한 법익들을 조화롭게 보호하면서도 국가의 제한된 역량을 고려하여 기업의 불법적인 경제활동을 적발하고 효과적으로 억제하기 위한 새로운 수단들에 대한 관심이 제고되어야 한다.

2) 정부의 성장촉진임무의 실현가능성과 규제개혁

시장과의 관계에서 국가가 위험감독적인 역할을 넘어 경제성장촉진적 역할을 하는 것을 어떤 근거로 그의 임무로 인정할 수 있는가? 새로운 성장촉진적 역할의 가능성은 존재하는지, 그리고 그 방향은 어디에서 찾아야 하는지 많은 불확실성과 어둠이 존재한다.

해방 이후 경제성장과정에서 국가의 역할이 지대하였기 때문에 우리 사회에서는 경제침체나 경제위기 시에는 아직도 국가의 성장촉진적 역할에 많은 기대를 하고 있다. 그럼에도 불구하고 현재와 같이 발전된 경제단계에서 국가의 적절한 성장촉진역할을 찾고 그것을 수행하기는 쉽지 않다. 기업에 대한 직접적인 보조금의 교부는 기업간 자율적 경쟁을 침해하는 것으로 국제무역법규정의 위반으로 경쟁국과 경쟁기업들에 의하여 국제기관들에 제소당하게 될 위험도 있다. 또 사회와 시장에 대한 국가의 개입이 자원이용의 왜곡과 비효율만을 야기할 뿐이라는 비판도 있을 수 있다. 하지만, 이 비판은 정부의 과도한 개입에 대해서만 타당할 것이고 헌법에 합치된 것은 아니다.

우리 헌법 제119조는 개인과 기업의 경제상의 자유와 창의를 존중함을 기본으로 균형있는 국민경제의 성장을 지향하여야 한다고 하고 있다. 국가의 성장촉진활동은 국민의 총소득을 증진시키는 것을 목표로 하면서도 균형발전도 목표로 하기 때문에 사회적 정의의 실천을 지향하는 실질적 법치국가원리와도 부합된다.

국가의 성장촉진역할과 관련하여 최근 등장한 정권들에게 우선적인 관심의 대상은 진입규제의 개혁을 통한 시장의 자율적 영역의 확대이다. 위험방지를 위한 규제, 특히 인·허가와 같은 진입규제는 법원의 권리구제시스템이 잘 작동하지 않는 국가들에서도 재화나 용역에 법적 하자가 없다는 것을 보증하여 거래의 안전을 보장해주는 역할을 수행한다. 또 인·허가는 해당 사업을 시작하는 자가 공익과 사익을 침해하지 않을 것이라는 인식을 줌으로써 그 사업자가 판매하는 상품이나 용역을 주민들이 안심하고 구매할 수 있게 해준다.

그러나 진입규제는 개발도상국을 벗어나 선진국의 경제체제에 도달해가는 국가들에서는 시장경제에서 자신의 창의력을 발휘하고자 하는 개인과 기업들의 경제활동을 방해하는 장애물이 될 수도 있다. 이러한 측면에서 우리 헌법은 사유재산과 시장경제를 골간으로 한 경제질서를 채택하여 국민들에게 시장에서 자율성과 자기책임성을 보장함으로써 기업과 개인들의 창의성과 자기책임적인 위험감수를 통해 보다 높은 이익의 추구를 허용하고 있다. 시장경제에서의 자기책임성은 국민 개개인에게 자유스러운 경제활동을 통하여 생활의 기본적 수요를 스스로 충족시킬 것을 당연하게 받아들인다(헌재 2007헌바114, 2009.09.24.).

우리 헌법상 보장된 시장경제의 자율성은 국가가 시장에서 개인들의 창의적이고 자기책임적 노력을 방해하지 말아야 할 뿐만 아니라 타인의 부당한 침해도 방지해야 할 의무를 국가에 지운다. 국민들에게 직업은 생활에 필요한 소득을 얻는 활동일 뿐 아니라 개인의 인격을 자유로이 발현할 수 있도록 하는 개성신장의 수단이며, 시장경제질서를 유지하도록 하는 불가결의 요소이기도 하므로 우리 헌법은 모든 국민의 직업선택의 자유(헌법 제15조)를 보장하고 직업의 자유에 대한 제한은 반드시 법률로써 하도록 하고 있다(헌법 제37조 제2항, 헌재 2006헌마1098, 2006헌마1116, 2006헌마1117 병합, 2008.10.30.).

국민들의 노령화가 심화되고 건강보호에 많은 재정지출이 필요해지면서 식의약품의 영역에서 많은 법제적 개혁이 있어 왔는데, 건강기능식품은 식의약품에 대한 규제개혁을 통해 건강관련 산업을 육성하고 국민의 자율적 건강증진활동의 수단들을 증가시키며 국가의 건강보호를 위한 재정지원책임을 줄이고자 하는 제도로 출현하였다.

종래 정부는 식품과 의약품을 엄격하게 나누어, 의약품은 안전성과 유효성의 검사를 거치고 이에 따른 제조 및 판매 등을 허가제로 엄격히 관리하여 왔지만, 식품은 일반적으로 식품의 제조와 판매는 규제하지 않는 대신에 인체의 건강을 해할 우려가 있는 위해식품의 판매 등을 금지하는 방식으로 관리하여 왔다. 그리고 식품에 대해서는 질병의 예방이나 치료의 기능을 표시하는 것을 허용하지 않았을 뿐만 아니라, 질병위험의 발생가능성을 감소시켜주는 사항을 표시하는 것은 허용하지 않았다. 하지만, 건강기능식품의 경우에는 식품 중에서도 건강에의 기능적 기여가능성을 표시할 수 있도록 함으로써, 식품에 대한 중대한 표시규제를 완화한 것이었다.

규제개혁 이후 우리나라에서 건강기능식품의 발전은 규제개혁이 경제성장의 촉진에 심대한 기여를 할 수 있음을 보여주는 증거라 할 것이다. 하지만, 이 산업의 지속적인 공익기여를 위해서는 무조건적인 진입규제의 철폐에 그쳐서는 안되고 세심한 법제적 보완장치들이 병행되어야 한다는 것도 기억되어야 한다.

3) 위험감독과 성장촉진 역할의 조화가능성

국가는 전통적인 과제의 이행책임도 지지만, 사회의 성격과 구조변화에 상응한 새로운 공적 과제에 대한 이행책임도 피할 수 없다. 국제사회가 개방사회 및 정보사회로 변하면서 국가 간 경쟁의 격화와 경제사회환경의 가변성 및 폭력성의 증가로 사회의 정부의존도가 다시 높아지면서 규제개혁과 새로운 입법에 대한 요구가 수시로 나타나 규제체계의 불안정성도 높아지고 있다.

우리의 규제체계가 어떻게 성장촉진과 위험감독의 임무를 조화롭게 처리할 수 있도록 할 것인가?

첫째, 정부는 성장촉진을 위해 시장의 자율성을 늘리기 위해 규제개혁을 앞으로도 지속적으로 추진해가야 한다. 하지만, 위험발생가능성에 대한 신중한 고려와 그의 방지대책없이 무분별하게 규제철폐에 나서서는 안된다. 복잡하게 얽힌 규제들을 단순화하고 통합하는 작업을 더 적극적으로 전개해가야 한다.

사법부도 행정부가 경제성장과 위험방지를 위해 무엇을 하던 재량에 맞기고 그 영역에 대해서는 사법적 통제를 제한함으로써 행정의 자의적 권력행사를 방조해서는 안된다. 하지만, 성장촉진과 위험방지를 한 정부의 새로운 적극적 노력들에 대해서는 행정의 탄력적 대응공간을 보장해주어야 한다.

둘째, 국제무역규범에 위반되지 않으면서도 우리 기업들이 국내시장의 협소성을 벗어나 국제시장에 보다 쉽게 진출할 수 있으며, 국내 영세기업들이 자본과 기술의 부족을 극복할 수 있도록 정부는 새로운 성장촉진역할을 찾아내야 한다. 기업들이 국가발전과 국민의 복지증진에 협력하면서 좁은 국내 내수시장을 고려하여 글로벌 사회를 헤쳐갈 수 있게 하는 것이 필요하다.

현재 시점에서 우리나라에서 절실히 필요한 것은 규모의 경제를 창출하여 글로벌 시장에 진출할 능력을 갖춘 우수한 중견기업들이 대거 출현할 수 있도록 하는 일이다. 수많은 중소기업들이 규모의 경제를 확보하여 청년실업자들을 위한 안정적 직업을 제공할 수 있어야 한다. 이를 위해서는 우리나라에서 활성화되어 있지 않은 동업과 기업의 인수합병이 활성화될 수 있도록 제도적 인프라를 조성하여야 할 것이다.

셋째, 민주적 법치사회에서 정부와 시장은 공익보호의 책임을 함께 분담할 수밖에 없기 때문에 정부와 시장의 적절한 역할분담과 협력적 보완관계의 건설을 위해 노력해야 한다. 정부개입이냐 시장의 자율적 문제해결이냐의 양자택일적이고 단절적·배타적 접근이 아니라, 공적 과제의 이행보장을 위한 최상의 거버넌스를 구축하기 위한 정부와 시장의 협력관계를 어떻게 건설할 것인가가 중요하다.

3. 글로벌 사회로의 변화에 대응한 국제행정법의 구축

21세기 글로벌 사회에서 우리나라의 법시스템은 어떻게 대응해야 하고 공법학은 새로운 국제사회의 변화를 어떻게 수용하고 변화해야 하는가?

최근의 금융위기의 국제적 파급이나 신종플루와 같은 전염병의 국제적 확산, 그리고 영국의 유럽연합탈퇴결정이 국제 정치경제에 미치는 부정적 영향은 외국의 문제가 얼마나 신속하게 우리 국민들의 생활에 중대한 영향을 미치는가를 보여준 좋은 예가 되고 있다. 이와 같은 국제적 문제들을 계기로 각국에서는 금융규제의 강화가 논의되고, 전염병의 방지와 그의 극복을 위한 기존 국내 대응체계의 개혁이 논의되고 있으며 관용의 정신의 가치를 배우고 있다. 하지만, 국제시장이 긴밀하게 영향받고 있는 상황에서 어느 한 국가만의 대응으로는 한계가 있어서 국제적 공조와 국제협약의 체결이 추진되고 있다.

국제적으로 유통되는 물품과 서비스는 어느 한 국가의 통제범위를 벗어나 있기 때문에 기후와 환경에 영향을 미치는 숲의 파괴, 멸종 어류나 동물의 포획, 무기의 불법적 거래, 인체에 유해한 식품과 의약품의 유통, 지식재산권의 침해 등 공익침해행위의 방지를 위해서 각국 정부의 협력이 필요할 뿐만 아니라, 유통되는 식품, 의약품, 의료기기 등의 국제적 표준을 정립하여 국제적 거래를 촉진하기 위해서도 각국 정부 간 협력은 필요하게 되었다. 또 과학기술의 발전에 따라 상품의 수출입 국가 간 규제기준의 협력적 조정이 필요할 수도 있다. 예를 들어, 식품보관을 위한 냉동기술의 발전에 따라 식품유통의 기한이 기술적으로 연장가능하게 되었으나 각국의 법령은 과거의 상태에서 변경되지 않아 각국에서의 유통기한에 현저한 차이가 날 수도 있는데 이 차이가 조정되지 않으면 식품의 자유로운 유통은 부당하게 방해받게 되는 것이다.

국제행정법(International Administrative Law) 또는 글로벌 행정법(Global Administrative Law)의 주장자들은 전통적인 국제법 및 국내행정법 양쪽과 관련되어 있는데 행정법학의 원리와 행정절차의 영향을 받아 국가 간의 관계에서 협약을 통해 공통으로 적용될 기준을 정립하고, 그 기준을 집행함에 있어 투명성과 책임성, 참여와 합법성의 원칙이 적용되어야 한다고 본다.8) 국가뿐만 아니라 기업이나 소비자 등에게도 규범의 집행에 있어 절차적 참가권이 인정되고 권리보호를 위한 구제절차가 인정되어야 할 뿐만 아니라, 국가 간 비공식적 절차의 필요성도 인정하고 각국의 민간기구들과의 협력적 법집행도 필요하다고 본다.

행정법학의 법리를 받아들여 조약의 체결과정에서도 입법예고절차를 도입하는 것은 조약체결에 참여하는 사람들의 책임성과 그 작업의 투명성을 높일 수 있고 규제영향평가와 같이 비용편익분석을 통해 조약내용의 합리성을 높일 수 있는 것에 비해, 조약이 체결된 후 국내법의 제정과정에서만 이상과 같은 행정법적 도구를 사용하는 것은 입법의 질을 높이는 데 실효적이지 않기 때문에 국내법과 국제법을 상호융합시킨 학문으로서 글로벌 행정법이 필요하다고 한다.9)

하지만, 글로벌 행정법의 체계화가 서구적 가치를 반영한 합법성, 투명성, 자유

---

8) Sabino CASSESE, Administrative Law without the State? The Challenge of Global Regulation, *New York University Journal of International Law and Politics* 37, 2005, p.663; Benedict KINGSBURY, Nico KRISCH & Richard B. STEWART, The Emergence of Global Administrative Law, *Law and Contemporary Problems* 68, 2005, p.15.

9) Michael S. Barr & Geoffrey P. Miller, Global Administrative Law: The View from Basel, *The European Journal of International Law* Vol.17 No.1, 2006, pp.15-46.

무역 및 절차적 권리 등을 강조함으로써 개발도상국에 불리한 영향을 미칠 것으로 지적하면서 전통적 행정법학이 각국의 경제사회실정을 고려함으로써 다원주의적 다양성을 지키고 있는 점도 평가해야 하기 때문에 글로벌 행정법의 형성에 반대하는 견해도 있다.[10)]

사견으로는, 건강보호기준의 통일과 위해방지를 위한 국제적 협력이 절실히 필요한 상황에서, 국제법과 국내법을 엄격하게 분리하지 말고 그 내용을 융합시켜야 할 부분도 많으므로 국제행정법 또는 글로벌 행정법의 영역도 행정법의 한 영역으로서 다루어질 필요가 있다고 본다. 미국산 쇠고기수입결정 이후 광우병 우려로 인해 촛불시위로 나타났던 시민들의 격렬했던 반응은 수입협상과정의 투명성과 책임성 등에 대한 문제의 중요성을 부각시켰고 이것은 국제법과 행정법이 융합된 연구분야로서 글로벌 행정법이 연구될 필요가 있음을 부각시켜주는 사례라고 볼 수 있을 것이다. 때문에 행정법을 국내공법으로 한정해온 행정법학계의 입장도 재검토가 필요하게 되었다고 생각한다.

참고문헌

Benedict KINGSBURY, Nico KRISCH & Richard B. STEWART(2005). The Emergence of Global Administrative Law. *Law and Contemporary Problems* 68.

Carol Harlow(2006). Global Administrative Law: The Quest for Principles and Values. *The European Journal of International Law*, 17(1).

Cass R. Sunstein(1988). Standing and the Privatization of Public Law. *Columbia Law Review*.

Charles Wolf, Jr.(1997). Markets or Governments－Choosing between Imperfect Alternatives－.

C. R. Sunstein(1997). *Free Markets and Social Justice*.

Martin Eifert(2012). § Regulierungsstrategien, in: Hoffmann－Riem, Schmidt－Aßmann & Andreas Voßkuhle (Hg), Grundlagen des Verwaltungsrechts, 2Aufl.

Michael S. Barr & Geoffrey P. Miller(2006). Global Administrative Law: The View from Basel. *The European Journal of International Law*, 17(1).

Robert Kagan(1991). Adversarial Legalism and American Government, 10 J. *Pub. Pol. & Management*.

10) Carol Harlow, Global Administrative Law: The Quest for Principles and Values, *The European Journal of International Law* Vol.17 No.1, 2006, pp.187－214.

Robert L. Rabin(1986). Federal Regulation in Historical Perspective, 38 *STAN. L. REV.*
Sabino CASSESE(2005). Administrative Law without the State? The Challenge of Global Regulation. *New York University Journal of International Law and Politics* 37.

제 2 장 위험감독과 성장촉진

제 1 절 삶의 질 보호와 위험감독

I 삶의 질 보호를 위한 위험감독

1. 위험감독의 의의

위험감독은 공익보호를 위하여 경제주체들의 경제활동을 감독하는 광의의 경찰작용에 속한다. 국가의 위험감독활동은 법치주의의 보장을 위하여 법적 근거가 존재하고 명확한 기준과 사전에 규정된 절차에 따라 수행되어야 한다.

국민들의 경제활동이 국제화하면서 상품과 서비스의 안전성과 신뢰성에 대한 국내·외적 위험요인이 가중되면서 국가의 위험감독임무는 국민적 관심사가 되고 있으나, 현대 경제사회에서 기업의 규모가 커지면서 기업의 불법행위에 대한 국가의 통제능력은 도전받고 있다.

규제철폐가 강조되는 시대임에도 불구하고 식품과 같은 상품의 안전성은 물론 여객운송과 같은 관광서비스의 신뢰성에 대한 위험요인들로부터 경제활동참여자들을 보호하기 위한 국가의 임무는 소홀하게 평가되어서는 안된다. 기업의 불법적

인 경제활동을 적발하고 효과적으로 억제하기 위한 새로운 수단들에 대한 관심이 제고되어야 한다.

2. 위험감독법의 새로운 이념으로서 삶의 질 보호

1) 법적 연구의 주제로서 삶의 질

국민들의 소득이 일정수준 이상이 되면 경제적 욕구보다 삶의 질에 대한 욕구가 더욱 증대하는데, 최근 우리나라에서도 많은 사람들이 웰빙(well-being)과 삶의 질에 높은 관심을 보여주고 있다.

삶의 질은 행복한 삶과 관련된 사회적 척도로 사람들의 행복의 실현에 필요한 조건이 충족되는 정도와 관련되어 있으면서 주관적인 측면과 객관적인 측면을 함께 가지고 있다. 삶의 질에 영향을 미치는 요인들은 주택, 친구, 결혼, 수입, 건강, 교육, 직업, 이웃, 치안・안전, 환경, 복지, 정치, 가족, 여가, 종교 등 매우 다양하다.[1)2)] 또 삶의 질은 삶의 현재의 모습뿐만 아니라 미래의 기대에 의해서도 영향받고 소속 집단이나 사회와의 관계에 의해서도 영향받는다.

삶의 질이라는 개념이 다양한 요인에 의해 영향받고 있을 뿐 아니라, 개인의 주관적인 가치판단에 의해 좌우되기도 한다는 점은 학문적 논의, 특히 법학적 논의를 어렵게 하고 정책과 법제도의 설계와 해석적용에 있어 모호성을 키우는 원인이 된다. 아직 이에 관한 법학적 논의가 드문 것도 이러한 모호성에 기인한 측면도 있는 것으로 보여진다. 법학적 논의를 가능하게 하기 위하여 보다 명확하고 제한적인 주제가 필요한 데, 삶의 질에 영향을 미치는 요인들 중 특히 '건강 관련 삶의 질

---

1) 세계적으로 유명한 미국의 Calvert-Henderson Quality of Life Indicator도 education, employment, energy, environment, health, human right, income, infra-structure, security, public safety, re-creation, housing을 삶의 질의 구성요소로 파악하고 있다(홈페이지 http://www.calvert-henderson.com 참조).

2) 김대중정부 시절 1999.07.12. 대통령 훈령 0080호로 제정된 '삶의 질 향상 기획단 규정'은 12개 조문으로 되어 있는데 제1조에서 "국민의 삶의 질 향상과 사회통합을 목적으로 한 복지・노동・환경 관련 정책의 개발과 조정에 관하여 대통령을 보좌하기 위해 대통령비서실장 소속 하에 삶의 질 향상 기획단을 둔다."고 하고 있다. 이 훈령에서는 삶의 질에 영향을 미치는 요인으로 "복지・노동・환경"을 열거하고 있다. 또 참여정부 말기인 2007년 부처별 대통령 연두업무보고에서는 삶의 질을 국정과제로 결정하고 건강한 삶, 안전한 삶, 쾌적한 삶, 편리한 삶, 즐거운 삶으로 나누어 각 부처 정책과제와 입법과제를 분류하였다.

(health-related quality of life)'이 최근 주목받고 있다.[3]

2) 위험감독법의 이념이자 목적으로서 삶의 질

우리 경제가 성장하면서 시장의 영역은 확대되었지만 도시화된 공간에서 많은 인구가 살고 수명이 늘어나면서 부와 건강에 대한 국민들의 욕구는 더 강해지고 있고 사회적 갈등과 정부에 대한 비판도 격렬해지고 있다. 이에 따라, 경제사회영역에서 경제성장과 함께 또는 그것을 대체하여 삶의 질은 정책과 행정법이 추구해야 할 이념이자 목적이 되어 가고 있다.[4] 삶의 질이라는 목표와 기준은 행정조직과 규제, 그리고 재판의 내용에도 영향을 미치고 있는데 그 영향력은 더욱 강해질 것이다.

하지만, 국민소득이 높아진다고 당연히 사람들의 삶의 질이 높아질 것으로 오해해서는 안된다. 선진국가 중에서도 미국과 같이 건강보호를 위한 제도와 시스템이 평균적인 국민들의 삶에 지나친 부담을 줄 정도로 고비용의 체제를 가지고 있어 그것의 개혁을 위해 많은 어려움을 겪는 나라도 있고, 적정한 비용으로 국민의 건강을 보호하면서도 관련 산업을 발전시키는 데 성공한 나라들도 있다. 때문에 행정법령상의 규제도구들은 환경이나 건강에의 영향과 같이 삶의 질 측면에서 재평가되어지지 않으면 안된다. 또 행정법학은 민주적 선진 사회에 맞게 정부와 시장이 함께 새로운 정책목표를 효율적으로 이행하고 국민들의 권리를 보호할 수 있게 하는데 기여해야 한다.[5]

---

3) 연하청, 21세기 한국의 선택: 삶의 질 선진화, 보건사회연구 제16권 제1호, 1996, 4면 이하, 삶의 질은 주관적 성향이 강해 객관화하기가 어렵지만, 삶의 질에 영향을 미치는 요인 중 건강은 UN에 의해서도 첫 번째 요인으로 지목되고 있고, 1996년 비교시점에서 한국은 삶의 질 지표 중 보건부분이 선진국들에 비해 상대적으로 가장 열등한 상태에 있는 부분 중 하나이었다. 현재는 고령화가 더욱 진행되었기 때문에 건강이 삶의 질에 미치는 영향력은 더 커졌을 것으로 보여진다.

4) 우리 역사에서 조세와 군복무에 관한 국가의 잘못된 결정은 사람들의 삶을 파괴하여 민란의 원인이 되기도 했었다. 현재에도 이러한 결정들은 사람들의 삶에 중요한 영향을 미치지만, 이 문제들은 삶의 질보다는 생존 그 자체와 직결되어 있는 문제이다. 경제사회영역에서 삶의 질 문제가 경제성장을 대체하거나 적어도 대등하게 정책과 행정법령의 핵심적 정책목표가 된 것은 2000년대에 들어와서의 일이라고 할 수 있을 것이다.

5) 사회의 성격변화와 시대적 과제의 변화를 학문속에 담지 못하는 행정법학에 대한 비판은 우리나라만은 아니고 현재에 와서 부쩍 강화된 것만도 아니다. Robert L. Rabin, *The Poverty of Administrative Law*, 1969 참조. 해방 이후 짧은 기간동안 나타난 변화는 그 이전 우리 역사에서 나타났던 경제사회의 변화보다 더 극적인 것으로 평가할 수도 있다. 우리 행정법학이 그 변화에 적절하

Ⅱ 위험감독을 위한 법적 수단의 특징, 한계와 개선과제

1. 우리나라의 위험감독에 있어 사법적 수단의 특징과 한계

1) 우리 사법상 불법행위배상소송의 특징

우리 민법은 근본적으로 근대 시민혁명기의 개인주의와 자유주의 사상을 지도원리로 하고 있어 개인 간의 법률행위를 기초로 한 계약책임과 개인의 불법행위를 전제로 한 불법행위책임을 중심으로 구성되어 있다. 불법행위에 대한 손해배상에서도 과실책임주의가 원칙이며 고의와 과실의 구분없이 발생한 손해의 전보만이 고려된다.

이와 같은 전보적 배상소송체계에서 불법행위를 한 기업에 대한 배상청구절차의 개시여부는 행정제재절차와 달리 피해자의 소송제기여부에 달려 있기 때문에 피해자가 주도권을 갖는다. 피해자가 소송을 제기하면서 불법의 대상행위를 지정하고 증거를 수집하고 변론을 준비한다. 피해자는 도움을 얻기 위해 변호사를 고용할 수 있다.

전보적 손해배상소송에서 불법행위자가 배상해야 할 금액은 피해자가 가해행위로 인해 입은 피해액뿐만 아니라 소송을 수행하기 위해 지출한 비용의 상당부분까지 포함되지만, 동일한 원인행위로 다른 제3자에게 발생한 피해는 배상금액에서 원천적으로 배제된다.

2) 우리 사법상 불법행위배상책임의 한계

현대사회에서는 개인에 비해 기업의 사회적 영향력이 더 커지고 있기 때문에 법치주의 관점에서 기업에 의한 공익침해행위를 방지하는 것은 매우 중요한 과제가 된다. 영리추구만을 우선시하는 어떤 기업이 불법행위를 통해 많은 이익을 얻을 수 있을 때 그 불법행위를 할 것인가의 여부와 그 정도의 판단에 영향을 미치는 것은 피해자들이 소송을 제기할 확률과 배상해야 할 금액의 크기이다.

게 대응하여 왔고 현재도 적절한 역할을 하고 있는지 지속적인 반성과 검토가 필요하다고 할 것이다.

우리 민법 제750조에 근거를 둔 불법행위배상책임제도는 가해자가 사회에 입힌 피해금액이 아니라 피해자 중 소송을 제기한 자가 피해를 입증한 금액에 한정하여 배상하는 전보적 보상체계이다. 이와 같은 전보적 배상책임제도에서는 불법행위로 얻어지는 이익이 손해배상액을 공제하고도 남는 결과가 발생하므로 가해자는 불법행위임을 알면서도 이익을 위하여 과감하게 불법행위를 범하게 되므로 불법행위의 억제기능이 매우 약하게 된다.

민법 제750조는 19세기 말이나 20세기 초와 같이 기업들이 다수 등장하지 않았던 시기에 어떤 개인이 다른 개인에게 한두 번 불법행위를 하는 상황에 적용되는 것을 전형적인 경우로 예상한 규정으로서 기업의 불법행위에 대한 배상책임제도로서는 몇 가지의 심각한 한계가 있다.

첫째, 기업들은 특정 장소에 공장이 존재하면서 지역주민다수에게 반복해서 불법행위를 하거나, 특정 상품이나 서비스를 제공하면서 비용편익을 비교하여 고의적으로 불법행위를 반복적으로 할 수 있는데, 이 경우는 예상하지 못했다고 할 수 있다. 특히, 글로벌 사회에서 수단방법을 가리지 않고 이윤추구에 몰두하는 다국적 기업들의 탐욕을 제어하는 데 한계를 노출하고 있다.

둘째, 우리 불법행위배상소송의 또 다른 약점은 어떤 기업의 가해행위가 있었는가보다는 피해자의 피해발생여부라는 결과에 초점을 맞추기 때문에 가해기업에게 반사회적 의도가 명백한 경우에도 피해가 현실화하기까지는 제재절차가 진행되기 어렵다.[6)]

셋째, 전보적 배상체계에서는 배상금액이 피해를 입은 개인이 직접 입은 개인적 피해에 한정되고 입증책임도 피해자가 진다. 이 경우, 가해자는 소송을 제기한 소수가 피해를 입증한 범위 내에서만 배상하면 된다. 이것은 징벌적 배상책임이 인정되는 국가들에서 피해자 개인이 입은 손해액을 넘어 사회에 끼친 피해금액 전체를 기준으로 악의적 가해자가 배상해야 하는 것과는 매우 다르다.

소송을 제기한 사람이 받는 손해의 전보 자체도 실제로는 손해발생에 대한 상당인과관계의 요구 및 과실상계나 손익상계 등으로 그 범위가 상당히 제한되고 있으며 변호사보수 등에 있어 완전한 배상을 받지 못하기 때문에 과연 피해자의 구

---

6) Neil K. Komesar, Injuries and Institutions: Tort Reform, Tort Theory, and Beyond, *N.Y.U. Law Review* 1990, pp.27－28.

제에 충분한가도 의문이다.

넷째, 행정이 주도하여 불법행위에 대해 제재하는 경우와 비교할 때, 사인은 정보와 증거수단의 부족 때문에 기업의 불법행위를 증명하고 손해금액을 정확하게 평가하여 주장하기가 어려워 피해액을 배상받고 불법행위를 억제시키기가 매우 어렵다.

다섯째, 사법상의 구제수단은 사적 자치의 원칙, 소송상 처분권주의, 변론주의 때문에 반드시 소송이 제기되고 중요한 공익침해행위가 법적 쟁점이 될 것이라는 보장이 없는데, 특히 우리나라에서는 전통적 문화의 영향을 받아 소송을 꺼리는 사회적 분위기도 존재하여 위험방지제도로서 심각한 한계를 보여준다.

2. 우리 공법상 불법행위에 대한 제재수단의 특징과 그 한계

1) 공법적 수단의 선행성과 지배적 역할

우리나라에서는 적극적 발전국가시대를 지나오면서 공익보호를 위한 법의 집행은 행정기관만이 할 수 있고, 사권의 행사는 오직 사익의 실현만을 위한 것에 한정되어야 한다는 사고가 팽배하였다.

그래서 기업들의 불법행위에 대한 통제의 필요성이 있으면 우선 행정부가 나서서 인·허가제도, 작위·부작위규정 등을 만들고 이에 위반되는 경우에는 인·허가의 취소나 영업정지, 과징금과 과태료의 부과, 고발조치 등을 규정하는 특별법이 만들어지고 중대한 위법행위에 대해서는 징역이나 벌금 등 형사적 제재를 가하는 규정을 두어 왔다.[7] 그리고 특별법에 사법적 구제수단에 관한 규정을 두기도 하지만 그 경우에도 행정조치가 끝나야 사법적 구제수단이 가능하게 하는 등 공법적

---

7) 박정훈, 협의의 행정벌과 광의의 행정벌, 서울대학교 법학 제41권 제4호(2001), 278－322면은 행정형벌과 행정질서벌을 협의의 행정벌이라 부르고 '의무불이행에 대해 부과하는 불이익 내지 제재'의 기능을 수행하는 것들을 포괄하여 광의의 행정벌이라고 부른다. 더 나아가 적극적 발전국가시대를 지나오면서 과잉규제상태에 있는 제재수단들에 대하여 '제재적 행정행위'의 이론으로 파악하고 그 발령요건, 재량의 범위와 통제, 효력(특히, 공정력과 자기집행력), 하자의 승계, 제척기간, 일사부재리, 집행정지 등 모든 쟁점에 대한 재검토가 필요하다고 하는데, 이 주장은 시대적 적실성을 갖는 주장이라 할 것이다.
행정의 실효성확보수단은 각국의 실정법률에 기초한 살아 숨쉬는 행정법영역으로서 각국의 공법문화나 사회발전의 정도를 그대로 보여준다고 할 수 있다.

수단의 선행성과 지배적 역할이 우리 법체계의 강력한 특징이 되어 왔다.[8)]

행정규제는 현실적으로 피해자들이 제재를 위한 비용과 입증의 부담을 지지는 않지만 공무원들의 판단에 따라 그의 집행여부가 결정되기 때문에 피해자들이 집행을 스스로 통제하지 못한다. 때문에 피해자가 가해기업에 대한 제재를 원하는지 여부와는 상관없이 제재여부가 결정된다. 제재여부 및 그 정도의 결정도 행정공무원들이 한다. 행정규제권의 발동에 있어서는 기업의 불법행위로 피해가 발생하였는가보다는 기업이 불법행위를 했다는 사실이 중요하며, 과징금과 같은 금전의 부과도 그 금액이 불법행위를 막을 수 있을 정도의 압력을 기업에게 줄 수 있는지가 판단기준이 된다. 또 행정공무원들에게는 불법행위를 한 기업들의 적발건수가 그 업무성과가 된다.

2) 불법행위배상소송과의 비교

다수의 피해자들에게 큰 손해를 끼치는 고의의 불법행위는 대부분 경제적 이윤추구를 목적으로 이루어진다. 이러한 경우, 행정은 인·허가와 같은 규제의 심사나 행정조사, 그리고 인·허가취소 등을 통해 필요한 경우 탄력적으로 개입하여 불법행위에 의한 피해발생을 미리 예방하고 축소할 수 있다. 사인이 손해배상소송을 제기하기 위해서는 손해의 발생이 요구되기 때문에 상대적으로 불법행위의 억제기회가 적고 그 범위가 협소하지만, 행정은 손해가 발생하지 않더라도 불법행위가 있었다는 사실만으로도 불법행위에 대한 제재를 위해 개입할 수 있으므로 개입의 근거와 범위가 넓다.[9)] 또 과징금과 같은 경우, 어떤 기업이 불법행위를 통해 특정 사인에 끼친 손해를 넘어서 부과할 수 있으므로 불법행위자에 대한 억제효과가 크다.

하지만, 불법행위에 대한 억제능력을 평가함에 있어 행정기관이 갖는 최대 장점은 오랫동안 기업들에 대한 규제와 과세를 담당하면서 상당한 통계자료를 확보하고 있고, 필요한 증거수집을 위한 조사권한이 있으며 전문지식도 확보하고 있고 기업들에게 필요한 정보를 제출하도록 요구할 수도 있다는 점이다.[10)]

---

8) 김상일, 불법적인 채권추심행위에 대한 규제와 구제, 현대상사법논집(강희갑교수화갑논집), 2001. 12, 667면.

9) Hans-Heinlich Trute, Wechselseitige Verzahnungen zwischen Privatrecht und Öffentliches Recht, in; Hoffmann-Riem & Schmidt-Aßmann (Hg.), *Öffentliches Recht und Privatrecht als Wechselseitige Auffangordnungen*, 1996, SS.171-175.

3) 공법적 수단으로서 행정제재의 위험방지능력의 한계

우리 사회가 유지하고 있는 공법적 수단의 지배적 성격은 글로벌 사회가 되면서 문제점들을 드러내고 있는데, 탄생 시부터 잉태하고 있었던 수직적 문화의 문제점들이 더 크게 드러나는 경우도 있고, 과거에는 생각할 수 없었던 문제점들이 나타나기도 한다.

첫째, 행정기관은 피해자에 비해 전문성이 높지만, 예산, 인력 및 조사권은 한계가 있을 수밖에 없어서 행정기관조차도 기업의 불법행위 방지를 위한 적정한 집행력과 억지력을 확보하기가 곤란한 경우도 있다. 현실적으로 사회적 파급효과가 큰 사건에 집중할 가능성이 있으며, 그 경우에도 정치적 고려를 우선시할 수도 있다.

특히, 동아시아의 유교적·수직적 문화에서 행정절차가 주도하는 제재는 업무담당자가 정치인이나 고위 관료의 권력에 취약하여 불법적 내부지시에 복종할 위험이 높고, 근시안적 식견, 그리고 높은 부패가능성 등이 존재한다. 직접적인 피해당사자가 아닌 행정이 주도하는 제재절차의 문제점은 대리인의 도덕적 해이가능성으로 인해 처음부터 존재해 있었다고 볼 수도 있다. 이로 인해, 납득할 수 없는 조사종결이나 경미하거나 형평에 맞지 않는 제재수단이 선택되는 경우도 있어 불법행위를 한 국내·외 기업들은 물론 피해자들로부터도 불신의 원인이 된다.

둘째, 징벌적 성격의 과징금과 같은 징벌적 제재를 행정이 주도하지 않는 유럽이나 영미국가들의 기업들에게, 불법행위의 적발여부, 제재수단의 종류 및 제재금액의 크기 등과 관련하여 행정이 결정하는 방식은 고위정치인이나 외국정부 등의 정치적 압력에의 무력이나 관료부패의 문제와 결합하여 다양한 불신의 원인이 되고 있다.

입법, 행정, 사법의 3권 중 행정부 우위의 법체계는 동아시아국가들이나 개발도상국가들에서 특징적인 것으로 유럽이나 미국의 선진국들에서는 3권이 우리나라보다 더 견제와 균형속에 존재하고 있다. 특히, 불법행위에 대한 사법권의 취약한 억제능력이 문제된다.

유럽 국가들과 미국의 관점에서 행정절차는 사법절차보다 자연적 정의의 측면

---

10) Scott Ilgenfritz, The Failure of Private Actions as an ECOA Enforcement Tool: A Call for Active Government Enforcement and Statutory Reform, *University of Florida Law Review* 1984, p.461.

에서 약점을 갖고 있는데, 그 결과 글로벌 기업들은 행정절차를 거쳐 내려지는 제재처분에 대해 불신을 보이고 재판절차를 통해 내려지는 결과를 더 신뢰하고 존중한다. 재판절차의 경우는 재판의 개시와 진행이 공개되고 양당사자가 존재하여 자신의 이익을 공평하게 주장할 수 있으며, 소취하나 재판의 중지사유가 존재하지 않는 한 법원이 임의로 재판절차를 중지할 수 없고 판결을 내려야 한다. 하지만, 특히 우리나라의 행정절차는 절차의 개시여부가 행정의 일방적 판단에 달려 있고, 청문이 개최되는 경우도 드물 뿐만 아니라 구두공개절차인 경우는 더욱 드물다.[11)]

미국 수정헌법 제8조는 과다한 벌금이나 보석금은 허용되지 않는다고 규정하고 있고, 우리 헌법 제37조 제2항도 비례원칙을 규정하고 있다. 하지만, 미국 판례는 징벌적 배상소송에는 과다한 벌금금지원칙은 적용되지 않고 행정의 제재금부과처분에만 적용된다고 하고 있는데,[12)] 이 판례는 행정절차와 재판절차에 대한 미국적 사고의 맥락을 잘 보여주고 있다. 그 결과, 글로벌 사회가 진전되고 다국적 기업들이 국내로 더 깊숙이 진출할수록 공법적 제재가 지배적 특성을 보이는 우리 법체계는 위험방지에 어려움을 겪을 것이다.

4) 위험방지영역에 있어 형벌의 역할, 특성과 한계

형벌은 감금과 벌금이라는 수단에 의해 불법행위를 한 가해기업에서 실질적 의사결정을 주도한 경영자 및 대주주 등을 처벌함으로써 공익침해의 위험을 방지하려 한다. 어떤 기업이 중대한 불법행위를 하게 된 경우 그 중요한 원인제공자가 기업의 경영에 있어 실질적으로 중요한 의사결정을 하는 대주주일 가능성은 현실적으로 상당히 높다. 이때 자유형과 같은 형벌은 어느 정도의 금전적 제재처분에 대해서는 두려워하지 않는 대주주에게도 심리적 압박을 가해 불법행위를 중지시킬 수 있는 유효한 수단일 수 있다.

그렇지만 형벌의 부과에 있어서는 검사가 기소여부를 결정하기 때문에 피해자

11) 우리 행정절차법상 청문이 필요한 경우는 다른 법령등에서 청문을 하도록 규정하고 있는 경우, 행정청이 필요하다고 인정하는 경우 및 인·허가 등의 취소의 경우이다(행정절차법 제22조 제1항). 독일과 미국의 경우에 비추어 청문이 개최되는 경우가 지나치게 드물고 요건의 불명확성도 심각하다.

12) Browning-Ferris Indus. v. Kelco Disposal, 492 U.S. 257(1989)은 600만 달러의 징벌적 배상금을 부과한 사건이었는데 과다한 벌금금지원칙은 징벌적 배상소송에는 적용되지 않는다고 한다.

의 의사여부와 상관없이 제재절차가 진행되므로 처벌이 피해자에 의해 주도되지 않는다. 또 가해자의 과실은 특별한 규정이 없는 한 원칙적으로 처벌하지 않고, 무죄추정의 원칙 때문에 검사에게 매우 강한 입증의 부담이 지워져 가해자에 대한 처벌이 매우 어렵다.

또 기업의 실질적 의사결정자인 대주주는 법인의 등기이사가 아닌 경우도 있어 당해 기업이 부도가 나지 않는 한 형사처벌되는 예가 매우 드물다. 이 때문에 시장에서 정상적으로 거래를 하고 있는 기업들의 일상적 불법행위를 제어하는 데 있어 형벌은 상당한 한계를 갖는다. 또 과징금과 같은 금전적 제재는 정부수입의 증가에 크게 기여하지만,[13] 자유형과 같은 형벌이 늘어나면 국가는 감옥시설을 늘리기 위해 더 많은 예산을 투입하여야 한다.

3. 글로벌 사회에서 위험방지를 위한 제재수단들의 재설계의 기준과 과제 – 합헌성과 개방적 합리성

글로벌 사회가 되면서 국내에는 우리 기업들은 물론 많은 다국적 기업들이 국민의 생명과 건강에 영향을 미치는 사업활동을 전개하고 있다. 공익의 보호를 위하여 기업의 불법행위에 대한 제재는 필요하지만 그 제재수단들은 우리 헌법과 법률에 적합하여야 한다. 뿐만 아니라 우리 법질서의 내용도 국제사회에서 통용되는 기준들에 일치하도록 입법과 법적용에서 노력을 해가는 것이 필요하다. 즉, 합헌성과 개방적 합리성을 갖추어야 한다.

형사법적 제재를 하려면 수사기관과 소추기관이 헌법상 보장된 인신보호절차와 무죄추정의 원칙으로 인해 엄격한 입증절차를 거쳐야 한다는 점에서 불법행위를 한 자에 대한 보호수단이 강력하게 갖추어져 있다. 반면에, 민사소송과 행정규제수단들을 통해 가해기업을 제재하려고 할 때에는 상대적으로 가해기업에 대한 보호절차는 완화되어 있다. 하지만, 여전히 헌법상 보장된 적법절차원칙, 이중위험금지원칙, 비례원칙 등이 적용된다. 이하에서는 행정제재조치의 설계와 집행에 있어 법원칙들의 적용과 관련하여 고려해야 할 사항들을 간략히 살펴보기로 한다.[14]

13) Kerrigan, Berrettini, Callahan & Entas, The Decriminalization of Administrative Law Penalties, Civil Remedies, Alternatives, Policy, and Constitutional Implications, *Administrative Law Review* 1993, pp.374–379.

1) 권력적 행정조사와 영장주의의 적용

행정제재조치의 발동을 위해 영업장소나 영업활동에 대한 조사를 하기 위한 요건은 형사법상 수색절차진행을 위한 영장요건보다는 완화되어 있다. 하지만, 행정조사절차라고 해도 특별한 정당화요건이 충족되지 않는 한 영장없이 불법적인 권력적 행정조사를 하는 것은 허용되지 않는다. 권력적 행정조사의 허용성은 미국의 경우 수정헌법 제4조, 그리고 우리의 경우 헌법 제12조 신체의 자유의 적용 및 해석과 관련되어 있다.

우리나라에서 행정형벌을 도입하고 집행할 때 형사소송법상의 원칙은 그대로 적용되고 있어 글로벌 기준에 비추더라도 원칙적으로 불합리할 것으로는 보지 않는다.

하지만, 권력적 행정조사의 경우 영장주의가 적용되는가와 관련하여 국제적 기준과의 조화여부가 문제될 수 있다. 대법원판례는 관세물품의 통관절차에서의 영장주의 적용과 관련하여, "우편물 통관검사절차에서 이루어지는 우편물의 개봉, 시료채취, 성분분석 등의 검사는 수출입물품에 대한 적정한 통관 등을 목적으로 한 행정조사의 성격을 가지는 것으로서 수사기관의 강제처분이라고 할 수 없으므로, 압수·수색영장 없이 우편물의 개봉, 시료채취, 성분분석 등 검사가 진행되었다 하더라도 특별한 사정이 없는 한 위법하다고 볼 수 없다."고 한다(대법원 2013.09.26. 선고 2013도7718 판결).

그동안 학계에서는 권력적 조사에 대해서도 언제나 영장주의가 적용된다고 일률적으로 판단하지 않고 긴급성 여부,[15] 기본권보호의 필요, 관련된 공익의 중대성, 형사절차로의 이행여부 등을 고려하여 예외적으로 영장없이 조사할 수 있다고 보아왔다.[16][17]

---

14) 이하의 논의는 Kerrigan, Berrettini, Callahan & Entas, a.a.O., pp.397-418 참조.

15) 더 나아가 위생검사·제품검사 등 일상적·통상적 행정조사에는 영장주의가 적용되지 않는다는 견해도 존재한다. 김남진·김연태, 행정법Ⅰ, 법문사, 2007, 404면.

16) 행정조사절차에 영장주의가 적용되는가와 관련하여 원칙적 긍정설이 다수설이었다. 여기서 다시 학설을 나누어 개별적 결정설을 별도로 분류하기도 한다[박균성, 행정법원론(상), 제15판, 2016, 518-519면]. 두 입장 모두 권력적 행정조사에도 영장이 필요없는 경우를 긍정한다는 점에서는 공통적이다.

17) 미국의 판례도 행정조사에 있어 영장주의의 예외를 인정하고 있다. 영장주의의 적용을 긍정한 판례는 Camara v. Municipal Court of City and County of San Francisco, 387 U.S. 523(1967); See v.

행정조사절차와 관련하여 우리나라는 이미 2007년 8월 18일 행정조사기본법을 제정하고 제3장에서 조사방법을 상세히 규정하여 조사절차의 적정성의 정도를 높였고 개별법에 특별규정들을 두어 개별 행정의 특수성도 고려하고 있다.

하지만, 여전히 언제 영장주의가 적용되는 예외상황인가와 관련하여 실정법령에는 그 요건이 규정되지 않아 상당한 불확실성이 존재하고 있다. 행정조사기본법에 영장주의가 적용배제되는 사유들을 구체적으로 열거하고 개별 법률에서 다른 특수한 사유들을 구체적으로 열거하되 사후적으로 영장이 필요한 경우 등을 규정하여 인권보호를 강화하는 것이 필요하다고 본다.

2) 적법절차의 적용

불법행위에 대한 제재절차에서 적법절차(Due Process of Law) 원칙의 적용이 문제된다. 적법절차원칙은 미국 수정헌법 제5조, 제14조에 규정되어 있고, 우리 헌법상으로도 제12조 제1항에 규정되어 있는데, 적정절차를 거치지 않고 생명, 자유 및 재산을 박탈하거나 제한해서는 안된다는 것이다. 문제되는 절차의 성격이 형사절차인가, 행정절차인가 아니면 민사소송인가와는 상관없다.

적법절차의 위반여부는 세 가지 기준에 의해 평가되는데, ① 침해되는 사익의 크기정도, ② 부가적이거나 대안적인 다른 절차를 거쳤더라면 어느 정도 회피될 수도 있었지만 현행 절차를 거침으로 인해 이익이 부당하게 박탈당하게 된 위험의 정도, ③ 관련된 공익의 크기가 그들이다. 따라서 예를 들어 중대한 사익이 침해되었다면 적법절차에 의한 보호필요는 더 커진다. 사익과 공익의 크기에 따라 사전통지, 청문, 증명의 정도, 변호인의 조력을 받을 권리의 보장여부, 증거제출권, 불리한 증인에 대한 심문권, 반대심문권 등의 절차적 권리 중에서 보장의 범위가 결정된다.

미국에서의 적법절차원칙에 따를 때, 행정절차, 민사소송인가 형사소송인가와

City of Seattle, 387 U.S. 541(1967); Marshall v. Barlow's, Inc., 436 U.S. 307(1978) 등이 있다. 부정한 판례로는 Colonnade Catering Corp. v. United States, 397 U.S. 72(1970); United States v. Biswell, 406 U.S. 311(1972); Donovan v. Dewey, 452 U.S. 594(1981); New York v. Burger, 482 U.S. 691(1987); Dow Chemical Co. v. United States, 476 U.S. 227(1986) 등이 있다. 더 자세한 소개는 김영조, 미국 행정법상 행정조사의 법리에 관한 고찰, 토지공법연구, 제21집, 2004.3, 167-171면 참조.

는 상관없이 어떤 제재행위가 징벌적 성격을 갖는다면 그 실질적 성격은 형벌과 마찬가지이므로 형사절차에 준하여 절차적 권리가 보장되어야 한다.

우리나라에서도 과징금으로 가혹한 징벌적 제재를 해오던 것들에 대해서는 점차 징벌적 배상소송으로 그 법적 수단을 전환시키고, 부당이득의 환수와 제재적 성격을 함께 갖는 과징금을 부과할 경우에는 그 절차가 적법절차원칙을 준수할 수 있도록 재설계되어야 한다고 본다.18)

3) 이중위험금지원칙의 적용

(1) 미국법상 이중위험금지원칙의 확대적용

이중위험금지원칙은 동일한 범죄행위에 대해서 두 번 이상 기소되지 않아야 한다는 법원칙이다. 어떤 불법행위에 대해 형사처벌이 규정되어 있을 때, 행정규제나 민사소송을 통해 가해기업이 지불해야 할 배상금이 전보적 성격을 넘어 징벌적(punitive) 성격을 가질 때가 문제된다. 미국 판례는 행정제재조치로 또는 민사판결(예, 징벌적 배상금)로 그것이 부과되더라도 이중위험금지원칙을 위반하여 위헌이라고 한다.19)

과거에는 미국에서 형사처벌이 있었더라도 행정제재조치나 민사소송을 제기하는 것은 허용되는 것이고, 이중위험금지원칙은 원칙적으로 형사처벌 상호 간에만 문제되는 것이었다. 그러나 이 판결[United States v. Halper 490 U.S. 435(1989)] 이후 금전적 제재금이 해당 기업의 법준수를 심리적으로 압박하는 수준을 넘어 보복적 성격을 갖는다면 그것은 형식적 부과주체나 이름을 떠나 그 실질적 성격에 따라 형벌로 평가하도록 바뀌었다. 그 구별기준은 제재금이 징벌적 성격을 갖는가 아니면 손해전보적(remedial) 성격을 갖는가이다. 이때 제재금을 규정한 입법자의 주관적 의도도 고려대상이 될 수 있지만 보다 중요한 것은 제재금을 부과한 객관적 목적에 따라, 그리고 가해기업에게 그 제재금이 갖는 효과에 따라 그 성격이 판단되어야 한다. 다만, 피해액은 정확하게 금전으로 환산될 수 없는 것들도 많으므로 배상금이 피해자에게 발생한 피해액과 정확하게 일치될 필요는 없고 어느 정

18) 헌법재판소의 결정(헌재 2003.7.24. 2001헌가25)에서 반대의 소수의견을 낸 3인의 재판관은 "공정거래위원회는 행정적 전문성과 사법절차적 엄격성을 함께 가져야 하며 그 규제절차는 당연히 '준사법절차'로서의 내용을 가져야" 한다고 한다.

19) United States v. Halper 490 U.S. 435(1989).

도 상회하더라도 징벌적이라고 볼 수는 없다[(United States v. Halper 490 U.S. 435 (1989)].

문제는 미국에서도 징벌적 성격을 갖는 행정제재금액과 손해전보적 성격을 갖는 제재금의 구별은 사건과 가해기업에 따라 달라지기 때문에 어떤 명확한 기준을 제시하기가 대단히 어렵다는 점이다.[20]

(2) 우리나라에서의 이중위험금지원칙의 적용

우리 헌법재판소는 이중처벌금지의 원칙을 규정한 헌법 제13조 제1항, "모든 국민은…… 동일한 범죄에 대하여 거듭 처벌받지 아니한다."는 조항의 해석과 관련하여, 이 원칙은 한 번 판결이 확정되면 동일한 사건에 대해서는 다시 심판할 수 없다는 '일사부재리의 원칙'이 국가형벌권의 기속원리로 헌법상 선언된 것으로서, 동일한 범죄행위에 대하여 국가가 형벌권을 거듭 행사할 수 없도록 하여 국민의 기본권, 특히 신체의 자유를 보장하기 위한 것이라고 할 수 있으므로, 이러한 점에서 헌법 제13조 제1항에서 말하는 "처벌"은 원칙적으로 범죄에 대한 국가의 형벌권 실행으로서의 과벌을 의미하는 것이고, 국가가 행하는 일체의 제재나 불이익처분을 모두 그 "처벌"에 포함시킬 수는 없는 것이라고 한다(헌재 1994.6.30. 92헌바38, 판례집 6-1, 619, 627 참조).

이상과 같은 우리 헌법재판소의 입장은 미국 연방대법원 판례의 입장과는 차이가 있다. 미국의 연방대법원 판례에 나타난 기준을 따를 때에도 징벌적 성격을 갖지 않는 다른 형태의 행정의 금전적 제재처분은 이중위험금지원칙에 반하지 않을 것이다. 하지만, 금전적 제재금의 액수가 당해 기업의 능력에 비추어 너무나 커서 기업의 존립이나 경영의 지속가능성을 위협할 정도로 보복적 성격이나 형벌적 성격을 갖는 정도라면 형벌에 해당되기 때문에 이중위험금지원칙에 따라 위헌이 문제될 것이다.

하지만, 우리 헌법재판소는 이중위험금지원칙을 형식적으로 형벌의 재부과만 금지되는 것으로 좁게 이해하고 있기 때문에, 과징금과 같은 행정제재처분과 형벌 상호 간에는 이중위험금지원칙의 적용이 문제되지 않는다고 보고 있으나, 이 입장은 개방적 합리성의 관점에서 문제될 소지가 있다.[21][22]

20) Kerrigan, Berrettini, Callahan & Entas, a.a.O., p.406.

21) 전삼현, 공정거래법상 과징금의 법적 문제, 상사판례연구 제21집 제3권, 2008, 215-216면도 헌법

우리나라의 과징금부과체계는 개방적 합리성의 도전을 받고 있다. 불법행위를 하는 기업으로부터 실효적인 위험방지를 위해 징벌적 성격의 제재절차의 필요성을 부인할 수 없는 이상 공법과 사법의 제재수단과 제재절차들을 상호보완적으로 재설계하는 것이 시급하게 검토되어야 한다.

이하에서는 징벌적 성격을 갖는 과징금 및 미국의 징벌적 배상소송, 그리고 개혁과제 등과 관련된 쟁점을 더 상세히 살펴보기로 한다.

Ⅲ 기업의 불법행위에 대한 제재수단으로서 과징금과 징벌적 배상소송-그의 역할의 조정과 재설계

1. 기업의 불법행위에 대한 제재수단으로서 과징금

1) 과징금의 개념

과징금은 "행정법상의 의무위반행위에 대하여 행정청이 의무위반행위로 인한 불법적인 이익을 박탈하거나, 혹은 당해 법규상의 일정한 행정명령의 이행을 강제하기 위하여 의무자에게 부과·징수하는 금전"(헌재 2001.05.31. 99헌가18)이라고 할 수 있다. 과징금은 기업들이 불법행위로 얻은 경제적 이득을 박탈하기 위해 '독점규제 및 공정거래에 관한 법률'(1980.12.31. 법률 제3320호로 제정) 제6조에서 처음 도입되었다.

이후 금융실명거래에 관한 법률, 대외무역법, 신용카드업법, 자동차운수사업법, 대기환경보전법, 건설산업기본법 등 70여 개 법령으로 확산되었는데, 그 이유는 정

재판소의 이 판결은 재고되어야 한다고 주장한다. 즉, 과징금부과대상자의 재산적 이익을 국가가 박탈한다는 점을 고려할 때 형식적으로 형사벌과 행정벌을 구분하여 이중처벌금지원칙의 적용여부를 판단하는 것은 "행정편의적이고 국가중심의 법해석론적 입장에 있는 것으로서 21세기의 법치주의정신에 위배되는 전근대적인 법해석론"이며 "관치경제와 사전규제의 정당성을 부여"하는 것이다.

22) 정호경, 공정거래법상 과징금제도의 합헌성, 행정판례평선, 2011, 477면도 "제재적 성격의 과징금이 갖는 실질적 의미에서의 '벌'로서의 성격, 과징금이 국민에게 미치는 효과가 벌금이나 과태료와 거의 동일한 점을 생각할 때, 헌법 제13조 제1항의 '처벌'을 오로지 형벌제재에 국한시키는 것은 지나친 형식논리이다", "제재의 목적으로 부과되는 과징금에 대해서는 형벌에 준하는 수준의 법치주의적 보호장치가 마련되어야 한다."고 한다.

부가 행정상 의무이행확보수단으로서 과징금을 크게 선호했기 때문이었다. 공정거래위원회의 경우, 과거 각 국의 내부기준에 따라 과징금을 매겼으나 지난 1999.4. 16. 공정거래위원회 고시 제1999-5호로 제정된 '과징금부과 세부기준 등에 관한 고시'에 따라 과징금부과기준을 정식 발표하고 있다. 부과기준은 같은 법이라도 위반행위별로 다른데, 예를 들어 부당공동제한 규정을 어기다 적발되면 위반행위기간 중 관련 상품 및 용역의 매출액의 5%가 부과된다(독점규제 및 공정거래에 관한 법률 시행령 제61조, 별표2)

2) 기업의 불법행위에 대한 외국의 법적 대응과 과징금의 비교법적 위치

비교법적으로 볼 때, 외국에서도 불법행위에 대해 금전적 제재처분을 부과하고 있는 예들이 있다. 간략히 살펴본다.

유럽연합의 경우, 불법행위에 대한 제재수단으로서 제재금(fine)이 있는데, 이에 대해서는 'EU조약 제81조 및 제82조에 규정된 경쟁규범의 시행에 관한 규칙(규칙 제1/2003호)' 제23조에서 규정하고 있다. 제재금은 절차규정위반행위에 대해서도 부과할 수도 있고 실체규정위반행위에 대해서도 부과할 수 있는데, 전자는 우리의 과태료, 후자는 우리의 과징금에 상응하는 것이라고 볼 수 있다.

그런데 우리의 과징금의 경우와 달리 제재금을 부과하기 위해서는 불법행위자에게 고의와 과실이 존재해야 한다. 제재금은 부당이득환수의 성격과 제재로서의 성격을 모두 가지고 있는데, 제재금의 액수를 결정함에 있어서는 중대성(gravity)과 기간(duration)이 고려된다. 2006년 이후 제재금은 불법행위를 한 기업의 매출액을 고려하여 결정하도록 하여 제재금액이 불법행위의 실질적 억제효과를 갖도록 바뀌었다.[23]

유럽인권위원회는 제재금과 같은 금전벌에 대하여 실질적 효과를 고려하여 형벌에 해당하는지 여부를 평가하는 입장을 취하고 있다.[24]

독일의 경우, 불법행위에 대한 제재는 질서위반법(Gesetz über Ordnungswidrig-keiten)에 규정된 과태료(Bußgeld)에 의해 주로 이루어지고 우리의 과징금에 상응

23) 홍대식, 공정거래법상 과징금제도의 비교법적 고찰: EU, 독일의 개정내용을 중심으로, 경쟁법연구, 2006, 217면 이하 참조.

24) 홍대식, 위의 논문, 220면.

하는 것은 존재하지 않는다. 독일의 질서위반법 제17조 제1항에서는 "법률에서 다르게 규정하지 않는 한 과태료는 최소 5유로, 최고 1천 유로를 부과한다."고 규정하고 있어서 우리의 과징금과 비교할 때 그 부과한도에 있어 훨씬 낮다는 것을 알 수 있다. 과태료 이외에 독일의 경쟁제한방지법(Gesetz gegen Wettbeberbssbeschränkungen) 제34조와 제34a조에서는 부당이득환수를 규정하고 있다.

일본의 경우, 과징금제도를 도입한 '사적 독점의 금지 및 공정거래의 확보에 관한 법률'(제7조의2 및 제8조)은 그 성격이 부당이득환수에 한정되어 부과횟수나 금액 등에서 제재적 성격을 갖는 한국의 과징금의 경우보다 훨씬 약했다. 하지만, 2005년 이 법률을 개정하여 과징금의 산정률을 기존의 6%에서 10%로 상향조정하였고(동법 제7조의2 제1항), 위반행위의 빈도 등 일정한 객관적 요건을 마련하여 그 요건을 충족하는 때에는 과징금산정비율에 일정비율을 가산하는 과징금가산제도를 도입하였다.[25] 과징금의 산정률을 이처럼 인상하고 가산제도를 도입한 것은 "부당이득으로 의제되는 금액이 아니라 부당이득상당액 이상의 금액을 환수함으로써 과징금의 행정상 제재로서의 기능을 한층 강화하기" 위한 것이었다.[26]

우리나라에서 다양한 법률에서 과징금제도를 도입하고 있는 것과 비교할 때 일본의 경우 과징금제도가 점차 확대도입되고 있지만,[27] 아직도 도입된 법률의 수도 적고 과징금도 여전히 부당이득환수의 성격중심으로 운용되고 단지 제재적 성격이 가미된 것 같다.[28] 이로 인해, 과거부터 일본 규제체계의 불법행위 억제력이 낮은 것으로 평가받아 왔지만 여전히 그 억제력은 충분하지 않은 듯하다.

미국의 경우, 불법행위에 대한 억제는 행정제재처분이 아니라 주로 징벌적 배상소송에 의해 사인이 법원에 소송을 제기하는 방식으로 이루어지고 있다.

---

25) 권종호·맹수석, 일본공정거래법상의 과징금제도에 관한 연구, 법제처연구보고서, 2007, 38-39면 참조.

26) 이원희·김봉환·박종혁, 과징금부과액의 합리화를 위한 정비방안 연구, 법제처 연구보고서, 2013, 47면 참조.

27) 성승제, 일본의 독금법 개정 및 법운영 동향, 외국법제정보 2009.2, 66-67면 참조.

28) 권종호·맹수석, 위의 보고서, 26, 31면.

3) 과징금의 유형과 법적 성격

과징금은 불법행위로 얻은 이익을 박탈하기 위한 과징금인 일반형과 불법행위로 인해 인·허가받은 사업의 정지처분을 하는 대신에 부과하는 과징금인 변형형으로 구별해왔다. 일반형인 과징금은 행정벌의 부과에 따른 전과자를 양산하는 부작용을 피하면서 행정법상의 의무이행을 확보할 수 있는 장점을 갖고, 변형된 과징금은 공익적 성격을 갖는 사업이나 많은 노동자를 고용하고 있는 기업의 인·허가권을 취소함으로써 나타나는 사회적 부작용을 피해 취소나 정지를 대체하는 목적을 갖는다.[29)]

과징금의 법적 성격에 관해서는 부당이득환수설과 행정제재설이 있는데, 행정재량의 인정여부에 있어 차이가 난다. 부당이득환수설은 과징금은 위법행위로 인한 부당한 이득의 발생이 있을 때만 부과될 수 있고, 과징금의 산정도 부당이득에 대해서 부과되어야 하기 때문에 행정은 일정한 세부기준을 마련해 놓고 그에 따라 부과하여야 하며 부과금액의 결정에 있어 재량이 없다고 본다. 이에 대하여 행정제재설은 과징금은 부당이득의 발생여부와 상관없이 불법행위가 있었다는 사실로 충분하고 과징금의 산정도 부당이득과 연계되지 않고 불법행위에 대한 제재적 효과를 얻을 수 있는 금액을 행정이 재량권을 가지고 결정해야 한다고 본다.[30)]

공정거래법상으로는 시장지배적 사업자의 부당한 가격인상에 대해 공정거래위원회가 가격인하명령을 내렸음에도 불구하고 그것을 위반한 경우에 부과할 수 있는 과징금은 부당이득환수로서의 성격을 가지지만, 대규모 기업집단의 상호출자금지위반, 출자총액제한위반, 채무보증제한위반, 사업자의 재판매가격유지행위, 부당한 국제계약의 체결을 이유로 부과되는 과징금은 행정제재적 성격을 갖는 과징금으로 분류한다. 또 시장지배적 사업자의 비가격남용행위, 사업자의 부당한 공동행

---

29) 신봉기, 경제규제입법에 있어서 과징금제도의 내용과 문제점, 법학논총(단국대 법과대학) 1992, 167-185면; 이상철, 과징금의 유형구분과 그 법적 성질, 법제 1998, 1월호, 81면 이하. 교과서에서도 이분법을 따르는 것이 보통이지만 김종두, 현행법상 과징금제도에 관한 고찰, 입법조사월보 1988, 1월호, 1면 이하는 부과금이라 불리우는 것도 유사과징금으로 분류하여 3분법을 제시하기도 한다.

30) 김원준, 과징금제도의 활성화방안, 공정거래 1991.3, 260-261면; 김호정, 새로운 행정제재수단으로서의 과징금제도, 한국외대외법논집 2000.12, 321-326면; 이헌석, 환경규제 수단으로서 과징금제도, 서원대사회과학연구 1998.2, 201-203면.

위 및 불공정거래행위에 대한 과징금은 부당이득의 환수적 성격과 행정제재적 성격을 동시에 가지고 있다고 본다.[31)]

4) 과징금액의 결정

과징금의 액수를 산정함에 있어서 고려되는 기준들을 살펴보면, 가해기업이 야기한 해악 또는 피해의 크기, 가해기업의 행위에 나타난 그의 의도(예, 가해기업은 언제부터 그 행위가 불법행위임을 알고 있었는가, 피해를 주고 있다는 사실을 알고 있었는가 등), 가해기업의 자산이 3대 기준이 되고 있다.

1996년 12월 30일 신설된 독점규제 및 공정거래에 관한 법률 제55조의3 제1항은 공정거래위원회가 과징금을 부과함에 있어 그 금액을 판단하는 기준으로 위반행위의 내용 및 정도, 위반행위의 기간 및 횟수, 위반행위로 인해 취득한 이익의 규모 등의 3대기준을 제시하고 있다. 위반행위의 내용 및 정도, 기간이나 횟수, 이익규모에서 충분히 해당 기업의 악의성이나 반사회적 태도를 판단할 수 있으므로, 우리나라의 과징금부과처분은 징벌적 성격의 제재기능과 손해전보적 기능을 함께 수행해왔다고 할 수 있을 것이다.

5) 과징금에 대한 우리나라의 판결례

헌법재판소에서 과징금에 대한 법적 쟁점으로 등장했던 것들은 동일한 불법행위에 대해 과징금을 부과하였음에도 다시 벌금과 같은 형사처벌까지 과하는 경우 이중처벌금지원칙을 위반한 것이 아닌가, 과다한 과징금은 과잉금지원칙이나 평등원칙을 위반한 것이 아닌가 하는 점 등이었다.

헌법재판소는 2001년의 결정에서 과징금부과규정이 이중위험금지원칙은 위반하지 않는다고 하면서도 장기미등기자에 대하여 부동산가액의 100분의 30에 해당하는 과징금을 부과할 수 있도록 규정한 부동산실명법 제10조 제1항 본문이 과잉금지의 원칙이나 평등의 원칙에 위반된다고 판시하였다(헌재 2001.05.31. 99헌가18).

그리고 공정거래위원회에 의한 과징금부과처분의 위헌을 본격적으로 상세하게

---

31) 허찬무 · 신영호, 사업자단체의 공정거래위반행위에 참가한 사업자에 대한 과징금에 대한 소고, 공정경쟁 1999.5, 24면.

다룬 2003년의 결정문에서 다수의견은 다음과 같이 기본입장을 제시하였다.

> "행정권에는 행정목적 실현을 위하여 행정법규 위반자에 대한 제재의 권한도 포함되어 있으므로, '제재를 통한 억지'는 행정규제의 본원적 기능이라 볼 수 있는 것이고, 따라서 어떤 행정제재의 기능이 오로지 제재(및 이에 결부된 억지)에 있다고 하여 이를 헌법 제13조 제1항에서 말하는 국가형벌권의 행사로서의 '처벌'에 해당한다고 할 수 없는바, 구 독점규제 및 공정거래에 관한 법률 제24조의2에 의한 부당내부거래에 대한 과징금은 그 취지와 기능, 부과의 주체와 절차 등을 종합할 때 부당내부거래 억지라는 행정목적을 실현하기 위하여 그 위반행위에 대하여 제재를 가하는 행정상의 제재금으로서의 기본적 성격에 부당이득환수적 요소도 부가되어 있는 것이라 할 것이고, 이를 두고 헌법 제13조 제1항에서 금지하는 국가형벌권 행사로서의 '처벌'에 해당한다고는 할 수 없으므로, 공정거래법에서 형사처벌과 아울러 과징금의 병과를 예정하고 있더라도 이중처벌금지원칙에 위반된다고 볼 수 없으며, 이 과징금 부과처분에 대하여 공정력과 집행력을 인정한다고 하여 이를 확정판결 전의 형벌집행과 같은 것으로 보아 무죄추정의 원칙에 위반된다고도 할 수 없다"(헌법재판소 2003.7.24. 2001헌가25 결정).

다수의견에 나타난 헌법재판소의 입장은 부동산 실권리자명의 등기에 관한 법률의 과징금은 "헌법 제13조 제1항이 금지하는 이중처벌금지의 원칙이 적용될 여지가 없다."고 한 결정에서도 확인된다(헌법재판소 2011.6.30. 2009헌바55 결정; 헌법재판소 2012.4.24. 2011헌바62 결정).

또 헌법재판소는 최근의 결정에서도 동일한 입장을 확인하고 있다.

> "과징금부과조항에 의한 과징금은 부당이득의 환수뿐만 아니라 제재를 통한 부당한 공동행위의 억지에도 목적이 있으므로, 입법자는 위반행위를 보다 효율적으로 차단하고 시장의 경쟁질서를 효과적으로 회복 · 유지하게 될 것인가라는 정책적 관점에서 과징금의 상한을 정할 수 있다. 그런데 사업자가 부당한 공동행위를 하는 것은 경제적 이익을 얻고자 함이므로, 사업자가 부당한 공동행위로 '얻을 수 있었던 이익'을 환수할 만한 액수의 과징금을 부과한다면, 사업자는 부당한 공동행위를 할 동기를 잃게 된다. 이에 입법자는 사업자가 부당한 공동행위로 획득한 경제적 이익과 사업자의 일반적인 경제적 능력을 동시에 반영하는 '매출액'이 과징금 상한의 지표로 적정하다고 보아, 그 10% 이내로 과징금의 상한을 정한 것인데, 이러한 입법자의 판단이 합리성을 결여하였

다고 보기 어렵다"(헌재 2016.4.28. 2014헌바60 등).

하지만, 2003년 헌법재판소의 결정(헌법재판소 2003.7.24. 2001헌가25 결정)에서 소수의견은 과징금의 위헌성문제에 관하여 다음과 같이 의견을 제시했었는 데 주목할 만하다.

"위 과징금은 부당하게 다른 회사를 지원한 기업에게 가해지는 제재금으로서 부당지원자에게 부과되는 것이지, 피지원자에게 부과되는 것이 아니므로 비록 형벌은 아니라고 하더라도 부당지원행위에 대한 응징 내지 처벌로서의 의미를 가지고 있는 바, 비록 기업의 부당지원행위를 응징하고 처벌하는 것이 필요하다 하더라도 위법행위와 그에 대한 처벌 내지 제재 사이에는 정당한 상관관계가 있어야 한다는 헌법상의 자기책임의 원리는 지켜져야 하는 바, 매출액의 규모와 부당지원과의 사이에는 원칙적으로 상관관계를 인정하기가 곤란하므로, 부당지원행위에 대하여 매출액을 기준으로 과징금을 부과할 수 있도록 하는 것은 부당지원이라는 자기의 행위와 상관관계가 없는 매출액이라는 다른 요소에 의하여 책임의 범위를 정하는 것이 되어 자기책임의 원리에 위배된다.

한편, 공정거래위원회는 행정적 전문성과 사법절차적 엄격성을 함께 가져야 하며 그 규제절차는 당연히 '준사법절차'로서의 내용을 가져야 하고, 특히 과징금은 당해 기업에게 사활적 이해를 가진 제재가 될 수 있을 뿐만 아니라 경제 전반에도 중요한 영향을 미칠 수 있는 것임을 생각할 때, 그 부과절차는 적법절차의 원칙상 적어도 재판절차에 상응하게 조사기관과 심판기관이 분리되어야 하고, 심판관의 전문성과 독립성이 보장되어야 하며, 증거조사와 변론이 충분히 보장되어야 하고, 심판관의 신분이 철저하게 보장되어야만 할 것인데도, 현행 제도는 이러한 점에서 매우 미흡하므로 적법절차의 원칙에 위배된다"(헌재재판관 3인의 반대의견).

"위 과징금 조항이 적법절차의 원칙에 위배된다는 점에서는 위 재판관 3인의 반대의견과 입장을 같이하며, 나아가 위 과징금은 부당이득환수적 요소는 전혀 없이 순수하게 응보와 억지의 목적만을 가지고 있는 실질적 형사제재로서 절차상으로 형사소송절차와 전혀 다른 별도의 과징금 부과절차에 의하여 부과되므로 행정형벌과는 별도로 거듭 처벌된다고 하지 않을 수 없어 이중처벌금지의 원칙에 위반되고, 위반사실에 대한 확정판결이 있기 전에 이미 법 위반사실이 추정되어 집행되고, 집행정지를 신청할 수 있는 당사자의 절차적 권리도 배제되어 있으므로 무죄추정원칙에도 위배된다"(헌재 재판관 1인의 반대의견).

대법원은 제재적 성격의 과징금부과처분에 대해 합헌성을 긍정하였다. 즉, 대법원은 "부당지원행위를 한 지원주체에 대한 과징금은 그 취지와 기능, 부과의 주체와 절차 등을 종합할 때 부당지원행위의 억지(억지)라는 행정목적을 실현하기 위한 입법자의 정책적 판단에 기하여 그 위반행위에 대하여 제재를 가하는 행정상의 제재금으로서의 기본적 성격에 부당이득환수적 요소도 부가되어 있는 것이라고 할 것이어서 그것이 헌법 제13조 제1항에서 금지하는 국가형벌권 행사로서의 처벌에 해당한다고 할 수 없으므로 구 독점규제 및 공정거래에 관한 법률에서 형사처벌과 아울러 과징금의 부과처분을 할 수 있도록 규정하고 있다 하더라도 이중처벌금지원칙이나 무죄추정원칙에 위반된다거나 사법권이나 재판청구권을 침해한다고 볼 수 없고, 또한 같은 법 제55조의3 제1항에 정한 각 사유를 참작하여 부당지원행위의 불법의 정도에 비례하여 상당한 금액의 범위 내에서만 과징금을 부과할 수 있도록 하고 있음에 비추어 비례원칙에 반한다고 할 수도 없다."고 했다(대법원 2004.04.09. 선고 2001두6197 판결). 또 다른 판결에서 대법원은 "부당지원행위에 대한 과징금은 부당지원행위 억지(억지)라는 행정목적을 실현하기 위한 행정상 제재금으로서의 기본적 성격에 부당이득환수적 요소도 부가되어 있는 것으로서, 이중처벌금지원칙에 위반된다거나 무죄추정의 원칙에 위반된다고 할 수 없고, 적법절차원칙이나 사법권을 법원에 둔 권력분립의 원칙에 위반된다고 볼 수 없다."고 했다(대법원 2004.04.23. 선고 2001두6517 판결).

하지만, 대법원도 과징금에 대해서는 다른 금전적 제재처분과 달리 상당히 특수하게 다루고 있다. "구 독점규제 및 공정거래에 관한 법률상의 불공정거래행위인 사원판매행위에 대하여 부과된 과징금의 액수가 법정 상한비율을 초과하지 않는다고 하더라도 그 사원판매행위로 인하여 취득한 이익의 규모를 크게 초과하여 그 매출액에 육박하게 된 경우, 불법적인 경제적 이익의 박탈이라는 과징금 부과의 기본적 성격과 그 사원판매행위의 위법성의 정도에 비추어 볼 때 그 과징금 부과처분은 비례의 원칙에 위배된 재량권의 일탈·남용에 해당한다."고 하였다(대법원 2001.02.09. 2000두6206). 또 금전부과처분에 대한 집행정지결정에 소극적이었던 법원이 과징금부과처분에 대해서는 "과징금납부명령의 처분이 사업자의 자금사정이나 경영전반에 미치는 파급효과가 매우 중대하다는 이유로 그로 인한 손해는 효력정지 내지 집행정지의 적극적 요건인 '회복하기 어려운 손해'에 해당한다."고 하였다(대법원 2001.10.10. 2001무29).

2. 징벌적 배상소송(Punitive Damage)

1) 미국법상 징벌적 손해배상

(1) 미국법상 징벌적 배상소송의 의의와 연혁

미국의 징벌적 배상소송은 특히 불법행위를 한 기업에게 폭력적·억압적·악의·기망·중과실 등 특별히 그 사정이 가중될 만한 사유가 있을 경우, 배상금액에 대해 피해자가 입은 피해금액이 아니라 가해자가 사회에 야기한 비용전부가 기준이 되도록 하여 기업이 사회에 야기한 피해를 그 자신의 비용으로 내부화하도록 설계된 제도이다.32) 가해자가 악의적인 행위를 통해 이익을 얻을 수 없도록 사회에 야기한 피해비용전부를 사회에 지불하게 하려는 것이다.

예를 들어, 피고가 수천 명의 고객을 상대로 사기판매를 하였을 때, 각 거래의 액수는 비교적 적은 금액이지만 이들 총액은 거액인 경우, 징벌적 손해배상의 인정 여부를 판단할 때는 피해자 중 특정인만이 소송을 제기한 경우에도 전체의 총액을 기준으로 판단한다. 왜냐하면, 피고는 사기판매로 인하여 원고뿐만 아니라 다른 매수인들에게 손해를 입혔을 뿐만 아니라, 그 사실을 알고 있었음에도 자신의 이익을 위해 타인에게 손해를 끼쳐도 좋다는 사악한 동기에 의한 행위이기 때문이다.

징벌적 손해배상(punitive damage)제도는 처음에는 집행실패의 문제를 해결하기 위하여 영국의 관습법(common law)에서 출현하였다. 1275년 2배의 손해배상을 인정하는 입법이 영국의회에 의해 제정되고, 그 제도가 19세기 중엽 이후 미국에서 인정된 후 연방과 각 주의 법률에 규정되어 확대되었다. 이 제도는 사법적 제도로서 과징금부과처분과 같은 공법적 수단과는 다르다.

법을 위반한 자가 그 위반으로 얻게 되는 편익이 피해자의 소송 등에 의해 지불해야 할 비용보다 높은 경우 법집행은 실패할 수밖에 없다. 그래서 징벌적 배상

32) Robert A. Klinck, The Punitive Damage Debate, *Harvard Journal on Legislation* 2001, p.479.

소송제도는 악의적인 고의의 불법행위자를 제재하기 위하여 불법행위의 억제(deterrence)기능, 손해전보(compensation)기능 이외에 보복(retribution)기능도 갖도록 설계·운영되고 있다.

(2) 미국법상 징벌적 배상액의 산정

징벌적 배상소송에서 배상금액은 전보적 배상의 경우보다 크게 증가할 수 있다. 이로 인해, 기업들은 막대한 배상금지출을 막기 위하여 피해자들이나 반대기업들과 화해계약을 체결하는 현상이 크게 증가하고 있다.[33]

징벌적 배상액은 어느 정도이어야 하는가? 이의 결정과 산정에는 상당한 불확실성이 존재한다. 가해자가 야기한 총사회비용과 집행실패의 정도를 정확하게 평가하는 것은 어려움이 있어 미국에서도 상당한 논쟁이 벌어지고 있다. 전보적 배상액뿐만 아니라 피고의 지불능력과도 관련되어 있어서 다양한 요인들이 고려되어야 한다.

오늘날 전형적으로 사용하는 방법에 따를 때, 징벌적 배상액은 전보적 배상액에 징벌승수(punitive multiple)를 곱하는 방식을 사용하는 데, 이론적으로는 징벌승수는 가해자가 야기한 사회적 비용이 내부화될 수 있도록 총사회적 비용을 전보적 배상액으로 나눈 금액이 될 것이다.

징벌적 배상소송에서 배상금액이 너무 과도한 것을 비판하는 입장에서는 억제기능만을 담당하고 보복적 기능을 갖지 말아야 한다고 주장한다.[34] 하지만, 이 견해보다는 가해자의 행위가 특히 의도적이고 악의적일 경우에 대응하기 위하여 보복적 기능을 유지하는 것이 필요하다는 의견이 강하고 현재 미국의 제도도 보복적 기능도 수행하고 있다. 다만, 보복적 성격을 갖는다 하더라도 불법행위의 방지에 도움이 되면서도 뜻밖의 부작용이 사회에 초래되지 않도록 해야 한다고 지적되고 있다.[35] 특히, 징벌적 손해배상소송을 통해 과다한 배상금액이 결정되어 기업에 치명타를 입혀 결국 사회적으로도 바람직하지 않은 경우가 있을 수 있다는 점이 문

33) Charles A. Sullivan, Enforcement of Government Antitrust Decrees by Private Parties: Third Party Beneficiary Rights and Intervenor Status, *University of Pennsylvania Law Review*, 1975, pp. 822−895.

34) David Luban, A Flawed Case Against Punitive Damages, *Georgia Law Journal* 1998, pp.378−379.

35) Steven Garber, Punitive Damages and Deterrence of Efficiency−Promoting Analysis: a Problem without a Solution?, *Stanford Law Review* 2000, pp.1809−1820.

제되고 있다.[36]

징벌적 배상제도에 대해 지금까지 제안된 주요 개선안들은 배상금액에 일정한 한도를 설정하는 것, 아마추어인 배심원들이 금액을 산정하는 약점을 보완하는 것, 불법행위자의 고의나 악의를 엄격하게 입증하도록 입증의무를 강화시키는 것, 배상금액산정을 위한 상세한 기준을 마련하는 것 등이 있다.[37]

2) 우리 법상 징벌적 배상소송의 도입

우리나라에서도 몇 개의 특별법들에서 개인이 입은 손해액의 한도를 넘는 징벌적 배상소송이 도입되기 시작했다. 하지만, 아직은 징벌적 성격이 매우 약하다.

우리나라에서도 2011년 3월 29일 하도급거래 공정화에 관한 법률 제35조에서 처음으로 징벌적 손해배상제도를 도입했다. 이 법은 원사업자가 고의 또는 과실이 없음을 증명하지 않는 한, "취득한 기술자료를 유용함으로써 손해를 입은 자가 있는 경우에는 그 자에게 발생한 손해의 3배를 넘지 아니하는 범위에서 배상책임을 진다."고 규정하였다. 이 법률은 2013년 개정되어 부당한 단가인하 요구와 발주취소행위, 반품행위를 한 사업자에 대해서도 징벌적 손해배상을 할 수 있게 하였다.

또 2013년 개정법률 제35조 제3항에서는 배상에서 고려할 기준들을 상세히 열거하였다. 1. 고의 또는 손해 발생의 우려를 인식한 정도, 2. 위반행위로 인하여 수급사업자와 다른 사람이 입은 피해규모, 3. 위법행위로 인하여 원사업자가 취득한 경제적 이익, 4. 위반행위에 따른 벌금 및 과징금, 5. 위반행위의 기간·횟수 등, 6. 원사업자의 재산상태, 7. 원사업자의 피해구제 노력의 정도.

이 법률에서 도입한 징벌적 손해배상액의 결정기준인 '발생한 손해의 3배'와 고려해야 할 기준에 관한 내용은 이후의 법률들에서 거의 그대로 출현하고 있어 우리나라의 입법모델이 되고 있다. 다만, 다른 법률들에서는 원사업자의 고의 또는 중과실의 경우에만 징벌적 배상책임을 지도록 규정하고 있다.

신용정보의 이용 및 보호에 관한 법률(2015.3.11.)은 제43조 제2항에서 "신용정보회사 등이나 그 밖의 신용정보 이용자가 고의 또는 중대한 과실로 이 법을 위반

---

36) Cass R. Sunstein, Daniel Kahneman & David Schkade, Assessing Punitive Damages, *Yale Law Journal* 1998, pp.2071–2151.

37) Robert A. Klinck, The Punitive Damage Debate, *Harvard Journal on Legislation* 2001, p.472.

하여 개인신용정보가 누설되거나 분실·도난·누출·변조 또는 훼손되어 신용정보주체에게 피해를 입힌 경우에는 해당 신용정보주체에 대하여 그 손해의 3배를 넘지 아니하는 범위에서 배상할 책임이 있다. 다만, 신용정보회사 등이나 그 밖의 신용정보 이용자가 고의 또는 중대한 과실이 없음을 증명한 경우에는 그러하지 아니하다."고 규정하여 소송을 제기한 자가 입은 피해액을 넘은 배상액의 청구를 인정하고 있다.

개인정보보호법(2015.7.24.)은 제39조 제3항에서 "개인정보처리자의 고의 또는 중대한 과실로 인하여 개인정보가 분실·도난·유출·위조·변조 또는 훼손된 경우로서 정보주체에게 손해가 발생한 때에는 법원은 그 손해액의 3배를 넘지 아니하는 범위에서 손해배상액을 정할 수 있다. 다만, 개인정보처리자가 고의 또는 중대한 과실이 없음을 증명한 경우에는 그러하지 아니하다."고 규정하여 징벌적 손해배상제도를 도입했다.[38)]

이외에도 정보통신망 이용촉진 및 정보보호 등에 관한 법률 제32조 제2항에서는 2016.3.22. 개정으로 위에서와 동일한 내용의 배상제도를 도입하였다. 또 2016.12.23. 제정시행된 대리점거래의 공정화에 관한 법률 제34조 제2항은 공급업자가 구입강제행위나 경제상 이익의 제공 강요행위 등 불공정거래행위를 하여 대리점에게 손해를 입힌 경우에는 대리점에게 발생한 손해의 3배를 넘지 아니하는 범위에서 배상책임을 지도록 규정했다.

3. 징벌적 성격의 제재절차의 설계와 집행에 있어 공사법 역할의 재조정

1) 불법행위에 대한 금전적 제재절차의 개혁

우리 사회에서 발전국가시대의 유산인 행정의 권위주의적 성격을 극복하면서도 시장경제의 규칙을 위반하는 기업들의 불법행위에 대해 효과적인 억제방법의 정착이 절실한 과제가 되고 있다.

---

38) 하지만, 소송을 제기한 자가 입은 손해액의 3배라는 기준은 개인정보침해로 특정인이 입은 손해가 매우 작은 경우에는 실효성이 떨어진다. 개인정보유출에 따른 손해배상금액이 10~30만 원이 주류를 이루고 있는 현 상황에서 3배 이하의 손해배상금액은 현실성이 없다. 송동수·성기만, 개인정보유출에 대한 구제방안으로서의 징벌적 손해배상, 한국토지공법학회, 토지공법연구 제67집, 2014, 196면.

기업활동의 자유보장과 기업의 불법행위에 대한 정부와 사회의 제어능력의 관점에서 볼 때 어떤 방향으로 개혁되어야 하는가? 소송을 제기한 피해자가 입은 손해만을 배상해주는 전보적 배상제도만으로는 가해자의 불법적인 영리욕구를 제어할 수 없어 집행실패가 야기될 수밖에 없으므로 우리 사회에도 가해자가 사회전체에 야기한 비용의 배상을 목적으로 하는 제도가 필요하다. 그 방법이 징벌적 손해배상제도를 도입하는 것이어야 하는가, 아니면 징벌적 기능을 수행하는 금전적 제재처분이어야 하는가?

우리 국가의 법치주의적 특성과 장점을 충분히 고려하면서도 글로벌 사회에 적합한 불법행위억제수단들을 확보하기 위해서 기존의 행정제재처분과 민사소송의 역할을 재검토하여 조정할 필요가 있다. 민사소송과 행정제재수단들은 각 당사자들의 이해관계에 서로 다른 정도로 영향을 미치는데, 재조정에서는 그러한 이해관계의 변화도 고려되어야 한다.[39] 또 기업의 불법행위에 대한 제재시스템의 설계에 있어서는 현실적 가해자와 현실적 피해자뿐만 아니라 잠재적 가해자와 잠재적 피해자라는 네 당사자들의 이해관계가 적절히 고려되어야 한다.

위와 같은 요인들을 고려했을 때, 필자로서는 금전적 제재시스템의 개혁방향은 제재주체의 측면에서는 행정단독이 아니라 사인에게 더 주도권을 인정하고 사법부와의 협력을 강화하는 방향이어야 하고, 제재금액의 측면에서는 불법행위로 특정 개인에게 야기된 피해금액이 아니라 사회전체에 야기된 피해금액의 배상의 측면으로 나아가야 한다고 본다.[40]

다만, 우리나라의 징벌적 제재수단들에 대해서는 민주적 법치사회의 기준에 적합하도록 부과절차에 대해 엄격성을 요구해야 할 것이다. 미국에서도 징벌적 손해배상제도는 가해자에게 가혹한 제재가 가해지는 점을 고려하여 가해자가 악질적으로 침해를 의도하였거나 다른 사람의 권리 또는 이익을 의식적으로 현저하게 무시

39) Neil K. Komesar, Injuries and Institutions: Tort Reform, Tort Theory, and Beyond, *N.Y.U. Law Review* 1990, pp.23－77.

40) 비교법적으로 볼 때, 유럽도 미국에 비하여 행정에 의한 규제집행으로부터 사인에 의한 규제집행으로의 변화가 상대적으로 더디었으나, 최근에는 사인이 소송을 직접 제기할 수 있는 문이 넓어지면서 규제집행의 중심주체가 행정부로부터 시장과 사인으로 옮겨가고 있다. Rodger, MacCulloch, Community Competition Law Enforcement Deregulation and Re－regulation: The Commission, National Authorities and Private Enforcement, *Columbia Journal of European Law* 1988, pp. 579－612.

하였다는 명백하고 확고한 증거를 원고가 제시하도록 함으로써 매우 엄격한 입증의무를 원고에게 지우고 있다는 점을 고려한다면, 이러한 제약은 필요하다 할 것이다.

우리나라는 기업의 불법행위에 대한 제재를 함에 있어 행정기관의 과징금부과처분에 과도하게 의존을 하고 있다.[41] 강제금부과처분이나 과태료처분 등과 비교할 때 과징금은 그 액수가 수천억 원까지 증가하면서 기존의 재량이론으로는 적절히 통제할 수 없게 되었다. 행정청에게 과도한 재량이 인정되어 있는 반면 이해관계인들과 소비자들의 권익보호를 위한 기회와 절차는 매우 협소하여, 재량권의 남용위험과 그에 대한 통제능력의 부족이 문제된다 할 것이다.

2) 과징금의 재분류와 부과절차의 재설계

(1) 현행법상 과징금제도의 개선을 위한 비형벌적 과징금과 형벌적 과징금의 구별

우리나라에서 기업들에 대해 부과하는 과징금은 기업들의 불법행위를 통해 얻은 이익을 환수하는 목적도 가지지만 더 나아가 기업들의 악의적 의도가 명백한 경우에는 보복적 성격을 가질 수 있고, 이 성격 때문에 과징금액수가 크게 증가한 경우도 찾아볼 수 있다. 이러한 경우, 과징금부과처분은 이중위험금지원칙이나 적법절차원칙 또는 비례원칙의 위반여부가 문제될 수 있다.

징벌적 배상소송은 손해전보(compensation)기능, 억제(deterrence)기능, 보복(retribution)기능을 수행하고 있다. 과징금의 성격에 관한 학설 중 부당이득환수설에 적합한 과징금은 손해전보기능에 대응한다고 볼 수 있고 비형벌적 성격의 과징금이라 할 수 있을 것이다. 그렇지만, 과징금의 성격에 관한 학설 중 제재금설에 적합한 과징금 중 일부는 형벌의 성격을 갖는 것으로 징벌적 배상금의 억제기능과 보복기능을 적극적으로 수행하고 있다고 본다.

현행법상 부과되는 과징금은 형벌적 과징금과 비형벌적 과징금으로 나눌 수 있다고 본다. 양자에 대해서는 형벌적 과징금의 사례에 해당되는 것들의 경우에는 법원이 재판으로 결정하고 비형벌적 과징금의 경우에는 행정청이 결정하도록 그의 결정권자가 달라져야 한다.

어떤 과징금이 부당한 경제적 이익의 환수라는 성격은 없고 오로지 행정제재적

41) 박윤흔, 과징금 제도가 분별없이 도입되고 있다, 고시계 2006.6, 12-13면.

성격만을 가질 경우, 당해 과징금과 더불어 행정형벌이 함께 규정되어 있다면 당해 과징금이 헌법상의 이중처벌금지원칙이나 과잉금지원칙에 저촉될 우려가 있고, 제재적이고 보복적 성격의 과징금은 자칫 국민의 기본권보장을 위해 마련된 절차적 보장 장치들을 회피하는 행정편의주의적인 수단으로 오용될 우려도 있다.42) 때문에 행정이 부과할 수 있는 제재금이 제재적 목적이나 보복적 목적으로 과다하게 부과되어서는 안된다.

미국 수정헌법 제8조는 과다한 벌금이나 보석금은 허용되지 않는다고 규정하고 있고, 우리 헌법 제37조 제2항도 비례원칙을 규정하고 있다. 하지만, 미국 판례는 징벌적 배상소송에는 과다한 벌금금지원칙은 적용되지 않고 행정의 제재금부과처분에만 적용된다고 하고 있어,43) 미국에서도 행정규제와 민사판결에 적용되는 법원칙간에 상이한 점이 있다.

미국의 상황을 보더라도 한국에서 과징금의 방식으로 형벌적 제재를 과하는 방식은 지양하고 징벌적 배상소송과 같은 소송을 통해 제재를 추구하는 방식이 적합하다고 본다.44) 그것이 형벌의 경우, 법원만이 부과할 수 있는 시스템과도 맞고, 또 글로벌 스탠더드(global standard)에도 적합할 것으로 생각한다.45)

과징금이 보복적일 때 그것은 형벌적 성격을 갖기 때문에 형사처벌에 준하여 절차적 권리가 충분히 보장되지 않으면 안된다. 따라서 형벌적 성격을 갖는 일정금

42) 동지. 정호경, 공정거래법상 과징금제도의 합헌성, 행정판례평선, 2011, 473, 477-479면. 헌법 제13조 제1항의 이중처벌금지 및 무죄추정원칙 등은 비례원칙과 더불어 마땅히 제재적 성격의 과징금에 대한 헌법적 심사기준이 되어야 할 것이다. 부당이득환수적 성격의 과징금은 비례원칙에 의한 심사를 받는 데 반하여, 제재적 성격의 과징금은 비례원칙외에 이중처벌금지, 무죄추정원칙 및 강화된 적법절차원칙과 같은 헌법원칙들이 함께 심사기준이 되어야 한다.

43) Browning-Ferris Indus. v. Kelco Disposal, 492 U.S. 257(1989)은 600만 달러의 징벌적 배상금을 부과한 사건이었는데 과다한 벌금금지원칙은 징벌적 배상소송에는 적용되지 않는다고 한다.

44) 매출액기준으로 징벌적 성격의 과징금을 부과하는 것은 법치주의의 요소인 명확성의 원칙의 관점에서 문제될 수 있다. 이봉의, 공정거래법의 과징금 산정과 법치국가원리, 경쟁법연구 제24권, 2011, 19면. "관련 매출액이란 법위반행위로 인하여 직접 또는 '간접적으로' 영향을 받는 상품의 매출액이라는 점에서 기본과징금의 산정에 관한 한 예측가능성이 매우 낮고, 경우에 따라서는 법위반행위와 전혀 무관한 매출액이 포함될 소지도 있다는 점에서 수범자에게 충분한 명확성을 담보하기 어렵다."

45) 전삼현, 공정거래법상 과징금의 법적 문제, 상사판례연구 제21집 제3권, 2008, 216면도 "경제력집중에 대한 규제를 과징금을 통하여 실효성을 확보하고자 하는 국가는 없다는 점에서도 국제적 정합성과 관련하여 볼 때 글로벌 스탠더드에 부합하지 않는다."고 한다.

액 이상의 금전적 제재는 기업이 악의적으로 또는 명백한 반사회적 태도로 불법행위를 했다는 것이 드러나야 부과할 수 있고, 그 방법도 소송을 통해 법원이 결정하도록 하는 것이 다른 형사처벌의 경우와 형평에 맞을 것이다.[46)]

부과할 수 있는 과징금의 액수를 유형화하여 일정한 화폐금액이나 아니면 가해자가 얻은 이익 등을 기준으로 하여 일정한 정도까지만 상회할 수 있도록 제한을 가해야 한다. 예를 들어, 100억 원 이상의 금전적 제재나 매출액기준 몇 % 이상의 금전적 제재는 소송을 통해 결정하도록 하는 것이 타당할 것이다.

(2) 비형벌적 과징금절차의 재설계

가혹한 금전적 제재는 소송을 통하여 해결한다고 하더라도 행정기관은 일정금액 이하의 과징금을 여전히 부과할 수 있고, 그 과징금의 성격도 반드시 부당이득환수적 성격만을 갖는 것은 아니고 제재적 성격을 갖는 것도 일정 한도 내에서는 부과할 수 있다고 본다.[47)][48)] 다만, 일정금액 이하여야 한다. 이때의 과징금은 제재적 성격은 갖지만 형벌이라고 볼 수는 없기 때문에 이중위험금지원칙은 위반하지 않는다고 본다.[49)]

부당이익환수의 범위를 넘어서 제재적 성격의 과징금을 부과할 때, 부당이득환수적인 과징금과는 달리 과징금을 부과하는 기준이 너무 막연한 점이 문제이다. 이

46) 헌법재판소의 결정(헌재 2003.7.24. 2001헌가25)에서 반대의 소수의견을 낸 김영일 재판관은 "위 과징금은 부당이득환수적 요소는 전혀 없이 순수하게 응보와 억지의 목적만을 가지고 있는 실질적 형사제재로서 절차상으로 형사소송절차와 전혀 다른 별도의 과징금 부과절차에 의하여 부과되므로 행정형벌과는 별도로 거듭 처벌된다고 하지 않을 수 없어 이중처벌금지의 원칙에 위반되고, 위반사실에 대한 확정판결이 있기 전에 이미 법 위반사실이 추정되어 집행되고, 집행정지를 신청할 수 있는 당사자의 절차적 권리도 배제되어 있으므로 무죄추정원칙에도 위배된다."고 했다.

47) 이봉의, 공정거래법의 과징금 산정과 법치국가원리, 경쟁법연구 제24권, 2011, 9면은 "과징금의 성격을 일차적으로 부당이득환수에서 찾고, 순수하게 제재적 성격의 과징금은 보충적 내지 예외적으로 인정하는 것이 타당할 것이다."고 하고 있다.

48) 이와 달리, 과징금은 부당이득환수목적에 한정되어야 한다는 주장도 존재한다. 전삼현, 공정거래법상 과징금의 법적 문제, 상사판례연구 제21집 제3권, 2008, 216면, 220면.

49) 다만, 부당이득환수와 달리 제재적 성격의 과징금의 부과시 부과대상자의 고의 또는 과실을 요구할 것인가는 검토되어야 한다. "법치국가원리에 따라 비록 형사벌은 아니지만 그와 유사한 경제적 제재로서의 실질을 갖는 과징금을 부과함에 있어서도 — 형사벌의 경우와 비록 정도의 차이는 있더라도 — 실체법상 금지를 위반한 사업자에게 고의나 과실 등 귀책사유가 있을 것을 요건으로 추가할 필요가 있어 보인다"는 의견은 적절하다고 본다. 이봉의, 공정거래법의 과징금 산정과 법치국가원리, 경쟁법연구 제24권, 2011, 15면.

로 인해, 행정은 너무 광범위한 재량을 부여받게 되고, 합리적이고 상세하지 않은 기준에 의한 과징금부과처분은 행정의 자의성, 재량권남용에 대한 의심을 주기 때문에, 특히 고액의 과징금부과처분의 경우 위법으로 평가받을 가능성이 높다. 때문에 적법절차의 정신에 맞추어 부과절차가 개선되어야 할 것이다.[50] 이에 대해 좀 더 살펴본다.

첫째, 징벌적 성격을 갖는 행정의 제재금부과처분이나 징벌적 배상소송의 평가주체와 관련되는 것인데, 미국의 경우, 징벌적 배상금액을 평가하는 주체는 배심원이다.

우리나라에서도 기업불법행위에 대해 과징금부과처분을 내릴 경우, 현재 행정에 대한 기업들의 강한 불신과 불만을 고려하여, 가해자, 피해자 및 행정청과는 구별되는 독립적 지위를 갖는 심사위원들로 구성되는 과징금심사위원회가 구성되어 과징금액을 결정하도록 해야 한다.

둘째, 새로운 과징금 부과절차에서는 구두변론기회의 보장, 행정의 엄격한 입증의무, 기업에 불리한 증인과 증거에 대한 반대심문권의 보장, 처분에 대한 상세한 이유제시의무 등의 절차적 권리가 보장되어야 할 것이다.

기업에 대한 과징금부과처분은 그 액수가 제재적 성격을 갖게 될 경우, 그 금액산정의 기준과 근거들을 보다 상세하게 이유제시해야 할 의무가 행정에게 부과된다고 보아야 할 것이다. 왜냐하면, 이유제시의무는 행정의 일방적 결정으로 인한 행정의 불투명성을 극복하기 위한 것으로서 이해관계인에게 그 처분의 실질적 이유를 알도록 하여 불복여부를 판단하도록 하는 기능을 갖는데, 제재적 성격을 갖는 과징금의 경우에는 이유제시의무가 훨씬 더 강화되어야 한다고 보기 때문이다.[51]

---

50) 헌법재판소의 결정(헌재 2003.7.24. 2001헌가25)에서 반대의 소수의견을 낸 3인의 재판관은 "공정거래위원회는 행정적 전문성과 사법절차적 엄격성을 함께 가져야 하며 그 규제절차는 당연히 '준사법절차'로서의 내용을 가져야 하고, 특히 과징금은 당해 기업에게 사활적 이해를 가진 제재가 될 수 있을 뿐만 아니라 경제 전반에도 중요한 영향을 미칠 수 있는 것임을 생각할 때, 그 부과절차는 적법절차의 원칙상 적어도 재판절차에 상응하게 조사기관과 심판기관이 분리되어야 하고, 심판관의 전문성과 독립성이 보장되어야 하며, 증거조사와 변론이 충분히 보장되어야 하고, 심판관의 신분이 철저하게 보장되어야만 할 것인데도, 현행 제도는 이러한 점에서 매우 미흡하므로 적법절차의 원칙에 위배된다."고 하였다.

51) 미국에서도 배심원에 의한 징벌적 손해배상결정에 있어 그 결정의 기초에 대한 상세한 설명의무를 제시하도록 하는 안이 개선안으로 제시되고 있다. Richard W. Murpy, Punitive Damages, Explanotory Verdicts, and the Hard Look, *Washington Law Review* 2001, pp.997-1065.

3) 징벌적 배상소송의 도입과 정착의 과제

(1) 민법상 징벌적 배상소송의 도입가능성

미국의 징벌적 배상소송은 우리나라의 법학자들로부터 1990년대 이후[52] 최근까지 점점 더 많은 주목을 받아 왔다. 하지만, 특별법형식이 아니라 우리 민법에서 일반조항을 통해 징벌적 배상소송을 도입할 것인가 하는 문제에 대해서는 부정적인 의견이 지배적이어 왔다. 이러한 판단은 손해배상제도는 기본적으로 피해자에게 현실적으로 발생한 손해를 전보하는 것을 원칙으로 하므로 피해자가 손해 이상의 이익을 보아서는 안된다는 사고를 아직 포기하지 않고 있기 때문이라 할 수 있을 것이다.[53][54]

사견으로도 개인 간의 불법행위에 대해서까지 징벌적 손해배상제도가 도입될 필요가 있는가에 대해서는 회의적이다. 하지만, 기업의 불법행위에 대해서는 다른 판단이 필요하다고 본다.

(2) 기업들의 불법행위에 대한 징벌적 배상소송의 도입과 그의 확대필요

기업의 불법행위는 그 수나 규모가 증가하면서 반복적으로 공익에 중대한 침해를 야기하고 있지만 기존의 형벌이나 전보적 배상만으로는 기대이익이 배상금보다 크기 때문에 불법행위를 막기가 어렵다. 징벌적 손해배상은 이익을 상회하는 배상액을 부과함으로써 불법행위에 대한 높은 억지력을 가질 수 있으며 고의나 악의를 처벌하여 형벌과 같이 도덕성의 회복에 기여할 수 있다.[55] 그러면서도 기업범죄에

---

52) 초기의 관련 논문들로는 다음의 것들이 있었다. 윤정환, 영미법에 있어서 징벌적 손해배상, 단국대법학논총 15, 1989, 219－232면; 장재옥, 징벌적 손해배상의 합헌성에 관한 미연방대법원판결 소고, 강원법학 4, 1990, 127－146면; 조상희, 징벌적 손해배상을 명한 미국법원판결의 집행에 관한 독일과 일본의 판례, 인권과 정의 1993, 102－106면; 김재국, 영미법상 징벌적 손해배상의 도입에 관한 소고, 비교사법 2, 1995. 507－534면; 소재선, 징벌적손해배상의 기능과 한계, 경희대론문집 27, 1998, 19－42면 등.

53) 장재옥, 징벌적 손해배상의 합헌성에 관한 미연방대법원판결 소고, 강원법학 4, 1990, 127면 참조. 동 취지의 판례로 대법원 1978.3.14. 76다2168, 대법원 1978.11.28. 78다254, 255 판결이 제시되고 있다.

54) 하지만, 민법학자들 중에서도 입법론을 통해 우리나라에서도 징벌적 배상소송이 민법에 도입되어야 한다는 주장도 존재하고 현행 민법의 해석론을 통해서도 징벌적 배상소송이 가능하다는 주장도 존재한다. 이에 관한 자세한 내용은 김태선, 징벌적 손해배상제도에 관한 고찰－민법개정에 따른 도입논의와 관련하여, 민사법학 제50호, 2010.9, 239－249면 참조.

55) "사회의 전반적인 질서유지와 도덕적인 기반의 구축을 통하여 잠재된 불법행위까지 사전에 예방"

대해 형사절차가 갖는 난점, 수사나 입증의 어려움을 극복할 수 있다.[56]

우리나라와 달리 미국에서는 변호사의 고용을 위한 착수금이 없고 대체로 성공보수금만 있기 때문에, 기업의 불법행위에 대한 징벌적 배상소송은 불법행위배상소송의 활성화에 크게 기여하였다. 우리나라에서도 징벌적 손해배상소송이 기업들에 의한 심각한 불법행위영역에서 중요한 기능을 할 수 있도록 도입된다면 전보적 손해배상의 경우보다 고액의 배상액이 인정되므로 수많은 소비자들이나 피해 영세기업들에게는 소의 제기 시 실질적으로 보상을 받지 못하는 변호사보수 기타의 소송비용을 보상해 줄 수 있을 것이다.

과징금처분에서와 같이 공무원들이 공익의 대리인으로서 공무원들의 의지에 의존하여 불법행위를 제재하는 행정단독의 접근방식만으로는 치열한 자본주의사회에서 야기되는 반복성·조직성·집단성을 갖는 기업들의 불법행위를 억제하기는 어렵다. 우리 사회도 이제 직접적인 피해자가 자신이 입은 손해를 구제받으면서도 초과이익을 얻고자 하는 민간의 에너지를 이용하여 악의적이고 반사회적인 불법행위의 억제에 나서야 한다. 이러한 시장경제적 접근이 사회전체적으로 불법행위의 방지와 피해구제에 현재의 시스템보다는 효과적일 수 있을 것이다.

이미 우리 사회에도 하도급, 신용정보 및 개인정보와 관련된 기업들의 불법행위를 억제하기 위해 피해액의 3배를 상한으로 하는 징벌적 배상소송이 도입되었다. 징벌적 배상소송이 기업들에 의한 심각한 불법행위영역에서 중요한 기능을 할 수 있도록 확대도입되어야 한다. 지나치게 고액의 과징금부과처분은 실질적으로 형벌의 성격을 가질 수 있어 적법절차로서의 성격이 상대적으로 약한 행정절차보다는 재판절차를 통해 배상금액이 결정되도록 하는 것이 개방적 합리성과 합헌적 법치주의의 관점에서 바람직하다고 본다.

기업들의 불법행위는 특정 개인에게만 피해를 발생시키는 경우는 드물고 다수의 사람들에게 피해를 입히는 경우도 많다. 개인이 자신의 피해를 기준으로 소를 제기하는 징벌적 배상소송만으로는 부족하다. 불법행위자가 위법하게 자신을 포함한 다른 개인들에게 끼친 손해까지 배상청구하는 것이 실질적으로 가능하도록 집

하는 데 기여할 것이다. 김상찬·이충은, 징벌적 손해배상제도의 도입을 위한 비교법적 고찰, 법학연구(한국법학회) 제35집, 2009, 176면.

56) 최정학, 기업범죄와 징벌적 손해배상, 민주법학 제42호, 2010.3, 296면.

단소송이나 단체소송의 이용가능성을 높여야 한다. 또 다양한 형태의 공익소송들이 연구되어야 할 것이다. 공익소송이 도입될 때에는 그의 공익실현적 성격을 고려하여 증거수집 등에 도움을 주기 위해 행정기관의 소송참가가 활성화되도록 하는 것도 필요하다고 본다.

제 2 절 개방사회에서 산업의 규제

I 개방사회에서 식의약품의 규제

1. 건강 관련 삶의 질과 행정법학

국제무역으로 식품 및 의약품 등의 국제거래가 급증하면서 외국의 낯선 지역에서 생산된 유해식품이 많은 소비자들의 건강을 위협하고 침해하는 사건사고도 빈발하고 있다. 소비자들은 해외로부터 수입되는 값싼 식품으로 인해 보다 풍요로운 생활을 누리게 되었으나 검증이 어려운 질낮은 식품이나 납, 유해색소, 농약 등이 포함된 유해식품으로 인해 건강에 대한 위험도 점증하고 있다. 도시사회화로 인해 시민들의 생존이 외부에서 제공되는 식품에 의존할 수밖에 없지만 그 식품의 공급이 정부가 통제하기 어려운 외국으로부터의 수입에 의존할 수밖에 없다는 점에서 이 위험은 매우 해결하기 어려운 것이다. 최근 우리나라에서 계절에 따라 주기적으로 농산물, 축산물 또는 수산물에서 건강을 위태롭게 하는 사건사고가 빈발하고 있는 것도 이러한 이유 때문이다.

또 고령화 사회로의 진입도 건강 관련 삶의 질에 대한 정책과 법제에 대한 수요를 급격하게 증가시키고 있는 원인이 되고 있다. 질병없는 삶은 행복을 위한 중요한 조건이 되기 때문에 입법자와 행정은 국민들의 기대와 수요에 부응하기 위해 노력하지 않을 수 없다.

수많은 사건사고들을 거치며 삶의 질과 건강은 관련 실정법령을 증가시키거나 강화시키고 있어 행정법학의 연구대상도 확대되지 않으면 안될 뿐만 아니라 그의 성격에도 영향을 미칠 것이다. 건강의 보호를 위해 국가의 예방적 배려의무와 감독의 강화가 요청되고 있어,[57] 행정법이론의 보완과 변화가 요구되고 있다.

2. 식품의 위험에 대한 공법적 규제와 시장친화적 규제

1) 식품에 대한 규제의 강도와 그 방식-남용제한방식과 금지방식

식품에 대한 법제도적 틀을 설계함에 있어 고려되어야 할 중요한 행위주체들은 식품을 섭취하는 소비자들, 식품사업종사자들, 그리고 정부가 있다. 식품법은 어떤 주제이든지 이 세 주체들과 관련되어 논의될 수밖에 없고, 어떤 규제수단을 선택함에 있어서는 세 주체에 미치는 영향과 그들의 이익을 조화적으로 고려할 수밖에 없다. 여기서는 두 가지 규제방식, 즉 남용제한방식과 금지방식으로 나누어 설명하기로 한다.[58]

첫째, 농수축산물의 재배나 식품의 제조에 있어 사용할 수는 있으나 그것의 사용에 있어 일정 한도를 넘어 남용해서는 안되도록 규제하는 방식이 고려될 수 있다. 농산물에 대해 농약을 사용하거나 축산물이나 수산물의 양육에 있어 사용하는 사료에 항생제를 사용하는 것은 절대적으로 금지되는 것은 아니지만 일정 한도를 넘어 남용함으로써 소비자의 건강에 위해를 끼쳐서는 안된다.

둘째, 식품첨가물이나 개별인정형 기능성물질처럼 정부로부터 사전승인을 받지 않고는 식품에 포함시킬 수도 없고 제조하고 판매하는 것도 금지되도록 규제하는 방식이 존재한다.

법제도의 도입과정에서 정부와 국회는 사업자들과 소비자들로부터 상반된 압력을 받는다. 식품에 대한 규제의 강도와 그 방식을 결정함에 있어 남용제한의 방식과 금지방식의 구별은 입법자에게 유용한 시사점을 줄 수 있을 것이다.

---

57) Christian Bumke, Die Entwicklung der verwaltungsrechtswissenschaftlichen Methodik in der Bundesrepublik Deutschland, in; Schmidt-Aßmann & Hoffmann-Riem (Hg.), *Methoden der Verwaltungsrechtswissenschaft*, 2004, S.116-118.

58) 식품의 제조와 가공과 관련하여 내용구성물질이나 첨가물 등에 대한 규제방식과 관련하여 남용원칙(Missbrauchsprinzip)과 금지원칙(Verbotsprinzip)에 의한 설명은 식품법의 영역에서 규제방식의 설명방법으로 상당히 유용하다고 본다. 이에 관해서는 Dirk Elvermann, *Regulierungsprinzipien und Rechtsentwicklung im Bereich der Lebensmittel-Inhaltsstoffe*, 2002, S.64ff.

2) 농수축산물의 거래자유의 보호와 위험 규제의 조화

(1) 농수축산물거래의 자유확대와 정부의 국민건강보호의 책임

세계 각국들 사이에 무역이 이루어지면서 각국 정부는 자국의 실정을 고려하여 물품이나 용역의 거래를 수량적으로 제한하거나 관세를 부과하는 등의 방식으로 일정한 제한을 가하는 경우가 많다. 하지만, 자유무역협정을 체결하거나 통합유럽에 가입하게 되면 식품과 같은 물품의 수출입에 있어 어떤 제한을 가하는 것이 금지된다. 유럽연합조약(EC Treaty) 제28조는 "수입에 대한 양적인 제한조치와 그에 상응하는 모든 조치들은 회원국 사이에서는 금지된다."고 규정하고 있고, 제29조는 수출에 대해서도 동일 취지의 규정을 두고 있다. 미국과 우리나라가 양국 간 협상을 통해 쇠고기수입의 제한조치를 단계적으로 철폐해온 것은 유명한데, 우리 정부는 미국, 유럽연합, 아세안국가들, 칠레 등 많은 나라들과 자유무역협정을 체결하면서 식품에 대한 거래제한을 철폐해오고 있다.

이러한 국제법적 조건에서 우리 정부는 유해식품으로부터 국민건강을 보호하는 것에 대하여 어떠한 책임을 지는 것인가? 우리 헌법 제36조 제3항은 모든 국민은 보건에 관하여 국가의 보호를 받는다고 하여 국민 보건에 관한 국가의 보호의무를 규정하고 있다. 이로부터 자유무역협정의 체결로 외국의 식품이 국내에 자유롭게 유통될 수 있다 하더라도 정부는 국민건강에 위협이 된다면 그 위해요인의 통제를 위하여 개입할 권한과 의무가 헌법상 부여되어 있다고 볼 수 있을 것이다. 헌법의 정신을 이어받아 법률도 국가와 지방자치단체에게 식품안전정책을 수립하고 시행할 책무를 지우고 있고(식품안전기본법 제4조 제1항), 생산단계의 농수산물의 안전성관리, 식품의 품질관리에 대해 국가와 지방자치단체에게 책임을 지우고 있다(농어업 · 농어촌 및 식품산업기본법 제19조, 제20조).

(2) 농수축산물에 대한 공법적 규제

인구가 증가하고 식품의 재배 및 가공기술의 발전으로 식품의 대량생산이 가능해지면서 엄청난 양의 농수축산물이 생산되고 있다. 이 과정에서 농수축산업자들은 농약과 비료의 사용을 늘리고, 수산물의 양식과 축산물의 양육과 관련하여 사료와 항생제의 사용을 늘리고 있다. 이로 인해, 식품에의 잔존농약(Pesticide Residues)이나 수산물과 축산물에 축적된 항생제로 인해 식품의 안전성과 품질이 의문시되고 국민들의 면역기능약화의 문제가 대두되고 있다. 또 20세기 후반 이후 식품의 냉동보관기술의 급격한 혁신과 함께 보관기간을 늘리기 위해 개발된 방부제의 남용도 식품의 안전성을 위협하고 있다.

식품법영역에서 공법적 규제수단으로 우리나라에서 주목되는 것은 침익적 처분으로 위해식품의 생산유통의 금지명령(식품안전기본법 제16조 제1항)과 위해우려 시 긴급대응수단으로 인정된 검사명령(식품안전기본법 제17조 제1항), 위해식품의 회수명령(식품안전기본법 제19조) 등이 규정되어 있고, 권력적 사실행위로는 식품 등의 생산·판매 등의 이력에 대한 추적조사(식품안전기본법 제18조)가 규정되어 있다.

(3) 간접적 또는 시장친화적 규제

식품의 거래는 시장에서 소비자들의 자율성이 매우 높은 영역으로서 법령에서 위해식품이나 위해우려식품에 대해 침익적 처분이나 권력적 사실행위와 같은 직접적 규제수단을 도입해놓고 있더라도 매우 제한된 역할밖에 하지 못하고 현실적으로는 간접적 또는 시장친화적 규제가 널리 활용되고 있다.

정부가 개입하는 경우에도 기업들의 행위에 영향을 미치거나 소비자에게 정보를 제공하여 자율적인 소비자의 선택에 의해 우수식품의 거래가 늘어나고 위해우려식품이 퇴출되도록 영향을 미치는 간접적인 규제수단[59] 또는 시장친화적 규제수단, 즉 농수산물 우수관리 인증(예, 전통식품의 품질인증과 유기가공식품의 인증), 축산물과 수산물의 위해요소 중점관리, 원산지표시 등이 널리 활용되고 있는 것이다(농어업·농어촌 및 식품산업기본법 제19조, 제20조).

또 농수축산물의 기준 및 규격과 관련해서 식품등의 안전에 관한 기준·규격을 제정할 수 있도록 하고 있고(식품안전기본법 제20조 제1항), 식품의 산업표준인증제도(식품산업진흥법 제20조)를 도입하고, 전통식품의 국제규격화를 추진(식품산업진흥법 제21조)하도록 하고 있다.

---

59) 식품법의 영역에서 공법적 규제수단을 직접적 규제수단과 간접적 규제수단으로 나누어 고찰하는 것은 정부와 시장의 상호관계를 이해하는 데 유용하다. Sabine Ringel, Das deutsche und gemeinschaftliche Lebensmittelrecht als Sicherheitsrecht, 1996, S.55ff.

3) 가공식품에 의한 위해가능성의 증대와 그의 공법적 규제

(1) 가공식품의 개념과 그 유용성

식품의 가공행위는 식품의 원료물질을 식품으로 또는 식품을 다른 형태의 식용 가능한 것으로 변화시키기 위해 사용된 방법과 기술의 사용행위로서 사업장이나 가정에서 이루어진다. 예를 들어, 초보적으로는 우유를 더 오래 보관할 수 있는 치즈로 변화시키거나, 콩을 이용하여 두부를 제조하는 행위를 말하는데, 점차 대기업들이 식품산업에 뛰어들면서 수많은 첨가물들이 새로이 개발되어 등장하고 있고, 건강개선효과 등을 표방한 기능성 물질들이 다양하게 개발되어 건강기능식품으로 판매되고 있다.

1차 식품원료로부터 특정 물질을 추출하고 배합하여 내용물질이 재구성된 2차 가공식품은 많은 장점을 가지고 있다. 우선, 기업과 소비자의 입장에서는 식품의 독성을 제거하고 보존능력을 개선하여 부패를 막아 계절적 · 장소적 제약을 극복할 수 있게 도움을 줄 뿐만 아니라, 크기와 음용방법의 제약이나 시간과 장소의 제한을 뛰어넘어 소비자에게 식품섭취의 편의성을 높여준다. 또 특정 영양요소가 결핍된 사람들에게 해당 영양소를 효과적인 방법으로 보충할 수 있게 한다. 사업자에게는 품질을 개선하고 표준화할 수 있게 하며 식품으로 사용할 수 있는 원료의 범위를 넓혀주고 개발의 난점도 감소시켜준다.

또 규제기관의 입장에서도 제조와 유통의 기준을 규제함으로써 위생과 안전성의 기준을 강화할 수도 있다. 가공식품의 발전은 완성된 식품의 종류를 증가시켜 1차 식품원료를 부엌에서 조리하여야 하는 주부와 조리사의 업무부담까지 줄여주기도 한다. 현대적인 식품가공기술 없이는 현대의 슈퍼마켓들은 유지될 수 없고 도시의 많은 인구들도 필요한 식품을 제때에 조달받을 수 없을 것이다.[60] 이러한 장점 때문에 내용물질의 구체적 구성이나 그 비율을 영업비밀로 보호하고 있는 사업자들도 많다.

60) 우리나라에서 식품가공업은 원료 또는 제품의 종류에 따라 곡류가공업(도정 · 제분 · 제빵 · 제과 · 제면), 과일채소가공업(과일통조림 · 과일주스 · 잼 · 야채통조림 등), 우유가공업(액상우유 · 아이스크림 · 치즈 · 요구르트 등), 육가공업(햄 · 소시지 · 베이컨 · 고기통조림 등), 수산가공업(생선통조림 · 수산연제품 · 젓갈류 등), 유지가공업(식용유 · 쇼트닝 · 마가린 · 버터 등), 조미료제조업(장류 · 마요네즈소스 · 설탕 · MSG · 핵산계 조미료 등), 음료제조업(주류 · 청량음료 · 젖산균음료 · 다류 등)으로 나눌 수 있다.

(2) 가공식품에 의한 위해가능성의 증가

일정 성분을 추출한 기능성원료를 이용하여 제조된 건강기능식품은 강화된 기능성에 비례하여 전통적인 식품보다 건강에 대한 위해가능성과 부작용의 위험도 크다. 그럼에도 불구하고, 부작용에 관한 연구나 그의 안전성에 관한 연구결과는 부족하다. 예를 들어, 헛개나무 추출물로 기능성을 기대할 수 있는 권장량은 표시되고 있으나 부작용에 관한 것과 안전하게 섭취할 수 있는 최대 한계량에 대해서는 연구가 부족하다. 특히, 장기간 복용할 경우 체질이 다른 사람들에게 미칠 영향은 개별인정형과 같이 새롭게 인정된 건강기능식품의 경우 조사분석정보가 대부분 너무 부족하다.

식품의 가공방식에 따라서는 예외적으로 인체에 필수적인 영양소가 상당 정도 파괴되는 경우도 있다. 예를 들어, 비타민 C는 열에 약해 파괴되므로 열에 가공하여 통조림식품을 제조한 경우 신선식품보다 비타민 C가 부족할 수 있다. 또 식품의 가공은 그 과정에서 장비를 이용하여 원재료를 썰고 배합하게 되는데 이때 오염의 위험도 존재하게 된다. 용기나 기계장비가 반복 사용되면서 오물이나 세균 등이 남아 식품에 부착될 수도 있고, 기계장비에서 철분 등 이물질이 떨어져 나와 식품에 섞일 수도 있다.

(3) 가공식품에 대한 규제방식의 선택

식품사업자들과 소비자들은 상반된 이해관계에 기초하여 규제방식을 놓고 서로 다투는 경우가 많다. 식품사업자들은 배려촉진조치나 규제완화조치를 통한 접근방식, 즉 남용제한방식의 규제만을 원하고, 위해방지목적의 금지규제방식에 대해서는 그의 도입에 대해 비판적일 것이지만, 소비자들은 반대의 입장에 서 있다.

하지만, 가공식품의 개발에 있어 사업자와 소비자가 항상 상반된 입장에 놓여 있는 것만은 아니고, 서로 의존하여 필요를 충족시키는 존재들이기도 하다. 사업자들은 새로운 가공식품을 대량으로 공급하거나 새로운 건강기능식품을 개발함으로써 더 낮은 가격에 다양한 상품을 제공해 소비자들에게 다양한 선택의 기회를 제공한다. 사업자들은 식품의 내용물질에 대해 정확히 정보를 전달하고 식품의 안전성을 높임으로써 소비자의 불신을 차단하여 자신들이 개발한 식품의 판매를 크게 신장시킬 수도 있다. 또 식품에 대한 명칭과 표준적 구성물질, 그리고 안전성 기준이 전 세계적으로 통일적으로 제정되게 되면 해당 식품의 판매시장은 다양한 외국에까지 확대될 수도 있게 된다.

가공식품의 규제방식의 선택과 관련하여 농어업·농어촌 및 식품산업 기본법은 매우 중요한 기준과 원칙을 제시하고 있는데, 동법 제6조 제1항에서 "국가와 지방자치단체는 농어업·농어촌 및 식품산업 정책을 세우고 시행할 때에는 시장경제원리를 바탕으로 한 효율성을 추구하되, 농어업과 농어촌의 공익기능을 최대한 고려하여야 한다."고 하여 시장원리와의 조화를 강조하면서도 공익기능을 강조하고 있다.

정부는 규제조치를 설계하고 집행함에 있어 원칙적으로 시장원리와의 조화를 위하여 시장친화적 규제를 선택하여야 한다. 건강기능식품에 관한 법률 제15조 제1항에서는 홍삼 등 일정한 기능성 물질에 대해서는 고시로 그 기준과 규격을 공시하여 개별 사업자들이 고시형 기능성 물질을 원료로 사용하여 건강기능식품을 제조할 때에는 정부로부터 사전승인을 받지 않고 제조·판매할 수 있도록 하고 있다. 그러면서도 위해건강기능식품의 판매금지(건강기능식품에 관한 법률 제23조), 기준·규격 위반 건강기능식품의 판매 등의 금지(동법 제24조) 등을 규정하여 남용제한의 규제방식을 채택하고 있다. 건강기능식품에 대한 규제완화에서 보듯이 소비자에게 정확한 정보를 제공하여 시장 내에서 소비자의 선택권을 보장하는 방식의 시장친화적 규제로 바뀌고 있는 것이 식품법학에 있어 중요한 변화의 흐름이기도 하다.

이 방식은 식품첨가물에 대한 규제에 있어서도 유사하게 적용되고 있다. 식품위생법 제6조 제1호는 "기준·규격이 고시되지 아니한 화학적 합성품인 첨가물과 이를 함유한 물질을 식품첨가물로 사용하는 행위"를 금지하고 있다. 고시형 첨가물의 경우 개별 사업자들은 정부의 사전승인없이 식품의 가공에 사용할 수 있는 것이다.

하지만, 공익을 보호하여야 하므로 일정한 경우에는 예방적 위험방지목적의 금지규제가 필요할 수도 있다. 기능성 물질이나 첨가물이 고시형이 아닌 새로운 것일 때에는 사전승인을 얻지 않고는 제조하거나 판매할 수 없도록 하고 있는 금지규제방식을 선택하고 있는 것이다. 그것은 전통적 식품에 어떤 물질을 첨가하는 것은 알 수 없는 위험을 초래할 우려가 있기 때문이다.

국민들이 소비자의 선택에 맡기는 것을 원하지 않고 정부가 사전예방적 규제를 설계하고 집행해주기를 원하는 분야도 존재한다. 광우병을 둘러싼 미국 축산물수입에 관한 사례는 여기에 속한다고 할 수 있을 것이다.

소비자에게 정확한 정보를 제공하여 소비자의 선택에 맡기는 규제접근에 있어서는 허위과장광고를 규제하는 것은 매우 중요한 의미를 갖는다. 위해식품이나 불량식품을 소비자들이 선택하지 않도록 허위과장광고를 금지하고(예, 건강기능식품에 관한 법률 제26조), 그것을 위반하는 경우 제재하는 것(예, 건강기능식품에 관한 법률 제32조 제1항 제6호)은 식품의 안전성과 품질의 중요한 보호수단이 되고 있는 것이다.

건강기능식품이 아닌 일반적인 식품의 기능성에 대한 허위·과장광고를 금지하지 않게 되면 사지 않았을 제품을 구매함으로써 소비자에게 경제적인 손실이 초래될 수도 있고, 건강에 도움이 된다고 해서 먹거나 마신 건강기능식품의 경우 건강개선효과가 실제로는 없어서 비용만 지출하게 될 수도 있지만, 더 큰 문제는 제품의 오·남용 등으로 인해 노약자나 임산부, 청소년이나 영유아는 물론 정상적인 성인의 경우도 건강이 오히려 악화되거나 심한 경우 생명, 신체나 건강에 심각한 위험이 초래될 수도 있다.

허위·과장 광고가 이루어진 다음에 행정적인 제재, 형사처벌이나 민사책임 등의 사후적인 제재를 하거나 허위·과장 광고 등을 수정·삭제하도록 명하더라도, 이미 판매·소비까지 되어 버린 건강기능식품의 수거도 어려울 뿐더러 소비자들이 건강에 이미 입은 피해는 회복이 사실상 불가능한 경우도 있을 수 있으므로, 사후적 규제만 가지고서는 실효성이 없을 가능성이 크다. 때문에 허위·과장 광고를 사전에 규제하는 것은 매우 중요한 의의를 갖는다 할 것이다.

하지만, 최근 건강기능식품은 방문판매, 다단계판매, 인터넷, 홈쇼핑 등 다양한 방법으로 유통·판매되고 있어서 허위·과장 광고에 대한 규제에도 불구하고 다수의 소비자들이 피해를 보는 경우가 광범위하게 늘어나고 있다. 이러한 경우, 피해자의 피해를 어떻게 보전받을 수 있는가 하는 점이 중요해진다.

3. 글로벌 사회에서 국민의 건강위험에 대한 국가의 강화된 책임

1) 국민의 건강위험에 대한 국가의 강화된 배려의무

(1) 배려와 예방의 원칙

독일의 공법학자 포르스트호프(E. Forsthoff)의 생존배려개념으로 유명해진 배려(vorsorge)라는 개념은, 건강보호 등 정부의 새로운 위험방지임무와 관련하여 확대사용되면서 법의 적용을 위한 계기가 실제로 존재하는지 불명확한 경우에도 법을 집행하여야 하고, 법적 조치가 보호하고자 하는 법익을 보호할 수 있을지, 그리고 어느 정도까지 그것이 가능한지가 불확실한 경우에도 보호조치가 취해질 수 있다는 것을 의미한다고 이해되고 있다.[61] 다만, 이 조치는 오류의 가능성이 있기 때문에 행정결정의 성격도 종국적인 것이 아니라 잠정적인 것으로 이해하여야 한다고 한다.

건강에 대한 위해의 경우 그 원인행위자나 원인을 밝혀내기까지 시간이 걸리는 경우가 많다. 하지만, 사람의 건강에 대한 침해는 금전적 피해와 달리 회복할 수 없는 경우도 많으므로 위해방지조치를 함에 있어 충분한 개연성과 증거가 존재할 때까지 기다려서는 안된다. 건강에 대한 상당한 수준의 위험이 존재하지만 그것을 지지하는 증거자료가 충분히 존재하지 않는 경우에도 행정청은 배려와 예방의 원칙에 따라 건강을 보호하기 위한 조치를 우선적으로 취해야 한다.

(2) 결과고려, 결정의 잠정성과 신뢰보호원칙의 후퇴

법치국가에서 보호해야 할 최고의 법익이라 할 수 있는 인간의 생명 자체와 건강의 침해를 방지하기 위한 법적 조치가 예방적으로 이루어지는 것을 인정한다 하더라도 그 조치의 오류가능성을 피할 수 없다는 점은 문제된다. 그래서 입법자는 법령에서 어떤 법적 조치의 요건과 효과를 규정하기는 하지만, 제한된 인식상태에서 법적 조치의 오류가능성을 쉽게 시정할 수 있도록 실제적으로 나타난 결과를 고려하여 새로운 법적 조치가 가능하도록 규정할 필요가 있게 된다. 불확실한 인식과 정보상태에서 내린 결정으로 인해 결과고려(folgenberücksichtigung)는 예외적인

---

61) Hans-Heinrich Trute, Methodik der Herstellung und Darstellung verwaltungsrechtlicher Entscheidungen, in: Schmidt-Aßmann & Hoffmann-Riem (Hg.), *Methoden der Verwaltungsrechtswissenschaft*, 2004, S.332.

것이 아니라 일상적이고 원칙적인 것이 되고 행정결정의 법적 효과뿐만 아니라 실제결과(realfolge) 또는 현실적 영향이 행정결정의 타당성을 평가하는 기준으로 고려되게 된다.62)

행정조치의 타당성이 실제로 나타난 현실적 결과에 영향을 받기 때문에 행정행위와 같은 법적 조치는 잠정적 성격을 띠게 되어 그의 존속력은 약화되고 제한받는다. 식품의 제조와 수입의 허가를 한 경우에도 인체에의 유해가능성이 드러나면 해당 식품을 회수하거나 수거하는 조치를 취할 수 있도록 하는 법률규정이 등장한다. 또 적법한 품목허가를 얻어 판매 중인 의약품이라 하더라도 시판 중에 그 약효가 없거나 불충분한 것으로 드러나거나 부작용이 드러나게 되면 행정청은 판매업자의 신뢰를 보호하지 않고 품목허가를 취소하거나 그 용도를 제한하는 허가변경을 할 수 있도록 하는 법률규정도 등장한다.63) 이 경우에 행정청은 의약품판매업자에게 손해배상할 의무는 없다.64) 이러한 특별규정들로 인해 수익적 처분의 경우 신뢰보호원칙에 의하여 그의 취소, 철회와 변경이 제한된다는 행정법일반원리의 적용은 제한되게 된다.

2) 유해한 불법의약품의 유통에 대한 규제강화와 국제적 협력필요

(1) 유해한 불법의약품의 유통확대와 그 방지필요성

세계적으로 의약품시장은 급성장하고 있지만 의약품과 그 원료에 대한 감독의 부실로 가짜 항생제와 같은 유해한 불법 의약품이 만연하고 있는데, 우리나라에서는 특히 불법 한약재의 유통이 심각한 상황이다.

2010년 3월 29일 공정거래위원회가 2009년 각 정부 부처 및 지방자치단체가 내린 리콜 권고나 명령, 또는 사업자의 자진 리콜 실적을 종합한 결과 모두 495건의 리콜 조치가 취해졌는데, 품목별로는 의약품 및 한약재가 230건으로 가장 많았고, 식품(124건), 자동차(75건), 공산품(29건)이 뒤를 이었다. 의약품 및 한약재를 다시 나누면 한약재가 201건을 차지해 단일 품목 중 가장 많았다. 한약재의 주된 리콜 사유는 카드뮴, 이산화황 등 위해 성분이 허용 기준을 초과했기 때문이었다.65)

---

62) Petra Hiller, Der Zeitkonflikt in der Risikogessellschaft, 1993, S.71－72.

63) 독일 약사법 제30조와 우리 약사법 제76조에 이에 관한 특별규정이 있다. 이에 관한 설명은 선정원, 의약품 품목허가의 취소와 변경, 법제연구 제37호, 2009.12. 217면 이하 참조.

64) Udo Di Fabio, *Risikoentscheidungen im Rechtsstaat*, 1994, S.303.

인터넷을 통한 전자거래가 활성화되면서 행정기관의 단속에 걸리지 않는 유해한 불법의약품의 문제도 심각한 상황이다. 가짜 발기부전치료제나 탈모방지제는 물론 만병통치를 표방하거나 약효를 과장한 의약품들이 인터넷을 통해 감독을 피해 유통되고 있다. 인터넷을 통해 무허가 불량의약품을 판매하는 곳은 대부분 해외에 서버를 두고 있는 외국 사이트로서 국내 소비자가 접속하여 의약품을 구매할 경우, 국제우편을 통해 국내로 배송되는 방식을 취하고 있어 경찰의 실효적인 단속도 어려운 실정이다.

원료의약품이나 항생제 등 특허기간이 만료된 의약품들은 생산비용의 절감과 가격의 비교우위라는 이점을 근거로 중국이나 인도에서 생산되어 전 세계로 판매되고 있는데, 기본적인 화학의약품에 대한 제조방법이 국제적으로 널리 알려져 있고 오래전에 특허기간이 만료되었다는 점이 그것을 가능하게 했다. 하지만, 중국이나 인도에서 제조시설허가를 받지 않은 수많은 영세업자들이 산업용 화학약품공장에서 불법의약품을 생산하여 낱알로 봉인・포장하여 전 세계에 수출한 결과, 아프리카나 제3세계 국가들에서 이 의약품들을 복용한 수백 명의 어린이들이 죽는 사고가 발생하고, 선진국에서도 수입 저가원료의약품 등에서 인체에 지극히 해로운 독성물질의 함유사실이 밝혀지고 있는 것을 볼 때, 이 문제는 단지 개발도상국에 한정된 문제만은 아니다.

(2) 규제기준의 제정과 그의 집행을 위한 국제적 협력의 필요

의약품의 제조와 검사에는 매우 높은 과학지식과 기술을 가진 인력과 장비를 필요로 한다. 전문인력과 기술적 장비의 협력없이는 의약품의 안전성과 유효성에 대한 조사도 어렵고, 많은 영세한 화학공장들에서 제조되어 전 세계로 수출되고 있는 위법・유해한 원료의약품이나 항생제 등에 대한 단속도 어렵다. 개발도상국들에서 그 어려움은 더 크다.

한편, 선진국과 다국적 제약회사들의 입장에서는 원료의약품이나 항생제의 생

65) 품목별 리콜 실적을 전년과 비교하면 의약품・한약재만 26% 증가했고, 자동차는 45%, 식품은 38% 각각 감소했다. 또 임두성 한나라당 의원이 식약청으로부터 '회수대상 불량의약품 회수현황'과 '제약회사 행정처분 현황' 자료를 분석한 결과 2006년부터 2009년 6월까지 회수대상 의약품 총 120건에 대한 회수율이 8.1%에 그쳤다. 임 의원은 "불량의약품의 회수율이 저조한 것은 보건당국이 회수명령을 내릴 때 업체로부터 회수계획과 회수결과를 증빙자료로만 보고받을 뿐 현장 확인이 미흡하기 때문"이라고 했다. 서울신문 2010.03.30 보도 참조.

산과 관련하여 생산비용의 측면에서 자국에서의 생산은 전혀 경제성이 없기 때문에 중국과 인도 등 개발도상국에서의 생산과 수입을 중단할 수는 없다. 때문에 건강에의 위험성에도 불구하고 개발도상국과 선진국 간의 값싼 원료의약품이나 항생제 등의 국제거래가 줄어들지 않을 것이다.

수입의약품과 한약재에서 유해물질이 검출되고 의료사고가 발생하면 그의 책임규명을 위하여 수출한 국가의 제조공장이나 재배지를 조사방문할 필요가 생긴다. 그러나 해당 국가와 조약이나 협정이 체결되어 있지 않거나 해당 국가가 자발적으로 규제의 집행에 협력해주지 않는다면 현장조사하는 것은 가능하지 않게 되고 수출업자들을 제재할 효과적인 수단을 찾기는 어렵게 된다. 또 수입기업들이 직원을 파견하고 수입국가가 공무원들을 수출국에 파견하더라도 외국의 언어에 익숙하지 않고 제조업체들의 적극적인 조사협력도 기대하기 어려워 수출국가 공무원들의 협력없이는 사고원인을 규명하는 것이 쉽지 않다.

따라서 의약품거래의 효율적 규제를 위해 국제적 협력체계를 만드는 것이 절실히 필요하게 된다. 특히, 의약품거래가 빈번한 국가들 상호 간에 쌍무협정을 맺어 인체에 유해한 불법의약품의 제조와 재배를 막고 상호협력적 단속을 위한 법적 근거를 마련하는 것이 필요하다.

Ⅱ 개방사회에서 관광 관련 영업활동의 규제

1. 자영업발전을 위한 관광산업의 기여가능성과 영업활동감독의 새로운 과제

1) 지역서민들의 영업활동촉진을 위한 관광산업의 기여가능성

우리나라의 지역사회에는 오랜 역사를 갖는 음식점, 유흥주점과 숙박시설에서부터, PC방, 핸드폰가게와 네일숍 등 신종의 영업까지 다양한 영업활동이 이루어지고 있다. 자영업은 지역사회에서 주민들의 생활유지를 위한 생계 수단이 되어 왔는데, 최근 경제불황이 장기화하면서 자영업자의 파산이 빈번하고 대기업의 상업활동이 지역사회의 골목상권에까지 침투하면서 자영업의 기반을 위협하고 있다는 비판이 고조되고 있다. 이에 따라, 자영업자들의 영업활동의 보호와 촉진이 또한 주요한 법적 과제로 대두되고 있다.

관광산업은 국가의 서비스산업발전에도 기여하지만 그것에 그치지 않고 각 지역사회의 서민생활경제의 발전과 관련하여서도 중요한 산업으로서 음식업, 숙박업, 택시업과 공예품산업 등 중산층과 서민들의 생존의 유지와 청년들의 일자리 창출에 매우 긴요한 산업이다.

지방자치단체들은 관광산업이 지역경제의 활성화에 미치는 중요성을 인식하고 볼거리와 먹거리의 마련을 위해 지역축제, 생태공원의 조성, 쾌적한 교통환경의 조성, 식당가의 조성 등의 노력을 해왔다. 하지만, 이것은 주로 국내 관광객의 취향에 맞춘 것으로서 글로벌 사회로 바뀐 환경에서는 부족한 측면이 있다.

최근 정부는 2013년 7월 17일 제1차 관광진흥확대회의를 개최하면서 관광산업을 우리 경제의 신성장동력으로 파악한다는 인식을 보여주었다.[66] 최근 서울 종로의 명동상권이 활성화는 외국인 관광객이 지역경제에 미치는 영향력을 잘 보여주는 사례라 할 수 있는데, 중국 관광객을 중심으로 외국인 관광객들이 급격히 늘어나면서 볼거리, 먹거리는 물론 숙박시설과 관광영업의 행태에 대한 개선이 시급히 요청되고 있다.

2) 관광산업의 촉진을 위한 영업활동감독강화의 적극적 의의

최근 국회는 외국인 관광객의 급격한 증가에 따라 중저가형 숙박시설의 심각한 부족을 타개하기 위해, '관광숙박시설확충을 위한 특별법'을 제정하여 2012.7.27.부터 시행하고 있다. 이 법률은 사업계획 승인, 건축허가 등의 관광호텔건축을 위한 행정절차를 간소화하는 등 민간투자를 활성화하고자 하였다. 하지만, 관광호텔 등 숙박시설의 정비에만 그치고 관광업종사자들의 영업행태가 개선되지 않는다면 외국인 관광객들의 불평불만을 초래하여 그들의 재방문을 기대하기는 어려울 것이

---

66) 청와대에서 개최된 이 회의에서 박대통령은 "관광산업은 많은 분야가 총체적으로 결합한 대표적인 융·복합산업이고, 많은 일자리 창출이 가능한 고부가 가치 산업이기에 관광산업을 우리 경제의 중요한 신성장동력으로 생각하고 있다."고 하면서, "관광업계가 현장에서 겪는 애로사항과 투자 걸림돌을 해결해 투자와 새로운 서비스·상품이 끊임없이 창출될 수 있는 환경을 만들어야 한다."고 했다. 연합뉴스 2013.7.17 기사.
향후 정부는 관광불편 해소와 전략 관광산업 육성을 통해 17년까지 관광수입 240억 달러, 외래관광객 1,600만 명 유치를 목표로 하고 있다 한다. 앞으로 관계부처와의 협업 추진으로 목표가 달성될 경우 관광분야의 일자리는 2012년 85만 개에서 2017년 100만 개로 증가할 것으로 예측했다.

다. 이런 점에서 관광업 종사자의 영업활동에 대한 신뢰성을 감독하고 그것을 강화하는 것은 영업활동을 위축시키는 것이 아니라, 오히려 외국인 관광객들의 신뢰를 확보하여 영업활동을 촉진시키는 적극적 의미를 갖는 것이다.[67]

택시요금이나 숙박료에서 불법적인 과다요금청구행태는 물론, 명품과 귀금속 등에서의 짝퉁판매, 그리고 여행계약 및 관광객들의 예상과 다른 질낮은 여행프로그램의 제공 등의 문제들이 시급하게 개선되어야 한다.

2. 관광사업에 있어 영업자 등의 선량한 풍속위반의 규제

우리나라를 방문하는 많은 외국인 관광객들을 상대로 명동이나 제주도 등에서 성매매를 알선하다 적발되는 사례들이 끊이지 않고 있다.[68] 하지만, 외화획득을 위해서는 외국인들의 일탈행위를 어느 정도 수용해야 한다고 보고 성매매단속 등을 강력하게 해서는 안된다는 입장도 있는 듯 보인다.

최근 정부는 학교 반경 500m 이내의 학교환경위생정화구역에 그의 설치가 금지되어 있는 호텔에 대해 유흥시설, 사행행위장 또는 미풍양속을 해치는 시설이 없는 관광숙박시설을 건립할 수 있도록 관광진흥법의 개정을 추진하겠다고 발표했다.[69] 학교환경위생정화구역 중 학교로부터 50~200m 이내 상대정화구역에서는 금지업종이더라도 교육청과 지방자치단체의 심의 후 허용이 가능한데(학교보건법 제

67) 2012년 7월 17일 청와대에서의 제1차 관광진흥확대회의에서 정부는 관광 불편해소와 전략 관광산업 육성을 위해 중국과 동남아 관광객 대상 복수비자 발급 대상 및 유효기간 확대, 외래객이 호텔에 지불한 숙박요금에 포함된 부가세 사후환급, 관광불법행위에 적극적으로 대처하기 위한 관광경찰제도 도입, 부동산 투자이민제 적용 지역 콘도에 투자하는 외국인에 한해 객실당 1인 분양 허용, 복합리조트 개발지원체계 마련을 통한 복합리조트 육성, 자연 친화적 생태·지역관광 조성, 국가직무능력표준(NCS) 개발 및 자격증 제도 개선, 관광통역안내사 확충 및 자질 향상, 국적크루즈 외국인 카지노 도입 추진 등 크루즈산업 활성화, 의료관광 클러스터 조성 등 핵심 과제들을 논의했다.

이 회의에서 정부가 외국인관광의 진흥을 위해 "관광불법행위에 적극적으로 대처하기 위한 관광경찰제도 도입"이 앞으로의 주요 과제로 제시했듯이 영업경찰의 강화는 관광진흥의 활성화를 위해서도 중요한 의미를 갖는다.

68) '명동산악회'는 명동에서 일본 관광객에게 성매매를 알선하다가 경찰에 의해 붙잡혔다. 조선일보 2012.12.10; 제주에서 경찰은 일본인 관광객을 상대로 성매매를 알선하던 27명 검거했다. 뉴시스 2012.08.27.

69) 매일경제신문 2012.9.19. 기사. 이명박정부에서 기획재정부 장관이던 박재완 장관이 주재한 위기관리대책회의에서 이와 같은 내용이 발표되었다.

6조 제1항 제13호), 서울특별시에서 관광숙박시설의 부족을 타개하고자 2011년 관광호텔과 여인숙, 여관의 건축을 위해 상대정화구역에서의 건축금지해제를 신청한 214건 가운데 금지한 것은 69건에 불과하고 나머지 145건(68%)이 해제하였다고 한다.[70]

우리 법률은 성매매알선 등 행위의 처벌에 관한 법률 · 풍속영업의 규제에 관한 법률 · 청소년 보호법 · 의료법에 위반하여 성매매 등 선량한 풍속을 위반한 영업자에 대해서는 6월 이내의 기간을 정하여 영업의 정지 또는 일부 시설의 사용중지를 명하거나 영업소폐쇄 등을 명할 수 있도록 규정하고 있다(관광진흥법 제35조 제7항, 공중위생관리법 제11조 제1항). 관광호텔의 종업원 등이 호텔의 객실을 성매매 장소로 제공한 경우 공중위생영업자인 관광회사는 호텔 내에서 성매매가 이루어지는 것을 방지하여야 할 의무를 위반하였고 그 의무위반을 탓할 수 없는 정당한 사유가 없는 경우 종업원 등의 성매매알선행위를 이유로 영업정지처분을 하는 것은 정당하다는 판결도 있다(대법원 2012.5.10. 선고 2012두1297 판결).

외국인 관광객을 위해서 허용된 카지노의 경우에도 카지노사업자가 지나친 사행심을 유발하는 등 선량한 풍속을 해칠 우려가 있는 광고나 선전을 하는 행위를 하거나, 19세 미만인 자를 입장시키는 행위 등에 대해서는 6개월 이내의 기간을 정하여 카지노사업의 전부 또는 일부의 정지를 명할 수도 있다(관광진흥법 제28조 제1항).

입법자가 음란행위나 사행행위를 처벌하는 형법 이외에 풍속영업의 규제에 관한 법률 등을 제정하여 영업활동에 있어 매춘이나 도박 등 선량한 풍속을 위반하는 비윤리적 행위를 방지하겠다는 의지를 표현한 것은 관광과 관련된 영업활동에서도 그대로 존중되어야 한다. 오랫동안 지역사회에서 선량한 풍속을 존중하는 영업질서를 형성 · 유지하고자 해온 노력과 그 성과를 관광사업진흥의욕을 과다하게 앞세워 무시하고 파괴해서는 안될 것이다. 관광사업활성화정책을 추진하더라도 기존의 법적 가치와 법질서를 가능한 파괴하지 말고 질서있게 추진하여야 할 것이다.

70) 머니투데이 2013.04.09 기사.

3. 관광사업에 있어 영업자 등의 경제적 사기행위의 방지

1) 관광진흥법상 영업자의 경제적 사기행위의 규제

관광진흥법은 영업에 대한 감독을 규정하면서 영업자 등의 경제적 사기행위에 대해서도 규정하였는데, 법위반자에 대해서는 등록, 허가 또는 사업계획의 승인을 취소하거나 6개월 이내의 기간을 정하여 그 사업의 전부 또는 일부의 정지를 명하거나 시설 · 운영의 개선을 명할 수 있게 했다(관광진흥법 제35조 제1항). 그 위반 유형은 다음과 같다.

영업자가 등록한 영업범위를 벗어나거나, 사전광고한 기획여행의 방법, 즉 기획여행명 · 여행일정[71] 및 주요 여행지, 여행경비, 교통 · 숙박 및 식사 등 여행자가 제공받을 서비스의 내용, 최저 여행인원 등을 위반하여 기획여행을 실시한 경우(관광진흥법 제35조 제1항 제6호, 관광진흥법 시행규칙 제21조), 여행업자가 고의로 여행계약을 위반한 경우 등.

2) 관광 관련 법에 규제되지 아니한 관광객 대상 경제적 사기행위의 규제의 강화

관광사업에 종사하는 자들의 경제적 사기행위들은 관광진흥법에 열거된 경우 이외에도 다양하게 존재하고 있고, 개별 영업법들에서 규정하고 있으나 체계화되어 있지 않고 자치법규에 맡겨져 있어서 규범의 명확성도 부족하다.

영업에 관하여 규율하는 기본법률을 제정하여 영업의 감독기준에 관한 일반적 기준들[72]을 규정하거나 기존의 개별 영업법의 형식을 유지하는 경우에는 개별 법률들에 일반적 규정들을 도입하는 것이 필요하다.

관광객들을 상대로 한 경제적 사기의 유형들 중 관광 관련 법에 규정되지 아니한 것들을 살펴본다.

---

71) 여행일정과 관련하여 여행사가 사전예고한 프로그램과 달리 특정한 쇼핑장소를 거의 강제적으로 경유하도록 하는 행위가 문제된다. 저가여행상품의 경우 이러한 관행은 매우 보편화되어 있어 문제이다.

72) 여기서 일반적 기준이란 영업자의 대인적 요건으로서, 영업자의 신뢰성과 전문성이 존재하고, 대물적 기준으로서 시설, 장비, 제품 등의 안전성, 그리고 그들의 기능성을 말한다.

(1) 외국인 관광객에 대한 택시요금의 부당징수행위의 규제의 강화

외국인 관광객들에 대한 바가지 택시요금이 자주 문제되고 있다. 우리 국민들의 경우에는 심야시간이나 대중교통을 이용하기 어려운 오지 등을 가는 경우를 제외하고는 택시를 타더라도 택시기사들에 의한 부당요금의 징수행위는 거의 찾아보기 어렵다. 하지만, 관광객들의 경우는 한국어도 가능하지 않고 지리도 어두우며 우리나라의 요금체계도 알기 어렵기 때문에 택시기사들의 부당요금징수에 당하는 경우가 자주 나타나고 있다. 적발된 택시들은 미터기를 달지 않거나 미터기를 조작한 경우도 많았다.

현행법상 택시와 같이 여객을 운송하는 사업자들은 부당한 운임 또는 요금을 받는 행위가 금지되고 있다(여객자동차운수사업법 제26조 제1항 제2호). 이 규정을 위반한 경우 50만 원 이하의 과태료를 부과할 수 있고(여객자동차운수사업법 제94조 제3항 제3호), 그 자격을 취소하거나 6개월 이내의 기간을 정하여 그 자격의 효력을 정지시킬 수 있다(여객자동차운수사업법 제87조 제1항 제4호).

한편, 이 규정을 집행하는 서울특별시는 '서울특별시 여객자동차운수사업법 위반행위 신고포상금 지급 조례'를 제정하여 그 제3조 제1항 제9호에서 외국인 관광객을 대상으로 부당요금을 징수하는 행위에 대하여 신고한 자에 대하여 포상금을 지급할 수 있도록 하여 관광객 상대로 부당요금을 징수하는 행위들을 억제하려고 하고 있다.73)

관광현장에서 빈번하게 나타나는 택시요금의 부당징수를 억제하기 위한 여객자동차운수사업에 의한 규율은 약하고 불완전하며 각 지방자치단체별로 조례 등을 제정하여 통제하는 경우가 있다고 해도 그것은 체계적이지도 못하고 전국을 여행

73) 이러한 입법적 조치들에 불구하고 관광객 상대 부당요금징수행위가 빈번하게 발생하면서 서울특별시는 국토해양부에 여객자동차운수사업법령에 대한 개정을 요청하면서 "상습적으로 승차거부로 적발된 택시회사에 대해 사업면허를 취소하고 1년에 3차례 승차거부가 적발된 운전자에 대해선 자격 취소"하고, "바가지요금을 부과하다 걸린 개인택시는 1차 적발 시 30일 동안 운행할 수 없고 2차례 이상 위반하다 걸리면 사업면허가 취소된다. 법인택시는 △1차 적발 시 택시 2대 운행정지, △2차 이상 위반 시 1회 위반할 때마다 3대 감차"하는 방안을 제안했다 한다. 머니투데이 2013.3.6. 기사.
문화체육관광부와 경찰청은 관광지 범죄 예방, 바가지요금 단속 등 외국인 관광객들의 불편해소를 위해 2013년 10월 16일부터 서울 명동과 인사동, 동대문, 이태원 등 서울시내 주요 관광 명소에서 현직 경찰관과 의무경찰관 등으로 이뤄진 101명의 관광경찰을 출범시켰다. YTN 2013.10.16. 보도.

하는 관광객들의 입장에서는 일관성과 명확성도 부족하다. 관광진흥법에서 경제적 사기행위의 방지를 위한 규정을 도입하고 택시요금의 부당징수에 대해서도 적절히 규정을 둘 필요가 있다. 입법적 개선이 요청되고 있다.

(2) 외국인 관광객들에 대한 가격표시제의 준수감시강화 및 짝퉁제품의 유통행위에 대한 행정법적 제재의 강화

귀금속, 화장품, 의류 등 선물용품에 대하여 의무적으로 가격을 표시하도록 되어 있는 경우에도 가격표시제를 준수하지 않고 부당하게 과다한 가격을 청구수령하는 사례들도 자주 나타나고 있다. 숙박요금이나 음식값을 둘러싼 기만적 행위들, 렌터카 요금의 과다청구, 그리고 계약서에 없는 관광여행경비의 과다청구행위[74] 들도 문제된다. 최근 의료관광이 각광받으면서 의료관광활성화 지원조례 등이 제정되고 있는 데 과다한 의료비청구도 문제되기 시작했다.

우리나라의 화장품은 외국인 관광객들에게 인기가 있는데, 소비자에게 화장품을 직접 판매하는 자는 화장품의 1차 포장 또는 2차 포장에 화장품의 가격을 의무적으로 표시하도록 되어 있다(화장품법 제10조 제1항 제7호, 제11조 제1항). 이 의무의 준수여부를 감독하여야 한다.

이외에도 귀금속이나 고가의류의 경우에도 가격표시제는 실시될 수 있다. 우리나라의 실정법상으로도 다른 물품 등에의 가격표시제를 확대실시할 수 있도록 근거규정을 두고 있다. 즉, 주무부 장관은 소비자의 보호 또는 공정한 거래를 위하여 필요하다고 인정할 때에는 물품을 생산 · 판매하거나 물품의 매매를 업으로 하는 자 또는 용역의 제공을 업으로 하는 자에게 해당 물품의 가격 또는 용역의 대가를 표시할 것을 명할 수 있고, 표시명령을 받은 생산자와 판매자 등은 물품의 가격이나 용역의 대가를 거래 상대방이나 일반소비자가 알기 쉬운 방법으로 표시하여야 한다(물가안정에 관한 법률 제3조, 동시행령 제5조).

전통시장이나 농어촌의 5일장 등에도 점차 외국인 관광객들이 증가하고 있는데 가격표시제를 어떻게 운용할 것인지, 예를 들어, 법적 규제와 상가협의회 등에 의한 자율규제방식 중 어떤 것을 선택할 것인지, 어떤 물품에 가격표시제를 운영할 것인지 각 지방자치단체들의 실정에 맞는 자치법규의 제정과 운용이 요구된다.

74) 관광가이드의 서비스 수수료는 여행사로부터 받아야 하는 것이지만, 현실적으로 관광객들, 특히 중국인 관광객들에게 거의 강제로 때로는 과다하게 징수하는 관행이 문제이다.

최근 관광현장에서는 음식점옥외가격표시제의 도입이 주요 현안이 되고 있다. 국내 관광객은 물론 외국인 관광객들에게도 음식점에 들어가기 전 음식물가격을 알 수 있도록 함으로써 과도한 식비요구를 차단할 필요가 있기 때문이다. 제주특별자치도는 '제주특별자치도 가격표시에 관한 조례'를 제정하여 사업자에게 가격표시의 명령을 내릴 수 있도록 하고, 명령을 받은 사업자는 해당 물품의 가격이나 용역의 대가를 거래 상대방이나 일반 소비자에게 알기 쉬운 방법으로 표시하되, 일반소비자에게 판매되는 실제 거래가격을 표시하도록 의무지웠다(제주특별자치도 가격표시에 관한 조례 제4조). 행정은 원가 및 경영상황에 관한 보고 또는 관계 자료의 제출명령을 내릴 수 있다.

짝퉁제품을 제조하거나 판매하는 자에 대해서는 현재 타인의 상표를 "위조 또는 모조"한 행위로서 상표법 제65조와 제66조에서 규정하면서, 상표권자 등이 "그 침해의 금지 또는 예방"을 주장할 수 있도록 하였으나, 제재수단으로서는 제93조 이하에서 주로 침해죄, 위증죄, 허위표시제 등 형사처벌에 한정하고 있고, 법인에 대해서는 벌금형(제97조)을 병과할 수 있도록 했다. 짝퉁제품이 유명 영업장에서 판매되는 경우도 있으므로 영업정지나 영업소폐쇄명령과 같은 행정법적 제재수단도 도입될 필요가 있다.

제 3 절 불법적 경제활동에 대한 감시능력의 강화

I 공익신고제와 불법적 경제활동에 대한 감시능력의 강화

1. 공익신고제의 도입과 활성화필요

1) 공익신고제의 의의

오늘날 공익을 침해하는 불법행위들의 모습은 다양해지고 있으며 그 양과 규모도 증가하고 있다. 불법행위가 기업이나 집단에 의해 매년 계속적·조직적·계획적으로 이루어지기도 한다. 유해물질의 수입유통이나 오염물질투기와 같이 기업활동과 관련되어 나타나는 불법행위들은 개인의 생명과 재산, 그리고 토지나 해양과 같은 공공재산에 치명적 피해를 끼치는 경우도 있다. 하지만, 불법을 통해 얻는 이익의 규모가 커지면서 그의 방지에 많은 어려움이 발생하고 있다.

이와 같은 법치환경의 변화에 따라 국내・외 입법자들은 기존의 법제도에 중대한 수정을 가하여 대응해 왔는데, 매년 우리 국회도 수많은 대응 법률들을 제・개정하고 있다.

공익신고제는 불법억제능력의 강화필요성이 있을 때 전통적으로 선호되던 불법행위자에 대해 제재와 처벌의 강도를 강화하는 방향이 아니라, 그 불법행위에 대한 적발능력을 강화하고자 하는 제도로, 전통적인 수단들보다 더 적극적으로 민간의 활력을 행정절차에 끌어들이고 있다. 전통적인 행정조사와 의무이행확보수단이 주로 행정단독의 정보수집과 조사를 전제로 하던 것과 달리, 공익신고제는 불법행위의 적발을 위해 정보제공자인 신고자에게 경제적 인센티브와 신분보호라는 법적 보호장치를 제공하여 그를 법집행의 주요 동력으로 삼고 있다.

2) 공익신고제의 저활성화의 극복필요

2011년 9월 30일 공익신고자보호법이 제정되어 공익신고제를 도입하면서, 공익신고자보호법은 신고자에 대해 '누구든지'(제6조)라고 하여 기업이나 특정 단체의 내부인이나 외부인을 막론하고 신고자에 제한을 두지 않았으며, 신고자에 대하여 비밀보장・신변보호・책임감면・불이익조치금지 및 보호조치제도, 보상금・구상금제도를 마련하는 등(동법 제12・13・14・15・17・26・27조 등) 입법자는 공익신고의 활성화를 위한 의지를 표명하였다.

하지만, 공익신고자보호법이 제정시행된 이후에도 공익신고제가 활성화되지 않고 있다는 비판도 존재하고,[75] 그 원인에 대해 과거부터 "법적인 측면에서 공익신고자를 보호하는 법제도적 뒷받침이 충분하지 않았다는 점과 조직에 대한 충성을 강조하는 전통적 사회문화적 영향"에서 찾는 연구들이 다수 존재해 왔다.[76] 실

75) 동아일보, 유명무실한 공익신고자보호법, 2013.7.13.

76) 전수일, 내부고발자와 보호문제에 관한 연구, 한국부패학회보 제4권, 1999, 111－123면; 이상수, 신제도주의적 관점에서 본 부패방지법의 한계와 개선방안연구: 내부고발자보호를 중심으로, 한국부패학회보 제8권 제1호, 2003, 116－145면; 이호용, 공익신고제도의 법적 과제와 전망, 법학논총(단국대) 제37권 제2호, 2013, 127면.

제로도 공익신고를 수리하고 있는 국민권익위원회 홈페이지에는 2012년 6월 22일 처음으로 공익신고가 있은 후 2015년 4월 14일 현재까지 98건의 신고사례가 보고되고 있는데, 대부분 환경오염 관련 신고와 의약품 및 의료행위에서의 불법행위 신고에 한정되고 있다.[77] "사회의 안전과 건강에 대한 위협은 방대하고 은밀하게 이루어지기 때문에 더 이상 정부만의 노력으로는 힘든 상황"에서 "공익신고자들의 역할"이 확대되어야 한다는 점에 동의한다면,[78] 아직도 공익신고제가 활성화되지 않고 있는 원인에 대해 보다 다양한 관점에서 검토가 필요하다 할 것이다.

공익신고제에 대해 연구한 법학분야 연구자들은 우리나라의 공익신고제의 저활성화의 문제점을 지적하면서 신고대상행위의 협소성, 신고방법에 있어 익명성의 허용, 신분보호조치의 강화필요성, 신고자에 대한 보상확대필요성, 공익신고의 총괄접수기관인 국민권익위원회의 권한강화 등을 입법적 대안으로 제시하였다.[79]

공익신고제의 저활성화의 원인은 법해석학적 관점에서 볼 때 무엇보다도 모호성과 불명확성의 여지가 넓어 잠재적 공익신고자들과 법집행자들에게 불신과 상당한 혼란을 주고 있는 것에서 찾을 수 있을 것이다.[80] 관련 규정들을 집행하고 해석

---

77) 국민권익위원회 홈페이지(www.acrc.go.kr) '공익신고사례' 참조. 2015년 4월 14일 최종 방문함. 국민권익위원회는 신고사건에 대해 대부분 추가 조사가 필요하다고 하면서 경찰청으로 이첩하고 있다. 신고자의 불안을 제거하고 신뢰를 얻기 위해서는 공익신고의 접수기관이 직접적인 처분권을 가지고 보다 신속하게 대응할 수 있는 기관일 필요가 있다고 본다. 신고의 총괄접수기관에게 직접적인 조사권과 수사권이 없고 신고자를 보호하기 위한 명령이나 조치를 강제할 수단을 갖지 못하는 것은 공익신고제의 기능을 심각하게 약화시킬 수도 있다고 본다. 이진국 · 황태정, 내부공익신고자 보호제도의 형사법적 검토, 형사정책 제17권 제1호, 2005, 157면; 조한상 · 이주희, 공익신고자보호법의 의의와 개선방안에 관한 소고, 한국부패학회보 제19권 제2호, 2014, 58-59면; 최정학, '공익신고자 보호에 관한 법률(안)'에 대한 검토, 민주법학 제40호, 2009, 221-223면; 김승태, 반부패 정책수단으로서의 공익신고자 보호법 평가, 홍익법학 제14권 제2호, 2013, 596-597면.

78) 김수갑 · 김민우, 공익신고자 보호에 관한 법률(안)의 입법방향에 대한 소고, 공법학연구 제10권 제1호, 2009, 46면.

79) 최정학, 앞의 글, 2009, 203-229면; 김승태, 반부패 정책수단으로서의 공익신고자 보호법 평가, 홍익법학 제14권 제2호, 2013, 571-603면; 박경철, 공익신고자보호법의 의의와 문제점, 공법연구 제40집 제1호, 2011, 163-199면.

80) 국회가 제정하는 법률들은 각각 특유의 입법목적을 가지고 있다. 우리나라에서 새로운 법률의 제정을 통해 새로운 법적 수단이 등장하는 경우 그 법률과 관련된 다수의 법령들, 이른바 관계법령들에 규정된 여러 법적 수단들과 일견 상충하거나 그 관계가 매우 모호한 경우가 많다. 이와 같은 상충과 모호성이 방치되면 법집행실무에서는 새로운 법률의 적용은 회피되거나 지체되며, 매우 명확해 보이는 상황에서만 적용되어 사실상 '제한적 법적용'이 이루어지게 된다. 또 법치행정의 원리가 지향하는 예측가능성과 법적 안정성도 위협받게 된다.

함에 있어 관련된 다른 법적 도구들과 관련하여 존재하는 법적 불명확성을 해소하여 '법집행의 지체'와 '제한적 법적용'의 문제가 극복되어야 한다.

아래에서는 법해석론의 관점에서 우리 실정법에 정의된 공익신고개념의 분석을 통해 진입관문의 불명확성과 협소성을 극복할 수 있는 실마리를 찾고, 추가적으로 입법적 개선안을 찾아볼 것이다.

2. 외국의 입법례와 공익신고자보호법의 적용범위

1) 미국법상 공익신고제의 입법현황과 그 주요내용

닉슨(R. M. Nixon) 대통령의 워터게이트사건 이후 연방공무원들의 불법행위를 신고하도록 장려하기 위해 1978년 행정사무개혁법(The Civil Service Reform Act of 1978: CSRA)이 제정된 이후,[81] 1980년대 이래 미국에서는 우리의 공익신고제의 비교법적 기원이 된 불법행위의 신고제(whistleblowing)가 공공부문과 민간부문에 걸쳐서 연방법은 물론 주법에서도 널리 확산되어 왔다.[82]

공공부문에서는 내부신고자보호법(Whistleblower Protection Act of 1989: WPA), 민간부문에서는 1986년의 허위청구방지법(False Claims Act: FCA)을 중심으로 여러 개의 연방법률과 주법률에 의해 다양한 분야에서 도입되어 있는데, 공공부문에서는 공직자의 부패방지에, 그리고 민간부문에서는 사인에 의한 공익침해의 방지에 그 주안점을 두고 있다.

미국법상 불법행위의 신고제는 재정손실의 방지와 공익침해의 방지를 위해 주로 두 가지의 수단을 활용하고 있는데, 그 하나는 불법행위를 적발하고자 신고에 대해 경제적 인센티브를 부여하는 것이고, 둘째는 신고자를 보호하여 그에 대한 보복을 방지하는 것이다. 그 구체적인 내용들은 개별적인 법률에 따라 약간씩 다르다.

다만, 대표적인 공익신고자보상제를 규정한 허위청구방지법(False Claims Act: FCA)에 따를 경우, 우리나라와 달리 신고자에 대한 보상과 신변의 보호를 위해 사

81) Civil Service Reform Act of 1978(CSRA), October 13, 1978, Pub. L. No. 95-454, 92 Stat. 1111 (codified as amended at various sections of 5 U.S.C.).

82) 박정훈, 미국의 내부공익신고자보호법제, 그리고 평가와 시사점, 경희법학 제48권 제4호, 2013, 213면 이하 참조; Elletta Sangrey Callahan & Terry Morehead Dworkin, THE STATE OF STATE WHISTLEBLOWER PROTECTION, *American Business Law Journal*, 2000, p.99.

법부가 재판을 통해 보상금액을 결정하고 신변보호방법을 판단한다는 점에서, 우리의 공익신고자보호법이 이러한 기능을 1차적으로 국민권익위원회라는 행정기관이 담당하도록 하고 있는 점과는 다르다.

첫째 방법인 신고자에 대한 경제적 인센티브의 부여방법은 다음과 같다. 허위청구방지법(Federal False Claims Act)에 따라 사인이 공익침해행위, 예를 들어, 정부재정이나 공공기금에 손해를 줄 타인의 불법행위를 막거나 그 손해를 반환하도록 하기 위해 정부를 대신하여 허위청구방지소송(Qui Tam Actions)을 제기하고 방지되거나 회수된 금액 중 상당금액을 보상금으로 준다.[83)]

둘째 방법은 신고자에 대해 보복을 방지하는 조치들을 도입하는 것이다.

신고자에 대한 보복방지는 신고자가 신고로 인해 자기의 직업과 관련하여 보복을 당한 경우 법원은 신고자의 신분보호에 필요한 조치, 예를 들어, 복직조치 등을 취해주고 있다.

미국법상 신고에 대해 조사기관이 조사한 결과 불법행위의 증거를 발견하지 못해 보상금은 지급할 수 없다 하더라도 신고자의 신고가 불법행위가 이루어졌다는 것에 대한 '합리적인 이유(reasonable cause)'에 기초해 판단한 것으로 평가할 수 있다면 신고자의 보호규정은 적용된다고 보고 있다. 즉, 신고자의 신분보호여부와 포상금의 지급여부의 결정이 일치하지 않을 수도 있다.[84)]

2) 영국의 공익신고제

우리나라 공익신고자보호법의 명칭과 입법방향에 보다 직접적인 영향을 미친 것은 1998년 영국에서 제정된 공익신고법(Public Interest Disclosure Act 1998)이다.[85)] 영국에서 이 법률이 등장하게 된 과정에서 기업내부직원이나 기타 정보를 가진 누군가의 사전신고가 있었더라면 막거나 피해를 줄일 수 있었던 커다란 인명사고나 금융사고를 초래한 사건[86)]들이 큰 영향을 미쳤다.

---

83) 박정훈, 위의 글, 229면은 15~25%로 소개하고 있다.

84) Norman D. Bishara, Elletta Sangrey Callahan & Terry Morehead Dworkin, THE MOUTH OF TRUTH, *N.Y.U. Journal of Law & Business* 10, 2013, pp.69－71.

85) 이 법률은 몇 차례 개정되었는데, 최근에는 선의요건(Good Faith, 부정한 목적의 신고가 아닐 것) 기준을 요건규정에서 삭제하고 공익기준만을 요구하여 기업에 대한 공익신고를 촉진시키고자 2013년 6월 25일 개정이 이루어져 현재 83개의 조문으로 구성되어 있다.

86) 1988년 12월 12일 영국에서 발생한 열차충돌사건(Clapham rail crash)으로 35명의 사망자와 500명

이 법률의 목적은 국민의 생명신체에 관한 사고는 물론 금융사고도 함께 방지하고자 한다는 점에서 금융거래에서의 불법행위에 대한 신고포상제를 별개의 법률에서 규율하고 있는 우리나라와는 다르고, 민간기업들은 물론 공공조직에 대해서도 포괄적으로 적용하고 있다는 점에서 주로 민간부문에의 적용을 예정하고 있는 우리의 공익신고자보호법의 적용영역보다 포괄적이다. 또 미국에서 공익신고자보호제도가 연방과 주에 걸쳐 여러 법률에서 규정되고 있는 것과 달리 영국에서는 주로 이 법률에 의해 통일적으로 규율되고 있다는 특징을 보여준다.[87)][88)]

영국의 공익신고법은 신고자에 대해 외부신고보다는 우선적으로 내부신고를 활용하도록 규정하면서 해고 등으로부터 신고자의 신분을 보호하도록 하고 있다. 금전적인 보상과 관련해서는 신고자에게 발생한 피해의 구조에 초점을 맞추고 있는데, 우리의 공익신고자보호법 제27조에서 규정한 구조금의 지급과 유사한 측면이 있다. 하지만, 영국의 법제는 우리나라의 구조금과 유사하게 육체적 치료는 물론 정신적 위자료의 보상을 하도록 하면서도, 신고자가 직업생활에서 신고로 인해 그의 명성이나 신용과 관련하여 입는 피해도 보상하도록 하고 있다. 직업생활에서의 경력에 미치는 피해의 금액은 수억 원에 이르는 경우도 있어, 우리나라 공익신고자보호법 제26조에서 규정한 보상금의 역할을 상당 정도 수행하고 있는 것으로 보인다.

최근 영국의 공익신고법은 공익신고를 보다 활성화시키는 방향으로 개정되었다. 즉, 영국의 공익신고법은 기업규제개혁법(Enterprise and Regulatory Reform Act

---

가량의 중경상자가 발생했고, 1992년 영국의 은행(The Bank of Commerce and Credit International: BCCI)에서 발생한 금융사기사건으로 15억 달러 이상의 피해가 발생했는데, 이 사고들을 조사하면서 불법행위나 내부감독의 소홀 등 사고 관련 정보를 알고 있던 내부자가 신고하는 것을 두려워 하여 피해가 커졌다는 것이 드러난 것이 영국에서 공익신고법의 탄생에 중대한 영향을 미쳤다.

87) Jenny Mendelsohn, CALLING THE BOSS OR CALLING THE PRESS: A COMPARISON OF BRITISH AND AMERICAN RESPONSES TO INTERNAL AND EXTERNAL WHISTLEBLOWING, *Washington University Global Studies Law Review* 8, 2009, pp.734-735.

88) '법원에 소송을 제기하는 방식의 공익신고제'를 세계적으로 처음 도입하여 다양한 영역으로 확산시킨 미국보다도 영국의 모델이 전세계적으로 확산되고 있다. 영국의 모델은 미국과 동일하게 신고인의 신분보호는 입법목표로 받아들이면서도 재판이 아니라 기업내부의 신고나 공공기관에의 신고와 보상금지급처분을 중심으로 구성되어 있다는 차이점이 있다. 영국 모델은 일본, 남아프리카공화국, 아일랜드와 네덜란드 등 여러 나라로 전파되었다. Jeanette Ashton, 15 Years of Whistleblowing Protection under the Public Interest Disclosure Act 1998: Are We Still Shooting the Messenger, *Industrial Law Journal* 44(1), 2015, p.30, Fn.5 참조.

2013: ERRA)에 의해 2013년 6월 25일부터 개정되어 공익신고의 성립요건으로서 ‘선의(good faith)’기준이 삭제되고 ‘공익(public interest)’기여 기준으로 바뀌었다. 공익신고의 성립에 있어 더 이상 신고자의 주관적 동기는 의미를 갖지 않게 되었다.[89)]

3) 우리나라 공익신고제의 의의와 적용범위

(1) 신고포상제와 공익신고제의 관계

공익신고자보호법이 제정되기 전 우리나라의 질서법제를 구성하는 다양한 많은 개별 법률들에서는 일정한 공익침해행위에 대한 사인들의 신고에 대해 금전을 지급하는 제도로 ‘신고포상제’를 도입하고 있었다. 정치관계법상 불법행위의 적발, 세금포탈행위의 적발, 식품관계법의 위반행위의 적발, 보육원에 의한 정부보조금의 부당수령행위의 적발, 학원의 불법행위적발 등을 위해 신고한 자에게 포상금을 주는 것 등 매우 다양한 신고포상제들이 주목받았다.

이 제도를 도입한 법령들에서는 ‘공익신고’가 아니라 단순히 ‘신고’라고 표현하였고 ‘보상금’도 ‘포상금’이라고 표현하고 있었다. 또 부패방지 및 국민권익위원회의 설치와 운영에 관한 법률에서는 공직자의 부패행위에 대한 신고포상제를 도입하고 있었다.

2011년 9월 30일 국민의 건강과 안전 등의 보호강화를 목적으로 공익신고자보호법이 제정시행되면서 개별 법령에서 산발적으로 신고포상제를 도입하면서 초래되었던 입법의 비체계성과 집행의 혼란을 어느 정도 해소할 수 있게 되었다. 하지만, 공익신고자보호법의 적용범위는 기존의 신고포상제의 적용영역 중 일부에 한정되는 것일 뿐만 아니라, 공익신고제와 관련된 법제도들과의 관계도 명확하게 해명되지 않아 상당한 법적 불안이 존재하고 있다.

(2) 공익신고자보호법의 적용범위

공익신고자보호법의 적용대상은 국민의 건강과 안전, 환경, 소비자의 이익 및 공정한 경쟁을 침해하는 공익침해행위로서 대상법률의 벌칙에 해당하는 행위, 인허가의 취소처분과 영업정지처분, 시정명령, 과징금 및 과태료 부과처분 등이다.

---

89) Jeanette Ashton, a.a.O., pp.34-35.

대상법률은 법률과 시행령에서 열거하고 있는데, 농산물품질관리법, 농약관리법, 대기환경보전법, 도로교통법, 먹는물관리법, 방사선폐기물관리법, 사료관리법, 식품위생법, 어장관리법, 원자력법, 폐기물관리법, 의료법, 소비자기본법, 독점규제 및 공정거래에 관한 법률, 하수도법, 화장품법, 환경보건법 등 181개의 법률이다(공익신고자보호법 제2조 제1호 별표, 공익신고자보호법 시행령 제2조 별표1).

공익신고자보호법의 적용범위에서 제외된 상당히 많은 법영역이 존재하는데, 그중 사회적으로 주목받고 있는 신고포상금제를 도입한 몇 개의 중요 법영역들을 살펴보면 다음과 같다.

첫째, 정치관계법에 따른 신고포상금제에 대해서는 이 법률이 적용되지 않는다. "공직선거법위반 및 정치자금법위반죄 중 선거와 관련된 것으로 인정"되는 선거범죄의 신고에 대한 포상금은 공직선거법 제262조의3과 '선거범죄 신고포상금 지급에 관한 규칙'에서 규정하고 있다.

둘째, 부패방지 및 국민권익위원회의 설치와 운영에 관한 법률은 공직자의 부패행위에 대해 공직자는 물론 사인에게도 국민권익위원회에 신고할 수 있도록 규정하면서 신고자에 대한 포상금제를 도입하고 있을 뿐만 아니라 신분보장, 신변보호, 신고자 자신의 범죄가 발견된 경우 책임감경을 규정하고 있다(동법 제62조, 제64조, 제66조, 제68조). 공직자의 부패행위가 공익침해행위와 관련되는 경우 공익신고자보호법은 적용되지 않는다.

셋째, 세금포탈행위에 대한 신고포상제(국세기본법 제84조의2)에 대해서도 공익신고자보호법은 적용되지 않는다. 몰수대상재산에 대한 신고포상금(범죄수익은닉의 규제 및 처벌 등에 관한 법률 제13조)에 대해서도 공익신고자보호법은 적용되지 않는다.

넷째, 증권선물위원회와 금융위원회에 대해 증권선물거래나 금융거래에 있어 불법행위나 불공정거래행위를 신고한 자에 대한 포상금(자본시장과 금융투자업에 관한 법률 제435조)에 대해서도 공익신고자보호법은 적용되지 않는다.

다섯째, 주택거래에 있어 분양권전매행위에 대한 신고포상금(주택법 제89조의2), 불법 사교육을 하는 학원이나 개인과외교습자에 대한 신고포상금(학원의 설립·운영 및 과외교습에 관한 법률 제16조 제6항)에 대해서도 공익신고자보호법은 적용되지 않는다.

여섯째, 중앙관서에 의해 사업자 등에게 지급되는 보조금의 수령 및 사용에 있어 불법행위의 신고자에 대한 포상금(보조금관리에 관한 법률 제39조의2)에 대해서도 공익신고자보호법은 적용되지 않는다.

일곱째, 지방자치단체들은 조례와 규칙에 근거를 두고 신고포상제를 도입하고 있다. 예를 들어, 서울특별시는 2015년 4월 현재 '서울특별시 여객자동차운수사업법 위반행위 신고포상금 지급조례', '서울특별시 불법하도급 신고포상금 지급에 관한 조례' 및 '서울특별시 도로시설물 등 고장 · 손괴원인자 신고포상금 지급규칙' 등 13개 자치입법에서 신고포상제를 도입하고 있다.

지방자치법 제22조는 "지방자치단체는 법령의 범위 안에서 그 사무에 관하여 조례를 제정할 수 있다. 다만, 주민의 권리 제한 또는 의무 부과에 관한 사항이나 벌칙을 정할 때에는 법률의 위임이 있어야 한다."고 규정하고 있다. 이 조문의 해석과 관련하여 판례는 "지방자치단체가 조례를 제정함에 있어 그 내용이 주민의 권리제한 또는 의무부과에 관한 사항이나 벌칙인 경우에는 법률의 위임이 있어야 하므로, 법률의 위임 없이 주민의 권리제한 또는 의무부과에 관한 사항을 정한 조례는 효력이 없다."고 한다(대법원 2014.2.27. 선고 2012두15005 판결; 대법원 2014. 02.27. 선고 2012두15005 판결; 대법원 2014.02.27. 선고 2012두15005 판결).

신고포상에 관한 조례와 규칙에서는 신고포상금지급처분을 규정하는 것이 그 주요 내용인데, 이것은 국민의 권리를 제한하거나 국민에게 의무를 부과하는 침익적 처분이 아니라 수익적 처분이어서 법률의 위임이 없더라도 자치법규로 제정할 수 있는 것으로 보고, 지방자치단체들은 이에 관해 법률의 위임근거가 없는 영역에서도 신고포상제를 도입하고 있다.

3. 공익침해행위의 신고의 의미

1) 공익신고 개념의 불명확성과 협소함

(1) 공익신고자보호법상 공익신고의 개념

공익신고자보호법상 공익신고는 행정기관 등 피신고자에게 "공익침해행위가 발생하였거나 발생할 우려가 있다는 사실을 신고 · 진정 · 제보 · 고소 · 고발하거나 공익침해행위에 대한 수사의 단서를 제공하는 것"이다. 공익침해행위는 "국민의 건강과 안전, 환경, 소비자의 이익 및 공정한 경쟁을 침해하는 행위"를 말하는데, 구체적으로는 대상법률에 규정된 벌칙에 해당하는 행위, 대상법률에 따라 인·허가의 취소처분, 정지처분 등 행정처분의 대상이 되는 행위를 의미한다(공익신고자보호법 제2조 제1호, 제2호).

공익신고자보호법은 공익신고로 보지 아니하는 행위로, ① 공익신고 내용이 거짓이라는 사실을 알았거나 알 수 있었음에도 불구하고 공익신고를 한 경우, ② 공익신고와 관련하여 금품이나 근로관계상의 특혜를 요구하거나 그 밖에 부정한 목적으로 공익신고를 한 경우를 열거하고 있다(공익신고자보호법 제2조 제2호 단서).

(2) 개념의 불명확성과 협소함의 문제점

공익신고는 구상금과 보상금 등 수익적 금전처분의 요건이 될 뿐만 아니라 신분과 신변의 보호조치 및 책임감면조치 등 많은 법적 조치의 요건이 되고 있고, 공익침해행위의 존부를 조사할 의무를 행정청에게 발생시키기도 한다. 때문에 신고자는 자신의 신고가 공익신고로서 인정받는지 여부에 관하여 중요한 법적 이해관계가 걸려있게 된다.

입법자가 공익신고의 인정요건을 너무 협소하게 정의하고 있는 경우에는 공익신고자보호법의 적용범위는 매우 좁혀지게 된다. 반대로, 공익신고의 개념을 매우 넓게 인정하는 것은 행정청에게 불필요한 조사의무를 발생시켜 행정자원의 낭비를 초래하게 된다.

2) 행정절차에 있어 제3자와 공익신고자의 차이

공익침해행위의 방지를 위한 공익신고, 그리고 그의 처리를 위한 보상금지급결정 등의 행정절차는 우선 공익침해행위에 대한 신고의 인정행위로부터 시작된다.

주지하듯이 우리나라에서 행정처분의 상대방이 아닌 제3자도 제3자효 행정행위나 개인적 공권의 승인 등에 의해 당사자의 지위를 갖는다는 점에서 행정법학의 관심을 받아 왔다. 이때 제3자는 원래의 처분에 의해 법적 보호이익이 영향받는 위치에 있는 자에 한정되었다. 그런데 공익신고제에서 신고자인 제3자는 공익침해행위를 한 자와 자신의 법적 보호이익이 관련된 자가 아니다. 대중에 속한 누구든지 제3자로서 타인의 공익침해행위를 신고만 하면 신고보상금지급처분의 상대방이 될 수 있다.

행정의 자원이 제한되어 있는 상황에서 대중들 중 어느 한 사람의 위치에서 행정처분의 상대방으로 전환되는 과정은 법률이 일정한 요건을 설정하고 그것을 충족하도록 요구하는 방식으로 전개된다. 그런데 우리 실정법은 이 전환과정의 법적 규율을 적절하게 하고 있는 것일까? 공익신고개념의 분석은 공익신고자보호법에서 규정한 행정절차의 개시여부를 결정하는 당사자의 자격을 판단하는 문제이기도 하다.

3) 공익침해행위의 신고의 의미

(1) "공익침해행위가 발생하였거나 발생할 우려가 있다는 사실"의 신고의 의미

공익신고자보호법이 공익신고로서 개념정의한 내용인 "공익침해행위가 발생하였거나 발생할 우려가 있다."(공익신고자보호법 제2조 제2호)는 것은 신고한 내용으로 보아 객관적으로 공익침해행위가 발생한 경우뿐만 아니라 발생할 가능성이 있는 경우를 의미한다.

"신고 내용이 공익침해와 관련성이 없는 경우"는 신고한 내용으로 보아 객관적으로 명백히 공익침해행위와 관련이 없거나 그의 발생가능성이 없는 경우를 말하는 것으로 조사가 필요한 공익신고라고 볼 수 없다(공익신고자보호법 시행령 제12조 제1호). 하지만, 공익침해행위와 관련성이 없는가의 여부에 관해서는 관점에 따라 다툼의 여지가 있을 수 있으므로 한계사례에서 조사기관은 공익침해와의 관련성유무를 조사해야 할 필요도 있을 수 있다.

신고한 내용으로 보아 공익침해행위와 공익침해행위가 아닌 것이 섞여 있을 때에는, 일부 내용이라도 공익침해행위와 관련이 있을 때에는 공익신고가 있는 것으로 보아야 할 것이다. 신고자의 신고내용의 중요부분이 공익침해행위와 관련이 없더라도 다른 일부가 공익침해행위와 관련이 있을 때에는 공익신고가 있는 것으로 보아야 한다고 본다. 왜냐하면, 조사의 필요여부를 판단하는 기준을 규정한 공익신고자보호법 제10조는 조사가 필요없는 경우로 "공익신고의 내용이 명백히 거짓인 경우"만을 규정하고 있기 때문이다.

(2) 신고의 성격과 정도, 그리고 조사기관의 조사의무와의 관계

가. 공익신고와 그 불인정행위의 법적 성격

행정법학상 신고는 사인의 공법행위에 속하는 것으로서 일정한 사실을 행정청에 고지하는 행위를 말한다. 신고에 대해 행정청의 접수행위 자체로 그 효과가 발생되는 경우가 많다. 하지만,[90] 행정청이 신고내용을 심사하여 수리나 허가 등 적절한 행정행위를 할 것이 요청되어 후속 행정행위의 요건이 되는 경우도 있다.[91] 또 관계 법령이 비록 신고라는 용어를 사용하고 있더라도 사실상 인·허가 등 처분의 신청행위와 다를 바 없다고 평가되는 경우도 있다(대법원 2011.09.08. 선고 2010도7034 판결). 인·허가가 의제되는 건축신고의 경우에도 행정행위의 요건이 되는 신고의 예이다.[92]

그런데 유해건강기능식품의 판매행위에 대한 신고와 같이 제3자의 불법행위에 대한 공익신고(건강기능식품에 관한 법률 시행령 제19조의2)는 행정법학의 신고이론과 어떤 관계에 있는 것일까? 공익신고는 제3자가 공익침해자에 의한 공익침해의 방지와 그에 대한 침익적 제재처분의 필요성을 촉구하거나 주장하는 내용을 담고 있는 것이지만 행정청에게 조사의무를 발생시키고 보상금지급처분의 요건도 된다. 때문에 공익신고는 행정법학상 접수를 요하는 신고로 볼 수는 없다.

행위요건적 신고론에서 사인의 신고는 수리나 등록이라는 수익적 처분의 요건이 된다. 적법한 공익신고를 통해서 사인에게는 보상금과 구상금의 지급처분, 그리고 신분보호조치 등이 취해질 수 있게 되므로 수익적 처분의 요건이 된다. 때문에 공익신고도 사인의 공법행위로서 행정법학에서 연구되었던 행위요건적 신고의 일종이라고 볼 수 있을 것이다. 다만, 전형적인 행위요건적 신고의 경우 신고자에게

---

90) 신고는 사인이 행정청에 대하여 일정한 사실 또는 관념을 통지함으로써 공법상 법률효과가 발생하는 행위로서 원칙적으로 행정청에 대한 일방적 통고로 그 효과가 완성될 뿐 이에 대응하여 신고내용에 따라 법률효과를 부여하는 행정청의 행위나 처분을 예정하고 있지 않다(대법원 2011.09.08. 선고 2010도7034 판결; 대법원 2002.9.4. 선고 2002도2064 판결; 대법원 2010.10.28. 선고 2008도9590 판결).

91) "관계 법령이 비록 신고라는 용어를 사용하고 있더라도 사실상 인·허가 등 처분의 신청행위와 다를 바 없다고 평가되는 등의 예외적인 경우에는 위계에 의한 공무집행방해죄가 성립할 여지"가 있다(대법원 2011.09.08. 선고 2010도7034 판결; 대법원 2002.9.4. 선고 2002도2064 판결; 대법원 2010.10.28. 선고 2008도9590 판결).

92) 대법원 2011.01.20. 선고 2010두14954 전원합의체판결. 인·허가의제 효과를 수반하는 건축신고는 수리를 요하는 신고로서 허가의 요건을 충족하지 못하는 경우 행정청은 수리를 거부할 수 있다.

는 신고의무가 부과되어 있지만 공익신고의 경우에는 신고자에게 신고의무가 부과되어 있지 않을 수도 있다는 점에서 차이도 존재한다. 오히려, 공익신고자보호법이 예정하고 있는 전형적인 신고자는 신고의무가 없는 제3자이다.

공익신고에 대한 행정청의 대응행위의 법적 성격이 문제될 수 있다. 예를 들어, 공익신고의 불인정행위가 거부처분일 수 있는가, 그리고 공익신고에도 불구하고 조사를 하지 않는 행위는 부작위에 속할 수 있는가 하는 쟁점들이 등장할 것이다. 이와 같은 행정청의 대응행위들은 보상금지급처분의 전제가 되는 행위로서 행정처분의 성격을 갖는다고 본다.

나. 공익신고의 정도 및 조사기관의 사실조사의무와의 관계

신고자가 공익침해행위에 대한 신고를 어느 정도까지 했을 때 조사기관에게 조사의무가 발생하는가, 구체적으로 어느 범위까지 그 내용을 진술하고 증거를 제시하여야 하는지가 문제된다. 사인의 공익침해행위에 대해서 제재권을 가지고 있는 행정청에게 사실조사의무가 존재하기 때문에 양자의 관계도 검토되어야 한다.

신고자가 해야 할 의무로서 신고의 내용과 범위는 신고받은 기관에게 조사의무가 발생하는 지점과 어디에서 만나는가? 일반 행정절차에 있어 처분의 요건사실의 확인과 관련하여 당사자인 사인은 진실발견을 위하여 주장하고 증거를 제출할 협력의무를 지고 있고 행정청은 조사의무를 지고 있다. 당사자 등의 협력의무의 한계는 행정절차의 특성과 상황에 따라 그 범위가 다를 수 있다.[93]

공익신고자보호법은 신고자인 당사자의 협력의무와 관련하여 "단서를 제공"(동법 제2조 제2호)하여야 한다고 규정하고 있다. 따라서 공익신고의 성립에 있어서 신고자가 결정적인 내용과 증거를 상세하게 제공할 것까지는 요구되지 않는다. 신고내용에 대해 법관의 확신을 얻을 정도의 증거를 제출하거나 입증책임을 지는 것도 아니다. 신고자는 별개의 법령에서 신고의무가 부과되어 있는 자가 아니라면 공익침해행위를 신고할 의무는 지고 있지는 않다. 하지만, 공익신고를 하는 자가 행정청에게 조사의무를 발생시키고 구조금과 보상금의 지급처분을 받기 위해서는 수익적 처분의 요건충족을 위해 필요한 사실을 '단서'의 정도까지 제공할 협력의무를

93) 당사자의 협력의무의 한계는 비례원칙의 적용을 받는데, 보다 정확한 사실정보의 제공이 어려울수록, 그리고 보다 많은 비용과 노력이 들수록 조사기관에게 단서가 될 수 있는 정도, 즉 신고자에게 요구되는 구체화의 정도가 낮아질 것이다. 선정원, 공무원과 법, 박영사, 2013, 118-120면.

진다. 예를 들어, “공익신고자의 인적 사항을 알 수 없는 경우”(공익신고자보호법 제10조 제2항 제2호),[94] “공익침해행위를 증명할 수 있는 증거가 없는 경우”(공익신고자보호법 시행령 제12조 제2호)에는 행정청에게 더 이상의 조사의무는 발생하지 않고 공익신고가 있었다고 할 수 없다.

조사의 단서가 되기 위해서는 신고내용이 구체적 공익침해행위에 관련되어 있어서 조사기관이나 수사기관이 조사나 수사를 할 필요가 있다고 평가할 수 있는 정도의 정보가 제공되어야 한다. 그래서 신고내용이 막연하거나 추측적인 것이어서는 안되고 단순한 소문을 알리는 정도이어서도 안된다. 또 단지 자신의 견해나 주장을 전달하는 것이어서도 안된다. 언론기관에 이미 보도된 사실을 제공하는 수준이어서도 안된다. 다만, 신고의 방식에 제한이 따르지는 않기 때문에 신고는 서면은 물론 구두로도 가능하며 인터넷이나 비디오테이프로도 가능하다.

신고자가 조사나 수사의 ‘단서’(공익신고자보호법 제2조 제2호)정도를 제공하였으면 단서 이외의 사실에 대해서 조사하여 진실을 확인하는 것은 조사권과 조사의무를 지고 있는 조사기관이나 수사기관의 임무가 된다. 신고자의 신고에 있어 ‘단서’의 제공과 관련하여 적절한 협력의무를 이행했음에도 조사기관이 조사의무를 적절하게 수행하지 않아 공익침해행위를 파악하지 못한 상황에서, 타인이 다른 조사기관에 그 사실을 신고하여 그 기관의 조사에 의해 공익침해행위가 드러나 국가 또는 지방자치단체의 재정피해를 방지했을 때, 먼저 신고한 자는 보상금청구권을 갖는가? 보상금은 조사기관의 조사를 직접적으로 가능하게 한 두 번째 신고자에게 지급할 수밖에 없을 것이다. 하지만, 첫 번째 신고자는 경우에 따라서는 공무원이 신고에 따른 조사의무를 위법하게 불이행하여 보상금의 수령을 못하게 한 손해를 발생시킨 것을 주장하여 국가배상법 제2조에 따라 배상금을 청구할 수 있을 것으로 본다.

공익신고와 관련하여 신고자에게 신고의무가 없는 경우, 신고내용이 충실하지 않아 조사의 단서가 되지 못하더라도 행정청은 공익침해방지에 필요하다고 판단한다면 사실관계를 직권으로 조사할 수는 있다. 하지만, 이때 사인의 신고는 공익신

94) 익명의 신고에 대해서도 신고내용이 진실하다면 사후적으로 신원이 고지되면 족하다고 보아야 한다는 견해도 있다. 박경철, 공익신고자보호법의 의의와 문제점, 공법연구 제40집 제1호, 2011, 182면.

고로 인정받지 못할 것이다. 허위신고가 범람하면 행정력의 낭비를 초래하기 때문에 허위신고자에 대한 과태료와 같은 제재처분규정을 둘 필요도 있다. 별도의 처벌규정이나 제재규정이 없는 경우에는 신고자의 부실한 신고, 진실과 허위가 섞인 신고가 있다고 해도 예외적인 경우를 제외하고는 곧바로 그것만으로 신고자를 제재하거나 처벌할 수는 없다.95)

공익신고의 성립과 달리 보상금의 지급여부와 그 금액의 결정에 있어서는 그것을 방지하면 "국가 또는 지방자치단체에 직접적인 수입의 회복 또는 증대"(공익신고자보호법 제26조 제1항)를 가져올 공익침해행위에 대해 보다 중요하고 결정적인 사실과 증거를 제공하느냐 여부가 중요한 심사기준이 될 것이다.

4. 공익신고 개념의 불명확성과 협소함의 극복

1) 신고자의 법적 의무의 이행과 관련된 신고와 공익신고의 관계

(1) 신고자의 신고의무와의 관계

국가공무원, 지방공무원 및 공직유관단체의 직원 등이 포함된 모든 공직자는 공익침해행위에 대한 신고의무를 지고 있다(공익신고자보호법 제7조). 또 사인에게도 공익침해사실의 신고의무가 부과되는 경우도 있다. 예를 들어, 시설에서 환경오염사고가 발생한 경우 해당 시설의 사업자(해당 시설에 대한 사실적 지배관계에

95) 등록이나 허가와 같은 수익적 처분을 위한 행위요건적 신고를 한 사인이 허위의 신고를 한 경우 제재와 처벌의 대상이 될 수도 있다. 사인은 이때 자기를 위한 수익적 처분의 요건사실의 제출에 있어 행정절차에서 인정되고 있는 진실발견을 위한 협력의무를 지고 있기 때문이다. 다만, 이 경우에도 위계에 의한 공무집행방해죄에 의해 형사처벌하는 것은 매우 제한적으로만 긍정되어야 한다. 판례도 허위신고가 있는 경우, "위계에 의한 공무집행방해죄가 성립할 여지가 있으나, 이때에도 행정청이 나름대로 충분히 사실관계를 확인하더라도 그 신고내용이 허위이거나 법령의 취지에 맞지 아니함을 발견할 수 없었던 경우가 아니라면 심사를 담당하는 행정청이 신고내용이나 자료의 진실성을 충분히 따져보지 않은 채 경솔하게 이를 믿고 어떠한 행위나 처분에 나아갔다고 하여 이를 신고인의 위계에 의한 결과로 볼 수 없으므로 위계에 의한 공무집행방해죄는 성립하지 아니한다."고 한다(대법원 2011.9.8. 선고 2010도7034 판결; 대법원 2002.9.4. 선고 2002도2064 판결; 대법원 2010.10.28. 선고 2008도9590 판결). 다만, "그 요건의 존부에 관하여 나름대로 충분히 심사를 하였으나 신청사유 및 소명자료가 허위임을 발견하지 못하여 그 신청을 수리하게 될 정도에 이르렀다면, 이는 업무담당자의 불충분한 심사가 아니라 신청인의 위계행위에 의한 것으로서 위계에 의한 공무집행방해죄가 성립한다"(대법원 2011.05.26. 선고 2011도1484 판결; 대법원 2009.2.26. 선고 2008도11862 판결).

있는 시설의 소유자, 설치자 또는 운영자)는 즉시 관계 행정기관에 신고하여야 한다(환경오염피해 배상책임 및 구제에 관한 법률 제8조).

신고의무를 지는 자가 타인의 불법적인 공익침해행위를 신고한 경우 행정청은 공익신고로 인정하고 보상금을 지급하여야 하는가? 공익신고자보호법 제26조 제2항 단서는 "공익침해행위를 관계 행정기관 등에 신고할 의무를 가진 자 또는 공직자가 자기 직무와 관련하여 공익신고를 한 사항에 대하여는 보상금을 감액하거나 지급하지 아니할 수 있다."고 규정하여 공익신고로 인정하는 것을 전제로 하여 보상금의 지급가능성을 긍정하고 있다.[96]

(2) 신고자의 직무상 비밀보호의무와의 관계

우리나라 법률에서는 공무는 물론 사적 임무라 하더라도 직무상 알게 된 타인의 비밀에 대하여 비밀보호의무를 부과하고 있는 경우가 많다.[97] 신고자가 신고한 내용이 자신의 업무내용과 관련될 때 불법적인 공익침해행위에 관한 것이라 하더라도 직무상 지득한 비밀의 보호의무를 위반한 것은 아닐까?

국가공무원법 제60조는 "공무원은 재직 중은 물론 퇴직 후에도 직무상 알게 된 비밀을 엄수하여야 한다."고 규정하고 있다.

민간영역에서도 직무상 비밀보호의무규정이 적용되는 예는 많다. 예를 들어, 식품제조업자라 하더라도 건강기능식품제조업을 하려는 자는 영업소별로 시설을 갖추어 식품의약품안전처장의 허가를 얻어 제조판매하여야 하는데, 이 허가를 얻지 않고 건강기능식품을 제조판매하는 자에 대해서 신고하면 포상금을 지급하도록 규정하고 있다(건강기능식품에 관한 법률 제5조 제1항, 제40조, 동시행령 제19조의2). 이 식품업체의 경비원이 당해 업체의 불법행위를 신고하면서 포상금지급신청을 했을 때 포상금은 지급되어야 하는가? 경비업법 제7조 제4항은 "경비업자의 임・직원이거나 임・직원이었던 자는 다른 법률에 특별한 규정이 있는 경우를 제

96) 이 규정은 재량규정으로 되어 있는데, "국가 또는 지방자치단체에 직접적인 수입의 회복 또는 증대를 가져"온 정도(공익신고자보호법 제26조 제1항)와 당해 공무원의 직무의 성격상 당해 공익침해행위의 발생을 억제할 직접적 의무를 지고 있는가 등을 고려하여 판단하여야 할 것이다. 보상금과는 달리 공익신고 등으로 초래된 치료비 등 실비변상 성격의 구조금(공익신고자보호법 제27조 제1항)에 대해서는 행정청은 신고의무를 지는 자에 대해서도 지급할 의무가 있다고 본다.

97) 국가법령센터(www.law.go.kr)에서는 직무상 비밀보호의무를 규정한 법령들이 2015년 3월 말 현재 400여 개가 넘는 것으로 검색된다.

외하고는 그 직무상 알게 된 비밀을 누설하거나 다른 사람에게 제공하여 이용하도록 하는 등 부당한 목적을 위하여 사용하여서는 아니된다."고 규정하고 있기 때문에 문제되는 것이다.

또 환경영향평가법 제69조도 "환경영향평가업자, 환경영향평가사, 환경영향평가서의 검토 과정에 참여한 관계 전문가나 전문가이었던 사람 또는 관계 전문기관의 임직원이나 임직원이었던 사람은 환경영향평가 등과 관련하여 직무상 취득한 비밀을 다른 사람에게 누설하거나 도용하여서는 아니된다."고 규정하고 있다.

이러한 규정들을 근거로 타인의 시설경비를 보는 경비업체의 직원이나 환경영향평가에 참여했던 전문가는 공익신고의 대상이 되는 불법행위를 목격하거나 발견했을 때에도 행정청에 신고를 해서는 안되는가?

이 쟁점과 관련하여 일견 상충하는 듯한 판결례와 입법례들이 존재한다.

첫째, 직무상 비밀보호의무를 지는 자는 직무와 관련하여 타인의 불법행위를 알게 되더라도 보상금획득을 목적으로 신고해서는 안된다는 견해가 가능할 수 있다. 이 입장에서는 비밀보호의무를 지는 자가 타인의 공익침해행위를 신고하면 불법행위가 성립한다고 볼 것이다. 이와 관련된 판결례는 다음의 것이 있다.

> "갑이 을 방송국에 브로커에 의한 실업급여의 부정수령과 관련하여 제보를 하였고, 그에 따라 을 방송국 소속 기자 병이 갑을 취재하는 과정에서 갑에게 브로커 일당과 계속하여 접촉하도록 요청하여 브로커 일당과 접촉하는 장면을 촬영하였는데, 그 과정에서 갑이 실업급여 부정수급을 2회 신청하였고, 이에 따라 부정한 실업급여를 수령한 사안에서, 병은 부정한 실업급여 사건을 취재하기 위하여 갑에게 브로커와 계속 접촉하면서 부정한 실업급여를 신청할 것을 요청한 것으로 보이므로, 병은 갑과 공동으로 실업급여를 지급한 기관이 입은 손해를 배상할 책임이 있고, 을 방송국은 병의 사용자로서 병이 을 방송국의 사무집행에 관하여 저지른 불법행위에 대하여 사용자책임을 부담한다"(의정부지방법원 2011.10.20. 선고 2011나6848 판결).

둘째, 직무상 비밀보호의무는 불법적인 공익침해행위에 대한 비밀을 보호할 의무에까지 미치지 않는다는 입장을 지지하는 입법례도 존재한다. 이 입장에서는 비밀보호의무를 지는 자라 하더라도 보상금획득을 목적으로 신고할 수 있고, 신고하더라도 불법행위는 아닌 것으로 볼 것이다.

예를 들어, 공무원은 재직 중은 물론 퇴직 후에도 "직무상 알게 된 비밀을 엄수"할 의무를 지고 있지만(국가공무원법 제60조, 지방공무원법 제52조), 다른 한편으로 공직자는 그 직무를 하면서 공익침해행위를 알게 된 때에는 이를 조사기관, 수사기관 또는 위원회에 신고할 의무도 지고 있다(공익신고자보호법 제7조). 공익신고자보호법 제7조는 국가공무원법 제60조나 지방공무원법 제52조와의 관계에서 공무원의 직무활동 중 공익침해행위와 관련된 특별규정으로 볼 것이므로 공익침해행위의 신고와 관련해서는 공무원의 직무상 비밀보호의무는 적용되지 않는다고 보아야 할 것이다.98)

위의 두 견해 중 공익신고자보호법은 공익신고와 관련하여 신고자에게 직무상 비밀보호의무의 적용을 면제해주는 입장을 취하고 있다. 이를 더 자세히 살펴본다.

우선, 공익신고자보호법 제26조 제2항 단서는 "공익침해행위를 관계 행정기관 등에 신고할 의무를 가진 자 또는 공직자가 자기 직무와 관련하여 공익신고를 한 사항에 대하여는 보상금을 감액하거나 지급하지 아니할 수 있다."고 규정하여, 공직자는 물론 직무상 비밀보호의무를 가진 사인이 자기 직무와 관련하여 공익신고를 할 의무를 질 수 있음을 전제로 하여 보상금액을 감면할 수 있음을 규정하고 있다(공익신고자보호법 시행령 제22조 제1항 제5호). 이 경우, 신고자는 직무상 비밀보호의무를 위반하지 않을 것이다.

신고할 의무를 지고 있지 않은 사인이 직무와 관련하여 타인의 공익침해행위를 신고하는 것은 직무상 비밀보호의무를 위반하는 것일까? 공익신고자보호법 제14조 제3항은 "공익신고 등의 내용에 직무상 비밀이 포함된 경우에도 공익신고자 등은 다른 법령, 단체협약, 취업규칙 등에 따른 직무상 비밀준수의무를 위반하지 아니한 것으로 본다."고 하고 있다.

98) 부패방지 및 국민권익위원회의 설치와 운영에 관한 법률은 "신고를 함으로써 그와 관련된 자신의 범죄가 발견된 경우 그 신고자에 대하여 형을 감경 또는 면제할 수 있다."고 하고 나서, "이 법에 의하여 신고한 경우에는 다른 법령, 단체협약 또는 취업규칙 등의 관련 규정에 불구하고 직무상 비밀준수의무를 위반하지 않는 것으로 본다."고 규정하고 있다(동법 제66조 제1항, 제3항).

(3) 신고자가 피신고기관이 알고 있는 정보로 신고한 경우

공익신고자보호법은 제2조에서 공익신고의 요건에 관해 규정하면서 정보를 얻게 된 경위나 신고자의 신분에 대해서 어떤 제한을 두고 있지 않다.

피신고기관이 알고 있는 정보를 이용하여 신고자가 신고한 경우에도 공익신고에 해당될 수 있는가? 예를 들어, 신문이나 인터넷사이트 등을 통해 일반적으로 알려진 정보를 이용해 신고한 경우도 공익신고에 해당되는가? 이와 관련하여 공익신고자보호법은 "공익신고의 내용이 언론매체 등을 통하여 공개된 내용에 해당하고 공개된 내용 외에 새로운 증거가 없는 경우"에는 조사기관이 조사를 하지 아니하고 끝낼 수 있다고 규정하고 있다(동법 제10 제2항 제5호). 또 "다른 법령에 따라 해당 공익침해행위에 대한 조사가 시작되었거나 이미 끝난 경우"(동법 제10조 제2항 제6호)와 같이 조사기관이 알고 있는 정보를 신고한 경우에도 조사기관은 조사하지 않고 끝낼 수 있다고 규정하고 있다. 때문에 이와 같은 경우는 공익신고로 인정받지 못할 것이다.

신고자가 불법행위로 정보를 취득하여 신고한 경우 공익신고에 해당되는가? 공익신고자보호법 시행령 제22조 제1항 제3호는 "공익신고자가 공익신고와 관련한 불법행위를 하였는지 여부"는 보상금지급여부가 아니라 보상금산정기준으로서 감면사유라고 하고 있으므로 공익신고에는 해당된다.

2) 부정한 목적의 신고가 아닐 것

공익신고자보호법은 공익신고와 관련하여 금품이나 근로관계상의 특혜를 요구하거나 그 밖에 부정한 목적으로 공익신고를 한 경우는 공익신고로 보지 아니한다고 규정하고 있다(공익신고자보호법 제2조 제2호 단서). 하지만, 실제 사례에서는 부정한 목적의 신고와 공익신고의 구별이 쉽지 않은 경우가 많다.

신고자가 피신고자의 공익침해행위를 알고 그것을 이용하여 피신고자에게 신고하지 않은 대가를 요구하거나 임금인상이나 승진을 요구하거나 친인척의 취업을 요구하다가 거절당하자 피신고자의 공익침해행위를 신고한 경우를 예로 들어보자. 이 경우, 신고자는 개인적 이익을 얻고자 하는 동기도 있지만 피신고자의 공익침해행위를 방지하고자 하는 의도도 함께 가지고 있을 수 있다. 이때 부정한 목적의 신고로 보아서 공익신고자보호법상의 보호와 보상금 및 구조금 등은 모두 인정하지

말아야 하는가? 피신고자가 신고를 당한 경우 신고자의 동기의 부정을 주장하는 경우도 나타날 텐데, 이러한 경우 공익신고로 인정되지 않아 신고자에 대해 신분보호 등의 조치가 취해질 수 없다면 공익신고제도는 매우 위축될 것이다.

공익신고제의 헌법적 근거를 양심의 자유에서만 찾는다면, '부정한 목적'을 가진 신고자는 공익신고자라고 보아서는 안된다는 논리가 가능할 수도 있다.[99] 이와 달리 '부정한 목적'과 같은 신고자의 주관적 목적을 문제삼는 것은 신고자의 내심에 대한 조사가 이루어지는 과정에서 인권침해의 우려도 있으므로 공익신고의 성립은 객관적으로 공익침해행위의 유무에 의해 판단되어야 한다는 입장도 있다.[100]

법해석의 관점에서 볼 때, 공익신고자보호법 제2조 제2호 단서가 명백히 부정한 목적의 신고를 공익신고로 보지 아니한다고 규정하고 있는 상황에서 부정한 목적의 유무는 공익신고의 성립요건이 아니라고 하기는 어렵다. 하지만, 공익신고로 인정받는 경우를 신고자가 오직 공익침해행위의 방지라는 선의를 가진 경우로 한정하여 이 법률의 목적을 파악하는 것은 비현실적이어서 근거없이 이 법의 적용범위를 좁히는 것이라 할 것이다.

허위신고나 부정한 목적의 신고가 남발되어 타인의 건전한 영업활동을 방해하거나 행정에게 소모적인 자원낭비를 초래되어서는 안되겠지만 이러한 목적은 다른 방식으로 달성되어야 한다. 공익신고제를 활성화하여 공익침해행위를 방지하기 위해서는 부정한 목적의 신고를 공익신고의 조사대상에서 제외하는 것과 같이 공익신고제의 적용범위를 제한하는 방식으로 접근할 것이 아니라 적용범위는 넓히되 그 부작용을 억제할 수 있는 장치를 마련하는 방법으로 접근해야 한다.

이러한 관점에서 부정한 목적의 신고로서 공익신고가 아닌 경우는 "신고자가 공익침해행위를 방지하려는 의도는 전혀 없고 관련 증거도 그 주장을 뒷받침하지 못한 채 명백히 부정한 목적을 갖고 신고한 경우"에 한정되어야 할 것이다. 공익기여의사와 함께 부정한 목적도 갖고 있던 경우는 보상금교부처분 등에 있어 감면

99) 다만, 우리나라에서 공익신고제의 헌법적 근거를 양심의 자유, 언론출판의 자유 등과 관련하여 논하는 연구자들도 '부정한 목적'의 유무를 공익신고의 성립요건으로 보아야 하는가 하는 문제에 대해서 직접적으로 명확한 입장을 표명하는 것 같지는 않다. 조수영, 공익신고자 보호와 공익신고자보호법 연구: 공익신고자보호법 시행을 중심으로, 공법학연구 제12권 제4호, 2011.11, 142면; 김승태, 앞의 글, 2013, 573면.

100) 조한상 · 이주희, 공익신고자보호법의 의의와 개선방안에 관한 소고, 한국부패학회보 제19권 제2호, 2014, 53면.

시 고려해야 할 재량참작사유로 보면 될 것이다. 때문에 신고자의 신고로 보아 공익침해행위의 방지의도가 보인다면 개인적 이윤추구동기나 보복적 동기 등이 숨어 있다 하더라도 공익신고로서 성립한다고 보아야 할 것이다. 공익신고자보호법 시행령 제22조 제1항 제3호는 "공익신고자가 공익신고와 관련한 불법행위를 하였는지 여부"를 공익신고의 성립요건이 아니라 보상금감면요건으로 규정하고 있는데, 이 규정의 정신도 필자의 주장과 동일한 취지인 것으로 보인다.

입법론으로서는 영국 2013년의 개정 공익신고법에서 신고자의 '선의'요건을 삭제하고 '공익'기여 기준으로 바뀐 것처럼, 우리나라에서도 공익신고의 성립요건과 관련하여 신고자가 '부정한 목적'을 가지지 않았을 것을 요구하는 것은 삭제하고, 신고자가 신고로 '공익침해행위의 방지에 기여'하는가만 평가하도록 개정하여야 할 것이다.[101]

3) 허위신고가 아닐 것

공익신고자보호법은 허위신고, 즉 "공익신고 내용이 거짓이라는 사실을 알았거나 알 수 있었음에도 불구하고 공익신고를 한 경우"를 공익신고로 보지 아니한다고 규정하고 있다(공익신고자보호법 제2조 제2호 단서).

그런데 "공익신고 내용이 거짓이라는 사실을 알았거나 알 수 있었음"은 구체적으로 무엇을 의미하는가? 경우를 나누어 살펴본다.

① 신고한 내용이 객관적으로 모두 진실에 부합하지 아니하여 허위라는 사실을 명백하게 알았거나 알 수 있었던 때를 의미하는가?

② 신고한 내용에 진실과 허위가 섞여 있는데, 신고자가 신고내용 전부에 대해 허위라고 알고 있는 경우는 어떻게 평가해야 하는가?

③ 신고한 내용이 객관적으로 전부 허위이지만 신고자가 신고내용의 전부 또는 적어도 일부에 대해 진실이라고 믿을 만한 합리적인 이유를 가지고 있을 때는 어떻게 평가해야 하는가?

---

101) 이 경우, 신고자가 '부정한 목적'을 가지고 있는가의 여부는 공익신고의 성립요건은 아니지만, 여전히 보상금이나 구상금지급처분 등 금전적 수익처분시 금액을 결정함에 있어 고려해야 할 재량요건은 될 수 있을 것이다.

우선, 확인되어야 할 것은 우리 법상 신고내용이 일부라도 진실이라면, 그 일부가 중요부분이건 아니건 그 신고는 행정청에게 조사의무를 발생시키는 공익신고로 보아야 한다는 것이다. 행정청이 이 신고에 대해서 공익신고로 인정하지 않는 것은 거부처분이 될 것이고, 신고자에게 아무런 통보를 하지 않으면 부작위로 평가받을 수 있을 것이다.

①의 경우, 공익신고자보호법은 "공익신고의 내용이 명백히 거짓인 경우" 조사하지 아니할 수 있다고 하고 있으므로(동법 제10조 제2항 제1호), 공익신고로 인정받지 못할 것이다. 이 경우는 우리 법상 공익신고의 개념에서 제외되는 허위신고에 해당됨은 명백하다.

②의 경우는 신고자가 신고한 내용의 진실여부와 관계없이 허위라고 알고 있으면서 신고한 경우인데, 신고내용 중 적어도 일부는 진실이기 때문에 공익신고로서 인정될 수 있고 행정청에게는 조사의무가 발생할 것이다. 다만, 이러한 상황은 신고인의 부정한 동기 유무 및 형사처벌과 관계된 문제를 발생시킬 수도 있을 것이다.

'부정한 목적'을 가짐으로 인해 공익신고가 부인되는 경우를 법해석상 매우 제한적으로 인정하고 입법론으로는 그 요건을 삭제하자는 필자의 입장에서는 신고자의 주관적 인식은 공익신고의 성립에 영향을 미치지 않는다고 본다. 형사처벌과 관련된 문제는 이하에서 다룬다.

③의 경우는 객관적으로 전부 허위인 사실에 대해 신고자가 진실이라고 믿을 합리적인 이유를 가지고 있는 때이다.

공익신고자보호법에서 규정한 "거짓이라는 사실을 알 수 있었던 경우"란 신고내용의 허위여부에 대한 과실있는 무지를 의미한다. 여기서 과실은 우리 판례에 따를 때, "같은 업무와 직종에 종사하는 일반적 보통인의 주의정도"(대법원 2014. 07.24. 선고 2013도16101), "동일한 업무를 담당하는 평균적 공무원이 갖추어야 할 통상의 주의"(대법원 2014.10.15. 선고 2012다100395 판결)를 표준으로 판단한다.

미국의 공익신고제에서는 신고의 주관적 요건과 관련하여 신고자가 신고사실의 허위여부를 잘못 알고 신고하였더라도 신고자가 공익침해행위가 있다고 믿은 것에 관해 "합리적인 이유(reasonal belief)"가 있으면 공익신고의 요건은 충족되는 것으로 보고 있는데 우리와 비슷한 취지라고 이해된다.

허위사실의 인식에 있어 신고자의 고의나 과실의 입증책임은 허위신고라고 주장하는 자가 져야 할 것이다.[102] 다만, 이 경우에도 신고자는 주장과 증거제출에 있어 조사기관이 조사할 필요를 느낄 '단서' 정도까지는 제시하여야 할 것이다.

신고자가 신고내용의 허위에 대해 알지 못한데 과실이 없었던 경우, 법규정의 취지에 따를 때 일단 공익신고로 인정하고 신고자의 신고내용을 조사하여 공익침해사실의 존부를 확인할 의무가 행정청에게 발생한다고 할 것이다. 왜냐하면, 공익신고제의 취지는 공익침해행위를 야기하는 공익신고를 촉진시키자는 데 있는 것으로, 공익신고를 하는 데 있어 신고자에게 충분한 법적 지식과 전문지식을 갖추고 사실관계를 확실히 조사하여 신고하도록 요구하려는 것은 아니기 때문이다. 이러한 경우, 신고자의 허위신고에 대해 형사처벌을 할 수 있는가의 문제는 남는데 이하에서 검토한다.

5. 허위신고자에 대한 형사처벌요건의 명확화－공익신고개념의 명확화

공익신고제는 입법을 통해 다양한 사회영역에서의 불법방지를 위해 도입되면서 행정법학과 형사법학의 경계영역에 있는 많은 문제들을 발생시켜 법집행의 혼란을 초래하고 있지만, 이에 관한 공법적 연구는 부족하다. 여기서는 허위신고가 형사범죄를 성립시키는가와 관련된 쟁점들 중 법집행실무상 자주 쟁점이 되고 있는 것들에 한정하여 간략히 검토한다.

신고자가 공익침해행위라고 하면서 신고하더라도 그것이 허위신고인 경우 예외적으로 형법상 범죄를 구성할 수도 있다. 하지만, 허위신고자에 대한 형사처벌이 빈번하게 이루어지면 공익신고는 크게 위축되게 될 것이다. 형벌법규의 해석은 엄격하여야 하고, 명문의 형벌법규의 의미를 신고인에게 불리한 방향으로 지나치게 확장해석하거나 유추해석하는 것은 죄형법정주의의 원칙에 반한다는 관점에서 볼 때 법집행실무에서 허위신고자에 대한 형사처벌을 악용해서는 안될 것이다.

1) 허위신고자의 무고죄 성립여부

신고자가 보상금을 받을 의도로 타인의 범죄행위를 허위로 신고하는 것은 형법상 무고죄의 구성요건을 충족하는 행위가 될 수도 있다. 형법 제156조는 공무소 또

---

102) 동지. 박경철, 앞의 글, 2011, 171면; 조한상·이주희, 앞의 글, 2014, 51면.

는 공무원으로 하여금 형사처분 또는 징계처분을 받게 할 목적으로 허위의 사실을 신고한 자에 대해서는 무고죄로 처벌하도록 하고 있다.

신고자가 이른바, '포상금파파라치'처럼 보상금만을 노리거나 피신고자에 대해 개인적인 악감정을 가진 사람이라면, 보다 많은 보상금을 획득하거나 피신고자의 사업을 방해할 목적으로 허위의 사실을 신고할 수도 있다. 이러한 경우, 신고자는 무고죄로 형사처벌받게 될 것인가?

우선, 무고죄는 '공무소와 공무원'에 대한 범죄이므로 사인이나 사기업의 행위 등에 대한 허위신고는 무고죄의 적용을 받지 않는다(대법원 2014.07.24. 선고 2014도6377 판결). 또 보상금제의 적용대상이 불법적인 쓰레기투기행위와 같이 지방자치단체에 의한 과태료부과대상인 경우와 같이, 허위신고대상인 불법행위 자체가 형사범죄를 구성하지 않는 때 무고죄는 성립하지 않는다(대법원 2013.09.26. 선고 2013도6982 판결).

그런데 오래된 대법원판결 중에는 "무고죄의 성립에는 타인으로 하여금 형사 또는 징계처분을 받게할 목적으로 진실하다는 확신없는 사실을 신고함으로써 족한 것이요, 신고자가 그 신고사실이 허위라는 것을 확신함을 요하지 않는다."고 하여 무고죄의 성립요건을 상당히 완화시켜 본 것도 있다(대법원 1955.03.22. 선고 4287형상65 판결).

하지만, 최근의 판례는 허위신고에 대한 무고죄의 인정에 제한적인 태도를 취하고 있다. 즉, 허위신고행위가 무고행위가 되기 위해서는, "신고한 사실이 객관적 진실에 반하는 허위사실인 경우에 성립되는 범죄이므로 신고한 사실이 객관적 진실에 반하는 허위사실이라는 점에 관하여는 적극적인 증명이 있어야 하며, 신고사실의 진실성을 인정할 수 없다는 점만으로 곧 그 신고사실이 객관적 진실에 반하는 허위사실이라고 단정하여 무고죄의 성립을 인정할 수는 없다."고 한다(대법원 2014.02.13. 선고 2011도15767). 허위라는 점은 검사가 입증하여야 한다.

2) 허위신고자의 모욕죄 및 명예훼손죄의 성립여부

형법은 공연히 사실을 적시하거나 허위의 사실을 적시하여 명예를 훼손한 자에 대해 명예훼손죄로 처벌하고 있다(형법 제307조). 하지만, 이 경우에도 "진실한 사실로서 오로지 공공의 이익에 관한 때"에는 위법성이 조각된다고 규정하고 있다

(형법 제310조). 또 공연히 사람을 모욕한 자에 대해서는 모욕죄로 처벌하고 있다(형법 제311조).

위 규정에 따라 신고자가 보상금을 받을 의도로 타인의 범죄행위에 대해 허위로 신고하는 것이 형법상의 명예훼손죄와 모욕죄의 구성요건을 충족하는 행위가 될 수 있는지 검토될 필요가 있다. 명예훼손죄와 모욕죄의 성립을 위해서는 허위사실을 행정청에 신고한 것으로는 족하지 않고 다수의 대중들에게 공연하게 적시하여야 한다. 그러므로 허위신고자가 신고와 함께 다수의 대중들에게 적시하였을 때가 문제될 것이다.

대법원은 신고자가 허위사실을 적시한 것과 관련하여 다음과 같이 판시하였다.

"적시된 사실이 객관적으로 진실에 부합하지 아니하여 허위일 뿐만 아니라 적시된 사실이 허위라는 것을 피고인이 인식하고서 이를 적시하였다는 점은 모두 검사가 입증하여야 하고, 이 경우 적시된 사실이 허위의 사실인지 여부를 판단할 때에는 적시된 사실의 내용 전체의 취지를 살펴보아야 하고, 중요한 부분이 객관적 사실과 합치되는 경우에는 세부에 있어서 진실과 약간 차이가 나거나 다소 과장된 표현이 있다고 하더라도 이를 허위의 사실이라고 볼 수 없다"(대법원 2014.09.04. 선고 2012도13718 판결).

위법성조각사유인 "진실한 사실로서 오로지 공공의 이익에 관한 때"(형법 제310조)에 관해서는 다음과 같이 판시하고 있다.

"타인의 명예를 훼손하는 행위를 한 경우에 그것이 공공의 이해에 관한 사항으로서 그 목적이 오로지 공공의 이익을 위한 것인 때에는 적시된 사실이 진실임이 증명된 경우는 물론 그 증명이 되지 않더라도 행위자가 그것을 진실이라고 믿을 만한 상당한 이유가 있었던 경우에는 위법성이 없다고 보아야 할 것이다. 여기에서 행위자가 진실이라고 믿을 만한 상당한 이유가 있었는지 여부는 그 적시한 사실의 내용, 진실이라고 믿게 된 근거나 자료의 확실성과 신빙성, 사실 확인의 용이성, 적시로 인한 피해자의 피해 정도 등 여러 사정을 종합하여 행위자가 그 내용의 진위 여부를 확인하기 위하여 적절하고도 충분한 조사를 다하였는가, 그 진실성이 객관적이고도 합리적인 자료나 근거에 의하여 뒷받침되는가 하는 점에 비추어 판단하여야 한다"(대법원 2014.06.12. 선고 2012다4138 판결; 대법원 2012.12.27. 선고 2010다61793 판결).

"중요한 부분에서 진실이라는 증명이 있거나 그 전제가 되는 사실이 중요한 부분에서 진실이라는 증명이 없더라도 표현행위를 한 사람이 그 전제가 되는 사실이 중요한 부분에서 진실이라고 믿을 만한 상당한 이유가 있는 경우에는 위법성이 없다"(대법원 2012.11.15. 선고 2011다86782 판결).

이상의 판례들에 비추어 신고자가 허위사실을 신고하고 대중에게 알린 경우에도 "행위자가 그것을 진실이라고 믿을 만한 상당한 이유가 있었던 경우"에는 명예훼손죄가 성립하지 아니한다.

3) 허위신고자의 위계공무집행방해죄의 성립여부

허위의 신고가 제어되지 않은 채 그의 남용이 방치된다면, 소방서(114)에 대한 허위신고의 남발의 방치가 초래한 문제와 같이 공익신고제가 행정에게 소모적인 자원낭비를 초래할 수도 있다. 이와 관련하여 우리 형법은 위계에 의한 공무집행방해죄를 규정하여 대응하여 왔다(형법 제137조).

그러나 죄형법정주의에 따라 형사처벌은 매우 엄격하게 제한하여야 하므로 사인의 신고에 대해서는 이를 유형화하여 살펴볼 필요가 있다.

우선, 단순히 접수만 요하는 신고의 경우에는 형법상 위계에 의한 공무집행방해죄를 구성하지 않는다. 즉, 신고는 사인이 행정청에 대하여 일정한 사실 또는 관념을 통지함으로써 공법상 법률효과가 발생하는 행위로서 원칙적으로 행정청에 대한 일방적 통고로 그 효과가 완성될 뿐 이에 대응하여 신고내용에 따라 법률효과를 부여하는 행정청의 행위나 처분을 예정하고 있지 아니하므로, 신고인이 허위사실을 신고서에 기재하거나 허위의 소명자료를 첨부하여 제출하였다고 하더라도 관계 법령에 별도의 처벌규정이 있어 이를 적용하는 것은 별론으로 하고, 일반적으로 위와 같은 허위신고가 형법상 위계에 의한 공무집행방해죄를 구성한다고 볼 수 없다(대법원 2011.9.8. 선고 2010도7034 판결; 대법원 2002.9.4. 선고 2002도2064 판결; 대법원 2010.10.28. 선고 2008도9590 판결).

행정행위의 요건에 해당하는 행위요건적 신고와 관련해서는 위계공무집행방해죄가 성립할 수도 있다. 대법원도 "다만 관계 법령이 비록 신고라는 용어를 사용하고 있더라도 사실상 인·허가 등 처분의 신청행위와 다를 바 없다고 평가되는 등의 예외적인 경우에는 위계에 의한 공무집행방해죄가 성립할 여지"가 있다고 한다

(대법원 2011.9.8. 선고 2010도7034 판결; 대법원 2002.9.4. 선고 2002도2064 판결; 대법원 2010.10.28. 선고 2008도9590 판결).

행위요건적 신고의 경우라고 하더라도 신고를 받은 행정청에게는 사실조사의무가 인정되기 때문에 신고인이 허위신고를 했다고 해서 곧바로 위계공무집행방해죄가 성립하지는 않는다. 대법원도 "행정청이 상대방으로부터 신청을 받아 일정한 자격요건 등을 갖춘 경우에 한하여 그에 대한 수용여부를 결정하는 업무에 있어서는 신청서에 기재된 사유가 사실과 부합하지 않을 수 있음을 전제로 하여 그 자격요건 등을 심사·판단하는 것이므로, 그 업무담당자가 사실을 충분히 확인하지 아니한 채 신청인이 제출한 허위의 신청사유나 허위의 소명자료를 가볍게 믿고 이를 수용하였다면, 이는 업무담당자의 불충분한 심사에 기인한 것으로서 위계에 의한 공무집행방해죄를 구성하지 않는다."고 한다(대법원 2011.05.26. 선고 2011도1484 판결; 대법원 2009.2.26. 선고 2008도11862 판결). 또 다른 판결에서도 대법원은 "행정청이 나름대로 충분히 사실관계를 확인하더라도 그 신고내용이 허위이거나 법령의 취지에 맞지 아니함을 발견할 수 없었던 경우가 아니라면 심사를 담당하는 행정청이 신고내용이나 자료의 진실성을 충분히 따져보지 않은 채 경솔하게 이를 믿고 어떠한 행위나 처분에 나아갔다고 하여 이를 신고인의 위계에 의한 결과로 볼 수 없으므로 위계에 의한 공무집행방해죄는 성립하지 아니한다."고 했다(대법원 2011.9.8. 선고 2010도7034 판결; 대법원 2002.9.4. 선고 2002도2064 판결; 대법원 2010.10.28. 선고 2008도9590 판결).[103]

행정청이 조사의무를 충실하게 이행했음에도 불구하고 그 신고의 허위확인이 어려웠던 경우에는 위계공무집행방해죄를 구성할 수 있다. 대법원도 "신청인이 업무담당자에게 허위의 주장을 하면서 이에 부합하는 허위의 소명자료를 첨부하여 제출한 경우 그 수리여부를 결정하는 업무담당자가 관계 규정이 정한 바에 따라 그 요건의 존부에 관하여 나름대로 충분히 심사를 하였으나 신청사유 및 소명자료가 허위임을 발견하지 못하여 그 신청을 수리하게 될 정도에 이르렀다면, 이는 업

103) 비슷한 취지의 대법원판결로는, 과속단속카메라에 촬영되더라도 불빛을 반사시켜 차량 번호판이 식별되지 않도록 하는 기능이 있는 제품('파워매직세이퍼')을 차량 번호판에 뿌린 상태로 차량을 운행한 행위만으로는, 교통단속 경찰공무원이 충실히 직무를 수행하더라도 통상적인 업무처리과정 하에서 사실상 적발이 어려운 위계를 사용하여 그 업무집행을 하지 못하게 한 것으로 보기 어렵다고 한 것도 있다(대법원 2010.04.15. 선고 2007도8024).

무담당자의 불충분한 심사가 아니라 신청인의 위계행위에 의한 것으로서 위계에 의한 공무집행방해죄가 성립한다."고 한다(대법원 2011.05.26. 선고 2011도1484 판결; 대법원 2009.2.26. 선고 2008도11862 판결).[104)]

6. 결 어

다양한 법영역에서 부패방지나 공익침해행위의 방지를 위하여 신고포상제가 도입되어 왔다. 개별법들의 규율내용에 있어 불일치와 모호성을 극복하고자 민간영역에서 불법적인 공익침해행위에 대한 신고제를 포괄적으로 규정한 공익신고자보호법이 2011년 제정되었다.

이 법의 시행 이후 기대했던 공익신고제가 활성화되지 않자 선행연구자들은 입법론의 관점에서 신고대상행위의 확대, 보상금의 확대, 총괄기관인 국민권익위원회의 권한강화 등을 주장하였다.

법해석론의 관점에서 볼 때, 공익신고자보호법이 규율하는 공익신고가 관계법과의 관계에서 모호하고 협소하다는 점은 공익신고제도의 활성화에 중대한 장애가 되고 있다. 관계법령 간의 외견상 충돌이 조정되지 않고 법조문 문언상의 모호성과 허점이 해소되거나 보충되지 않으면서 법집행이 지체되고 제한되면서 공익신고제에 대한 사회적 신뢰를 약화시키고 있다.

본문에서는 신고자가 신고의무나 직무상 비밀보호의무를 지는 경우의 공익신고 성립여부, 피신고기관의 사실조사의무와 신고자의 협력의무의 관계, 허위신고와 부정한 목적의 신고 개념이 무엇을 의미하는지 등을 검토했다. 또 허위신고자에 대해 형사법상 처벌가능성과 그 한계를 검토하여 법집행실무상 막연하게 존재하는 주저와 의혹을 명확하게 해소하고자 하였다.

---

104) 이와 비슷한 취지의 다른 판결례도 존재한다. 즉, 불법체류를 이유로 강제출국 당한 중국 동포인 피고인이 중국에서 이름과 생년월일을 변경한 호구부를 발급받아 중국 주재 대한민국 총영사관에 제출하여 입국사증을 받은 다음, 다시 입국하여 외국인등록증을 발급받고 귀화허가신청서까지 제출한 사안에서, 업무담당자가 관계 규정에서 정한 바에 따라 요건의 존부에 관하여 나름대로 충분히 심사를 하였으나 신청사유 및 소명자료가 허위인 것을 발견하지 못하여 신청을 수리하게 될 정도에 이르렀다면, 이는 업무담당자의 불충분한 심사가 아니라 신청인의 위계행위에 의한 것이어서 위계에 의한 공무집행방해죄를 구성한다고 대법원은 판시했다(대법원 2011.04.28. 선고 2010도14696).

Ⅱ 특별사법경찰권과 불법적 경제활동에 대한 감시능력의 강화

1. 특별사법경찰권의 개념과 일반사법경찰권과의 구별

특별사법경찰은 형사소송법 제197조와 '사법경찰관리의 직무를 수행할 자와 그 직무범위에 관한 법률'에 의하여 일반행정기관 소속 일반행정공무원이 지역적 · 사항적으로 한정된 범위 내에서 수행하는 사법경찰작용을 말하고, 특별사법경찰권은 일반행정공무원들에게 한정적으로 부여된 사법경찰권을 말한다.

사법경찰작용에서 핵심적인 활동인 수사는 형사사건에 관하여 공소를 제기하고 이를 유지하기 위한 준비로서 범죄사실과 범인을 발견하고 증거를 발견 · 수집 · 보전하는 활동인데, 이 권한이 특별법에 의해 일반행정기관에게 부여되었다는 점에서 '특별사법경찰'이라고 부르고 있다.

특별사법경찰권이 일반행정공무원들에게 부여된 경우 그 권한은 적용업무와 적용지역의 측면에서 한정되지만, 경찰기관에게 부여되어 있는 일반사법경찰권은 이러한 제한이 없다. 또 수사를 담당하는 경찰관들이 수사에 전념하는 것과 달리 특별사법경찰관리들은 식품 및 환경과 같은 법익보호를 위한 단속행정작용을 수행하다가 형사처벌을 받을 범죄를 발견하면 사법경찰관으로서의 직무도 함께 수행한다.

2. 특별사법경찰권의 도입취지

행정은 불법행위를 단속하기 위해 있어 많은 정보를 필요로 한다. 이때 행정 스스로 불법행위에 대한 조사감시능력은 강화하지 않고 공익신고제와 같이 내부고발자나 대중들의 정보제공에만 의존해서는 안된다. 불법행위에 관한 정보들은 이해관계가 서로 달라 결과에 상이하게 영향을 미칠 위험도 있으므로 필요한 정보를 직권으로 수집하는 것은 정보의 공정성확보를 위해서 꼭 필요하다. 뿐만 아니라 대중들에 의한 정보의 제공은 불법행위의 원인이 매우 전문적이거나 기술적인 지식을 요하는 경우에는 약점이 있을 수 있으므로 행정 스스로 전문성을 갖추어 필요한 정보를 수집하는 것은 꼭 필요하다.

특별사법경찰권은 법집행을 담당하는 일반행정공무원들의 조사권과 전문성을 강화하여 불법행위에 대한 대응능력을 높이기 위해 도입되었다. 경찰관이 아닌 현장의 일반행정공무원들에게 특별사법경찰권을 부여하게 된 것은 일상적인 집행활동을 수행하면서 유해물질의 투기와 같은 불법행위를 단속할 수 있게 하여 공익침해를 보다 강력하게 방지하기 위한 것이다. 특별사법경찰권을 부여받기 전 행정공무원들은 행정법령의 위반사실을 적발하여도 형사처벌하기 위해서는 사건을 관할경찰서로 넘겨 고발조치해야 했었고, 해당 사안에 대해 경찰을 납득시켜야 했는데 그것에는 상당한 시간낭비가 뒤따랐다. 이로 인해, 불법행위방지의 긴급한 필요성이 있는 경우에도 적시에 필요한 조치가 취해질 수 없었다.

특별법의 영역에서는 법령의 수도 많은데 그 개폐도 빈번하여 업무를 담당하지 않는 일반경찰로서는 현행법령을 파악하기가 어렵다. 또 환경업무, 식품위생업무, 세관업무 등의 경우, 경찰의 일반적 수사활동으로는 그 전문적인 증거의 수집과 확보가 쉽지 않지만, 전문행정영역의 법집행현장에서 복무하는 집행공무원들이나 지방자치단체 공무원들은 평소 업무현장과 근접성이 높고 각 업무에 대한 전문성을 갖추고 있어 점점 전문화하고 지능화되어 가고 있는 형사범들에 대한 대응력이 더 높을 수 있다는 점도 특별사법경찰권이 광범위하게 도입된 이유가 되었다.

3. 특별사법경찰권의 법적 근거와 지명절차

일반행정공무원들에게 특별사법경찰권을 부여하는 직접적인 법적 근거는 형사소송법 제197조와 '사법경찰관리의 직무를 수행할 자와 그 직무범위에 관한 법률'이다. 형사소송법 제197조는 '특별사법경찰관리'라는 제목 아래 "삼림, 해사, 전매, 세무, 군수사기관 기타 특별한 사항에 관하여 사법경찰관리의 직무를 행할 자와 그 직무의 범위는 법률로써 정한다."고 규정하고 있다.

우리나라에서 특별사법경찰권은 각종 행정법령을 집행하는 국가공무원들과 지방공무원들에 걸쳐 매우 광범위하게 부여되고 있다. '사법경찰관리의 직무를 수행할 자와 그 직무범위에 관한 법률' 제5조와 제6조에 따를 때, 산림・해사・전매・세무・군수사기관 등 뿐만 아니라 교도소 등의 공무원, 소년원, 보호감호시설의 공무원, 철도공안사무에 종사하는 공무원, 국가유공자 예우를 위한 시설에서 발생하는 범죄에 대한 국가보훈처공무원, 그리고 세관공무원, 마약감시원, 위생, 가축방역, 보건, 환경, 청소년, 소방 분야 공무원들에도 관할 업무에 관하여 특별사법경찰권이 부여되어 있다.

특별사법경찰권의 부여절차에 관하여 '사법경찰관리의 직무를 수행할 자와 그 직무범위에 관한 법률' 제5조는 "그 소속 관서의 장의 제청에 의하여 그 근무지를 관할하는 지방검찰청검사장이 지명"하도록 하였고, 7급 이상의 국가공무원 또는 지방공무원 및 소방위 또는 지방소방위 이상의 소방공무원은 사법경찰관의 직무를, 8급·9급의 국가공무원 또는 지방공무원 및 소방장 또는 지방소방장 이하의 소방공무원은 사법경찰리의 직무를 수행하도록 했다.

예를 들어, 식품과 관련해서 특별사법경찰권을 부여받을 수 있는 공무원들은 식품의약품안전처, 특별시·광역시·도 및 시·군·구에 근무하며 식품 단속 사무에 종사하는 4급부터 9급까지의 국가공무원 및 지방공무원이다. 이들은 원산지 허위표시위반의 단속, 음식점의 식품위생법규위반의 단속 등을 주로 담당하지만, 이외에도 농산물, 축산물, 수산물과 가공식품, 유전자변형식품과 건강기능식품 등과 관련하여 농약 등 독극물의 함유여부, 식품의 질 등에 대한 허위표시 여부 등의 사건들도 특별사법경찰관의 담당업무가 된다.

4. 현행 특별사법경찰제도의 문제점과 개선방안

일반행정공무원에 의한 사법경찰권의 수행은 실무상 상당한 문제점도 드러났는데, 그 주된 것은 그들의 수사전문성의 부족와 경험·정보의 부재, 전담부서의 부재로 수사인력의 부족 등이었다. 입법자가 과도하게 많은 일반행정기관들에게 사법경찰권을 부여하여 국민들의 인권침해 위험성을 높였다는 비판도 제기되었다.[105)]

비판내용을 보다 구체적으로 살펴보면, 사법경찰권을 부여받은 행정기관들이

105) 특별사법경찰권은 전문성의 요청과 장소적 격리성으로 인한 긴급성의 요청 때문에 부여되었는데, 특별사법경찰권이 너무 광범위한 행정영역에서 인정되고 있을 뿐 아니라 경미한 범죄에 대해서도 인정되고 있는 점은 문제이다. 백창현, 특별사법경찰의 현황 및 개선방안-환경부와 국가보훈처를 중심으로, 형사정책연구 제18권 제4호, 2007, 277면 이하 참조. 하지만, 사법경찰권의 확대인정을 요구하는 행정기관(예, 교통안전공단)도 아직 존재하고 있어 그의 축소는 어려울 것으로 보인다.

소속 공무원들을 위해 충분한 교육을 실시하지 않아 공무원들의 사법경찰활동이 거의 없거나 실효성이 낮아 위법행위의 방지에 유명무실하다는 것이다. 피의자와 참고인 등을 조사하기 위한 별도의 조사실과 특별사법경찰관실을 마련해야 하지만 그러한 공간이 없는 지방자치단체들이 대부분이고, 수사활동을 위한 업무매뉴얼도 없으며, 피의자를 신문하여 검찰에 송치하기 위해서는 피의자신문조서를 작성하여야 하지만 그 작성법의 교육도 실시되지 않고 있다. 수사에 필요한 시설과 장비도 확보되어 있지 않고 경찰과 유기적인 협조체계도 형성되어 있지 않으며 수사활동 비용을 지출하기 위한 예산도 확보하지 않은 기관들도 존재한다.

현재와 같이 특별사법경찰기관들이 검사에 대한 영장발급신청의뢰나 범죄수사 과정에서 증거수집과 보존, 그리고 피의자신문 등의 기술에 익숙하지 않다는 점은 중대한 문제를 야기할 우려가 있다. 즉, 행정공무원들이 기본권침해의 위험성이 큰 수사활동을 하면서 영장없는 수사의 한계를 잘 인지하지 못하거나 재판에서 인정되지 않는 방법으로 증거를 수집할 위험성도 있는 것이다. 때문에 사법경찰권을 행사하는 공무원들에 대한 사전교육이 시급하다고 할 것이다.

이러한 문제점들을 해결하고자 '사법경찰관리의 직무를 수행할 자와 그 직무범위에 관한 법률'은 2015년 8월 11일 제12조(사법경찰 직무 전담 부서 설치)를 신설하였다. 이 조문은 "이 법에 따른 사법경찰관리의 소속 관서의 장은 사법경찰 직무의 효율적인 수행을 위하여 그 직무를 전담하는 부서를 설치할 수 있다."고 하고 있다. 이 규정은 권고규정으로서 각 행정조직마다 예산과 업무의 배분이나 인력공급 등에서 여러 어려움들이 있어 강제규정을 둘 수 없었으리라는 점을 감안한 것으로 보인다. 하지만, 그로 인해 문제점들의 해소에는 한계가 있을 수밖에 없을 것이다.

참고문헌

권종호・맹수석(2007). 일본공정거래법상의 과징금제도에 관한 연구.『법제처연구보고서』.
김남진・김연태(2007).『행정법Ⅰ』. 법문사.
김상일(2001). 불법적인 채권추심행위에 대한 규제와 구제.『현대상사법논집(강희갑교수화갑논집)』.
김상찬・이충은(2009). 징벌적 손해배상제도의 도입을 위한 비교법적 고찰.『법학연구(한국법학회)』, 35.
김수갑・김민우(2009). 공익신고자 보호에 관한 법률(안)의 입법방향에 대한 소고.『공법학연구』, 10(1).
김승태(2013). 반부패 정책수단으로서의 공익신고자 보호법 평가.『홍익법학』, 14(2).
김영조(2004). 미국 행정법상 행정조사의 법리에 관한 고찰.『토지공법연구』, 21.
김재국(1995). 영미법상 징벌적 손해배상의 도입에 관한 소고.『비교사법』, 2.
김태선(2010). 징벌적 손해배상제도에 관한 고찰－민법개정에 따른 도입논의와 관련하여.『민사법학』, 50.
박경철(2011). 공익신고자보호법의 의의와 문제점.『공법연구』, 40(1).
박균성(2016).『행정법원론(상)』(제15판).
박윤흔(2006). 과징금 제도가 분별없이 도입되고 있다.『고시계』.
박정훈(2013). 미국의 내부공익신고자보호법제, 그리고 평가와 시사점.『경희법학』, 48(4).
______(2001). 협의의 행정벌과 광의의 행정벌.『서울대학교 법학』, 41(4).
백창현(2007). 특별사법경찰의 현황 및 개선방안－환경부와 국가보훈처를 중심으로.『형사정책연구』, 18(4).
선정원(2009). 의약품 품목허가의 취소와 변경.『법제연구』, 37.
성승제(2009). 일본의 독금법 개정 및 법운영 동향.『외국법제정보』.
소재선(1998). 징벌적손해배상의 기능과 한계.『경희대론문집』, 27.
신봉기(1992). 경제규제입법에 있어서 과징금제도의 내용과 문제점.『법학논총(단국대 법과대학)』.
연하청(1996). 21세기 한국의 선택: 삶의 질 선진화.『보건사회연구』, 16(1).
윤정환(1989). 영미법에 있어서 징벌적 손해배상.『단국대법학논총』, 15.
이봉의(2011). 공정거래법의 과징금 산정과 법치국가원리.『경쟁법연구』, 24.
이상수(2003). 신제도주의적 관점에서 본 부패방지법의 한계와 개선방안연구: 내부고발자 보호를 중심으로.『한국부패학회보』, 8(1).
이원희・김봉환・박종혁(2013). 과징금부과액의 합리화를 위한 정비방안 연구.『법제처 연구보고서』.
이진국・황태정(2005). 내부공익신고자 보호제도의 형사법적 검토.『형사정책』, 17(1).
이호용(2013). 공익신고제도의 법적 과제와 전망.『법학논총(단국대)』, 37(2).

장재옥(1990). 징벌적 손해배상의 합헌성에 관한 미연방대법원판결 소고. 『강원법학』, 4.
전삼현(2008). 공정거래법상 과징금의 법적 문제. 『상사판례연구』, 21(3).
전수일(1999). 내부고발자와 보호문제에 관한 연구. 『한국부패학회보』, 4.
정호경(2011). 공정거래법상 과징금제도의 합헌성. 『행정판례평선』. 박영사.
조상희(1993). 징벌적 손해배상을 명한 미국법원판결의 집행에 관한 독일과 일본의 판례. 『인권과 정의』.
조수영(2011). 공익신고자 보호와 공익신고자보호법 연구: 공익신고자보호법 시행을 중심으로. 『공법학연구』, 12(4).
조한상 · 이주희(2014). 공익신고자보호법의 의의와 개선방안에 관한 소고. 『한국부패학회보』, 19(2).
최정학(2009). '공익신고자 보호에 관한 법률(안)'에 대한 검토. 『민주법학』, 40.
______(2010). 기업범죄와 징벌적 손해배상. 『민주법학』, 42.
홍대식(2006). 공정거래법상 과징금제도의 비교법적 고찰: EU, 독일의 개정내용을 중심으로. 『경쟁법연구』.

Cass R. Sunstein, Daniel Kahneman & David Schkade(1998). Assessing Punitive Damages. *Yale Law Journal.*
Charles A. Sullivan(1975). Enforcement of Government Antitrust Decrees by private Parties: Third Party Beneficiary Rights and Intervenor Status. *University of Pennsylvania Law Review.*
Christian Bumke(2004). Die Entwicklung der verwaltungsrechtswissenschaftlichen Methodik in der Bundesrepublik Deutschland. in; Schmidt-Aßmann & Hoffmann-Riem (Hg.), *Methoden der Verwaltungsrechtswissenschaft.*
David Luban(1998). A Flawed Case Against Punitive Damages. *Georgia Law Journal.*
Dirk Elvermann(2002). *Regulierungsprinzipien und Rechtsentwicklung im Bereich der Lebensmittel-Inhaltsstoffe.*
Elletta Sangrey Callahan & Terry Morehead Dworkin(2000). THE STATE OF STATE WHISTLEBLOWER PROTECTION. *American Business Law Journal.*
Hans-Heinlich Trute(1996). Wechselseitige Verzahnungen zwischen Privatrecht und Öffentliches Recht. in; Hoffmann-Riem & Schmidt-Aßmann (Hg.), *Öffentliches Recht und Privatrecht als Wechselseitige Auffangordnungen.*
______(2004). Methodik der Herstellung und Darstellung verwaltungsrechtlicher Entscheidungen. in: Schmidt-Aßmann & Hoffmann-Riem (Hg.), *Methoden der Verwaltungsrechtswissenschaft.*
Jeanette Ashton(2015). 15 Years of Whistleblowing Protection Under the Public Interest Disclosure Act 1998: Are We Still Shooting the Messenger. *Industrial Law Journal,*

44(1).

Jenny Mendelsohn(2009). CALLING THE BOSS OR CALLING THE PRESS: A COMPARISON OF BRITISH AND AMERICAN RESPONSES TO INTERNAL AND EXTERNAL WHISTLE-BLOWING. *Washington University Global Studies Law Review*, 8.

Kerrigan, Berrettini, Callahan & Entas(1993). The Decriminalization of Administrative Law Penalties, Civil Remedies, Alternatives, Policy, and Constitutional Implications. *Administrative Law Review.*

Neil K. Komesar(1990). Injuries and Institutions: Tort Reform, Tort Theory, and Beyond. *N.Y.U. Law Review.*

Norman D. Bishara, Elletta Sangrey Callahan & Terry Morehead Dworkin(2013). THE MOUTH OF TRUTH. *N.Y.U Journal of Law & Business*, 10.

Petra Hiller(1993). Der Zeitkonflikt in der Risikogessellschaft.

Richard W. Murpy(2001). Punitive Damages, Explanotory Verdicts, and the Hard Look. *Washington Law Review.*

Robert A. Klinck(2001). The Punitive Damage Debate. *Harvard Journal on Legislation.*

Robert L. Rabin(1969). *The Poverty of Administrative Law.*

Rodger, MacCulloch(1988). Community Competition Law Enforcement Deregulation and Re-regulation: The Commission, National Authorities and Private Enforcement. *Columbia Journal of European Law.*

Sabine Ringel(1996). Das deutsche und gemeinschaftliche Lebensmittelrecht als Sicherheitsrecht.

Scott Ilgenfritz(1984). The Failure of Private Actions as an ECOA Enforcement Tool: A Call for Active Government Enforcement and Statutory Reform. *University of Florida Law Review.*

Steven Garber(2000). Punitive Damages and Deterrence of Efficiency-Promoting Analysis: a Problem without a Solution?. *Stanford Law Review.*

Udo Di Fabio(1994). *Risikoentscheidungen im Rechtsstaat.*

제 3 장 개방사회에서 성장촉진과 규제개혁

제 1 절 성장촉진과 규제개혁

1. 경제성장촉진을 위한 국가의 역할과 그 수단들

1) 국가의 임무로서 성장촉진

국회는 사회의 기대를 수용하여 법률을 제정하고 행정부는 법률을 통해 부여된 사회적 기대를 달성하기 위해 노력한다. 국가에게 부여된 경제성장촉진의 역할은 경제의 지도역할과 협의의 성장촉진역할을 모두 포함한다. 경제의 지도는 시장질서와 관련하여 국가가 경제주체들에게 고무적이거나 위협적인 요소를 설정함으로써 경제주체들이 그러한 요소에 상응하는 행위를 하게 하여 전체로서 바람직한 상태를 실현하려는 작용이다. 협의의 성장촉진활동은 기업 등 경제주체에게 급부의 보장이나 조세의 면제행위 등을 통해 경제의 발전을 꾀한다.

우리 헌법 제119조는 개인과 기업의 경제상의 자유와 창의를 존중함을 기본으로 균형있는 국민경제의 성장을 지향하여야 한다고 하고 있다. 국가의 성장촉진활동은 국가경제의 총소득을 증진시키는 것을 목표로 하면서도 균형발전도 목표로 하기 때문에 사회적 정의의 실천을 지향하는 실질적 법치국가원리와도 부합된다.

우리 사회에서는 아직도 국가의 성장촉진적 역할에 많은 기대를 하고 있지만, 현재와 같이 발전된 경제단계에서 국가의 적절한 성장촉진역할을 찾고 그것을 수행하기는 쉽지 않다.

국가의 성장촉진역할과 관련하여 최근 등장한 정권들에게 우선적인 관심의 대상은 진입규제의 개혁을 통한 시장의 자율적 영역의 확대이다. 하지만, 국가의 성장촉진역할에는 이것에 한정될 수는 없다.

성장촉진적 역할에는 지나치게 많은 영세 사업자들의 난립을 막고 유효경쟁이 가능한 중견기업으로 유도하여 국제시장에의 진출을 가능하도록 유도하는 것도 포함한다. 또 공익 관련성이 높은 사업의 경우 인가제를 통해 강력한 진입규제장치를 두기도 한다. M&A 촉진도 정부의 역할에 포함되어야 한다. 기업의 시장진입에 대한 장애를 제거하거나 심사기간을 단축시키거나 대규모 자본투자를 위한 불확실성의 위험을 완화시켜주는 일도 있다.

더 나아가 개방사회에서 우리 기업들이 외국 시장에 보다 쉽게 진출할 수 있도록 지원하는 역할도 있다. 이에는 경제자유협정을 체결하는 활동이 대표적이다. 또 외국 시장의 진입규제내용을 조사하여 그 정보를 제공하고 전문인력의 지원을 받도록 하는 것도 있다. 왜냐하면, 특히 식품과 같이 인간의 건강에 관한 것으로서 규제가 심하고 각국마다 차이가 존재하는 영역에서는, 우리 기업들이 외국에 상품을 수출하고자 하여도 외국의 규제내용이나 시장진입을 위한 절차에 관한 지식이 부족하고 그 장애를 극복하기 위한 전문지식도 부족하기 때문이다.

2) 국가의 성장촉진적 개입수단의 개관

국가의 경제개입을 위한 행위형식으로는 법규범, 행정행위, 계약과 사실행위가 있다. 법률, 법규명령과 행정규칙(예, 법령보충규칙) 같은 법규범에서 국가경제의 나아갈 방향(예, 지역균형발전)이나 목표(예, 재래시장의 발전)를 선언하거나 개별 행위형식을 위한 법적 근거를 제공하거나 인·허가의 기준과 절차, 등록과 신고의 절차 등을 규정한다. 육성이 필요한 취약산업의 영역에서는 법률을 제정하여 공기업을 설립하기도 한다. 예를 들어, 관광산업이 저발전상태에 있었을 때 관광산업의 육성을 위하여 한국관광공사를 설립하여 제주도에서 식물원 등을 건설하여 볼거리를 제공하는 활동을 하기도 했다. 하지만, 현재는 공기업을 통한 국가의 직접적인 경제개입은 비효율성을 이유로 많이 제약받고 있다.

행정행위 형식의 성장촉진수단으로는 보조금의 교부처분이나 조세감면처분이 대표적이다. 국가조달계약체결 시 중소기업의 육성을 위해 중소기업제품을 일정 비율 이상으로 구매하는 경우에 사용되는 경우와 같이 행정계약도 성장촉진수단으로 이용되고 있다. 낙후산업의 기업축소나 신산업으로의 유도 등에서 사용되는 행정지도도 성장촉진수단으로 널리 활용되어 왔다. 농어촌지역에서는 각 지역마다 특화농작물재배를 통해 소득증대를 유도하기 위해 행정지도가 활용되고 있다.

2. 진입규제개혁의 필요

1) 진입규제수단으로서 인·허가와 진입규제비용의 국제적 비교

(1) 진입규제수단으로서 인·허가

인·허가는 실정법상 사용되고 있는 용어는 아니지만 행정실무상 널리 사용되고 있는데 허가, 인가, 면허, 등록, 승인 등은 물론 넓게는 신고까지 포함하여 특정경제활동을 적법유효하게 할 수 있게 하는 경제개입을 위한 국가의 진입규제수단들을 총칭한다. 공익의 보호를 위해 특정경제활동을 하기 위해 사전에 행정청의 승인 등을 얻도록 요구하거나 일정한 행위 등을 하도록 요구하는 제도이다.

(2) 진입규제비용의 국제적 비교

인·허가는 경제참여자들의 시장참여 자체를 국가가 결정함으로써 시장경제에 중대한 영향을 미치는 진입규제로서 시장참여자들에 시장진입비용을 지불하게 한다. 2009년 세계은행이 경제협력개발기구(OECD) 국가들을 조사하여 보고한 자료에 따를 때, 세계 각국에서 사업개시를 위한 진입규제를 얻기 위해 필요한 절차, 걸린 시간, 비용 등은 상당한 차이를 보여준다.[1)]

[그림 3-1]에서 드러나듯이, 세계은행이 183개 국가를 대상으로 조사해 발표한 '2010 기업환경 평가(Doing Business 2010)'에서 한국은 종합 19위로 평가되어 OECD 국가평균인 30위보다 높은 수준이다. 이번 조사에서 싱가포르가 1위를 차지했으며 뉴질랜드가 2위를 기록한 가운데 홍콩, 미국, 영국, 덴마크, 아일랜드, 캐나

1) 이하의 [그림 3-1]~[그림 3-4]는 World Bank, *Doing Business 2010 OECD*, 2009, pp.2-5에서 인용한 것이다.

그림 3-1 Organization for Economic Co-Operation and Development(OECD)-Aggregate rankings

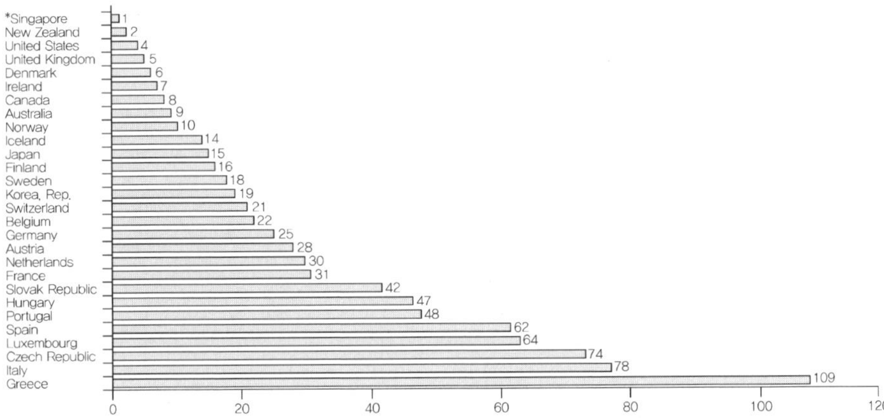

다, 호주, 노르웨이 등이 뒤를 이었다. 일본은 15위를 기록했고, 중국은 89위, 그리스는 109위를 기록하여 OECD 국가 중 최하위권으로 평가되었다.

그림 3-2 Procedures to start a business(number)

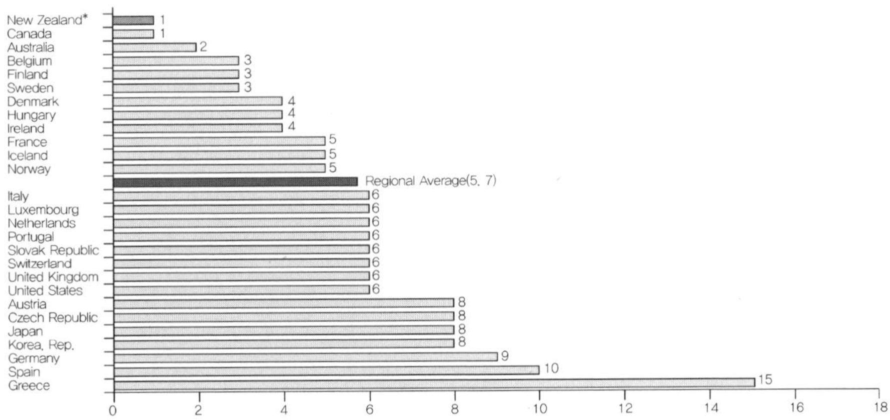

기업이 창업을 하는 데 공식적으로 요구되는 모든 절차를 평가한 부문에서는 우리나라는 8번의 절차를 거쳐야 한다. 미국이 6번으로 우리나라보다 요구되는 절

차가 적고 일본은 우리나라와 8번으로 같다. 그리고 스페인과 그리스가 10번, 15번으로 OECD 국가에서 최저를 기록했다.

그림 3-3 Time to start a business(days)

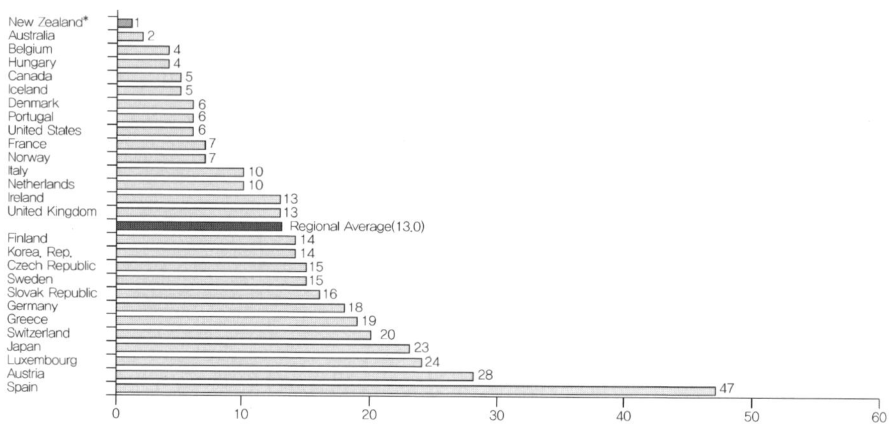

사업을 시작하기 위해 소요되는 시간은 미국이 6일이 요구되고 이탈리아는 10일, 그리스는 19일, 일본은 23일, 스페인은 47일이 요구되었다. 우리나라는 OECD

그림 3-4 Cost to start a business(% of income per capita)

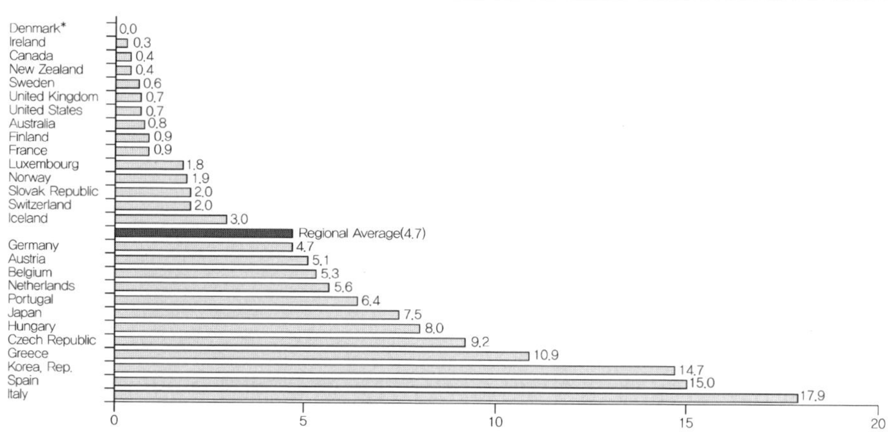

국가의 대략적인 평균 수치에 해당하는 14일이 요구되었다.

기업이 창업을 하여 사업을 시작하는 데 요구되는 비용은 일인당 국민소득의 비율로 계산했는데, 미국이 0.7%를 기록했고, 포르투갈은 6.4%, 일본은 7.5%, 그리스는 10.9%, 한국은 14.7%, 이탈리아는 17.9%가 사업을 시작하는 데 요구되는 비용으로 측정되었다. 최근 경제위기를 겪고 있는 그리스, 스페인, 이탈리아와 마찬가지로 우리나라에서 창업비용이 매우 높다.

이상의 [그림 3-1]~[그림 3-4]에서 보듯이 최근 국가경제가 큰 어려움을 겪고 있는 PIGS(포르투갈, 이탈리아, 그리스, 스페인) 국가들에서 사업을 개시하기까지의 진입규제의 절차, 시간, 비용은 기업들에게 매우 불리하다. 우리나라의 경우, 상당한 개선을 했지만 아직도 개선해야 할 부분이 많다.

2) 개발도상국에서의 인·허가규제와 그 특징

(1) 인·허가제도의 도입과 운용에 있어 선진국들과 개발도상국들의 차이

선진국과 개발도상국들은 사업활동과 관련하여 도입하는 인·허가들 자체에도 차이가 있지만 그 집행양상은 중대한 차이가 있다.

개발도상국가들에서 사업과 관련된 인·허가제도는 사업개시를 위한 성립요건으로서 도입되어 운용되는 것에 비해서, 선진국가들에서 인·허가는 사업수행 중 토지개발, 쓰레기관리와 건축물의 안전한 기능의 관점에서 도입되고 운용된다. 간단히 말해, 개발도상국가들에서 사업 관련 인·허가는 진입규제목적의 인·허가(entry licences)인 것에 비하여, 선진국가들에서 사업 관련 인·허가는 사업수행 인·허가(operation licences)이다.[2)]

규제집행에는 상당한 전문인력과 비용이 필요하지만, 개발도상국가들은 규제를 관리하기 위한 인적 자원이 부족하고 전문지식과 장비도 부족하다. 또 기업문화에 친숙하지 않은 개발도상국가들에서는 기업가들에게 어떤 사업의 인·허가를 하면서 정치자금이나 준조세성격의 법집행비용을 징수하는 것을 당연하게 생각하는 경향이 있다. 그것은 선진국들로부터 기계나 기술을 수입하여 상품을 생산하게 되면 농수산물에 비하여 고가에 판매하여 많은 수입을 올릴 수 있다고 보기 때문이

2) Anthony Ogus & Qing Zhang, LICENSING REGIMES EAST AND WEST, *International Review of Law and Economics* 25, 2005, p.128.

다. 이러한 사고는 경제가 어느 정도 성장한 이후에도 상대적으로 전통의 영향이 강한 지역사회에 남아 자치단체의 인·허가와 관련하여 부패의 원인이 된다.

(2) 개발도상국가들에서 인·허가 등 진입규제에의 의존의 원인

개발도상국가들에서는 선진국의 규제이론에서 전제하고 있는 사법적 구제수단이나 시장의 자율규제는 잘 작동하지 않는다. 주민들이 권리구제를 위하여 재판을 이용하는 것에 익숙하지 않고 비용이 많이 들 뿐만 아니라 재판청구권이 인정되는 범위도 좁기 때문에 소송을 제기하는 경우가 많지 않다. 또 대부분의 개발도상국들에서 사업자들의 불법행위나 공무원들의 위법행위를 감시할 인적 자원이 지극히 부족하다. 공무원들의 교육수준이 낮고 정보수집능력도 약하며 법집행에 필요한 전문지식을 습득할 기회도 부족하다. 주민들도 권리의식이 낮고 사업자들의 선물과 같은 유혹에도 약하다. 더구나, 환경과 같은 공익이 침해되더라도 주민들이 관련 사업으로부터 경제적 이익을 얻는 경우 사업자의 불법행위를 신고할 가능성은 매우 낮다. 때문에 인·허가를 얻은 후 사업자가 불법적으로 사업을 운영하더라도 공무원들에게 뇌물을 주는 등의 방법으로 무마하며 공익침해상태가 상당기간 방치될 수 있다.

개발도상국에서 인·허가는 법원의 권리구제시스템이 잘 작동하지 않는 상황에서 재화나 용역에 법적 하자가 없다는 것을 보증하여 거래의 안전을 보장해주는 역할을 수행한다. 또 인·허가는 해당 사업을 시작하는 자가 공익과 사익을 침해하지 않을 것이라는 것을 보장함으로써 그 사업자가 판매하는 상품이나 용역을 주민들이 안심하고 구매할 수 있게 해준다.

예를 들어, 중국에서는 건축 중인 토지를 판매하는 경우 토지매수인이 안전하게 건축을 완성할 수 있다는 보장이 있어야 토지를 매입하는 거래가 원활하게 성립될 수 있다. 이 경우, 우리나라에서는 적법한 건축허가가 있었고 토지의 양수인에게 특별한 하자가 없고 토지취득의 요건을 갖추었다면 이 토지거래는 문제없이 성립할 수 있다. 하지만, 중국에서는 토지를 매입하더라도 행정청이 건축행위를 완수하도록 허가하지 않을 우려도 있었다. 그래서 건축 중인 토지를 판매하는 경우에는 그 판매에 앞서 부동산개발업자가 건축허가를 얻고 토지구매대금을 지급했으며 상당한 개발행위가 진행되었다는 것을 인정하는 인증을 행정청으로부터 얻어야 매

매할 수 있다.[3] 하지만, 완공된 건물의 매매에 있어서는 처음의 부동산개발업자의 악의적인 행위의 위험성이 줄어들었기 때문에 이러한 인증행위가 필요없다. 이와 같은 행정규제제도가 필요하게 된 것은 처음의 개발업자가 구매대금을 착복하고 도망가더라도 사법적 구제제도의 이용이 어렵기 때문이라 한다.[4]

(3) 개발도상국들에서 최근의 규제개혁노력들

개발도상국들은 경제성장의 열망이 큰 만큼 규제개혁에 대한 관심도 크고 입법적 노력도 다양하다. 선진사회로 발전해가는 우리나라에 적합한 입법모델을 어느 하나의 외국에서 찾는 것은 어렵기 때문에, 선진국의 규제개혁경험과 이론들뿐만 아니라 개발도상국들의 다양한 규제개혁노력들도 조사하는 것이 필요하다.[5] 다음의 규제개혁아이디어들은 베트남 학자가 베트남을 위하여 세계 각국의 규제개혁실태를 조사하여 세계은행의 홈페이지에 게재한 것이다.[6]

① 행정서식의 총괄관리(Centralized Register of Formalities),[7] ② 간주승인제(Silence is Consent),[8] ③ 원스톱서비스제(One Stop Shop or Single Window),[9] ④

---

3) The Urban Real Estate Administration Act of the People's Republic of China(1994), Art. 44.

4) Anthony Ogus & Qing Zhang, LICENSING REGIMES EAST AND WEST, *International Review of Law and Economics*, 2005, p.136.

5) 개발도상국에서 안출된 법적 아이디어들과 도구들은 그 내용이 각국 정부의 관련 홈페이지에 간략히 소개되어 있을 뿐 관련 연구논문이 있는 경우도 드물다. 또 규제개혁과 인・허가심사의 촉진을 위한 우리나라의 연구논문들은 대부분 선진국들에서 선진국학자들에 의해 작성된 것을 참고하여 작성된 것이라 개발도상국들의 절실한 현실을 담아내지 못하고 있고 개발도상국 정부가 만들어낸 다양한 아이디어들을 수용하고 있지 못한 문제점들을 가지고 있다.

6) Qimiao Fan, Reform Tools and Innovations to Improve the Regulatory Environment and Increase Investment, the World Bank May 30－31, 2006. 세계은행홈페이지(www.worldbank.org)에 게재되어 있다.

7) 사업의 개시 및 수행에 필요한 문서와 서식에 대한 불확실성을 제거하기 위해 모든 행정서식을 전자정부와 같은 총괄기구에 게시하고, 이곳에서 다운받아 총괄 홈페이지에 등록신청하도록 한다. 총괄기구에 게시되지 않은 비공식적 서식의 제출요구를 막아 규제집행기관들의 불필요한 요구를 방지하는 역할을 담당한다. 외국의 사례로는 멕시코정부의 연방행정서식등록처(Mexico's Federal Registry of Formalities at www.cofemer.gob.mx)가 있다.

8) 인・허가신청에 대해여 행정기관이 일정기간 내에 응답하지 않으면 승인한 것으로 간주한다. 행정지체를 막아 오랫동안 사업착수가 지체되는 것을 막는다. 스페인의 경우, 대부분의 인・허가신청에 대해 간주승인을 위해 30일의 기간을 설정해두고 있다 한다. 세르비아는 5일.

9) 원스톱서비스제는 행정조직의 개편이나 창설없이 규제심사를 촉진시킬 수 있다는 장점을 갖는데, 그것이 성공하기 위해서는 사전에 관련 규제가 간소화되고 완화되어야 한다. 인터넷과 화상회의 등 정보기술의 활용이 원스톱서비스의 성공을 위해 도움을 줄 수 있다. 지방자치단체 수준에서

사전적 규제(Ex Ante Regulation)로부터 사후감독(Ex Post Control)으로 이동,[10] ⑤ 규제길로틴제(The Regulatory Guillotine),[11] ⑥ 규제영향평가제(Regulatory Impact Analysis)[12]

개발도상국과 선진국에서 인·허가제도가 동일할 수도 없고 동일한 인·허가라 하더라도 그 기능과 현실적 의미가 같을 수 없다. 우리나라가 개발도상국에서 선진국으로 발전해가는 과정에서 인·허가제도의 현실적 의미와 기능이 달라지고 있는데, 선진국은 물론 개발도상국의 규제개혁론을 참고하여 입법적 개혁방향을 모색하여야 한다.

제 2 절 공무원의 행태개혁의 한계와 기업행정절차의 개혁

경제성장시대 우리 행정은 행정개혁에 매진했고 공무원의 행태는 주요한 개혁대상이어왔다. 첫 번째 주제에서는 우리 법률에 나타난 그러한 개혁시도의 침전물들을 살펴보고 그 한계를 진단한다.

두 번째 주제는 맹목적인 규제철폐의 한계에 관한 것이다. 1997년 IMF 경제위기 이후 규제개혁에서 우리 행정부가 시도한 것은 대통령이 전체 규제의 몇 %를 일정 시간 동안 철폐하는 것을 목표로 제시하면서 때로는 그 합목적성을 의심할

원스톱서비스제는 활용가치가 큰데, 대표적인 성공사례는 중국의 군산시(Kunshan City in China)와 인도의 오리사주(Orissa State in India)이다.

10) 사업개시 전 인·허가를 받도록 하는 사전적 규제는 기업활동의 개시를 가장 강력하게 방해하는 도구 중의 하나이고 부패에 친숙한 도구이다. 그래서 기업들이 사업활동을 개시한 이후 공익적 규제기준을 준수하는지 사후에 감독하는 규제로 이동해가야 한다고 제안하고 있다. 인·허가도 법정요건을 준수하면 기계적으로 사업활동이 가능한 신고와 등록과 같은 것으로 바뀌어야 한다고 한다.

11) 경제구조가 급변하고 있는 개발도상국들에서는 수많은 법령을 재정하고 있다. 규제길로틴제란 규제일몰제와 유사한 용어로 과거부터 존속해왔거나 반성적 검토없이 존속하고 있는 수많은 규제법령들에 대하여 개별규제마다 그의 존속여부에 대한 검토를 거치지 않고 자동적으로 효력을 상실하도록 한 제도이다. 1990년대의 멕시코와 1997년 외환위기 이후의 한국, 그리고 경제체제를 전환시킨 헝가리와 WTO 가입 전후 WTO협정에 위배되는 8,000여 개의 규제를 철폐한 중국 등이 그 예이다.

12) 신규 규제를 도입하기 전에 해당 규제가 시장에 미칠 영향을 비용편익분석을 통해 평가하는 제도인데 이의 도입을 제안하고 있다. 우리나라에도 이미 도입되어 있다.

정도로 맹목적인 규제철폐도 있었는데, 어떤 산업의 영역에서는 시장에서 완전경쟁을 창출하는 방식이 아니라 과당경쟁의 방지를 위해 경쟁을 제한하는 것이 공익의 증진에 기여할 수도 있다는 것을 다루었다. 문제는 행정이 과당경쟁의 방지를 이유로 경쟁제한의 조치를 하는 것이 언제 합리적이고 합법적인가 하는 점인데, 이 점에 관하여 판례의 분석은 중요한 시사점을 줄 수 있을 것이다.

I 기한방식에 의한 공무원의 행태개혁의 한계와 행정내부규제의 개혁

1. 경제성장시대 행정문화의 특징과 인·허가지체의 현대적 원인들

1) 경제성장시대 행정문화의 특징

경제성장시대의 행정문화는 대통령을 비롯한 중앙정부의 정책결정자에게 정책형성과 변경에 대한 넓은 재량을 주면서 현장의 집행공무원들의 정책민감도를 높이기 위하여 매우 구체적이고 상세한 통제권을 확보해야 할 필요에 의하여 생겨난 것이다. 이를 위해 시간요소에 의하여 현장공무원들을 통제하는 것은 그 효과가 직접적인 것이기 때문에 한국의 입법자와 정책결정자들이 가장 선호하는 행정내부의 규제수단이 되었다.

그러나 행정내부의 규제수단으로서 가장 선호되었던 기한규제는, 행정문제의 복잡성 및 다양성의 증대, 민주사회의 진전과 함께 권위주의적 행정행태에 대한 시민들의 저항이 급격히 증가하면서, 때로는 지키기 어려운 거추장스러운 것이 되거나 지킬 수도 없는 것이 되어버리고 규제수단으로서 그 목적달성에 거의 유용하지 않는 것이 되어가고 있다. 행정내부의 업무처리절차의 혁신과 재설계없이 단순히 기한규정만을 두는 것은 기업행정이나 외국인투자 등 복합민원에 대해서는 전문성 부족과 행정기관 간 협력부족이 그 지체의 원인이기 때문에 행정의 신속성 향상을 위해서도 의미를 상실해가고 있다.

현장공무원의 획일적 재량축소수단으로 등장했던 기한규정들은 이제 한국행정을 세련되지 못하고 우스꽝스러우면서도 성급하기만 한 벼락부자와 같은 인상을 주고 있다.

2) 인·허가지체의 현대적 원인들

인·허가지체는 행정기관이 적절한 시간 내에 인·허가결정을 하지 못하는 것을 말하는데, 현대행정에 있어 새롭게 나타나고 있는 인·허가지체의 원인들을 다음의 몇 가지로 나누어 볼 수 있을 것이다.

첫째, 인·허가사항이 급격하게 증가하고 복잡성이 증대한 것에서 그 원인을 찾아볼 수 있다. 도시사회, 산업사회가 되면서 공익과 사익들에 대한 침해위험을 방지하기 위하여 많은 실정법령이 등장하고 인·허가사항도 크게 증가했다. 또 기술적으로 복잡하고 위험하며 자연과학, 경제학 및 법학에 관한 종합적 지식을 갖추어야 심사할 수 있는 인·허가사항들이 등장했다. 법령의 기준들이 일반적이고 막연하며 현장의 집행공무원들이 시간을 두고 구체적인 기준을 정하도록 맡기고 있을 뿐만 아니라, 상급행정기관이나 단체장들의 정책지침도 구체성이 결여되어 있는 경우가 많다.

둘째, 인·허가업무의 처리과정의 하자에서 그 원인을 찾아볼 수 있다. 인·허가기관이 지나치게 많은 서식작성과 세부절차의 경유를 민원인에게 요구하고 너무 많은 시간을 걸려 업무를 처리하고 감독기관들이 그러한 관리의 비효율성을 방치함으로써 인·허가가 지체되는 경우이다. 인·허가업무 전반에 대한 계획적이고 체계적인 작업시스템이 구축되어 있지 않고 행정기관장의 리더쉽이 부족함으로써 이러한 비효율이 초래되고 있다. 또 불필요한 내부협의절차와 경유절차가 많은 데도 내부협의절차를 축소하여 기간을 단축시키려는 노력이 부족하다. 특히, 상급기관이나 동급의 다른 기관과의 협력에 있어 지연현상이 자주 나타나고 있다.

셋째, 지역주민이나 강력한 압력집단에 의한 인·허가반대압력 등에서 그 원인을 찾아 볼 수 있다. 기존의 사업자나 주민들이 신규사업허가를 방해하는 것이 그들의 이익을 보호하는 데 도움이 된다고 생각한다면 인·허가결정을 집요하게 방해하게 된다. 이러한 지연행위를 통하여 신규사업자의 비용을 증가시키고 사업성공의 가능성을 낮추며 기존 사업자나 주민들의 편익을 연장시키려 한다.[13)]

13) Alden F. Abbott, The Case Against Federal Statutory and Judicial Deadlines: a Cost-Benefit Appraisal, *ALR*. Vol.39(1987). p.176.

2. 처분기한에 관한 규정들과 그 유형

1) 처분기한에 관한 법적 규율의 현황과 한국의 특징

(1) 행정기관에 대해 적용되는 기한규정들

우선, 행정기관에 대해 설정된 기한규정들을 살펴보기로 한다.

첫째, 행정절차법 제19조 제1항은 "행정청은 신청인의 편의를 위하여 처분의 처리기간을 종류별로 미리 정하여 공표"하도록 하고 있는데, 민원사무처리에 관한 법률 시행령 제13조 제1항도 "신청이 접수된 때부터 당해 민원사무의 처리가 완료될 때까지에 소요되는 처리기간을 민원사무의 종류별로 미리 정하여야 한다."고 규정하고 있다.

둘째, 민원사무처리에 관한 법률 시행령 제13조 제3항은 행정기관의 장이 처리기간을 관계법령 등에 명시하고 민원사무편람과 민원사무처리기준표에 수록・비치하여야 한다고 한다.

셋째, 민원사무처리에 관한 법률 시행령 제13조 제2항은 행정기관의 장은 처리기간을 정함에 있어서는 접수기관・경유기관・협의기관(다른 기관과 사전협의가 필요한 경우에 한한다)・처분기관 등 각 처리단계별로 구분하여야 한다고 하고 있다.

넷째, 민원사무처리에 관한 법률 시행령 제12조는 행정기관은 관계법령 등에 정한 처리기간이 남아 있음을 이유로 하거나 그 민원사무와 관련되지 아니하는 공과금의 미납을 이유로 처리를 지연시켜서는 안된다고 한다. 행정절차법 제19조 제4항도 행정청이 정당한 처리기간 내에 처리하지 아니한 때에는 신청인은 당해 행정청 또는 그 감독행정청에 대하여 신속한 처리를 요청할 수 있다고 규정하고 있다.

다섯째, 행정청은 부득이한 사유로 처리기간 내에 처리하기 곤란한 경우에는 당해 처분의 처리기간의 범위 내에서 1회에 한하여 그 기간을 연장할 수 있으며(행정절차법 제19조 제2항), 처리기간을 연장할 때에는 처리기간의 연장사유와 처리예정기한을 지체없이 신청인에게 통지하여야 한다(동조 제3항).

(2) 민원인에 대해 적용되는 기한규정들

다음으로, 민원인에 대해 부과되어 있는 처리기한에 대하여 살펴본다.

첫째, 행정청이 당사자에게 의무를 과하거나 권익을 제한하는 처분을 하는 경우에는 미리 의견제출기한을 명시하여야 하며(행정절차법 제21조 제1항 제6호), 당사자 등이 정당한 이유없이 의견제출기한 내에 의견제출을 하지 아니한 경우에는 의견이 없는 것으로 본다(행정절차법 제27조 제4항).

둘째, 행정절차법 제17조 제4항은 행정청에 처분을 구하는 신청을 함에 있어 구비서류의 미비 등 흠이 있는 경우에는 보완에 필요한 상당한 기간을 정하여 지체없이 신청인에게 보완을 요구하도록 하고 있는데, 민원사무처리에 관한 법률 시행령 제15조 제1항도 민원실 등은 접수한 민원서류에 흠이 있는 경우에는 보완에 필요한 상당한 기간을 정하여 지체없이 민원인에게 보완을 요구하도록 하고 있다.

셋째, 행정절차법 제17조 제5항은 신청인이 행정청이 정한 기간 내에 서류의 보완을 하지 않는 경우에는 그 이유를 명시하여 접수된 신청을 돌려보낼 수 있다고 규정하고 있으나, 민원사무처리에 관한 법률 시행령 제15조 제2항, 제3항은 민원실 등이 정한 기간 내에 민원서류를 보완하지 아니한 때에는 다시 보완을 요구할 수 있도록 하면서 보완기간을 7일로 정하고 있으며, 이때에도 보완에 필요한 기간을 명시하여 기간연장을 요청하면 이를 고려하여 보완기간을 정하도록 하고 있다.

(3) 우리나라 입법들의 특징

우리 행정법령의 입법자는 처분의 처리기한에 관하여 행정절차에 관한 일반법인 행정절차법이나 민원사무처리에 관한 법률 시행령 등에서 여러 개의 규정을 둠으로써 신속한 인·허가에 대하여 지대한 관심을 표시하고 있다. 거의 모든 처분에 대해 기한을 설정하는 이러한 입법태도는 미국, 독일 및 일본 등과는 현저히 다른 한국적 특색을 형성하고 있다.

처분과정에서 청문과 같은 시민과의 의사소통을 강화하는 규정의 도입에는 매우 소극적인 정부가 현장의 집행담당자의 재량을 극도로 제약하는 짧은 업무처리기한을 거의 모든 처분의 전체과정과 그 내부단계에 대하여 별도로 두고 있는 것은 신속성을 이례적으로 중시하는 경제성장시대의 행정문화를 반영하는 것이다.

2) 시간요소에 대한 행정법학의 대응부족

한국행정의 실무나 행정절차법상 시간요소는 청문이나 사실조사 등과 같은 주제들보다 훨씬 중요하게 여겨지고 있으나, 지금까지 행정법학이나 행정학은 이에 대한 검토를 소홀히 했다. 그것은 기업경쟁이 국제적으로 격화됨에 따라 행정실무에서 신속성의 가치가 상대적으로 높아져 외국의 행정법학에서도 시간요소가 학문적 주제로 고려되기 시작한 것이 비교적 최근의 일이었다는 점도 하나의 원인일 것이다.

행정법학에 있어 개별구체적인 상황에 따라 인·허가의 부여시기를 결정하는 것은 행정의 포기할 수 없는 권한에 속하는 것으로 기속행위의 경우에도 재량이 인정되는 것으로 해석되어 왔다. 일정한 범위 내에서 행위시기의 선택권은 행정의 최후의 재량으로서 입법자에 의해서도 제한받지 않고 인정되어 온 것이다. 이러한 전통 하에서 입법자나 상급행정기간이 인·허가심사의 촉진을 목적으로 인·허가 기한을 설정하는 것은 매우 이례적인 일이라 할 수 있어서, 행정지체에 대한 통제제도인 부작위위법확인소송은 1985년의 행정소송법 개정으로 비로소 도입되었고, 그 이전에는 행정지체에 대한 법원의 직접적 통제제도는 존재하지 않았었다. 오히려, 기한을 설정하고 있다 하더라도 일정한 기한이 경과할 때까지 행정이 아무런 응답을 하지 않는 것은 인·허가를 거부한 것으로 보는, 이른바 간주거부규정을 두는 경우도 있었다.

그러나 이미 프랑스 행정법상으로는 인·허가신청 후 상당한 기간이 경과할 때까지 행정청이 아무런 행위를 하지 않을 때 인·허가를 거부한 것과 같은 것으로 보면서 거부처분의 취소소송을 제기하도록 하여 왔고, 그 후에 행정소송을 정립한 독일의 경우에도 이 상태를 부작위로 보아 의무이행소송의 제기가 가능하도록 하였으며, 한국과 일본의 경우에는 부작위위법확인소송이 도입되어 행정청이 신청을 받은 후 상당한 기한이 지나면 위법한 것으로 인정하고 있다. 다만, 신청을 받은 후 상당한 기한 내에는 여전히 행정에 행위시기의 선택재량이 기속행위에 대해서도 인정되고 있다.

그렇지만, 경제사회에서 신속성이 기업생존을 좌우하는 매우 중요한 가치로 인식되면서, 인·허가를 촉진시키기 위하여 인·허가에 기한을 설정하는 방식이 매우 빈번하게 이용되고 있어 이제는 인·허가에 관한 한 거의 필수적인 규제수단으로 인식되고 있다. 행정청은 행정규칙으로 그 기한이 부작위를 위법으로 만드는 기간, 즉 신청을 받은 후 상당한 기간 내인 경우에도 인·허가촉진을 목적으로 더 짧은 기한을 설정하여 재량행사와 업무관리의 기준으로 삼을 수 있으므로, 민원사무편람에서도 대부분의 민원처리에 기한 또는 평균적인 업무처리시간을 정해놓고 있다. 또 기한설정에 의하여 인·허가심사를 촉진시키는 제도는 특히 외국자본투자와 같은 기업투자의 경우에는 매우 중요한 과제로 인식되고 있어 점점 확장되어가고 있을 뿐만 아니라, 국가 간 경쟁이 치열해지면서 오히려 기한이 단축되고 자동승인제가 확대도입되는 등 제재가 강화되고 있다. 이에 따라, 행정법학도 행정결정에 있어 시간요소를 충분히 고려하고 평가하지 않으면 안되게 되었다.

3) 기한의 유형과 기한경과의 법적 효과

인·허가의 발급에 대하여 기한을 설정하는 경우도 있고 인·허가의 존속에 대한 기한을 설정하는 경우도 있다. 또 인·허가의 전체절차에 대해 기한을 설정하는 경우도 있고 인·허가를 받기 위한 각 절차단위에 기한을 설정하는 경우도 있다. 이 책에서는 발급에 대해 기한을 설정한 경우만을 다루되, 전체절차의 경우만이 아니라 각 절차단위에 기한을 설정한 경우도 고찰하기로 한다.

(1) 기한설정의 근거에 따른 구별

누가 기한의 설정을 담당해야 하는가, 그리고 어떤 입법형식을 취하는 것이 적절한가 하는 문제는 허가권자가 누구인지, 그리고 준수가능한 합리적 기한을 설정하는데 누가 더 적합한가 등의 여부에 따라 결정된다. 처리기한을 법령에 규정한 경우와 행정규칙에 규정한 경우로 나누어 볼 수 있는데, 법령에 처리기한을 두는 경우는 일정한 기한 내의 업무처리가 중대한 공익과 관련되거나 신청자나 제3자의 권리보호에 중요한 의미를 갖는 경우이다. 또 법령에서 행정기관이 스스로 행정규칙에 의하여 인·허가의 기한을 설정하도록 요구하기도 한다.

행정규칙에 의하여 설정된 기한은 위반하더라도 강제적 제재는 없으나 업무감사를 통하여 특별한 사유없이는 그 기한을 위반하지 말도록 지도할 수는 있다.

(2) 제재유무에 따른 구별

가. 제재없는 기한과 그 경과의 법적 효과

상급행정기관이 하위행정기관의 인·허가절차의 지연을 막기 위하여 훈령이나 지침에 처리기한을 설정하는 경우나 법령에 기한이 정해져 있더라도 제재수단이 없는 경우, 기한은 훈시규정으로서 업무담당자와 이해관계인들에게 심리적 부담을 지우고 경고하는 의미밖에 없다. 판례도 "구 주택건설법 시행령 제32조의2 제2항, 제3항의 규정에 의하면 주택건설사업계획의 승인여부는 정당한 사유가 없는 한 60일 내에 처리하도록 되어 있지만, 그 규정은 가능한 한 조속히 그 승인사무를 처리하도록 정한 훈시규정에 불과할 뿐 강행규정이나 효력규정이라 할 수 없으므로, 행정청이 그 기간을 경과하여 주택건설사업승인 거부처분을 하였다고 해서 그 거부처분이 위법하다고 할 수 없다."고 판시하고 있다.[14] 그러나 행정규칙에 의해 기한이 설정되거나 법령에 설정하더라도 제재규정이 없는 경우에도 상급 행정기관이나 당해 행정기관의 숙련된 공무원들에 의해 적절한 기한이 설정되고 감사나 온라인 공개시스템 등에 의해 그것의 준수가 사실상 강제된다면 제재규정이 있는 경우와 마찬가지의 효과를 가져올 수 있다.

나. 기한경과에 의한 인·허가의 의제

기한경과 시 행정청에 대한 제재수단을 규정해도 그 집행이 곤란한 경우가 나타나면서 일정한 기한이 경과하면 제재의 효과가 자동적으로 나타나도록 하는 해머(Hammer)처방[15] 이 법령상에 나타나고 있다. 신속한 심사가 특히 중요한 인·허가의 경우 기한해태 시 부과할 적절한 제재수단의 규정과 그 집행이 현실적으로 어려운 것을 고려하여 일정한 기한경과 시 인·허가를 받은 것으로 보는 자동승인 제도가 외국인투자촉진법(제17조 제4항, 제5항)과 같은 개별법에 도입되고 있는 것이다. 자동승인제는 일정한 기한이 경과하면 자동적으로 효력이 발생하지만 시기방식과는 다르다. 예를 들어, 시기부 행정행위는 일정한 시기가 도래하기 전에 이미 행정행위는 성립되어 있고 단지 효력만 해당 시기까지 발생하지 않고 있음에 대하여, 자동승인제의 경우는 일정한 기한이 경과하기 전에는 행정행위가 성립되어 있지도 않다.

다. 기한경과 후 인·허가권의 이전

인·허가행정청이 그의 결정을 부당한 이유로 현저하게 지연시켰을 때, 인·허가권을 그의 상급행정청으로 이전시키는 제도이다. 오스트리아 행정절차법 제73조 제1항은 행정청의 처분의무를 규정하면서 적절한 근거에 의해 지지되지 않는, 불

---

14) 대판 1996.8.20. 95누10877.

15) K. C. Davis & R. J. Pierce, *Administrative Law Treatise* Vol. II., 3.Ed., 1994, pp.225－226.

필요한 지체없이 늦어도 6개월 이내에 처분을 하도록 규정하고 있다. 행정청이 이 기한 내에 처분의무를 이행하지 않는다면 행정절차법 제73조 제2항에 의해 신청이 있으면 인·허가권이 상급행정청에 이전된다. 상급행정청이 존재하지 않으면 곧바로 행정법원에 인·허가권이 이전되는데, 행정법원은 재량까지 행사하여 인·허가를 발할 수 있다. 그러나 인·허가권의 이전신청이 있어도 그 지연이 오직 인·허가행정청의 책임으로 돌릴 수 없을 때에는 상급행정청은 그 이전신청을 거부할 수 있다. 이에 따라, 그 지연이 당사자등의 책임있는 행위나 극복할 수 없는 장애에 의해 초래된 경우에만 예외적으로 행정청의 책임이 배제된다.

(3) 다른 행정기관과의 협의기한의 설정과 의제

인·허가의 전체절차가 아니라 각 절차단위에 대해서도 기한을 설정하는 경우가 있는데, 이하에서는 그중에서도 특히 인·허가결정을 내리기 전에 다른 행정기관과의 협의나 동의에 기한을 설정한 경우에 대하여 구체적 입법상황을 나누어 검토하기로 한다.

가. 협의기한의 위반에 대한 강제적 제재규정이 없는 경우

① 사전협의는 거치도록 하면서 협의기한을 정하고 있지 아니한 경우

개별법이나 행정규칙에서 사전에 협의를 거치도록 규정하더라도 기한을 설정하지 않아 협의에 관하여 별다른 강제를 하고 있지 않으면, 관련 부처의 입장에서는 직접 민원신청을 받은 사항도 아니기 때문에 신속하게 처리하지 않는 경향이 있다고 한다.[16)]

② 사전협의를 거치되 정해진 기한 내에 의견을 제출하도록 한 경우

협의기한이 정하여져 있으므로 신속하게 처리할 수 있다. 그러나 그 기한을 지키지 아니한 경우에는 제재방법이 없다. 다만, 심리적 부담을 주어 심사를 촉진시키는 효과가 있다. 기한을 경과하고 나면 오히려 기한을 정하지 않은 경우보다 협의에 더 어려움이 있을 수 있다. 협의를 받은 기관이 거쳐야 하는 내부적인 절차가 복잡한 경우에는 지체기간이 장기화할 수도 있다.

16) 이익현, 인·허가의제제도에 관한 연구, 법제 제437호(1994.5), 123면.

나. 협의기한의 위반에 대한 의제규정이 있는 경우

인·허가의제 시 사전협의를 거치도록 한 경우 협의기관이 일정한 기한 내에 의견을 제출하지 않으면, 의견이 없는 것으로 보거나 기한경과 후 제출된 의견을 더 이상 고려하지 않는 제재를 가하고 있는 경우이다(예, 외국인투자촉진법 제17조 제4항). 다른 행정기관의 동의나 승인의 기한을 설정한 경우에 그 기한을 준수하지 않으면 그 동의나 승인을 의제하는 경우도 있다.

협의기관이 의견을 기한 내에 제출하지 않는 경우에도 인·허가청은 심사에 있어 법치행정의 원칙에 따라 자신의 특수한 전문분야의 실체법뿐만 아니라 관계 실체법상의 실체적 기준들을 모두 준수하고 고려하여야 하므로 인·허가행정청이 고려해야 할 공익이나 사익에 대해 알고 있었을 때에는 협의기관의 의견제출유무가 심사의 실체적 기준들에 영향을 미쳐서는 안될 것이다.

3. 기한설정방식에 의한 인·허가촉진의 한계와 그의 개혁

1) 기한설정방식에 의한 인·허가촉진의 한계

(1) 기한설정방식의 과다한 사용으로 인한 기한준수의 어려움과 인·허가심사의 질 저하

거의 모든 처분과 각 절차단계에 대하여 기한을 설정하여 현장공무원의 재량을 극도로 제약하는 것은 많은 문제를 야기하고 있다. 제재규정이 붙은 기한설정이 있어도 인·허가의 요건심사를 위해 공청회나 청문 등이 필요한 경우, 더 많은 시간이 필요하고 부족한 인원을 다른 업무분야에서 데려올 수 없거나 다른 업무를 나중에 처리하게 할 수 없을 때 행정청은 그 기한을 자주 무시하게 된다. 또 기한의 준수를 위하여 당해 인·허가심사업무에 동원가능한 모든 인력을 투입하면 기존 인·허가시설에 대한 위법영업여부의 감시를 위한 인력이 부족해질 우려가 있다. 이것은 다른 행정업무를 희생하고 오직 당해 인·허가업무만을 촉진시킨 것이기 때문에 행정업무 전체로 보아서는 행정의 생산성과 합법성의 개선에 전혀 기여하지 못하는 것이 된다. 미국에서도 너무 많은 법령에서 기한을 설정함으로써 업무처리기관이 그 기한을 준수하기가 불가능하여 인·허가를 촉진시키고 우선순위를 부여하려는 취지를 지킬 수 없게 되어버렸다고 한다.[17)]

의욕만을 앞세워 지나치게 짧은 기한을 설정하면서 기한준수를 위해 적절한 인적 자원과 물적 자원을 확보해주지도 않은 경우, 그 기한의 준수가 불가능한 것에 그치지 않고 심사의 질을 떨어뜨리게 된다. 위험시설의 설치여부에 대한 심사에서 심사 질의 저하는 국민들의 안전에 심각한 문제를 야기할 수 있다. 특히, 최근 행정부문의 구조조정으로 현장조사요원인 주사 이하의 현장공무원들이 상당 정도 감소하였기 때문에 인천 호프집화재사건이나 청소년수련원화재사건 등에서 그 원인으로 나타난 현장조사부족은 더 악화되어 행정결정기초의 사실적 정확성을 침해하고 국민의 생명과 안전을 침해할 위험이 매우 커졌다.

이러한 상황에서 행정은 매우 기묘한 해결책을 강구하곤 한다. 예를 들어, 어떤 사업자가 인·허가행정청에 대하여 화학물질의 생산을 위해 특정한 시설의 설치허가를 신청한 경우, 행정청은 필요한 전문적 심사능력을 갖추지 못하고 있지만, 인·허가의 기한도 매우 짧게 정해져 있고 사업자도 경기상황과 투자손실을 이유로 신속한 인·허가를 요구할 때, 행정청은 당황하게 된다. 이 상황에서 행정청이 기한의 진행을 막기 위하여 신청서류를 접수하지 않거나 행정지도로 보류시킬 수 있는데, 그러한 대처방식의 합법성은 의문시된다. 왜냐하면, 행정절차법 제17조 제3항은 행정청은 신청이 있는 때에는 다른 법령등에 특별한 규정이 있는 경우를 제외하고는 그 접수를 보류 또는 거부하거나 부당하게 되돌려 보내서는 아니되며, 신청을 접수한 경우에는 신청인에게 접수증을 교부하도록 하고 있기 때문이다.

(2) 제3자의 이익보호의 소홀

지금까지 한국행정의 인·허가업무는 이해관계인인 제3자 보호를 매우 소홀히 취급하여 왔는데, 지나치게 일반화되고 짧은 기한은 처분의 상대방과의 관계만을 고려하여 인·허가결정을 하도록 사실상 강제하는 효과를 발생한다. 지나치게 신속성이 강조되면서 충분한 심사가 이루어지지 않아 고려해야 할 제3자의 이익을 소홀하게 취급하거나 제3자의 이익보호를 위한 절차를 소홀히 취급하거나,[18] 집단

---

17) 환경법분야에서만 해도 1985년 현재 연방환경보호국(EPA)은 328개의 기한규정을 준수해야 한다고 한다. Environmental & Energy Study Institute and Environmental Law Institute, Statutory Deadlines in Environmental Legislation, 1985 참조. 이 연구에 따르면, 연방환경부는 기한 중의 겨우 17%만을 준수할 수 있었다고 한다.

18) Martin Bullinger, *Beschleunigte Genehmigungsverfahren für Eilbedürftige Vorhaben*, 1991, S.63.

화되어 있지 않아 보호주체가 명확하지 않은 공익을 경시한다.

의제의 경우, 이러한 위험성은 더 커진다. 즉, 충분한 이익조정없는 인・허가의제는 행정청이 대립하는 이익들 중 일방적으로 어느 한쪽의 권리나 이익을 보호하고 다른 쪽은 적절한 방어의 기회를 주지 않은 채 무시하는 결과를 가져와, 인・허가신청자에 의해 침해될 위험이 높은 공익이나 제3자의 법률상 보호이익을 중대하게 침해할 위험을 안고 있다.[19] 법적으로 보호되는 이익을 가진 제3자에게 자신의 이익을 방어할 기회를 주지 않는 의제는 침익적 처분의 경우, 이익을 침해받는 제3자에게 의견제출기회를 주어야 한다는 행정절차법상의 원칙(행정절차법 제22조 제3항)을 위반한 것이 될 것이다.

인・허가제도의 목적은 인・허가라는 형식적 권한과 지위를 신속하게 얻고자 하는 신청자의 희망만을 충족시키려는 것이 아니라, 실질적인 심사를 통하여 관련 공익이나 제3자의 이익에 대한 침해위험을 행정청이 대신하여 심사하여 위험으로부터 보호하려는 것이다. 그러나 기한경과의 효과로 의제가 인정되는 것은 당해 인・허가가 충분한 사실조사 후 발해짐으로써 충돌하는 이익들을 최적으로 조정해야 한다는 점에서 문제를 야기한다. 기한설정에 의한 인・허가의제는 충분한 사실조사가 없더라도 기한이 되면 허가가 부여되도록 한 것이기 때문이다.[20] 의제로 인해 허가행정청이 사실조사의무와 심사의무를 완전하게 이행하지 못하더라도 충분한 숙고없이 시장에 개입하도록 강제함으로써 정부실패를 야기할 위험도 높아지게 된다. 의제제도가 도입되어 있으면 인・허가행정청도 심사과정에서 부딪치는 어려움과 갈등을 태만함에 의해 해결하려 시도할 위험이 있고, 또 이러한 사업자가 의제효과가 발생한 후 계속해서 해당 인・허가법령을 위반하여 사업을 수행하고 있을 때, 그 인・허가를 취소할 수 있는지 또는 나중에 사정변경을 이유로 철회할 수 있는지, 아니면 그 의제효과 때문에 그 하자에도 불구하고 취소나 철회를 할 수 없게 되는지 하는 의문 때문에 행정의 통일적인 위법단속업무에도 장애를 초래하게 된다.

심사촉진수단으로서 일정한 기한경과에 자동적인 인・허가부여의 효과를 결부

19) Udo Steiner, Beschleunigung der Planungen für Verkehrswege im Gesamten Bundesgebiet, *Reform des Verwaltungsverfahrensrechts*, 1994, SS.155−156.

20) Martin Bullinger, a.a.O., SS.69−70.

시키는 제도는 상당한 부작용이 있기 때문에 긴급성이 매우 필요한, 제한된 경우에 대상을 명확하게 하여 인정해야 한다. 의제는 인·허가결정이 승인이나 거부로 단순하게 판단될 수 있는 경우에 가장 적합한 것이고, 복합민원에 있어서는 행정에 재량이 인정되어 있어 법령의 구체화가 필요하고 사업계획을 법령의 기준에 맞추기 위하여 부관이 부가되어야 하기 때문에 법령의 일반적 기준에 따른 효과를 기계적으로 발생시키는 의제는 그다지 적합하지 않으므로 도입과 운용에 대단한 신중성이 요구된다.[21] 또 기한경과에 의한 의제의 허용여부는 입법자가 헌법을 위반하지 않고 문제된 공익이나 사익을 일방적으로 처분할 처분권을 갖는가에 달려 있으므로, 도입과 운용 시 이 점을 검토해야 한다.[22] 특히, 기업의 경쟁력보호를 위한 인·허가촉진의 필요와 국민의 법률상 이익의 보호필요를 조정하여 적어도 위험시설과 관련된 복합민원에 있어서는 기한설정에 의한 인·허가의제제도를 도입하지 말아야 하고 이에 해당되는 인·허가의제규정은 철폐하여야 할 것이다.

이러한 업무처리방식에 대한 불신이 주민들 사이에 널리 퍼져 있어, 법적 구제장치가 존재하지 않는 경우에도 충분히 자신의 이익을 방어할 기회를 얻지 못한 주민들이 결정이 난 후 그 결정에 대해 강력하게 반발하고 저항하는 현상도 빈번해지고 있다. 이로 인해, 법질서의 안정성은 항상 위협받고 있는 것이 우리의 현실이 되어 버렸다.

(3) 자원배분의 왜곡과 행정의 경직성

가. 우선순위설정의 오류에 의한 자원낭비 및 자원배분의 왜곡

기한이 비현실적으로 설정되고 그것의 준수가 강제되면 사실상 더 긴급하고 중요한 사항의 처리에 이용되어야 할 자원이 그곳에 투입되어 자원투입의 왜곡이 발생하게 된다. 또 충분한 사려없는 결정이 내려져 더 큰 사회적 비용을 발생시킬 우려가 있다.

많은 법령에 설정된 기한들 중 특정 민원과 관련된 기한의 준수여부가 민원인들의 항의여부에 의존하면서 정말로 중요하고 신속한 처리가 필요한 민원에 대하여 자원이 배분되지 않아 행정결정이 지체되는 사태가 야기되기도 한다. 또 심사업무가 매우 전문적이고 그 위험성이 시간이 지난 후에 밝혀지는 대규모시설에 대한

---

21) Martin Bullinger, a.a.O., S.71.

22) Udo Steiner, a.a.O., S.157.

심사는 소홀히 하고 주민들이 관심을 갖는 사항들에 자원이 우선적으로 배분될 위험도 있다.

나. 인・허가제도의 경직성의 초래

인・허가를 신청한 사업계획이 인・허가의 요건을 충족하고 있는 것인지를 판단하기가 쉽지 않은 경우도 있다. 이러한 경우에는 기한의 엄격한 준수보다는 합의에 의한 업무처리가 더 적절할 수 있다. 행정청으로서는 판단이 쉽지 않은 인・허가를 기한경과 후에라도 사업신청자와 합의에 의해 처리하는 것이 지루하고 비용이 많이 드는 분쟁을 예방할 수 있어 좋다. 사업자로서도 인・허가기한 내에는 사업계획의 합법성을 설득시킬 수 없어 거부처분을 당할 가능성이 높을 때, 기한을 연장해서라도 인・허가를 부여받고자 할 수 있다. 이때 엄격한 기한준수의 요구는 행정의 경직성을 심화시켜 행정, 사업자 및 주민 모두가 원하지 않는 결과를 강제할 수도 있다.

설정된 기한이 지나치게 엄격하여 비현실적이거나 기한해태에 대해 예외적인 정당화사유가 존재할 수도 있으므로 강행규정인 기한을 행정청이 위반한 경우에도 그것만으로 제재를 가하는 것은 부당할 수도 있다. 인・허가심사과정에서 환경영향평가와 같은 민간전문가의 감정의견이 필요한 경우 기한은 매우 유연하게 설정되고 집행되어야 할 것이다.

2) 기한규제의 개혁에 있어 고려사항

법률이나 행정규칙에 의하여 기한이 규정되어 있다 하더라도 행정기관이 그것을 준수할 것인가는 다른 요소에 달려 있다. 기한의 부과에 의해 업무부담이 가중되므로 기한을 준수할 수 있게 하는 인적 자원과 물적 자원이 존재해야 한다. 법령의 증가에 따라 점점 더 복잡해지는 기준들에 대해서 업무의 성격과 난이도를 적절히 평가하여 분류하고 그 업무를 처리하기 위해 필요한 인적 자원과 물적 자원을 갖추게 해준다면 기한설정은 인・허가촉진을 위한 상당히 유용한 수단일 수 있다. 그러나 행정기관에 있어 자원과 시간의 한계는 피할 수 없는 제약이라는 점을 고려할 때, 지나치게 비현실적인 기한은 부정적인 결과만을 가져올 뿐이다.

인・허가지체의 현대적 원인들을 고려하여 기한규제를 새롭게 개선하려고 할 때, 다음의 사항들이 고려되어야 할 것이다.

첫째, 인·허가결정에 걸리는 시간은 그 복잡성의 정도에 따라 그리고 이해관계인 등의 참여나 다른 행정기관들과의 사전협의필요 등에 따라 달라진다. 평균적인 공무원의 업무처리시간을 조사하여 그것을 기초로 업무담당자들의 의견을 반영하여 기한이 설정되어야 한다. 이때 중복유사서식 등의 이유로 지나치게 많은 서식작성을 요구하거나 불필요하게 많은 협의기관들을 축소하고 승인유보방식의 금지형 내부규제를 대폭 철폐하는 등 행정업무처리절차의 혁신이 병행되어야 한다. 이러한 개혁없이 단순히 기한만 각 단계에 대하여 부가하는 것은 행정의 진정한 자기반성과 절제없는 전시형 행정개혁행태에 불과할 것이다.

둘째, 특정 업무처리단계에 대한 기한설정은 입법자가 예산권자와 조직권자에게 많은 행정업무 중 해당 업무에 자원을 우선적으로 배정하도록 우선순위를 부여한 것으로 볼 수 있으므로,[23] 자원배분의 재조정노력을 기울여야 한다. 인·허가행정청뿐만 아니라 협력해야 할 행정기관들에 대해서도 협력의 의사표시에 기한을 설정함으로써 입법자는 협력기관에게 자원을 우선적으로 배정하도록 요구할 수 있다. 인적·물적 자원의 재배분없는 기한설정은 중앙행정 자신은 그의 의무이행을 게을리 한 채 현장행정에 대해서만 권위주의적으로 지시하는 전근대적 지배의식과 행정문화의 유산으로서 시급히 개선되어야 할 것이다.

셋째, 법령에 의한 강제적 성격의 기한보다는 행정기관 스스로 행정규칙에 의한 비구속적 성격의 기한을 설정하도록 하거나 통상의 업무처리시간을 예고하도록 하는 것이 실무현실을 더 정확하게 반영하기 때문에 보다 적절하다.[24] 이것이 신속하게 현실에 맞게 기한규제를 변경시키는 데에도 더 적절한 방법일 것이다.

넷째, 현재 민원사무편람에 의하여 공무원들과 민원인들이 업무처리기한을 알 수 있도록 하고 있는데, 기한설정의 권한이 있는 기관이 직접 정기적으로 조사하여, 설정된 기한을 빈번하게 위반하면 그것을 인원의 부족이나 절차혁신의 필요의 표시로 보고 대처방안을 마련하여야 한다. 기한규제가 변경되지 않고 있을 때에도, 정당한 이유가 있을 때에는 그 기한을 넘어서 처리할 수 있음을 인정하여야 할 것이다.

23) K. C. Davis & R. J. Pierce, *Administrative Law Treatise* Vol. II., 3.Ed., 1994, p.224.
24) Alden F. Abbott, a.a.O., pp.200－204.

4. 행정내부규제의 개혁과제

지금까지 행정규제에 관한 연구는 주로 정부의 시장에 대한 개입, 정부와 시민 간의 외부관계에 대한 개입을 그 주제로 삼아왔으나, 규제는 행정기관 상호 간이나 공무원 상호 간에도 존재한다. 행정내부규제는 후자를 지칭하는 것으로, 경제성장 시대의 유산으로 중앙의 정책결정자에 의한 권력적 지배가 통제되거나 비판받지 않은 채, 그동안의 개혁대상에서도 제외되어 민주화 이전의 전근대적인 모습을 그대로 보여주고 있다.

한국행정의 현대화를 위한 개혁대상으로 행정내부규제문제를 검토하는 학자는 그 대상이 매우 광범위하고 미답의 영역이기 때문에, 어디에서부터 검토해 들어가는 것이 보다 효과적일 것인지 매우 당황하게 된다. 특히, 미국이나 유럽의 선진국들의 상황과 달리 한국행정에서는 발전행정의 시대를 거치면서 중앙권력에 의한 광범위한 임기응변적 내부규제가 매우 산만하게 분포되어 있기 때문에 외국의 이론이나 경험으로부터 시사점을 얻는 것도 상당히 제한적일 수밖에 없다.

예를 들어, 한국 자치단체에서의 업무처리실태를 보고하고 있는 매우 귀한 보고서의 하나는 한국행정에 있어 내부규제 과잉문제의 심각성을 다음과 같이 보고하고 있다. 즉, "시 · 군 · 구의 단위부서들은 어떤 형태이든 하루 평균 2건 이상의 보고서를 상급기관에 제출해야 되는 형편이다. 이와 같은 보고는 실적보고, 통계보고, 계획수립보고 등 다양한 형태의 것이 있는데, 이들을 작성하는 데 소요되는 시간도 3~4시간에서 4~5일 걸리는 것들도 상당수 있다. 결국, 이러한 상급기관에 대한 보고로 인해 기초자치단체에 근무하는 공직자의 귀중한 시간이 부가가치가 낮은 일에 허비되고 있는 것이다", "이와 같은 비현실적인 보고가 아직도 구태의연하게 요구되는 것은 상급기관, 특히 중앙에서 지방자치단체의 지역 실정을 너무 모르고 있고, 아직도 상급기관에서 시키면 모든 것이 다 되는 것으로 알고 있는 중앙의 권위주의적 의식성향의 영향이 크다고 할 수 있다. 이러한 상황 하에서 나타나는 것이 사실과 거리가 먼 형식적 보고의 남발이다. 지방 공직자들이 어쩔 수 없이 사실과 다른 보고를 할 수밖에 없는 상황이 많다. 실제로 연구진이 상급기관에 올린 보고를 분석한 결과 보고의 일부는 사실과 너무 다른 부분이 있는 것을 쉽게 발견할 수 있었다."[25]

이러한 현상이 심각한 문제로 나타나는 상황은 이미 민주화되고 분권화된 선진국들에서는 상상하기 힘든 것이기 때문에, 그들의 경험활용은 한계를 가질 수밖에 없다. 그럼에도 불구하고, 연구자로서는 연구의 편의상 우선 선진국의 경험활용이 가능한 영역부터 한국의 행정내부규제의 문제를 검토하기로 하였다. 우선, 이 책에서는 기한설정방식에 의한 행정내부규제문제를 고찰하였다. 기한설정방식에 의한 규제도 정책결정자와 현장공무원 간의 현저한 권력불균형을 반영하고 있는데, 이러한 모습은 선진국에서는 찾아보기 힘든 매우 극단적인 것이다.

현대 한국행정문화는 경제성장시대의 중앙행정 우월적인 문화로부터 행정민주화와 지방분권화가 진행되어 중앙과 지방의 힘의 균형에 기초한 문화로 변해가고 있다. 이 과정에서 한국행정문화는 그 정체성의 위기를 맞이하고 있으며, 이를 극복하기 위해서는 행정관리수단들을 현대적으로 정비하고 체계화하여야 한다. 행정내부규제의 관점은 전통적으로 행정내부의 문제를 행정관리의 문제로 보아 주로 행정학적 지식에 의존함으로써 관리의 가장 중요한 도구들인 법적 수단들을 고찰하지 못했던 약점을 극복하는 데 도움을 줄 수 있다. 민주적 법치행정형 정부에 적합한 행정관리를 위해서는 행정내부규제의 개혁을 통해 행정관리수단들이 현대적으로 정비되고 체계화되어야 할 것이다.

Ⅱ 복합민원과 집중심사의 모델들

1. 인 · 허가절차에 대한 기대와 개혁의 필요

국내시장의 개방으로 외국기업들에 의한 직접적인 국내시장공략이 가능해지고, 기업을 지원하는 국가들 사이의 경쟁도 치열해지고 있다. 경제문제가 비교적 단순하던 시절에는 지도자의 리더쉽과 그를 중심으로 한 단결이 사회문제 해결의 가장 효과적인 수단으로 인식되었으나, 현대사회의 문제는 매우 복잡하여 그 해결을 위한 보다 정교한 접근이 요구되고 있다.

25) 이수철 · 박세정 · 장지원, 한국행정에 적합한 사무혁신방안에 관한 연구－기초자치단체를 중심으로－, 1994, 한국행정연구원, 28. 30면.

1) 인 · 허가절차에 대한 기대

(1) 인 · 허가사항 복잡성의 현저한 증대

도시사회, 사업사회가 되면서 공익과 사익들에 대한 침해위험을 방지하기 위하여 많은 실정법령이 등장하고 인 · 허가사항도 크게 증가했다. 이것은 우연의 산물이거나 입법자들의 자의적인 행동의 산물이 아니라, 현재의 사회발전과정에서 나타난 문제들에 대한 응답의 산물이다. 특히, 최근에는 급격한 기술발전에 의해 나타난 위험한 대규모시설에 대한 규제와 환경보호를 위한 규제가 급격하게 증가하고 있으며, 기술적으로 복잡하고 위험하며 자연과학, 경제학 및 법학 등에 관한 종합적 지식을 갖추어야만 심사할 수 있는 복합민원사항들이 등장했다.

현대사회에서 직면하게 되는 행정문제의 복잡성은 어느 정도 감축시킬 수는 있지만, 이것을 근본적으로 회피하는 것은 불가능하다. 기술적으로 매우 복잡한 대규모시설의 경우, 시설투자규모의 거대함, 공간적 · 시간적 측면에서의 광범위한 효과, 그리고 발전된 기술 등으로 인해 심사자료가 매우 방대하다. 건축물의 설치 허용여부에 대한 심사에 있어 규제철폐를 강조한다 해도, 현대의 산업사회와 도시사회에서는 여러 측면에 대한 심사가 필수불가결하고, 전문가들에게도 심사업무가 매우 어렵다. 예를 들어, 건축물의 안전성, 도시미관 및 도시발전 등에 대한 고려도 필요하고 교통수요유발가능성 및 폐수정화시설의 설치여부 등도 심사되어야 한다.

또한 자원의 부족, 환경오염의 확산, 인구과밀 등으로 인한 도시문제와 교통문제의 심화, 그리고 실업의 증가와 경제침체의 장기화와 같은 상호대립적인 성격의 문제들로 인해 행정은 점차 헤어나올 수 없는 딜레마에 빠져들고 있다. 이러한 문제들로 인해 원스톱서비스나 친절봉사행정이란 구호를 아무리 외친다고 해도 오늘날 주민행정보다도 그 중요성이 점점 커가고 있는 기업행정의 핵심적 대상인 복합민원처리분야에서 행정은 대응능력의 부재를 현저히 드러내고 있다.

(2) 국제사회에서의 기업 간 경쟁 격화와 신속한 인 · 허가결정의 필요

한편, 현재의 상황은 국제사회에서 기업 간 경쟁이 격화하고 있으나, 우리 경제의 성장은 둔화되고 기업도산이 증가하며 실업도 증가하고 있다. 정부는 첨단기술산업의 육성을 위해 국내 · 외 자본의 투자를 권유하고 있으나, 기업들은 인 · 허가절차의 지체와 같은 투자적대적인 허가관행과 불합리한 규제행태에 대해 강력하게 비판해 왔다. 경쟁시장에서 기업의 경쟁력은 제조원가를 절감하고 높은 품질의 제품을 다양하게 공급하는 데만 있는 것이 아니라, 시간관리를 통하여 시장의 기호에 맞는 제품을 경쟁사보다 먼저 출하하고 시장의 기호변화에 더 신속하게 적응하는 데에도 의존하게 되면서, 신속한 인·허가결정에 대한 요구도 높아지고 있다.

(3) 행정기관 간 협력의 부족의 극복필요

인·허가의 심사업무를 여러 행정기관들에 분산하여 위탁하고 하나의 행정기관 내에서도 각 과별로 업무영역을 구별하는 것은, 권력을 분리하여 권력남용을 막고 전문성의 강화를 위하여 불가피하게 되었다. 또 과를 세분하여 각 업무담당자의 업무범위를 구별해 놓은 것은 분업의 원리에 따른 것으로 행정의 효율성증대에 기여해 왔고, 책임행정의 구현을 위한 조건으로 이해되었다. 각각의 구체적 공익에 대해 보호책임이 있는 행정청의 결정은 다른 행정기관까지 구속하므로, 그의 권한을 다른 행정기관은 존중해야 한다. 예를 들어, 사업자가 하나의 시설건축을 위하여 건축허가와 영업허가가 필요한 경우, 건축허가청은 영업허가청의 권한을 존중해야 한다.

그러나 여러 허가기관들 간의 갈등과 충돌을 피하기 위해 다른 행정기관들의 권한을 존중할수록 전체 인·허가절차는 지연되고 인·허가사항도 늘어나게 된다. 또 세분된 행정기관과 과들 사이의 협력부족과 갈등이 반복되고, 이로부터 발생하는 부담과 비용을 시민들이 떠안게 되면서 분업의 원리에 기초한 업무영역의 세분화에 대한 비판이 고조되고 있다. 이러한 현상들에 대한 극단적인 해결책으로는 어떤 행정조직을 폐지하는 방법도 있겠으나, 현대사회문제의 복잡성과 위험성은 정부 이외에는 배려책임을 맡을 수 있는 당사자가 없기 때문에 지속적인 규제철폐노력에도 불구하고 규제철폐의 한계가 여실히 드러나고 있다. 심사기관 간 협력시스템의 강화를 새로운 대안으로 생각해 볼 수 있다. 그러나 각 부처와 과들은 보다 큰 공익을 위한 개방적 협력에 대해 그들의 이해관계에 따라 매우 폐쇄적이고 부정적인 태도를 보여주었으며, 과거의 관행을 쉽게 바꾸지도 못하고 있다. 불필요한 내부협의절차와 경유절차가 많은 데도 내부협의절차를 축소하여 기간을 단축하려는 노력도 부족하다. 특히, 상급기관이나 동급의 다른 기관과의 협력에 있어 지연현상이 자주 나타나고 있다.

(4) 인·허가결정에 대한 주민들의 수용성 향상

지역주민이나 강력한 압력집단에 의한 인·허가반대압력 등으로 인해 인·허가지체가 늘어나고 있다. 기존의 사업자나 주민들은 신규사업허가를 방해하는 것이 그들의 이익을 보호하는 데 도움이 된다고 생각한다면 인·허가결정을 집요하게 방해하게 된다. 이러한 지연행위를 통하여 신규사업자의 비용을 증가시키고 사업성공의 가능성을 낮춰 기존 사업자나 주민들의 편익을 연장시키려 한다.[26]

이와 같이 인·허가결정에 대한 주민의 수용거부가 증가하고 있음에도 불구하고 여전히 인·허가심사의 불합리성은 크게 개선되고 있지 않다. 인·허가기관은 민원인에게 지나치게 많은 서식작성과 세부절차의 경유를 요구하거나 업무처리과정에서 너무 많은 시간을 소요하고, 감독기관들은 이러한 관리의 비효율성을 방치함으로써 인·허가가 지체되고 있다. 인·허가업무 전반에 대한 계획적이고 체계적인 작업시스템이 구축되어 있지 않고 행정기관장의 리더쉽도 부족하다.

갈등가능성이 높은 인·허가의 경우, 이해갈등의 조정을 위한 적절한 절차를 형성하며 인·허가결정의 수용성을 높여야 한다.

2) 인·허가제도의 전통적 목적들과 그 변화

(1) 인·허가제도의 전통적 목적들

전통적으로 인·허가는 보호와 촉진이라는 두 가지 목적과 충분한 심사와 신속한 결정이라는 모순된 기대를 충족시키도록 요구받아 왔다. 인·허가의 보호목적에 의하여 신청한 사업이 공익과 사익들에 가할 잠재적 위험요인들을 검사하여야 한다. 특히, 대규모시설이나 위험한 화학물질과 같은 인·허가대상에 대해서는 이 대상들의 잠재적 위험을 방지할 수 있을 정도의 충분한 심사를 할 것을 요구받고 있다.

한편, 인·허가의 획득이 사업에 대한 진입장벽의 역할을 하게 되는데, 사업자는 인·허가의 획득으로 안정적인 법적 지위를 얻게 되어 경제활동을 촉진할 수 있게 된다. 이러한 목적을 위해서는 신속한 인·허가결정이 요구된다. 특히, 기업제품주기가 짧아지면서 기업 간 경쟁에서 승리를 위해 허가신청자인 기업가들이

---

26) Alden F. Abbott, The Case Against Federal Statutory and Judicial Deadlines: a Cost-Benefit Appraisal, *ALR*. Vol.39(1987). p.176.

보다 신속한 인·허가결정을 요구하여 왔다.[27)]

전통적인 위험방지의 영역에 속한 인·허가절차에서는 이 두 가지 목적 중에서도 특히, 공익보호목적이 사익촉진목적보다 우위에 있는 것으로 인정되어 위험방지의 목적이 강조되어 왔다.[28)]

(2) 인·허가제도 목적의 변화

복합민원의 급증은 양면적 법률관계를 다원적 법률관계로 전환시키게 되었다. 이에 따라, 다양한 공익들과 사업자와 제3자들 간 상충하는 사익들의 조정이 인·허가제도의 중요한 목적으로 등장하고 있다.[29)] 이러한 다양한 이해관계를 조정할 수 있도록 조직, 절차 및 실체적 기준들을 형성하는 것은 오늘의 민주국가의 핵심적 의무가 되었다.

한편, 행정문제가 점점 복잡해지면서 이것의 심사를 위하여 인·허가절차는 점점 길어지고, 인·허가심사과정에서 그 전문적 문제점들을 소홀히 취급하는 경우가 늘어나고 있다. 그러나 기존의 행정절차, 시스템 및 업무방식을 그대로 존속시키는 한 행정문제의 복잡화는 필연적으로 이러한 문제점을 수반할 것이다.

인·허가행정청은 인·허가권을 독점하고 있다. 시장의 가혹한 경쟁에 직접적으로 노출되어 생산의 효율성이 떨어지면 부도처리되거나, 인·허가절차의 개혁노력에 의해 어떤 직접적 이윤이 발생하는 것도 아니다. 그러나 인·허가과정에서 대상의 복잡성에 적절한 대처를 못하면, 이는 결국 대규모시설의 부실공사와 거대기업의 부실화로 인한 도산, 제3자의 법익침해를 가져와 인·허가심사의 공익보호능력에 대한 사회적 불신을 초래할 것이다.

다른 한편으로, 기업은 시장상황의 변화에 유연하고 신속하게 대응하여 제품을 제공하기 위하여, 제품생산을 위한 시설허가를 보다 신속하게 받는 것이 기업의 시간관리를 위하여 매우 중요한 관심사로 부각되고 있다. 특히, 수요자들의 기호변화가 심한 제품을 생산하는 기업들의 경우에는 필요한 시설의 허가가 너무 늦어지는 경우, 그 허가는 더 이상 유용하지 않게 될 위험도 존재한다. 지금까지 인·허가는

27) Martin Bullinger, *Beschleunigte Genehmigungsverfahren für Eilbedürftige Vorhaben*, 1991, SS. 19–24.
28) 독일 연방행정법원의 판례에서도 확인되었다. BVerwG, Urt. v. 16. 3. 1972, DÖV 1972, S.757, 758.
29) Steinberg, Allert, Grams & Scharioth, *Zur Beschleunigung des Genehmigungsverfahrens für Industrieanlagen*, 1991, S.121.

법령이 요구하는 기준들의 준수여부만을 심사할 뿐, 인·허가심사에 있어 시간요소는 별로 고려되지 않았다. 그래서 인·허가를 신청한 기업과 심사행정청은 시간요소의 중요성을 둘러싸고 서로 갈등관계 속에 놓여 있어 왔다.

(3) 인·허가절차형성의 새로운 방향

인·허가심사 시 적용해야 할 법규정들이 불명확할수록 절차는 법의 구체화를 위한 보완적 기능을 수행하고 다양한 이익의 조정과 권리보호에 기여하게 된다. 인·허가행정청은 어느 한 이해관계인의 절차적 권리 보장을 위하여 다른 이해관계인의 절차적 권리를 침해하도록 절차를 형성해서는 안된다. 즉, 신청자의 이익을 위한 인·허가심사의 신속성만을 우위에 두고 행정청의 의무사항인 현장조사를 게을리 하거나, 제3이해관계인의 절차적 권리를 침해해서는 안된다. 반대로, 인·허가 행정청은 신청자에게 유사한 서류나 사실자료의 제출을 반복적으로 요구하거나, 제3자의 부당한 절차지연행위를 방치하여 인·허가결정을 지연시켜서도 안된다.

인·허가는 외국자본유치와 관련된 것처럼 국가적으로 국제경쟁체제에서 살아남기 위하여 신속성을 보다 우선하는 방향에서 제도화가 이루어져야 하는 것도 있고, 매우 위험하고 규모가 거대하여 부실건축의 위험이 높은 시설과 설비에 대한 인·허가처럼 전문성을 갖춘 기관과 전문가들에 의해 상당 기간 동안의 심사와 사후감독이 필요한 인·허가들도 있다. 따라서 인·허가유형에 있어 신속성에 우위를 두어야 하는 것들과 전문성과 안정성의 확보에 우위를 두어야 하는 것 등 그 성격에 차이가 있다. 절차개선노력으로 모든 인·허가절차가 현재보다 약간 더 빨라진다 해도 성격차이에 따라 대응을 달리 하지 않는다면, 외국인 투자절차에서 그러한 신속성개선은 너무 미미한 것으로 비추어질지도 모른다.

복합민원절차의 핵심적 과제인 다양한 이해충돌의 조정을 위하여 집중심사절차는, 자신의 주요 업무가 관련된 다른 행정기관들과의 사전협의와, 제3자의 의견제출을 포기할 수 없는 핵심적 요소로 하여 형성되어야 한다. 제3자 보호문제는 절차와 시스템에 의한 행정개혁의 가장 핵심적 과제로 인식되어야 한다.[30)]

---

30) Steinberg, Allert, Grams & Scharioth, a.a.O., S.123. 독일에서도 최근 독일 연방헌법재판소가 법치국가원칙과 기본권보호의 원칙으로부터 제3자보호의무를 강조한 이래, 절차법의 어떤 주제도 제3자 보호문제만큼 커다란 주목을 받고 있지 못하다고 한다. BVerfGE 53, S.30.

3) 복합민원처리에 관한 법적 규율의 현황

우리 입법자들도 기업경쟁력 보호와 주민들의 일상생활에 대한 위험방지를 위하여 복합민원처리에 관한 특별 규율이 필요함을 인식하고 있다. 특히, 민원사무처리에 관한 법률 시행령 제19조는 '복합민원의 처리'에 관한 근거규정을 제시하고 있다. 즉, 민원사무처리에 관한 법률 시행령 제19조 제1항은 "행정기관의 장은 복합민원에 대하여는 처리주무부서를 지정하고 그 부서로 하여금 관계기관 또는 부서간 협조를 통하여 민원사무를 일괄처리하게 할 수 있다."고 하고 있다. 이 조항은 특정 부서가 인·허가사항을 모두 일괄해서 특정부서에서 관할하도록 미리 법령에서 정하지 않고, 행정기관장의 결정으로 인·허가사항을 지정하도록 한 점에 특색이 있다. 이 법은 부분적 관할권통합의 근거가 되는 것으로 볼 수도 있지만, 허가과모델과 비교해 볼 때, 집중심사여부가 행정기관장의 개별적 의사에 의존하고 있는 점에 문제가 있다. 또 그 시행여부를 행정의 직권과 재량에만 맡기고 사업자의 신청에 의한 집중심사가능성을 규정하지 않은 점은, 인·허가촉진의 근본 취지가 민원인의 편의를 우선하는 것이라는 점에 비추어 문제라 할 것이다.

또한, 동시행령 제19조 제2항은 "행정기관의 장은 복합민원과 관련된 모든 민원서류를 제1항의 규정에 의하여 지정된 처리주무부서에 일괄하여 제출하게 할 수 있다. 이 경우에 관계기관과 미리 협의하여야 한다."고 규정한다. 일반적으로 민원인은 처분권주의에 따라 자신의 인·허가신청의 시기를 자유로이 결정할 수 있는 것이다. 그러나 이 원칙만을 고집하게 되면 처리주무부서의 집중심사절차주관은 매우 힘들어져서 결국 인·허가심사도 촉진될 수 없게 되므로 이와 같은 규정을 두게 된 것이다. 다만, 처리주무부서는 조언의무를 지고 있으므로 민원인의 복합민원서류 작성을 도와야 할 것이다. 동시행령 제19조 제3항은 "행정기관의 장은 관계기관과 협의하여 제1항 및 제2항의 규정에 의하여 일괄접수·처리되는 복합민원의 종류와 접수방법·구비서류·처리기간·처리절차 등을 미리 정하여 민원인이 이를 열람할 수 있도록 게시하거나 법 제7조의 규정에 의한 민원사무편람과 법 제9조 제1항의 규정에 의한 민원사무처리기준표에 수록·비치하여야 한다."고 규정하고 있다. 이 조항에 따라 관할권집중의 대상인 복합민원사항이 민원사무편람에 의하여 공시되게 되므로, 언제, 어떤 인·허가사항에 대하여 집중심사가 개시되는지에 대한 법적 불안이 상당히 제거될 수 있게 되었다. 또 제출해야 할 서류와 처리기간 등도 알 수 있게 되어 투명성과 예측가능성을 높일 수 있게 되었다.

한편, 복합민원처리지연의 최대 지연사유인 다른 행정기관들의 협력지연에 대해서는 동시행령 제17조 제1항이 "정당한 사유가 있는 경우를 제외하고는 민원서류를 접수한 후 지체없이 당해 민원서류의 처리기간의 범위 내에서 회신기간을 명시하여 협조를 요청하여야 하며, 요청받은 기관 또는 부서는 협조를 요청한 기관 또는 부서가 정한 회신기간 내에 이를 처리하여야 한다."고 규정하고 있다. 행정절차법 제7조도 "행정청은 행정의 원활한 수행을 위하여 서로 협조하여야 한다."고 규정하고 있다. 그러나 이와 같은 훈시규정만으로는 협력을 강제할 수 없어, 특히 상급 행정기관이나 동급 행정기관과의 협력이 지연되고 있다.

일반법인 민원사무처리에 관한 법률 시행령의 입법자는 부분적 관할권통합(조직통합)모델을 행정기관장의 결정으로 도입하도록 결정한 것으로 보인다. 또 인·허가의제를 50여 개의 특별법들에서 도입하여 부분적 결정권통합모델을 수용하고 있다. 행정자치부가 각 자치단체의 조례에 근거를 두어 한국의 모든 지방자치단체들에 도입하도록 지시한 허가과모델은, 민원사무처리에 관한 법률 시행령이 제시한 모델보다 법적 안정성을 높이고 민원인의 거래비용을 줄여 인·허가심사를 훨씬 촉진시킬 수 있는 모델이다. 그러나 이에 대해서는 법률이나 시행령에 근거를 두지 않고 단지 조례에 근거를 두도록 함으로써, 허가과모델의 도입여부와 그 내용에 대해 상당한 법적 불안이 존재하고 있다. 그 결과, 중앙행정기관의 의지여부와 다른 자치단체들의 시행경과를 살피면서 유보적 태도를 보이는 일부 자치단체들이 아직도 존재하고 있다. 시급히 법적 근거를 마련하여 법적 불안을 해소하여야 할 것이다. 이하에서는 각 모델들의 내용을 구체적으로 살펴본다.

2. 복합민원처리를 위한 집중심사모델들과 결정권통합모델

1) 분리심사제의 문제점과 집중심사제의 도입필요

(1) 분리심사제의 문제점

사업자가 단일 사업계획에 대하여 복수의 인·허가를 획득해야 할 때, 별개의 행정청이 별도의 절차를 통해 인·허가여부를 분리심사해서 결정하는 것이 지금까지는 인·허가심사의 전형적인 모습이었다. 이러한 분리심사절차에서 개별 행정기관들은 자신이 갖고 있는 관점에서만 선별적인 심사를 하기 때문에, 그의 주의력을 자신의 관할구역에만 한정하고 관할구역 밖의 문제들은 인식하지 않거나 중요하지 않다고 간주하는 경향이 있다.[31] 개별 행정기관들은 이러한 방식으로 정보와 복잡성 증가에 대처하려 하지만, 각 기관의 이해관계에 따른 편견에 의해서 이익보호가 이루어질 우려가 있다. 각 행정기관의 심사영역을 넘어서 사업계획전체의 관점에 관련되거나, 다른 심사영역과 관련된 문제들은 심사과정에서 소홀하게 취급될 가능성이 있다.[32]

여러 개의 인·허가를 필요로 하는 사업의 경우, 여러 행정기관들 사이에 업무가 상호 중복·충돌하여, 이것이 다른 행정기관의 업무에 영향을 미친다는 점을 고려하지 않은 경우가 빈번하다. 이러한 권한충돌과 관할의 불명확성은 자주 인·허가지체를 야기한다. 하나의 사업에 필요한 인·허가심사가 심사의 선후관계가 체계적으로 이루어지는 것이 아니라 신청자의 신청순서와 우연에 맡겨져 있다. 또한 하나의 인·허가라 하더라도 그 발급에는 각기 다른 분야를 맡고 있는 업무담당자들의 검토가 필요하다.

분리심사제 하에서 복수의 인·허가업무를 위한 심사과정 상호 간에는 협력체계가 매우 약했다. 변화된 사회의 수요가 아니라 당해 행정기관의 관례와 업무처리방식에 따라 인·허가심사의 속도와 내용이 결정될 위험이 있었다. 이로 인해, 행정과 사업자, 제3이해관계인 등은 관련 규제전체의 목적인 공익관점에서 사업허가의 복잡성을 수용하여 관련된 이익들을 형량하고 조정하는 데 어려움을 겪었다. 하나의 사업을 위해 필요한 여러 개의 인·허가를 여러 행정기관들이 분리하여 심사하게 되면, 여러 행정기관, 사업신청자 및 제3이해관계인들의 이해관계를 조정하여 통일적인 결정을 내릴 수 없게 된다. 그 결과, 여러 인·허가결정 간에 내용상의 충돌이 발생하거나 내려진 결정에 대해 불복하는 경우가 나타나게 되었고, 이는 법적 불안을 야기하고 있다.[33]

---

31) Fritz Scharf, Komplexität als Schranke der Politischen Planung, *Planung als politischer Prozeß*, 1982, S.99ff.

32) Michael A. Wagner, *Die Genehmigung Umweltrelewanter Vorhaben in Parallen und Konzentierten Verfahren*, 1987, S.103.

33) Steinberg, Allert, Grams & Scharioth, a.a.O., S.150.

이러한 상황에서 집중심사제를 도입하는 것은 분업의 원리에 따른 행정기관의 업무분리 폐해를 크게 줄일 수 있다. 집중심사제가 도입되면 민원인은 여러 행정기관을 접촉할 필요도 없고, 사업에 필요한 여러 인·허가의 심사기간을 단축할 수 있어 매우 도움이 될 것이다. 그리고 행정기관도 집중심사제에 의해 분리심사할 경우보다 중복심사를 없애고 심사인원을 감소시킬 수 있으며, 결정 상호 간의 충돌위험도 줄일 수 있을 것이다.

(2) 집중심사제의 도입필요

집중심사제는 현대의 산업사회와 도시사회에서 빈번하게 등장하고 있는 복합민원의 처리와 거대시설의 관리를 위한 절차이다. 제조업을 하기 위하여 복수의 인·허가가 필요한 경우, 또는 여러 행정기관이 복합시설의 위험관리를 위하여 조사를 해야 하는 경우, 필요한 복수의 인·허가절차나 거대시설의 하자여부를 관리하기 위한 복수의 심사절차를 하나의 절차로 집중시켜 여러 행정기관, 사업신청자 및 제3이해관계인의 이해충돌을 조정하려는 시스템이 집중심사제이다.

인·허가심사를 촉진시키는 방법으로서 결정권이나 심사조직, 절차의 집중은 비용의 커다란 증가와 기존의 인·허가의 철폐 없이 기존의 인·허가권들에 대한 심사절차의 주재권을 하나의 행정청에 집중시킨다. 이 방법들을 복수의 행정청에 의한 분리심사의 경우와 비교할 때, 심사내용의 중복을 피할 수 있고 심사에 소요되는 시간도 줄이며, 민원들에게 인·허가권을 갖는 행정기관의 탐색과 접촉에 필요한 거래비용을 크게 줄일 수 있는 장점을 지닐 수 있다. 그러나 이것의 성공은 절차주재권을 상실하고 단지 참가권만을 갖는 다른 행정기관과 주민들의 협력과 참가를 얼마나 효율적으로 조직화해낼 수 있는가에 달려 있어서, 이 모델자체가 인·허가심사의 신속을 확실하게 담보하는 것은 아니다. 또한 집중심사절차운영의 세부사항을 명확히 하고 그 내용을 관계기관이나 이해관계인들이 숙지하도록 하여야 하며, 지방자치단체나 각 중앙행정기관의 권한분배와 역학관계를 적절히 고려하여 집중심사청을 결정하지 않으면 안된다.[34)]

집중심사행정청은 의제되는 인·허가의 실체적 기준에 대해서 인·허가권을 갖는 다른 행정기관의 의견을 듣기 위하여 그 행정기관들에게 통지하여 의견제출

34) Martin Bullinger, *Beschleunigte Genehmigungsverfahren für Eilbedürftige Vorhaben*, 1991, SS. 77-80.

기회를 주어야 하고, 법률상 보호이익을 갖는 제3자를 보호하는 절차를 준수하여야 하며, 그러한 규정이 없더라도 제3자에 대해서 침익적 효과를 미치는 인·허가인 경우에는 행정절차법 제22조 제3항에 따라 의견제출의 기회를 사전에 주어야 한다.

인·허가제도의 목적은 신속하게 인·허가라는 형식적 권한과 지위를 얻고자 하는 신청자의 희망만을 충족시키려는 것이 아니라, 실질적인 심사를 통하여 관련 공익이나 제3자의 이익에 대한 침해위험을 행정청이 대신하여 심사하여 위험으로부터 보호하려는 것이다. 따라서 기업들의 경쟁력보호를 위하여 인·허가심사의 촉진이 필요하다 하더라도, 각각의 집중심사제도들이 인·허가제도의 존립목적을 부정하고 있는지가 검토되어야 한다.

(3) 복합민원처리를 위한 집중심사모델들

집중심사절차는 여러 행정청들의 관할권들을 통합하고 심사절차를 통일시키면서도 인·허가심사에 대한 공정성과 일관성에 대한 신뢰를 줄 수 있어야 한다. 그러나 오랫동안의 분리심사에 익숙한 행정관행을 고려할 때, 집중심사절차는 모든 복합민원사항에 대해 획일적으로 통일될 수는 없고, 업무의 성격과 복잡한 정도에 따라 부분적 집중심사모델을 분리심사와 병행시키는 것이 현실적일 것이다. 절차를 집중시키면서도 복잡성을 적절한 수준에서 관리함으로써 집중심사청이 사업계획 전체에 대한 개괄적 전망을 심사기간동안 계속 유지할 수 있고, 사업자에게 심사절차의 투명성과 신속성을 보장할 수 있을 정도이어야 한다. 중요한 점은 관할권과 절차를 집중시켜야 하지만 그 집중이 오히려 복잡성을 심화시켜 절차를 지연시킬 수도 있으므로 적절하게 분리심사제를 유지하고 관리해야 한다는 점이다. 또한 집중심사절차를 채택하여도 사업유형에 따라 집중의 정도를 달리 하여 유형화하는 것이 필요하다. 외국자본유치 등과 관련하여서는 신속성을 우선하는 집중심사모델이 적합할 것이고, 지역사회에서 주민반발이 심한 집단민원사항에 대해서는 이해갈등을 충실히 조정할 수 있는 집중심사모델이 적합할 것이다.

다수의 중앙행정기관들과 지방행정기관들의 협력이 필요한 복합민원의 경우에는 공통의 직근 상급기관과 같이 총괄적으로 협력을 유도할 수 있는 행정기관을 주된 담당기관으로 정하여 이 기관이 협력시스템의 세부사항을 정하고 협력을 관리하여야 한다.

복합민원처리를 위하여 집중심사모델을 분류관점에 따라 여러 가지로 나누어 볼 수 있겠지만, 여기서는 결정권통합모델, 조직통합모델, 절차통합모델로 나누어 논의를 전개해 갈 것이다. 이 모델들은 전통적인 분리심사의 문제점을 극복하기 위하여 인·허가결정권이나 심사조직, 또는 심사절차 등을 통합시킨 것이지만, 어느 모델도 집중으로 인해 법치행정의 원칙을 후퇴시킬 수는 없다. 그러므로 적절한 이익보호와 형량이 보장되는 시스템을 안정적으로 형성하여 법적 명확성과 법적 안정성을 보장하고 권리를 보호하여야 한다. 더 나아가, 집중심사가 복합민원에 대한 행정조직의 통일적인 응답과 수요자의 요구에 대한 신속한 응답을 통해 행정민주화에도 기여해야 한다.

2) 결정권통합(Entscheidungskonzentration)모델

(1) 완전한 결정권통합모델

복합민원처리를 위해서는 하나의 사업계획에 대해 오직 하나의 행정청이 하나의 허가절차를 거쳐 하나의 허가결정만을 발하도록 결정권을 통합하는 방식인 '완전한 결정권통합모델'이 가장 이상적인 집중심사방식일 것이다. 완전한 결정권통합모델은 독일의 계획확정절차의 경우처럼 그 자신의 권한과 절차를 명확하게 입법으로 규정해 놓아야 하는데, 결정권을 통합시키는 핵심적인 수단은 하나의 허가가 관련된 다른 모든 허가를 포괄하거나 대체시키는 의제이다. 이 모델에서도 집중심사청은 각각의 인·허가근거인 개별 실체법들의 적용까지 면제받는 것은 아니다.

이 모델은 결정권을 통합시킴으로써 절차를 간소화하고, 복합적인 이해관계들의 조정과 다른 행정기관들과의 협력촉진을 위해 매우 유용한 것이다. 이 모델에 따르면 전체 사업계획의 처리를 위한 통일적인 조직과 절차가 만들어져 복잡한 이익들을 잘 고려할 수 있다는 장점이 있다. 또 하나의 주관행정기관이 주도적으로 이해조정에 나서므로, 관련된 여러 행정기관들의 갈등조정이 쉬워지고, 사업계획 전체의 관점에서만 가능한 포괄적이고 종합적인 조정도 가능해진다.[35] 완전한 결정권통합모델에서 행정청은 다양한 관점을 고려하여 복잡한 이익형량을 위하여 허가의 실체적 내용에 대해 보다 넓은 재량을 갖게 되고, 관련 다른 행정기관과 제3

35) Michael A. Wagner, a.a.O., SS.152－153.

이해관계인들에 대해서도 허가결정의 구속력이 확장된다. 그러나 단점으로는 기존의 업무배분질서를 흔들어 입법이 쉽지 않고 비용과 시간이 많이 들 수 있다는 점을 생각해 볼 수 있다. 관련 이익의 형량을 위해 지나치게 복잡하고, 단일 행정기관의 심사범위가 너무 넓고 많아 과부하상태에 걸리게 한다는 비판을 신속성을 우선시하는 논자들로부터 받고 있다.

(2) 부분적 결정권통합모델–인ㆍ허가의제

우리 법제는 사업계획과 관련된 모든 허가규정들을 포괄적으로 대체시키는 것이 아니라, 단지 어떤 사항과 측면에서만 대체를 허용하여 부분적인 결정권통합모델을 이용하고 있다. 분리심사방식과 집중심사방식을 병존시키는 것이 우리 입법의 현실인데, 집중심사청의 결정권 인정범위가 명확하지 않아 법적 불안이 존재하는 경향이 있다. 이 모델에서도 인ㆍ허가행정청은 의제되는 인ㆍ허가의 실체적 규정들의 적용과 복수의 협력기관들과 이해관계인들에 적용될 통일적인 절차형성을 위한 넓은 재량을 갖는다.

가. 인ㆍ허가의제에 관한 입법상황

인ㆍ허가의제는 주된 인ㆍ허가를 받으면 부수적인 인ㆍ허가는 받은 것으로 의제하는 제도이다. 복합민원을 대상으로 한 인ㆍ허가의제제도가 본격적으로 도입되기 시작한 것은 1980년대에 이르러서인 것으로 보인다. 1970년대에도 도시계획법(1971), 산업기지개발공사법(1973), 도로법(1976), 농촌근대화촉진법(1977), 한국토지개발공사법(1978) 등에서 이 제도가 발견되나, 1980년대 초 경제성장추세가 둔화되자 성장촉진을 위한 제도개선작업을 추진하면서 다수의 인ㆍ허가의제제도가 등장하게 된 것이다. 한 실무자의 보고에 따르면 인ㆍ허가를 의제하는 법률의 수는 1994년 5월 현재 약 40여 개에 이른다고 한다.[36] 2000년 현재에는 약 50여 개의 법률에서 인ㆍ허가의제를 규정하고 있는데, 인ㆍ허가의제에 관한 일반규정이 존재하지 아니하고 개별법에만 규정을 두고 있기 때문에 이해관계인들의 의견을 듣고 이를 사업계획에 구체적으로 반영하는 청문절차가 결여되어 있는 점이 가장 큰 문제점으로 지적되고 있다.[37]

---

36) 각각의 법률들과 그 내용에 대해서는 이익현, 인ㆍ허가의제제도에 관한 연구, 법제, 1994.5(제437호) 110면 이하 참조.

입법과정에서 인 · 허가의제제도는 필요한 인 · 허가이지만 주된 인 · 허가와 관련되는 경우에는 해당 행정기관과 사전협의를 조건으로 관련 인 · 허가를 받은 것으로 처리해주는 제도로 이해되고 있어서,[38] 대부분의 인 · 허가의제법률들은 사전협의를 거치도록 규정하고 있다. 이것은 주된 인 · 허가를 하기 전에 소관 부처의 사전협의를 얻게 하여 관련 부처의견을 반영할 수 있는 기회를 주기 위한 것이다. 사전협의를 의제의 본질적인 요건이라고 보는 입장도 있다. 그러나 이것은 자신의 법률상 이익이 침해될 가능성이 있는 제3자에 대한 이익보호절차와 형평이 맞지 않는 행정우위적인 입법현실에 기초한 것으로 적절한 것이라고는 할 수 없을 것이다.

현실적으로 복합민원에 대한 인 · 허가의제로 인하여 심사의 질의 저하를 가져올 우려가 많다는 점이 지적되고 있고, 인 · 허가의제 등과 관련된 세부적인 사항들에 대해 의문이 발생하여 집행이 지연되는 경우가 많이 있었으므로, 그 세부적인 논점들에 대한 분석이 필요하다. 인 · 허가의제는 설정된 기한의 경과로 인한 인 · 허가의제와 복합민원에 있어 주된 인 · 허가심사에 의한 다른 인 · 허가의 의제로 나누어 볼 수 있을 것인데, 이 책에서는 후자의 경우에 한정하여 검토하기로 한다.

나. 인 · 허가의제의 위험성

복합민원에 있어 인 · 허가가 의제되어 있는 경우, 의제되는 규정들에 대한 고려 소홀은 인 · 허가신청자에 의해 공익이나 제3자의 법률상 보호이익을 중대하게 침해할 가능성을 행정청이 소극적으로 방치할 위험을 내포하고 있다. 주된 인 · 허가행정청은 심사과정에서 부딪치는 어려움과 갈등을 적극적으로 해결하지 않고 의제제도를 편법적으로 이용하여 태만함에 의해 해결하려 시도할 위험이 있어 심사의 질이 저하될 우려가 크다. 이 경우, 의제된 인 · 허가에 의해 처분청이 사실조사의무와 심사의무를 완전하게 이행하지 않았음에도 시장에 일방적으로 부당한 개입을 하게 되는데, 이는 복수의 이해관계인들 중의 일부에 대해서만 편파적으로 유리한 효과를 미치게 될 것이다. 또 다른 문제는 주된 인 · 허가행정청이 의제되고 있는 규정들이 보호하는 공익이나 사익에 대해 일방적으로 처분할 권한을 갖고 있지 않음에도 불구하고, 그러한 이익에 대한 보호조치 없이 일방적 결정에 의해 처분권을 행사하고 있다는 점이다.[39] 의제되는 행정청이 갖고 있는 전문지식과 경험을

37) 강현호, 집중효, 공법연구 제28권 제2호(2000.1), 326, 335면.

38) 이익현, 전게논문, 108면.

주된 인·허가행정청은 갖고 있지 않다는 점도 문제된다.

그동안 국제사회에서 한국 기업의 경쟁력은 그다지 강하지 않아 국민들은 자신들의 이익을 상당히 희생하면서도 그것을 감수할 수밖에 없었다. 그러나 이제는 국민들이 부당한 이익침해에 대하여 인내보다는 자신의 이익 방어에 나서면서 사회적 혼란과 갈등은 점점 더 심화되고 있다. 현행 의제제도의 불완전한 이익조정 시스템은 헌법을 위반하지 않고 입법자가 문제된 공익이나 사익을 일방적으로 처분할 처분권을 갖는다는 것을 전제할 때 정당화될 수 있는 것이나, 우리 헌법상 아무런 보상조치 없이 타인의 기본권과 법률상 이익을 침해할 수는 없기 때문에 이 시스템의 개선은 매우 시급한 것이다. 따라서 기업 경쟁력보호를 위한 인·허가촉진의 필요와 국민의 법률상 이익 보호필요를 조정하여 적절한 조화점을 발견하여야 한다.

이러한 관점에서 다음에 제시하는 원칙에 따라 인·허가의제제도를 개선하여야 할 것이다. 첫째, 의제로 인한 심사 질의 불가피한 저하와 이익형량 하자위험을 고려할 때, 매우 광범위하고 포괄적인 의제는 매우 긴급하고 절실히 필요한 경우에, 대상을 명확하게 한정하여 인정하여야 할 것이다. 이러한 경우로 외국인 투자촉진을 위한 인·허가의제의 경우를 들 수 있을 것이다. 둘째, 적어도 위험시설과 관련된 복합민원에 있어서는 의제제도를 도입할 때 충분한 이익조정절차를 설계하여야 한다. 따라서 현재의 극히 불충분한 조정시스템은 시급히 개선되어야 할 것이다. 셋째, 주된 인·허가행정청은 의제되는 인·허가의 규정들도 존중하여 인·허가결정을 내려야 한다. 그러한 존중이 없다면 의제는 인·허가결정이 승인이나 거부로 단순하게 판단될 수 있는 경우에만 적합하다. 왜냐하면, 복합민원처리에서 가장 중요한 충분한 사실조사와 상충하는 이익들의 조정이 의제로 인하여 무시되는 결과가 될 것이기 때문이다. 또한 의제로 인해 행정의 재량과 구체화여지는 확장되므로 행정청은 법령을 구체화하여 사업계획에 대해 적절한 부관을 붙여야 한다.[40] 넷째, 의제되는 인·허가에 의해 법적으로 보호되는 이익을 침해받는 제3자에게 이익방어기회를 주지 않는 의제는 침익적 처분 시 사전의견제출기회를 보장한 행

39) Udo Steiner, Beschleunigung der Planungen für Verkehrswege im Gesamten Bundesgebiet, Reform des Verwaltungsverfahrensrechts, 1994, SS.155－157.

40) Martin Bullinger, a.a.O., S.71.

정절차법상의 원칙(행정절차법 제22조 제3항)과 정신에 반할 것이므로, 행정기관은 제3자를 보호하는 절차를 형성하고 그것을 준수하여야 할 것이다. 다섯째, 의제되는 인·허가를 부여받은 사업자가 의제효과가 발생한 후, 해당 인·허가법령을 위반하여 사업을 수행하고 있을 때에는 그 위반규정이 정하는 바에 따라 인·허가를 취소하거나, 사후적으로 사정이 변경되어 철회사유가 발생하면 철회할 수 있다고 해야 한다. 그것이 법질서를 보호할 수 있고 다른 사업자들과 형평에 맞을 것이기 때문이다.

다. 의제되는 인·허가규정들의 해석

인·허가의제제도는 복합민원을 처리함에 있어 관련 인·허가들 중의 일부에 대하여 복수의 관할행정청 간의 갈등과 중복된 심사를 피하고 신속한 심사를 하기 위하여 복수의 인·허가관할권들을 주된 인·허가의 심사기관으로 통합하고 절차를 간소화한 것이다. 즉, 복합민원사항의 일부에 대한 관할권과 절차의 통합이 주된 목적이다. 그러나 주된 인·허가행정청은 피의제 인·허가업무에 대한 처리경험이 없고 전문성이 약해 의제되는 인·허가의 실체적 요건들에 대한 심사를 소홀히 할 우려가 있다. 그래서 인·허가의제를 규정한 법령들은 의제되는 인·허가행정기관과 사전협의를 거치도록 한 경우가 많아 주된 인·허가행정청의 전문성을 보완하게 하고 있다. 그러나 사전협의를 거치도록 하는 규정이 없거나 사전협의를 거친 후에도 주된 인·허가행정청과 의제되는 인·허가행정기관의 의견이 다른 경우 의제되는 인·허가규정들이 주된 인·허가행정청을 구속할 것인지 하는 의문이 제기된다.

주된 인·허가의 심사에 있어 의제되는 인·허가규정들의 의미를 둘러싸고 세 가지의 견해가 존재할 수 있다. 의제되는 인·허가의 실체적·절차적 규정들 모두가 주된 인·허가의 심사 시에 전면적으로 적용 또는 존중되어야 한다는 전면적 적용설과, 실체적 규정들만이 적용 내지 존중되어야 한다는 실체적 규정의 적용설, 그리고 실체적 규정들도 그 효력을 잃는다는 적용부인설이다. 적용여부에 대해서도 엄격한 적용을 지지하는 입장과 엄격한 적용이 아니라 주된 인·허가에 대한 재량을 행사함에 있어 형량요소로 보아야 한다는 입장을 나누어 볼 수 있을 것이다.[41] 이하에서 보다 자세히 검토한다.

(가) 실체적 규정들에 대한 고려의무의 존재여부와 고려방법

① 실체적 규정들에 대한 고려의무의 존재여부

인·허가의제제도는 복합민원을 처리함에 있어 복수의 관할행정청 간의 갈등과 중복된 심사를 피하여 신속한 심사를 하기 위한 것이지만, 실체적 규정들의 적용에 있어 면제의 특권을 인정하자는 것은 아니다. 의제로 인해 단지 여러 개의 실체적 심사관점들의 통합만을 가져올 뿐, 해당 사업에 대한 개별 실체법적 요구들을 변경시키는 것은 아니다.[42]

행정은 법치행정의 원리에 의해 법을 준수하여야 하므로 주된 인·허가규정이 아닌 다른 공법규정들도 위반해서는 안된다. 문제된 복합민원과 관련해서만 심사의 신속성이나 법적용의 복잡성을 이유로 그 실체적 요건이 중복되지 않은 인·허가규정들의 적용을 면제시키는 것은 적용을 면제받지 않는 그 밖의 단순민원의 사업자들과 비교할 때도 형평에 맞지 않는다. 또 누구도 합리적인 이유 없이 법 앞에 불평등한 대우를 당해서는 안되고, 어떤 사업자도 특정 실체법의 적용면제라는 특권을 부당하게 누려서도 안될 것이다.

따라서 의제가 된다 하더라도 의제되는 인·허가규정들은 주된 인·허가의 심사에 있어 없는 것으로 무시되어서는 안된다. 주된 인·허가행정청은 주된 인·허가의 요건심사와 내용결정을 할 때 의제되는 인·허가규정들의 실체적 요건들을 의무적으로 함께 고려하여야 하고, 고려여부에 관한 재량을 갖지는 못한다고 해석하여야 할 것이다. 주된 인·허가행정청이 피의제 인·허가의 실체적 규정들에 엄

41) 이상의 견해들은 독일 연방행정절차법 제72조 이하에 규정된, 계획확정행정청에 관련된 모든 다른 인·허가행정청의 결정권을 집중시킨 계획확정절차에서, 다른 인·허가규정들의 적용여부를 둘러싸고 나타난 견해들을 참조한 것이다. 독일의 계획확정제도는 우리의 부분적이고 제한적인 인·허가의제제도에 비하여 훨씬 더 광범위하고 근본적인 방식에 의해 복합민원에 대응한 것이어서, 거기에서 개발된 학설들이 인·허가의제제도의 해석에 그대로 이용될 수는 없을 것이다. 이상의 학설들에 관한 소개는 Hans D. Jarass, *Konkurrenz, Konzentration und Bindungswirkung von Genemigungen*, 1984, 53-59면; Michael A. Wagner, *Die Genemigung Umweltrelevanter Vorhaven in Parallen und Konzentrierten Verfahren*, 1987, 170-185면 참조. 실체적 규정의 적용설이 다수설이다. 그러나 독일의 계획확정절차는 매우 충실한 정식절차로서 관계 행정청의 참가와 이해관계있는 제3자의 절차적 권리가 일반 행정절차보다 더 잘 보호되고 있다는 점을 고려한다면, 의제되는 인·허가의 절차적 규정들의 적용여부에 관한 한국의 해석모델로서는 한계가 있다.

42) Michael A. Wagner, a.a.O., S.171.

격하게 구속당하는가 아니면 그의 보다 넓어진 재량을 행사함에 있어 형량요소로 고려하면 될 것인가? 그것은 적용할 법령의 문언, 의제되는 인·허가제도가 보호하는 구체적 공익의 성격, 인·허가대상지역, 그리고 이웃주민이나 다른 사업자에게 미치는 영향 등을 함께 고려하여 판단하여야 할 것이다.

결국, 인·허가의 의제로 인하여 주된 인·허가행정청은 의제된 규정들을 고려하여야 하기 때문에 보다 넓은 재량과 형성의 자유를 가지며, 주된 인·허가결정은 의제된 인·허가행정청까지 구속하기 때문에 구속력의 확장을 가져온다.

② 실체적 규정들에 대한 고려방법과 부관의 설정가능성

복합민원의 경우 주된 인·허가는 다른 공익이나 이웃주민이나 경영자의 사익에 영향을 미치지만, 특히 의제된 인·허가규정들이 보호하던 공익과 사익들의 보호가 문제된다. 인·허가의제로 인해 구속력이 다른 법령에 의해 규율되는 의제되는 인·허가행정분야에까지 미치기 때문에 의제되는 인·허가규정들이 보호하던 공익들과 제3자의 이익들에 대한 보호수단이 없다면 구속력의 확장은 매우 부당한 법익침해를 수인하도록 요구하는 결과가 될 것이다.

다른 공익이나 제3자에 대한 피해를 방지하기 위한 방법으로는, 주된 인·허가의 실체적 요건들과 함께 의제된 인·허가의 실체적 요건들을 고려하여 인·허가 여부를 결정하거나, 의제된 인·허가의 실체적 요건들을 고려한 부관을 설정하는 방법이 있다.[43] 또 이웃주민과 같은 이해관계있는 제3자에게 금전보상청구권이나 토지의 매수청구권을 인정하는 방법도 있다.[44] 부관은 허가신청자의 비례원칙에 반하여 사업계획과 조화를 이룰 수 없을 정도로 과잉의 것을 요구하거나 다른 공

43) 부관의 설정에 의해 충돌하는 이익들을 조정할 필요성을 인식하여 부관의 설정가능성을 규정한 입법례도 있다. 즉, 독일 연방행정절차법 제74조 제2항 제2문은 행정청이 "공익이나 타인의 권리에 대한 피해를 방지하기 위하여 필요한, 방지수단이나 시설의 설치 및 관리"를 위한 조치를 사업신청자에게 부과할 수 있도록 규정하고 있는데, 이 조치의 성질은 부담으로 이해되고 있다. 한편, 한국과 마찬가지로 인·허가의제의 경우 부담의 설정가능성을 행정절차법에 규정하지 않은 오스트리아의 경우, 해석상으로 부담이외에 조건과 기한 등 다른 부관도 설정가능한 것으로 이해되고 있는 것을 참고할 때, 한국의 경우에 오직 부담만이 설정가능하다고 해석할 필요는 없을 것이다. Heinz Mayer, Genehmigungskonkurrenz und Verfahrenskonzentration, 1985, S.2.

44) 이러한 방지수단이나 시설의 설치관리가 매우 곤란하거나 사업과 조화되기 어려운 경우에는 이해관계인에게 적절한 금전보상청구를 인정하는 입법례도 있다. 독일 연방행정절차법 제74조 제2항 3문; 독일 연방고속도로법(Bundesfernstraßengesetz) 제17조 제4항 1문 참조. 이때는 방지시설의 설치관리의 비용과 보상해야 할 피해이익을 비교형량하여야 한다.

익이나 제3자의 이익에 대한 위해방지에 필요한 능력에 비추어 과소의 것을 요구해서는 안된다. 부관으로는 부담이 가장 많이 이용될 텐데, 예를 들어, 소음차단벽, 배수시설, 사업의 영업시간의 규제나 야간비행의 제한 등의 조치들이 이에 해당된다. 부관을 설정하는 경우에는 피해를 입을 우려가 있는 이해관계인의 의견을 반영하여 가장 피해가 없는 수단을 선택하여야 한다. 가령, 건설허가신청자의 시설로부터 위험방지를 내용으로 하는 부담을 부과할 경우, 위험방지를 위한 차단시설의 종류를 선택함에 있어서 이해관계인의 의견을 반영하여야 할 것이다.

(나) 절차적 규정들에 대한 고려의무의 존재여부와 고려방법

인·허가의제를 규정한 우리나라의 법령들은 주된 인·허가의 심사를 하는 행정청이 의제되는 인·허가행정청과 사전협의를 거치도록 하는 경우가 많다. 그러나 주된 인·허가법령에서 사전협의를 규정하지 않거나 협의이외에 제3자의 의견제출 등 다른 절차들에 대해서는 아무런 규정이 없을 때, 주된 인·허가행정청이 의제되는 인·허가의 절차적 규정들을 무시해도 좋은가 하는 문제가 제기된다.

주된 인·허가의 심사에 있어 의제되는 인·허가의 절차적 규정들을 적용 내지 존중할 것인지 여부는 실체적 규정들과는 달리 접근해야 한다. 의제되는 인·허가의 절차규정들을 모두 준수하도록 요구하는 것은 인·허가의제를 통하여 심사절차를 간소화함으로써 달성하려는 심사의 신속성을 방해할 것이기 때문이다. 또 절차규정들 사이에 상호충돌이 일어날 수도 있다.

그러나 의제되는 인·허가의 모든 절차적 규정들을 무시해도 좋다고 해석하는 것은 타당하지 않다. 의제되는 인·허가의 절차규정들 중에는 다른 행정청에 인·허가신청사실을 통지하도록 하거나 일정한 기간 내에 의견을 제출하거나 참가하도록 하거나 동의나 승인 등을 얻도록 한 것들이 있다. 이해관계있는 사인의 이익을 보호하기 위한 청문이나 의견제출절차와 같은 규정들도 있다. 경우에 따라서는 의제되는 인·허가의 절차적 규정들을 무시하는 것은 지방자치단체의 자치사무에 속한 허가권을 국가가 침해하는 것일 수도 있고, 제3자의 법률상 보호이익을 침해하는 결과를 가져올 수도 있다.

생각건대, 적어도 주된 인·허가행정청은 다른 행정청의 관련 업무에 대한 인·허가를 의제할 수 있는 신청이 제기되었다는 사실을 통지해야 한다. 그러나 의견제출기관의 의견이 주된 인·허가행정청을 구속하지는 못한다. 다만, 법률에서 구속적 성격의 동의를 얻도록 한 경우에는 그 의견은 인·허가행정청을 구속하지만, 이러한 구속적 동의규정은 의제에 의한 인·허가촉진목적에 반하므로 구속적 동의권보다는 의견제출의 권리나 통지받을 권리를 의제받는 기관에 인정하는 것이 적절할 것이다.[45] 또 법률상 보호되는 이익이 관련된 제3자의 의견제출권을 보장할 의무를 진다고 보아야 할 것이다.

종합하면 의제되는 인·허가에 관한 규정들 중 실체적 규정들에 대해서는 모두 적용하거나 존중해야 한다는 입장을 취하되, 절차적 규정들에 대해서는 적어도 모든 의제되는 인·허가행정청에 대해 관련 인·허가의 신청이 있다는 사실을 통보해야 하고, 법률상 보호이익과 관련된 제3자에 대해서도 의제되는 인·허가의 절차적 규정들이 적용되거나 존중되어야 한다는 입장을 취하기로 한다. 실제로는 주된 인·허가를 받은 사업자가 나중에 다시 의제되는 인·허가행정기관에 관련 인·허가의 의제를 받았다는 사실을 관련 서류와 함께 신고하고 있기 때문에, 주된 행정청이 사전에 관련된 인·허가의 신청이 이루어졌음을 알리도록 하는 해석은 사업자의 권리보호차원에서도 필요하다고 본다.

3. 관할권결합(Zuständigkeitsbündelung)모델(조직통합모델)

1) 관할권결합(조직통합)모델

그동안 우리 입법은 하나의 시설 건축과 이용을 위해 복수의 허가가 필요한 경우, 주된 인·허가결정을 받으면 관련된 인·허가는 받은 것으로 의제하는 부분적인 결정권통합모델만을 가지고 있었다. 그러나 부분적인 인·허가의제는 우선 시민친화의 관점에서 비판받아 관할권결합(조직통합)모델이 등장하게 되었다. 이 모델은 시민친화의 관점을 수용하여 외국인투자지원센터와 허가과와 같은 단일 행정기관에 인·허가사항의 총괄적 관리를 맡김으로써, 행정에 대한 시민의 접근성과 인·허가절차의 투명성 및 개방성을 높였다.[46]

---

45) Michael A. Wagner, a.a.O., SS.178－181.

46) 다만, 시민친화의 관점은 행정의 합법성원칙과 평등원칙에 의해 일정한 한계가 설정되는데, 그것은 이 원칙들이 행정으로 하여금 일정한 범위의 시민들과만 '한패'가 되는 것을 금지하고, 행정이 이해관계인들과 일정한 거리를 유지할 것을 요구하기 때문이다. 동지. Michael A. Wagner, a.a.O.,

관할권결합모델에서는 하나의 행정청이 여러 개의 인·허가에 대한 심사관할권을 가지고 주된 행정청으로서 허가심사를 하지만, 관계된 인·허가에 대한 결정권을 모두 가지고 있지는 않기 때문에 법적으로 독립된 복수의 허가결정이 발해진다. 실제로는 복수의 행정기관들이 서로 함께 절차를 진행하며, 복수의 허가결정권자의 명의이기는 하지만 동시에 '허가결정들의 묶음' 방식으로 인·허가를 발할 수도 있으므로 결정권통합모델과의 차이가 크지 않을 수 있다. 복수의 허가를 하나의 묶음으로 발하는 것은 법적 의미로는 복수 행정행위를 발하되 실무상의 이유로 공통의 문서에 기재하여 동시에 통지하는 것일 뿐이기 때문에, 각각의 허가결정들에 대해 분리해서 취소청구하는 것이 가능하다.[47] 각각의 실체법제정자는 자신의 실체법 집행에 필요한 절차법을 제정할 권한만을 가지고 있을 뿐, 다른 실체법의 집행에 필요한 절차법을 함께 제정할 수는 없다. 그렇기 때문에, 관련된 복수의 인·허가절차들에 대한 주도권만을 인정하는 순수한 관할권결합모델에서는 개별 인·허가절차의 특유한 절차규정들은 준수되어야 하므로 절차간소화의 효과는 줄어들게 된다.[48] 그러나 이 모델을 따를 때, 인·허가업무를 다루는 행정기관이 통합되어 있기 때문에 신청자에게 행정청에 대한 접근의 편의성을 크게 향상시킬 것이고, 당해 행정청의 소관사항에 속한 모든 인·허가사항에 대해서 민원인은 유일한 집중심사기관과만 접촉하면 된다는 장점을 갖는다. 외국인투자지원의 경우처럼 관할권결합(조직통합)모델과 부분적인 결정권통합모델이 함께 이용되는 경우도 있다.

관할권결합(조직통합)모델도 사업자의 사업계획에 관한 모든 인·허가사항을 전부 관할하는 완전한 관할권결합모델과 일부 제한된 범위의 인·허가사항만을 관할하는 부분적 관할권결합모델이 있을 수 있다. 관련된 모든 인·허가에 대한 결정권을 통합시키는 독일의 계획확정청과는 달리, 완전한 관할권결합모델은 단지 하나의 행정기관이 사업자가 필요로 하는 모든 인·허가의 절차를 주재하는 권한밖에 없어서 각각의 인·허가절차가 다를 수 있으므로, 행정기관들과 제3이해관계인들의 협력과 조정을 이끌어낼 주관행정청의 부담이 너무 커지게 되고, 이것은 결국 인·허가지체를 야기하게 될 것이다. 또 사업자의 사업계획 성격에 따라 필요한

SS.63－65.

47) Michael A. Wagner, a.a.O., S.186.

48) Michael A. Wagner, a.a.O., S.186.

인·허가가 달라져 관할권들을 결합시켜야 할 행정기관들도 달라질 것이므로, 주관하는 행정기구는 상설기구라기보다는 비상설기구가 될 수밖에 없을 것이다. 따라서 일반행정절차에 완전한 관할권결합모델을 도입하는 것은 실무상 편익에 비해 비용이 더 클 것이다.

그러나 외국인투자자처럼 적용대상이 한정된 영역에서는 완전한 관할권결합모델을 도입하는 것은 행정에 대한 접근비용의 축소와 계속적이고 안정적인 인·허가 심사의 촉진을 위해 크게 유용할 수 있다. 이러한 이유로 현행법제상 외국인투자자를 위한 특수한 인·허가심사절차에 적용되는 외국인투자지원센터는 완전한 관할권결합모델에 가깝지만, 일반적인 인·허가절차에 적용되는 허가과모델은 명확히 부분적 관할권결합모델이다.

부분적 관할권결합모델에 대해서는 결정과제가 지나치게 세분화되어 있고, 또 그 과제들이 국가, 광역자치단체, 그리고 기초자치단체에게 분산되어 있는 상태에서 행정기관 간 갈등과 협력지연이 존재할 때, 인·허가지연에 매우 무력하다는 비판을 제기할 수 있다. 그리고 인·허가들의 심사과정에서 주관행정청의 절차주재권과 그 결정의 구속력의 범위가 명확하지 않아 법적 불안이 존재하고, 허가과와 외국인지원센터가 단지 각 인·허가기관의 단순한 중개기관으로 전락할 우려도 있다.

2) 새로운 행정기관의 창설과 운영의 문제점

(1) 새로운 총괄적 행정기관의 창설

비상설기구에 인·허가관할권들을 집중시키는 것은 기관이기주의로 인해 행정기관간 협조가 잘 이루어지지 않아 인·허가촉진에 별 성과를 가져올 수 없을 것이므로, 정부는 인·허가촉진을 총괄적으로 책임질 수 있는 새로운 행정기관의 창설방안을 추진하게 되었고, 이에 따라 외국인투자지원센터와 허가과 등이 신설되었다. 이와 같이 새로운 기구를 창설하는 것이 작은 정부운동의 취지와 맞지 않는다는 비판이 있을 수도 있으나, 작은 정부운동은 행정비용의 축소를 위한 운동이고, 이와 같이 비용보다는 편익이 증대할 가능성이 확실한 경우의 행정기관 신설은 작은 정부의 취지에 배치되지 않는다고 본다. 다만, 새로운 행정기관의 창설할 때, 기존 행정기관들을 재정비하고 기존 공무원들을 활용하는 방법을 선택해야 할 것이다.

(2) 행정기관 간 갈등과 기관이기주의의 조정

집중심사기관에 배치된 공무원의 법적 지위를 명확하게 하여야 한다. 새로운 행정기관을 창설하여도 그 기관에 파견 나온 공무원들이 지나치게 자기 소속기관의 이익보호에만 집착한다면 큰 문제가 발생할 것이므로, 파견 나온 기관의 부당한 영향을 받지 않도록 공무원들의 독립성과 자주성을 보호하기 위해 소속을 변경시켜야 한다. 업무에 대한 실질적 처리권한이 없는 하위직을 파견형식으로 배치할 때, 당해 공무원은 자기 소속기관으로의 복귀와 승진에 신경써야 하기 때문에, 해당 규제기관의 과장이나 기관장의 의사를 무시할 수 없게 되어 집중심사기관은 기존 규제기관의 단순 중개기관으로 전락할 것이다.

한편, 통상의 행정기관 공무원들과 비교해 볼 때, 집중심사기관에 소속된 공무원은 규제심사와 결정권 행사 시 위임전결 또는 내부위임 등에 의해 재량권이 크게 확장되게 된다. 확대된 재량권을 통하여 이들은 책임감과 사명감을 느끼고, 자신의 일에 대한 위험을 스스로 부담하여 규제심사업무의 합리성증대에 기여할 수 있을 것이다. 그러나 독립성과 자주성이 강조되다 보면, 기존 규제부처와의 갈등이 발생할 수도 있다. 특히, 기존 부처 공무원들과의 규제권한 충돌과 권한 한계의 모호성으로 인해 규제집행의 혼란을 초래할 가능성이 있다. 집중심사제도를 정착시켜 가는 과정에서 기존 조직의 공무원들과 적절한 협력관계를 계속해서 유지하기 위해서는, 다른 규제기관에 대한 집중심사기관의 권한과 의무를 명확하게 구체화해야 한다. 각 행정기관 간의 갈등을 조정할 수 있는 조정기구로서의 역할까지 집중심사기관에 부여해야 한다.

3) 관할권결합모델에 대한 평가

인·허가의제와 같은 부분적 결정권통합모델이 행정규제에서 점차 광범위하게 이용되어가고 있던 상황에서, IMF 경제위기를 맞은 한국은 새로운 기업경쟁력 강화수단을 찾지 않을 수 없게 되었는데, 그 방안으로 원스톱서비스운동이나 완전한 결정권통합모델의 도입 등이 주장되었다. 복합민원과 관련해서 볼 때, 원스톱서비스운동은 그 내용이 분명치 않고, 완전한 결정권통합모델은 복합민원의 신속성보다는 복잡성에 대한 대응에 지나치게 치중된 것으로 비판받게 되었다. 그리하여 규제의 관할권을 결합시켜 통합된 규제조직을 창설하는 방안이 각광받게 되었다.

현재로서는 한국행정기관들의 제한된 전문성을 고려할 때, 관할권결합(조직통합)모델이 인·허가심사와 관련된 결정권자들의 제한된 합리적 결정능력에 상응하고, 다른 전문행정기관이 축적한 경험과 전문지식을 활용할 수 있어 적절한 것 같다. 그러나 완전한 결정권통합모델은 현재의 지방자치강화 경향에 반하여 국가에 권력을 집중시킬 가능성이 높고, 중요 인·허가권을 상실하지 않고자 하는 각 부처의 반대도 강해 그 도입이 어려울 것이다. 따라서 완전한 결정권통합모델의 도입과 같은 근본적인 총체적 개혁시도는 한국에서 성공하기 어렵다고 본다. 외국인투자지원과 같은 예외적인 사례에서도 완전한 결정권통합모델이나 집중도가 더 약한 완전한 관할권결합모델조차 선택하지 않았다.

부분적 관할권결합모델은 국가, 광역자치단체, 기초자치단체의 구별을 고려한 정치적 타협의 산물로서, 외국인투자와 같은 특수한 인·허가절차를 제외한 일반적 인·허가절차를 위한 집중심사모델로 적합해 보인다. 학계의 과제는 부분적인 관할권결합모델에 법적인 구조를 부여하여 한국행정에 확고한 뿌리를 내리도록 하는 것일 것이다.[49]

4) 허가과

(1) 허가과의 등장

1998년 10월 13일 경기도 김포시는 지역특성상 급속한 지역개발과 택지개발 등으로 인구가 급증하면서 한정된 인력으로는 폭주하는 민원을 모두 수용할 수 없어 시민들의 불만이 가중되자 효율적인 조직의 정비를 단행하였다. 종전 6개과 25명의 인력이 처리하던 인·허가를 한 곳에서 17명이 일괄 집중처리함으로써, 여러 부서를 돌며 2~3개월 걸렸던 인·허가처리가 허가과방문 단 한 번으로 5일만에 처리되었다. 김포시 허가과모델은 1999년 한미지방자치 국제컨퍼런스 우수사례로 선정되었고, 2000년 공공부문 전국 경영혁신대회에서 경영혁신우수사례로서 행정자치부장관상을 수상하였다. 행정자치부는 2000년 5월 전국의 모든 지방자치단체들에 허가과를 설치하도록 지시하고, 이를 위한 법적 근거로 조례를 제정하도록 하였다.

49) 독일 행정의 영향을 압도적으로 많이 받고 있는 오스트리아의 학자들도 오스트리아의 실정을 고려하여 점진적이고 단계적으로 기존 제도의 계속적 발전의 관점에서, 독일의 계획확정절차와 같은 완전한 결정권통합모델을 일반적으로 받아들이는 것에 반대하고 있는 것은 흥미롭다. Heinz Mayer, *Genehmigungskonkurrenz und Verfahrenskonzentration*, 1985, S.2.

종래에는 민원인들이 민원처리를 위해 관련 부서를 일일이 찾아다니고 담당공무원을 상대하면서 각종 로비 및 비리의 소지가 있었지만, 일괄종합검토가 이루어지고 신속한 가부결정이 내려지게 됨으로써 비리요인이 많이 제거되었다. 그러나 허가과 신설 당시 각종 인・허가업무를 전담처리하는 위험부담과 잦은 감사 및 업무과중에 시달릴 것이라는 우려 속에 공무원들의 근무기피현상이 발생했으나, 유능하고 성실한 공무원을 우선 배치함으로써 전문가적 소신행정을 펼칠 수 있도록 하고 인사고과에 반영될 수 있는 인센티브를 부여함으로써 기피문제를 극복하였다.50)

(2) 부분적 관할권결합모델로서의 허가과

허가과는 적어도 단일 행정청 내에서 인・허가업무를 처리하는 기관을 하나로 정리하는 효과가 있다. 그러므로 허가과는 당해 행정청의 소관사항에 속한 모든 인・허가사항에 대한서는 유일한 집중심사기관으로서, 인・허가신청자에게 행정청에 대한 접근의 편의성을 크게 향상시킬 것이다. 지금까지는 음식점영업허가를 받기 위해 건축물을 신축하는 경우, 건축허가를 얻는 곳과 영업허가를 얻는 곳이 달라 여러 과를 거쳐야 하는 불편이 있었다. 그러나 허가과를 신설하여, 인・허가와 관련된 여러 과를 통합하고 인・허가의 관할권들을 결합시킬 수 있게 되어, 심사기관 간 판단의 모순충돌을 회피하고 보다 신속한 심사가 가능하게 될 것이다.

허가과가 단순한 중개기관으로 전락하지 않고 인・허가심사의 실질적 촉진기관으로서 성공하기 위해서는, 실질적으로 인・허가업무를 처리하는 업무담당자를 파견형식이 아닌 소속변경형식으로 배치하여야 할 것이다. 통상적인 지방행정의 경우, 과장은 5급이 임명되고 업무담당자는 6급이거나 7급이 임명되는데, 허가과에는 업무담당자를 6급이나 7급의 지위에 있는 자로서 배치하여야 한다. 그렇게 함으로써 기존 건설과나 교통과, 보건복지과 등에 소속되어 있는 부하공무원들과의 업무협조가 신속히 이루어질 수 있을 것이다. 심사공무원의 자리이동을 제한하여 심사업무의 지속성을 보장하고 전문성을 향상시켜야 한다. 최소한 3년, 보통의 경우는 5년을 보장하여야 한다. 인원교체 시에는 자리를 비우지 않도록 신속한 대체를 하여야 하고, 업무의 인수인계를 철저히 하여야 한다.

---

50) 지방자치단체개혁박람회, 개혁사례집(상), 2000.10, 207－216면.

그러나 부분적 관할권결합모델로서 다른 집중심사모델과 결합되지 않는 순수한 형태의 허가과는 인·허가촉진에 있어 한계를 갖는다. 허가과는 사업자가 신청한, 전체로서 통일적인, 하나의 사업계획과 관련된 모든 인·허가신청에 대해 통일적일 절차를 제공하지 않는다. 관련된 복수의 인·허가절차들에 대한 주도권만을 인정하기 때문에, 개별 인·허가절차의 특유한 절차규정들은 준수되어야 하므로 절차간소화의 효과는 줄어들게 된다.[51] 또 사업자는 행정기관 간 의견상충이나 협력지연, 그리고 제3이해관계인들에 대한 상이한 대응 등으로 인한 위험부담을 안을 수밖에 없게 된다. 그리고 허가과와 허가발급 후의 위법활동을 단속하는 과가 분리되어 있는 결과 위법단속에 더 많은 문제가 발생할 소지가 있다.

사업자가 국가와 지방자치단체의 경우처럼 복수의 행정청 관할사항에 속한 인·허가신청을 한 경우에는, 허가과는 완전한 결정권통합모델과는 달리 여전히 여러 행정기관 간 협력지연으로 인한 지체의 문제를 안고 있다. 이 경우, 어느 한 자치단체의 허가과로서는 사업자가 필요한 복수의 허가에 대해 여러 행정청에 어떤 순서로 어느 정도의 시간차를 두고 신청할지 모르고, 경기상황이나 자신의 재정상황을 이유로 다른 인·허가신청을 1년이나 2년 후로 미룰지도 모르기 때문에 매우 불안정한 상황에 놓이게 될 수 있다.

5) 외국인투자지원센터

(1) 외국인투자촉진법과 외국인투자지원센터의 도입

정부는 1998년 9월 16일 외국인의 공장설립과 사업개시에 대한 심사를 촉진시키기 위해 외국인투자촉진법을 제정하고, 대한무역진흥공사(KOTRA) 내에 외국인투자지원센터(KISC)를 신설하며 각 행정기관들의 관련 실무자들을 파견하면서 전결권을 부여하였다.

외국인투자촉진법과 시행령 및 시행규칙은 외국인투자와 관련된 사무처리를 종합적으로 규율하고자 외국인투자 관련 민원을 체계적으로 분류하였다. 공장설립 및 사업개시에 있어서 외국인투자 관련 민원사무를 민원사무의 성격, 처리기관 및 절차에 따라 직접처리민원, 개별처리민원, 일괄처리민원사무로 분류하였다. 외국인투자를 신고한 때로부터 사업을 개시할 때까지 필요한 민원사무로서 외국인투자촉

51) Michael A. Wagner, a.a.O., S.186.

진법에서 일괄처리민원, 개별처리민원, 직접처리민원 등으로 열거되지 않은 민원은 외국인투자가 및 외국투자기업에 적용되지 않도록 하여, 외국인투자와 관련하여 입법자가 그 적용을 예상하지 못한 다른 법령에 의한 심사지체를 막고자 하였다(외국인투자촉진법 제11조 제11항).

또 외국인투자의 편의를 위하여 외국인투자업무에 대한 집중심사기관으로 대한무역진흥공사 내에 설치된 외국인투자지원센터를 지정하고, 지방자치단체에서 외국인투자를 적극적으로 지원하고 관계기관과의 적극적인 협조체제를 구축하기 위해 시·도에 외국인투자진흥관을 둘 수 있도록 하였다(법 제16조 제1항, 제2항).

(2) 외국인투자처리절차의 주요 특징

외국인투자에 관련된 모든 민원에 처리기간을 부여하였으며, 그 처리기간 내에 민원이 처리되지 않을 경우, 자동승인된 것으로 간주하였다(법 제17조 제5항). 또 외국인투자와 관련하여 관계기관과 협의가 필요한 경우, 그 기관이 정해진 처리기간 내에 의견을 제출하지 아니한 때에는 의견이 없는 것으로 하였다(법 제17조 제4항).

첨부서류 등 일부요건이 미비된 경우, 이를 사후에 보완하는 것을 조건으로 미리 승인할 수 있도록 함으로써, 인·허가여부에 대한 불안을 신속히 제거하도록 하였다(법 제17조 제10항). 또 처리기간 내에 허가 등의 거부에 대하여 통지를 하는 때에는 거부결정의 원인이 되는 사실과 그 법적 근거를 구체적으로 명시하여 서면으로 외국인투자가 등에게 통지하여야 한다(법 제17조 제5항). 외국인투자가가 거부사유를 해소하여 허가요건을 충족하였음을 증명하는 서류를 제출하는 경우 민원처리기관의 장은 3일 내에 당초의 허가를 하여야 한다(법 제17조 제7항).

(3) 외국인투자지원센터의 특징

외국인투자지원센터는 집중시사의 특성은 특히 일괄처리민원에서 두드러진다. 일괄처리민원사무는 민원사무의 성격 및 처리기관 등을 고려하여 5개의 민원군으로 분류하고, 각 민원에 대한 주요허가가 있을 경우, 그에 따르는 의제대상허가도 받은 것으로 간주되는 민원사무이다(법 제17조 제3항). 일괄처리민원사무처리절차에서 나타난 특징은, 첫째, 외국인투자지원센터가 외국인투자에 관한 모든 민원신청을 총괄적으로 다루며, 광역자치단체에 외국인투자진흥관을 두어 전담해서 외국인투자업무를 맡도록 하여 거의 완전한 관할권결합(조직통합)모델에 가깝고, 둘째, 수십 개의 인·허가사항을 5개의 민원군으로 분류하여 각 민원군 내에서는 각각 하나의 인·허가를 받으면 나머지 인·허가는 받은 것으로 의제하고 있으므로, 국내 기업들에게 적용되는 제한적인 인·허가의제제도와는 비교할 수 없을 정도로 포괄적인 인·허가의제를 통해 거의 완전한 결정권통합모델에 가까운 것이 외국인투자지원센터라는 점이다. 그러나 이 모델은 제3자인 주민들의 이익이나 국내의 다른 사업자들의 이익보호는 매우 소홀히 하고 있는데, 이것은 매우 우려할 만한 것이라는 점을 지적해야겠다.

4. 절차집중모델

1) 절차집중모델과 그의 도입필요성

실체에 관한 결정은 각각의 인·허가기관에 맡기되 복수의 인·허가절차만을 집중시킨 것이 절차집중모델이다. 이 모델은 의제의 방식을 이용하지 않기 때문에 복수의 인·허가들 중에서 언제, 어떤 범위까지 공통의 절차가 적용될 수 있는가, 그리고 누가 주관행정청이 될 것인가 하는 문제가 해결되어야 한다.[52] 절차집중모델의 장점은 다른 행정기관의 인·허가권을 박탈하지 않아 기존의 업무배분질서를 크게 흔들지 않는다는 점, 다른 행정기관들의 전문지식을 적절히 활용할 수 있다는 점등이다. 또한 허가과모델과 같은 조직통합모델이 하나의 행정청 내에서만 인·허가촉진의 효과를 갖는데 비해, 이 모델은 국가, 광역자치단체, 기초자치단체 등에 속한 복수의 인·허가들의 심사촉진수단으로 이용될 수 있고, 대형건물 등에 대한 사후적 안전검사과정에서 복수의 행정기관들이 현장조사를 협력적으로 할 수 있도록 해준다는 장점을 갖는다. 입법방식은 행정절차법과 같은 일반법에서 규율할 수도 있고, 특별행정법분야에서 심사촉진이 특히 필요한 일부의 인·허가들에 대해서만 공통의 절차를 도입하도록 규정할 수도 있을 것이다. 이 모델에서도 절차주관 행정기관에 상대적으로 재량의 여지를 확대하여 조정능력을 부여하여야 하므로, 그 선정에 있어 리더십, 공정성, 이해조정능력 등을 고려하여야 한다.

복수의 인·허가절차개시에서부터 절차종료에 이르기까지 모든 절차들을 절차

52) Heinz Mayer, a.a.O., SS.61-62.

주관 행정기관에 독점시키는 완전한 절차집중모델도 가능하지만, 일부의 절차만을 집중시킨 부분적 절차집중모델도 가능하다. 부분적 절차집중모델에 따라 복합민원의 인·허가절차를 집중시키려 할 때, 가장 의미있는 것들은 청문절차와 현장조사절차를 공통으로 실시하는 것인데, 이 절차들은 비용과 시간이 많이 들기 때문에 이것들만을 집중시켜도 비용절감과 심사촉진 효과는 클 수 있다. 물론, 이때에도 조사해야 할 사실과 증거는 인·허가의 근거가 되는 개별 실체법들에 의해 결정될 것이다.53)

절차집중모델은 아직 우리 법질서에 명백하게 도입되어 있지는 않으나, 기업경쟁력강화를 위한 정부의 노력이 점점 더 필요한 시점이므로 조만간 도입될 수도 있을 것이다.

2) 절차주관 행정기관의 결정과 그 방식

복수의 인·허가를 필요로 하는 사업계획에 대하여, 어떤 행정기관이 절차집중의 필요를 판단하여 절차주관 행정기관을 결정하는 것이 타당한가, 그리고 어떤 행정기관이 절차주관 행정기관이 되는 것이 적절한가?

중요한 민원사항일수록 다양한 공·사익 간에 갈등이 심하므로, 절차주관 행정기관의 선택과 심사인원의 구성은 높은 수준의 공정성을 보장하여야 한다. 또 선택된 절차주관 행정기관이 자기 부처의 보호공익만을 중시하여 편파적으로 권한을 행사한다면, 다른 행정기관들과 주민들과의 관계에서 갈등만 깊어지게 될 것이다. 절차의 공정한 운영을 중시한다면 절차주관 행정기관은 독립된 중립적 행정기관이나 공통의 직근 상급행정기관이 맡는 것이 적절할 것이다. 그러나 지역주민 및 사업자들의 입장에서 비용과 시간의 절약 측면을 강조한다면, 시설의 설치장소를 관할하는 행정기관이 절차주관 행정기관이 되도록 하는 것이 적절할 것이다.

절차주관 행정기관을 결정하는 방식은 절차주관 기관을 법령에서 규정하는 방식, 결정원칙만을 법령에 규정하는 방식, 그리고 허가신청자의 신청이 있거나 복수의 인·허가기관들 중 상급행정기관이 직권으로 개별적 결정형식에 의하여 선택하는 방식이 있을 수 있다. 현실적인 입법방식으로는 세 방식을 함께 이용하는 방식이 타당할 것으로 생각된다. 절차집중여부는 법령에서 미리 규정하고 절차주관 행

53) Heinz Mayer, a.a.O., S.67.

정기관의 선택은 복수의 관계 행정기관들 중·상급 행정기관이 결정하되, 복수의 인·허가를 필요로 하는 사업계획의 허가가 신청되었을 때에는 이것을 접수한 행정기관은 관련된 인·허가기관 중 상급 행정기관에 그 사실을 통지하도록 입법으로 규정해두어야 한다. 보다 구체적으로 말한다면, 관계기관들 중·상급 행정기관이 개별적 결정에 의해 절차주관 행정기관을 선택하되, 원칙적으로 이해관계인들의 시간과 비용을 고려하여 시설의 설치장소에 근접한 기관을 지정하도록 하는 것이 타당할 것이다.[54]

3) 부분적 절차집중모델-청문절차와 현장조사절차의 집중

절차주관 행정기관이 부분적 절차집중모델에 따라 청문과 현장조사를 자신의 주관 하에 다른 행정기관들과 공동으로 실시한다면, 심사는 비용이 감축되고 매우 촉진될 수 있을 것이다. 이 경우, 절차주관 행정기관은 다른 행정기관들과 이해관계인들의 사정을 고려하여 청문과 현장조사의 기일을 지정 통지하고, 청문이나 현장조사를 공동으로 실시한다. 이와는 달리 관련된 행정기관들의 위탁을 받아 절차주관 행정청이 복수의 인·허가요건들을 모두 고려하여 독자적으로 청문이나 현장조사를 실시할 수도 있다. 절차주관 행정청은 인·허가권이나 참가권을 갖는 다른 행정기관이나 청문 혹은 현장조사에 참여할 권한이 있는 사업허가신청자, 제3자인 주민대표 등이 참가하도록 기일을 지정 통지하여야 한다. 또 현장조사를 하더라도 특히 어떤 부분을 조사할 것인지, 민간전문가가 참여한다면 누가 참가하는지를 결정해서 통지해야 한다.

절차주관 행정청은 현장조사나 청문절차를 정형화시켜 형성하여야 한다. 정형화된 서식에 관련된 인·허가요건들을 모두 고려하여 그 결과를 기재하고, 절차도 정형화된 준사법절차를 형성하여 다른 행정기관이나 이해관계인들의 신뢰를 얻어야 한다. 형식의 엄격성을 어느 정도 유지하면서 현장조사절차나 청문절차를 준사법절차로 만드는 것은, 다른 행정기관들의 위탁을 받아 절차주관 행정기관이 단독으로 현장조사나 청문을 실시하는 경우 더욱 중요한 의미를 갖는다.

---

54) Heinz Mayer, a.a.O., S.69는 절차집중의 필요여부와 범위를 미리 알기 어렵기 때문에, 법령에 의해 집중심사기관을 미리 규정하는 것은 적절하지 않고 개별적 결정방식이 타당할 것이라고 주장한다.

집중된 절차에서 청문이나 현장조사를 통해 얻은 결과는 다른 관계행정기관들과 이해관계인들을 구속하는가, 구속한다면 어떤 범위까지 구속하는가? 다른 행정기관이나 이해관계인들도 참가한 후 실시된 청문이나 현장조사의 결과는 그 적법성과 완전성에 대해 의문을 제기하는 예외적 특수사정이 존재하지 않는 한, 다른 행정기관의 인·허가결정은 그 조사결과를 기초로 하여야 한다. 그러나 참가하지 않고 위탁한 경우이거나 참가했더라도 조사결과의 위법성과 불완전성의 사유가 존재하는 한, 조사결과가 다른 행정기관을 구속하지는 못하고 부족한 부분을 다시 보완하여 조사할 수 있다고 보아야 할 것이다. 예를 들어, 민간전문가의 선정이 잘못되었거나, 절차주관 행정기관의 조사대상선정이 잘못되었고, 조사정도가 불충분하거나 집중심사의 범위를 넘어 조사권을 남용한 경우이다. 다만, 이들 경우에도 다른 행정기관은 반복조사의 비용과 편익을 비교형량하여 결정해야 한다.[55]

4) 대형시설의 사후적 관리를 위한 절차집중모델의 확대적용 가능성과 필요성

공장이나 빌딩과 같은 대규모 복합시설의 전기설비, 소방안전장비, 건축물의 노후화 정도 등 건축물의 사후적 안전점검을 위해서는 수많은 유관 행정기관들이 위법여부를 조사한다는 이유로 수시로 방문하는데, 조사대상과 방법도 유사한 것을 반복하는 것에 그쳐, 사업자 등에게 불필요한 업무방해행위라는 인상을 주게 된다. 이러한 조사는 양만 많을 뿐 그 질도 높지 않아 대형시설의 안전성확보에 효과적이지 못할 뿐만 아니라, 수시로 방문하는 공무원들의 부패가능성도 높다.

여러 유관 행정기관들의 조사활동을 연계시키고, 민간전문가들을 참여시켜 특정 기업에 강도 높은 전문적 현장조사가 이루어지도록 해야 한다. 이를 위해 절차집중모델의 도입가능성이 입법적으로 검토되어야 할 것이다.

5. 집중심사모델의 성공적 운영을 위한 전제조건

복합민원처리를 위한 집중심사모델의 형성은 많은 복잡한 이해관계를 고려하여야 하기 때문에 매우 어려운 작업이다. 그러나 이 모델들의 성공을 위해서는 집중심사과정의 합리적 관리가 더욱 중요하다. 모델도입을 위한 사전계획과 준비, 집

55) Heinz Mayer, a.a.O., SS.71－72.

중심사진행과정의 주도적 관리, 그리고 철저한 사후평가가 필요하다.

집중심사모델의 성공요인은 어떤 행정청이 집중심사청으로 활동하며(관련 행정기관들은 조직법적으로 어떠한 관계에 있는가), 그 행정청은 적절한 공무원을 확보할 수 있는가, 어떤 사항이 집중심사대상인가, 집중심사절차가 어떻게 형성되어 있는가, 특히 다른 행정기관의 참가업무의 관리와 제3자의 법률상 이익의 보호절차가 어떠한가 등에 달려 있다. 이상의 세 요소, 즉 조직, 내용 및 절차는 서로 영향받고 있다. 복수의 인・허가에서 보호형량해야 할 여러 공익과 사익의 적절한 조정은 적절히 체계화된 조직구조와 절차구조에 의해서만 이루어질 수 있다. 또 심사대상 기업들의 태도도 매우 중요하므로, 집중심사를 받는 기업들도 집중심사의 의의와 내용을 충분히 알도록 주지시켜야 한다.

1) 절차관리의 필요와 세부적 운영방안

(1) 절차관리의 필요

비효율적인 무익한 반복 조사를 방지하기 위해서, 집중심사기관은 사업허가 신청자에 대한 조사순서, 조사방법 및 협력의무의 부과내용 등을 치밀하게 설계하여 관련 행정기관과 사업자 및 제3자에게 주지시켜야 한다. 조사를 소수의 기일에 집중시켜, 다른 행정기관들이 심사를 위해 철저한 준비를 할 수 있도록 함으로써 조사의 효율성을 높여야 한다. 이를 위해 적극적으로 심사과정을 관리하는 것이 필요하다. 대도시에서는 공무원마다 해당 복합민원사항 이외의 다른 심사업무도 많기 때문에 매우 분주하고, 현장조사 시 교통정체 등으로 불필요한 시간낭비도 많으며, 기억력의 한계로 인해 많은 심사대상들에 대한 기록을 반복해서 읽어야 하는 부담을 안게 된다. 따라서 행정기관 상호 간 또는 업무담당자 간의 관계설정과 업무의 배분이 적절해야 한다.

민원인들은 집중심사과정의 관리가 소홀하면 심사일정을 예측할 수 없어 조사과정에서 무엇이 어떻게 조사되고 확인되는지 좀처럼 알 수 없게 되고, 다음에 무엇을 준비해야 하는지도 알 수 없게 되어, 사업계획의 추진에 중대한 지장을 받게 된다. 심사의 충실과 촉진을 위하여 사전에 참가가 가능한 날짜를 파악하여 기일을 정하고 사전준비를 철저히 할 수 있게 해야 한다. 또 행정과 기업이 조사내용에 대하여 공통의 인식을 갖도록 하여 조사결과에 대한 예견가능성을 부여하는 것이, 행정에 대한 신뢰도의 제고와 분쟁의 예방을 위하여 필요하다.

(2) 세부적 운영방안-집중심사절차의 진행

심사의 개시단계에서 집중심사기관은 신청기간의 준수여부, 관할권을 갖는지, 어떤 절차가 진행되어야 하는지 등에 대한 검토를 한다. 참가 행정기관을 해당 절차의 필요에 따라 최소한으로 제한하여 확정 통보한다. 초기단계에서 사안의 쟁점을 파악하여 각 사건에 적합한 처리방법을 정해야 한다. 세부절차에 대한 기한을 정하여 이해관계인이나 의견을 제출해야 할 행정기관들에게 통지한다. 법률상 기한이 정해지지 않은 경우에는 집중심사기관이 기한을 설정하여 통지한다. 다른 행정기관에게 의견제출을 요구할 때에는 견해가 표명되어야 할 쟁점을 미리 지적하여야 하며, 여러 행정기관과 협의가 필요한 경우에도 심사촉진을 위하여 순차적으로 할 것이 아니라 병렬적으로 동시에 진행한다. 한국행정의 경우, 제3자보호의 의식이 아직 매우 약한데, 제3자의 이익보호를 위한 절차도 다른 행정기관의 의견제출절차와 병행하여 실시되어야 하고 소홀히 취급해서는 안된다.

사업허가신청자가 제출한 신청서류가 불완전하면 적절한 기한 내에 서류를 보완하도록 명하고 기한을 준수하지 못할 때에는 사전에 합리적인 이유를 제출하도록 한다. 보완기간이 지난 경우에는 각하한다.

매우 복잡하고 논쟁이 심한 인・허가의 경우, 다른 행정기관과 이해관계인들이 청문이나 공청회 등을 실시하기 전에 의견을 교환해야 한다. 심사가 효율적이고 집중적으로 실시될 수 있도록 조기에 쟁점과 심사대상을 정리하여 명확히 하고, 이에 초점을 맞춘 효율적인 심사가 이루어져야 한다. 현장조사가 필요하고 다른 행정기관이나 사업허가신청자와 제3자의 참가가 필요한 때에는 날짜를 정하여 통보하고 철저한 준비를 하도록 하여야 한다. 사전에 질문요지와 조사사항을 알려주어서 답변준비와 조사준비를 충실하게 하도록 하여야 한다. 심사도중에 새로운 법령이 제정되거나 입법과정에 있으면 그 내용과 미칠 영향 등에 대해서도 알려주어야 한다.

2) 제3자보호의 강화

지금까지는 행정기관 사이의 권한들을 적절하게 조정하여 신속한 협력을 유도하는 것이 복합민원처리의 최대과제로 인식되었으나, 이제는 제3이해관계인과 사업자의 충돌하는 이익조정의 과제가 또 다른 중대한 과제로 등장하고 있다. 많은 인·허가결정이 제3자인 주민들의 반발로 집행되지 못하고 있다. 따라서 집중심사모델의 운영도 제3자보호를 경시해서는 성공하지 못할 것이다.

3) 집중심사공무원들의 충원과 전문성향상

복합민원사항의 처리에 있어 집중심사모델의 운영은 행정조직의 개편 및 인원배치의 문제와 별개로 다루어질 수 없다. 신속하게 업무를 처리하면서도 적절한 전문성을 유지하려면 관련된 행정기관의 공무원들과 비교하여 상당한 정도의 지위를 가진 유능한 공무원들이 배치되어야 한다.56) 또 충분한 인원이 충원해야 하고 전문지식을 갖춘, 경험많고 능력있는 사람을 선발하여야 한다. 민간전문가의 채용도 고려될 수 있겠지만, 그것은 보수와 직업만족도 등에서 기대의 차이가 존재하기 때문에 매우 예외적인 경우에나 가능할 것이다.

집중심사업무를 처리하면서 격무에 시달리는 공무원들에게 일정한 인센티브를 줄 수 있는 방안이 모색되어야 한다. 공무원사회에 경쟁을 일으킬 수 있도록 ① 성과보수제, ② 승진소요기간철폐, ③ 현장공무원의 권한확대, ④ 자리배치에 있어 공무원의 전문성의 고려 등이 보다 확실하게 추진되어야 한다.

집중심사모델과 관련된 세부적인 사항들에 대해 의문이 발생하여 집행이 지연되는 경우가 많다. 공무원들의 교육을 강화하고 집중심사에 관한 절차와 기술을 체계적으로 교육시키는 안내매뉴얼을 상세하게 마련해야 한다. 행정자치부와 광역자치단체 내에 집중심사를 위한 전담팀을 일정기간 두어서, 각 부처의 행정업무들 중 집중심사가 필요한 업무들에 대한 집중심사모델의 설계와 개선작업을 맡겨야 한다. 이들이 계속 현장을 탐방하여 개선안을 만들어가야 한다. 외국의 상황도 조사하여서 더 나은 관리방식이 개발될 수 있게 해야 한다.

4) 집중심사제와 정보기술의 활용가능성

대규모시설의 건설허가와 같은 현대의 위험시설에 대한 허가업무는 많은 전문지식과 철저한 심사준비를 필요로 한다. 이러한 준비가 소홀하면 심사기간이 길어

---

56) Rudolf Steinberg, Komplexe Verwaltungsverfahren zwischen Verwaltungseffizienz und Rechtsschutzauftrag, *DÖV* 1982, S.626.

질 수밖에 없다. 정보기술을 이용하여 매년 심사를 어렵게 하는 대표적 시설들에 대한 모형건축물을 가상공간에 만들어, 그 시설물의 하자유형들을 점검하는 방법을 익히는 것이 심사촉진에 유용할 수 있을 것이다. 특히, 대형 복합시설의 부실원인에 대한 과거의 경험을 분석하여 하자유형을 설계하면 더욱 유용할 것이다. 이러한 모의심사에서는 전문적인 조사가 필요한 부분, 여러 행정기관 간 협력이 필요한 부분, 그리고 주도적인 행정기관이 미리 조사해두어야 하는 부분 등으로 분류하여, 각자의 역할을 컴퓨터의 프로그램으로 만들어 반복 연습을 하게 하면, 행정기관 간 협력촉진에도 도움이 될 것이다. 이러한 자료들을 기초로 현재 건축 중인 건축물까지 컴퓨터에 모형건축물로 입력하여 안전하자 등을 신속하게 점검하는 데 도움을 얻을 수도 있다. 이러한 프로그램은 다른 복합건물의 심사와 다른 공무원들의 교육훈련을 위해서도 매우 필요하다.

5) 공무원과 전문가의 협력강화

행정의 전문지식이 부족할 때 민간전문가들을 심사절차에 참여시키게 되는데, 민간전문가들과 협력해서 심사절차를 진행하는 것은 매우 어려운 작업이다. 민간전문가와의 협력에 있어 신속성과 효율성을 강조하면 그들의 심사가 매우 형식화할 것이고, 반대로 충실한 협력을 강조하면 민간전문가를 발견하기가 어려울 것이다.

개인적 이익을 추구하지 않는 행정은 공평한 관리라는 강점을 가지고 있고, 민간전문가에 의한 심사과정에서 나타날 수 있는 부패를 감시하여야 하므로 민간전문가에게 심사의 모든 것을 맡기는 것은 적절하지 않다. 또 민간전문가는 자신의 일만으로도 많은 업무에 시달리고 있으므로, 용역에 대한 보수를 충분히 주지 않는 한, 그 일을 맡게 되더라도 매우 소홀하게 처리할 것이다. 능력의 한계도 있으므로 협력의 한계가 고려되어야 한다.

참고문헌

강현호 · 집중효(2000). 『공법연구』, 28(2).

이수철 · 박세정 · 장지원(1994). 한국행정에 적합한 사무혁신방안에 관한 연구-기초자치 단체를 중심으로-. 한국행정연구원. 28.

이익현(1994). 인 · 허가의제제도에 관한 연구, 법제 제437호.

Alden F. Abbott(1987). The Case Against Federal Statutory and Judicial Deadlines: A Cost-Benefit Appraisal. *ALR*, 39.

Environmental & Energy Study Institute and Environmental Law Institute(1985). *Statutory Deadlines in Environmental Legislation.*

Fritz Scharf(1982). Komplexität als Schranke der Politischen Planung. *Planung als Politischer Prozeß.*

Hans D. Jarass(1984). *Konkurrenz, Konzentration und Bindungswirkung von Genemigungen.*

Heinz Mayer(1985). *Genehmigungskonkurrenz und Verfahrenskonzentration.*

K. C. Davis & R. J. Pierce(1994). *Administrative Law Treatise*, Vol. II., 3.Ed.

Martin Bullinger(1991). *Beschleunigte Genehmigungsverfahren für Eilbedürftige Vorhaben.*

Michael A. Wagner(1987). *Die Genehmigung Umweltrelewanter Vorhaben in Parallen und Konzentierten Verfahren.*

Rudolf Steinberg(1982). Komplexe Verwaltungsverfahren zwischen Verwaltungseffizienz und Rechtsschutzauftrag. *DÖV.*

Steinberg, Allert, Grams & Scharioth(1991). *Zur Beschleunigung des Genehmigungsverfahrens für Industrieanlagen.*

Udo Steiner(1994). Beschleunigung der Planungen für Verkehrswege im Gesamten Bundesgebiet, *Reform des Verwaltungsverfahrensrechts.*

제 4 장 핵심규제의 개혁과 제도적 인프라의 형성책임

제 1 절 핵심규제의 개혁과 대안적 규제의 설계

I 규제철폐의 한계로서 과당경쟁의 방지와 그의 법적 설계

새로운 정치권력이 등장하게 되면 경제침체의 탈출을 위해 강력한 정치적 의지에 의한 진입규제의 철폐가 중요한 경제성장촉진수단으로 강조된다. 하지만, 때로는 맹목적 규제철폐가 이루어져서는 안되고 완전경쟁이 아니라 유효한 경쟁질서의 형성이 목표가 되어야 하는 경우도 있다. 이때 판례와 법학적 연구는 그 기준의 설계를 위해 유용한 지식과 정보를 제공할 수도 있다.

여기서는 주민생활의 복지와 직접적으로 관련된 마을버스운송사업과 관련하여 정부가 재정보조를 하고 있는 상태에서 진입규제를 완전히 철폐하면 운송업체의 부실이 증가할 수밖에 없어 과당경쟁의 방지가 규제의 목표로 등장하는 사례를 다룬다. 우리 사회는 좁은 국토에서 많은 인구가 도시에 몰려 살기 때문에 시장과 정부의 역할을 보다 정교하게 고려하여 규제를 설계하여야 한다.

1. 규제연구에서 행정판례연구의 가치

세계적으로 자가용자동차의 운행이 늘면서 버스운송사업의 부실이 증가하고 있으나 낙후지역이나 인구저밀도지역 등 아직도 버스의존도가 높은 지역에도 버스를 운행하도록 하기 위하여 정부의 재정부담이 증가해가는 추세이다. 현대사회에서 정부는 사회의 다른 부문을 위해서도 자원제약과 과잉기대에 시달리고 있기 때문에 버스운송사업부문에서의 재정부담증가는 정부에 중대한 문제를 야기한다.

규제문제를 다룬 기존의 논문들은 외국의 개혁동향이나 이론동향을 소개하거나, 경제 전 분야를 대상으로 또는 특정 산업전체를 대상으로 하는 외국에 대한 정보제공이 그 목적이거나 거시적 관점에서 방향을 제시하는 데 중점을 두어왔다. 그러나 이러한 연구만으로는 정책결정자가 구체적으로 어떤 사업자가 특정한 사업허가신청을 하거나, 문제가 발생한 특정 사업체에 대해 그 허가결정을 취소해야 하는지를 결정해야 하는 상황에서 적절한 도움을 줄 수 없다. 일상행정은 이러한 수많은 개별적·미시적 결정들이 모여서 이루어지고 있는 것으로서 거시적 관점에서의 논의만으로는 불충분한 것은 당연한 것이다.

행정청이 어떤 사업에 대해 허가를 할 것인가, 또는 어떤 허가를 취소할 것인가를 결정한 것에 대해 해당 사업자가 처한 상황에 대한 충분한 정보와 이익충돌관계를 명확하게 인식하고 있지 않다면 법적 평가를 하기는 매우 어렵다. 그럼에도 불구하고 경제적 관점에서 본다면, 행정결정이 법원에서 부당한 경쟁제한행위로서 위법한 것으로 평가받는가, 아니면 과당경쟁방지를 위해 필요적절한 것으로서 합법적인 것으로 평가받는가에 따라 당해 사업자의 운명은 크게 바뀐다.

한국의 규제개혁과정에서 판례연구는 한국적 경험사례의 연구부족을 보완하는 데 상당한 기여를 할 수 있다고 본다. 이러한 연구를 통해 단지 이론관점에서 규제개혁에 접근하는 데 따른 문제점을 극복하고 그 하자를 보완하는 데 도움을 줄 것이다. 규제개혁위원회가 필요한 정보의 확보에 중대한 문제를 보여주고 있는 것을 고려할 때, 판례는 비록 상대적으로 시간과 비용이 많이 걸린다는 약점이 있으나 이해가 대립되는 당사자들이 변론과 증거조사과정에 참여하여 매우 합리적인 결정을 도출한다는 장점을 가지고 있다. 규제연구에 있어 시간과 정보의 제약 속에서 내려진 많은 성급한 문제들의 경우, 그 규제결정의 적절성여부를 연구자들도 구체적으로 평가하기가 매우 어려운데, 판례의 분석을 통해 합리적인 규제결정에 필요한 것들을 구체적인 사례를 통해 이해할 수 있기 때문에 판례의 가치를 과소평가해서는 안될 것이다.

행정판례에 나타난 시장실패와 정부실패에 관한 문제양상은 한국적 특성을 반영한 것으로서 각 실패양상들의 분석은 규제개혁과정에서 외국이론이 간과하기 쉬운 한국적 실패원인과 그 메커니즘을 보여줌으로써 규제개혁위원회를 비롯한 행정내부의 규제개혁기관들이 시간과 정보의 제약속에서 수행하는 규제개혁활동에 중요한 정보를 제공해줄 수 있다. 또 행정판례에서 고려된 구체적인 근거와 이익들은 규제개혁과정에서 정책결정자와 입법자들이 임의로 무시하거나 경시해서는 안되는 구체적 정보를 제공해준다. 그동안 정보의 부족으로 규제개혁위원회는 규제개혁의 필요를 주로 제기하는 사업자위주의 규제개혁활동을 전개해왔다. 그러나 현실경제사회에서는 사업자들도 각각 그 이해관계가 다르고 소비자들의 이해관계와도 다르는 등 복잡한 이해관계망이 존재하는 데, 규제개혁위원회는 홈페이지를 통한 시민들의 자발적 제보나 행정내부기관을 통해 필요한 정보를 제공받으려 하지만 소송이 제기되지 않은 상황에서 각 이해관계인들로부터 정보를 균형있게 파악하기는 극히 어렵다. 행정판례가 그동안 감추어져 있던 많은 사회적 갈등, 시장실패 또는 정부실패 등을 드러내 개혁의 구체적 계기와 동인이 되는 모습은 선진외국에서나 우리나라에서 더 이상 보기드문 광경은 아니다.

헌법재판소는 백화점이나 대형할인매점에서 오랫동안 운영하던 셔틀버스의 운행을 금지한 규제에 대하여 버스운송사업이 부실화될 경우 국가재정에 미치는 악영향을 중시하여 해당 규제를 합헌으로 판시한 바 있다(헌법재판소 2001.6.28. 2001헌마132). 한편, 대법원도 노선과 정류장이 시내버스노선과 겹치는 마을버스의 노선운행허가를 취소시키는 판결을 한 바 있다(대법원 2001.1.19. 선고 99두3812 판결). 대법원의 이 판결에 따라 서울특별시는 2002년 1월 1일부터 마을버스 정류장이 시내버스 정류장과 겹치는 곳을 폐지하고 정류장 수를 대폭 줄이는 정책을 시행했다가 시민들의 원성이 빗발치자, 2001년 1월 4일 다시 그 계획을 대폭 수정·보완하겠다고 발표했다. 이러한 상황은 버스사업에 대한 규제가 전국가적으로 매우 어려운 과제가 되고 있음을 보여주는 것이다.

2. 버스운송사업의 경영수지악화, 마을버스운송사업의 등록과 노선허가

1) 버스운송사업의 경영수지악화와 마을버스에 대한 재정지원의 법적 체계

(1) 버스운송사업의 만성적인 적자와 운송산업전체적인 관점에서의 조정필요

시내버스이용승객은 지하철의 지속적인 개통, 자가용이용의 증가 및 교통혼잡의 심화로 인한 버스서비스의 열악화로 인해 계속 감소하고 있다. 이로 인해, 시내버스운송사업은 만성적인 경영난을 겪고 있다. 서울특별시의 시내버스에 관한 통계숫자를 통해 이 상황을 보다 명확하게 살펴보면, 서울시내버스 1일 이용승객이 1990년 9,571천 명에서 1997년에는 5,871천 명으로 감소되었고, 수송분담률이 1991년 41.4%에서 1997년 29.4%로 낮아졌다. 1998년 12월을 기준으로 볼 때, 87개 시내버스업체 중 자본금을 일부 잠식한 업체는 12개, 전부 잠식한 업체는 56개이며, 자본금 이상을 유지하고 있는 업체는 19개 업체에 불과했다.[1] 이와 같은 재정적자문제는 국제적으로도 매우 심각한데, 셔틀버스운행을 금지시킨 규제를 합헌으로 판시한 헌법재판소도 이 점을 충분히 인식하고 있다. 즉, "건설교통부의 자료에 의하면, 그와 같은 공공성 때문에 세계 각국은 버스운영에 대하여 정부 또는 자치단체에서 그 운영비를 보조하고 있는 바, 보조액이 적게는 버스업체 수입의 14%(일본 동경), 14.2%(태국 방콕), 14.5%(영국 런던)에서부터 많게는 49%(미국 뉴욕), 58.2%(프랑스 파리), 60%(독일 베를린)를 차지하고 있으나, 우리나라는 싱가포르나 홍콩과 같이 전적으로 민간에 일임하고 있다. 그나마 이들은 원가보상(싱가포르) 또는 16%의 이윤보장(홍콩) 제도를 실시하고 있으나, 우리나라는 물가정책과 연계되어 운임인상을 억제하고 공공성을 이유로 적자노선에 대한 감축운행억제, 학생요금할인 등 각종 정책적 목적에 따른 부담을 부과하고 있는 실정이다."고 하고 있는 것이다(헌법재판소 2001.6.28. 2001헌마132). 대법원 판례도 이러한 측면을 고려하여 마을버스의 "면허처분이 취소되지 않음으로써 원고 등이 입게 될 불이익이나 위법한 한정면허를 취소하여야 할 공익상 필요가, 그 취소로 인하여 받게 될 소외 회사나 그 직원들의 불이익과 이용 주민들이 입게 될 불편 등보다 중대함을 알 수

1) 황치영, 서울시내버스의 경영·서비스 실태분석, 도시문제 제34권 제366호, 1999, 125-127면; 황치영, 시내버스 구조조정방안 및 성공전략-서울특별시를 중심으로, 도시문제 제34권 제363호, 1999, 88-89면.

있는 바, 사정이 그러하다면 이 사건 면허처분을 취소하는 것이 수익적 행정행위의 취소에 있어서 재량권의 한계를 일탈한 위법이 있다고 할 수 없다."고 한다(대법원 2001.1.19. 선고 99두3812 판결).

이 문제에 대응하여 철저한 규제철폐를 통해 시장의 약육강식의 논리에 맡기는 방안, 지방자치단체가 민간회사를 매입하여 공영화하는 방안 및 인수·합병을 통해 회사 수를 줄이고 살아남는 회사는 대형화시키는 방안 등이 검토되고 있다.[2] 그러나 완전자율화는 비수익노선의 폐지 등 노선의 불안정이 문제되고, 완전공영화는 재정적자를 크게 키울 위험이 있어, 세 번째 대안인 버스회사의 대형화방안이 지방마다 상당히 주목받고 있지만, 시내버스 사업의 경우 규모의 경제는 존재하지만 그 효과도 버스가 100대일 때까지 뿐이고, 그 이상으로 늘어나도 규모의 경제는 매우 미미하다는 주장도 제기되고 있다.[3] 더구나, 시내버스 업체들의 주주는 매우 많고 대주주도 명확하지 않은 경우가 많은데, 그것은 과거 지입차주가 주주로서 참여하고 있기 때문이다. 또 버스회사마다 체불임금이나 체납하고 있는 과징금의 액수도 상당한 실정임에도 이들은 경영에 관리자로도 참여하고 있으면서 관리자로서 매월 인건비를 받거나 사채차입금의 채권자로서 매월 고리의 이자를 받아가기도 한다.[4] 그럼에도 불구하고 시로서는 버스회사에 대해 면허를 취소하기는 대단히 어려운데, 그것은 버스서비스가 잠시라도 중단되면 시민들의 원성과 불만이 커지기 때문이다. 대법원 판례도 "수익성이 좋은 노선에 대하여 마을버스운송사업면허를 남발할 경우, 기존의 농어촌버스운송업자들이 손익분기점 이하의 노선운행을 기피하여 벽지 등에 노선버스 운행을 하지 아니하게 될 가능성"을 우려하고 있다(대법원 1999.10.12. 선고 99두6026).

이것이 의미하는 바는 버스회사의 적자문제는 이제 쉽게 극복하기 어려운 문제라는 것, 적절한 대안을 발견하는 것도 매우 어렵다는 것이다. 따라서 규제체계의 설계자인 입법, 행정 및 사법은 가능한 한 버스회사의 적자를 확대시키지 않기 위한 정책을 지지해야 한다. 버스회사들의 총체적 부실과 경쟁력 약화를 막기 위하여 시내버스산업이나 농어촌버스사업뿐만 아니라 마을버스, 셔틀버스, 철도, 택시, 비

2) 신동선, 시내버스 운송사업의 비용구조, 교통정책연구 제4권 제2호, 1997, 23-24면.
3) 신동선, 위의 논문, 23-36면 참조.
4) 황치영, 서울시내버스의 경영·서비스 실태분석, 도시문제 제34권 제366호, 1999, 127-128면.

행기 등 운송산업 전체의 관점에서 적절한 계획이 필요하다. 또 버스사업자들 사이의 구조조정과 서비스개선도 필요하다. 이 과정에서 버스회사의 부실화 정도가 대출을 한 은행들의 부실위험과 정부재정에 가하는 위험을 감당할 수 있는 범위 내로 유지하려는 전체적인 시야가 필요하며 버스사업자 간 적절한 경쟁균형을 목표로 삼아야 한다.

특히, 서울의 경우에는 아직도 버스수요가 많은 지역이 존재하고 있으므로 지하철과의 연계는 물론 버스회사 간의 보완적인 기능을 고려해 버스회사의 재정적자문제와 버스이용자의 수요변화를 충분히 고려하여 노선조정이 이루어져야 한다. 노선의 중복과 굴곡을 시정하여야 하며 장거리노선은 지하철과 좌석버스 등에 맡기고 일반시내버스는 보완적 연계기능에 주력해야 할 것이다.[5]

(2) 시내버스와 마을버스의 경쟁격화와 공생의 필요, 마을버스에 대한 재정지원의 법적 체계

승객수송시장에서 수송할 인원은 거의 일정하거나 감소추세에 있는 데도 마을버스가 시내버스시장을 위협적으로 잠식해 들어가고 있다. 마을버스의 경쟁력은 어디에 있는지 간략히 살펴보기로 한다.[6]

시내버스에 대한 마을버스의 경쟁력은 무엇보다 시내버스가 1960~1970년대 콩나물버스 시절의 황금기 이후 운행노선과 운행방법에 있어 구태의연하여 소비자의 변화된 욕구를 잘 파악하지 못하고 있다는 점에 있다. 구체적으로 살펴보면, 마을버스는 간선도로가 아닌, 시내버스보다 소비자에게 더 가까운 도로에서 승객을 수송한다. 주민들이 과거와 달리 300m나 500m 떨어진 지하철역이나 시내버스 정류장에도 걸어가는 것을 매우 불편해하고, 새로이 아파트들이 많이 들어서면서 넓은 포장도로의 건설은 자주 장기간 지체되면서 학생들의 교육 및 통학에도 상당한 지장이 초래되고 있다. 그리하여 주민들은 점점 더 "아파트 단지의 진입도로의 구배와 굴곡이 심하고 노폭이 좁아 대형버스가 운행될 경우 사고의 위험이 높고 출·퇴근 시 병목현상이 심하며, 특히 마을버스는 요금이 저렴하고 아파트 단지 내까지도 운행된다는 등의 이유로 대형버스보다는 소형인 마을버스의 운행을 선호"하는

5) 윤성순, 대도시의 시내버스 개선방향, 도시문제 제33권 제352호, 1998, 87-99면.
6) 설재훈, 마을버스와 시내버스의 공생전략이 필요하다, 도시문제 제34권 제369호, 1999, 98-99면 참조.

추세이다(대법원 1999.10.12. 선고 99두6026). 게다가, 마을버스는 시내버스보다 더 저렴한 가격으로 승객을 수송한다. 또 직장인들의 출·퇴근 시 대도시의 교통난 때문에 지하철에 대한 선호도가 높아지고 있는데, 마을버스는 대량수송을 담당하는 지하철역과 연계하여 틈새시장을 잘 개척하고 있다.

마을버스의 경쟁력에도 불구하고 정부는 마을버스의 부실화위험과 그 공공적 기능을 고려하여 재정지원체계의 구축을 서두르고 있다. 현행법상 지원체계를 살펴보면 다음과 같다. 마을버스운송사업자에 대한 재정지원의 근거법령은 여객자동차운수사업법 제51조 제2항, 동시행규칙 제15조 제2항과 서울특별시여객자동차운수사업의 재정지원 및 한정면허 등에 관한 조례(이하 '시조례'로 인용) 제2장이다. 특히, '시조례' 제2장(제3조~제6조)은 마을버스에 대한 재정지원에 대해 비교적 상세하게 규정하고 있다. '시조례' 제3조는 재정융자를 받을 수 있는 사업자와 재정보조를 받을 수 있는 사업자로 나누고 있다. 재정보조를 받을 수 있는 사업자는 수익성이 없는 노선의 운행, 학생운임 할인 등 공적부담으로 인한 결손액의 보전, 유가체계 조정에 따른 운송사업부분의 유류세액 인상액의 보조를 한 사업자이다.

실례로, 건설교통부는 에너지 가격구조 개편계획으로 2001.7.1.부터 경유·LPG에 대한 유류세율이 인상됨에 따라 이로 인한 운송원가상승을 최소화하여 운수업계의 부담을 완화하기 위해 2001년 하반기 중(7.1~11.30) 총 1,861억 원(버스 408억 원, 택시 789억 원, 화물 664억 원) 규모의 보조금을 지급할 계획을 세웠는데, 보조금 지급대상은 여객자동차운수사업법에 의하여 면허(등록)받은 업종 중 시내·시외·고속·농어촌·마을버스와 법인·개인택시, 화물자동차운수사업법에 의하여 화물자동차운송사업에 등록한 자이며, 법인택시 중 명의이용금지 위반(지입제 경영)차량은 보조금 지급대상에서 제외된다고 한다. 보조금 지급기관은 운송사업체가 등록되어 있는 관할 시·군이며 지방자치단체의 행정력을 감안하여 3개월 단위로 지급함을 원칙으로 하되, 사무의 전산화로 지급시기를 단축하여 시행할 수 있도록 하였다 한다.[7)]

7) 건설교통부, 에너지가격 구조개편 계획에 따른 운수업계 보조금 지급 2001.06.24 뉴스센터, www.moct.go.kr. 참조.

2) 마을버스운송사업의 등록절차

(1) 마을버스운송사업의 의의

마을버스운송사업이란 자동차운행구간의 기점 · 종점의 특수성, 사용버스의 특수성 등으로 인하여 시내버스운송사업, 농어촌버스운송사업이나 시외버스운송사업의 면허를 받은 자가 그 노선버스로 운행하기 어려운 구간을 주로 하여 주로 시 · 군 또는 구의 단일행정구역 안에서 여객을 운송하는 사업(여객자동차운수사업법 시행령 제3조 제1호 다목)을 말하는데, 고지대마을, 벽지마을, 아파트단지, 산업단지, 학교 및 종교단체의 소재지 등을 기점 또는 종점으로 하여 이들 마을들과 가장 가까운 철도역 또는 노선버스 정류소 간을 운행하는 사업이다(여객자동차운수사업법 시행규칙 제7조 제4항).

한편, '시조례' 제2조 제1항 제2호(개정 2000.11.30)는 "'마을버스'라 함은 간선기능을 담당하고 있는 도시철도 또는 일반노선버스의 보조 · 연계기능을 담당"하는 버스라고 한다. 이 조례는 상위법에서는 명시하지 않은 표현인 "도시철도 또는 일반노선버스의 보조 · 연계기능"이라는 문구를 포함하고 있어서 시내버스와 노선이 중복 · 경합될 때 시내버스의 우선적 지위를 인정하고 있다.

마을버스운송사업은 여객자동차운수사업법이 규율하는 여객자동차사업의 하나이다. 여객자동차사업은 자동차의 운행구간을 정해 놓고 정기적으로 여객을 운송하는 노선여객자동차사업과 사업구역을 정해 놓고 그 구역 안에서 여객을 운송하는 구역여객자동차사업(여객자동차운수사업법 제3조 제1항)으로 나뉜다. 노선여객자동차사업에는 시내버스운송사업, 농어촌버스운송사업, 마을버스운송사업 및 시외버스운송사업이 있고, 구역여객자동차사업에는 전세버스운송사업, 특수여객자동차운송사업, 일반택시운송사업 및 개인택시운송사업이 있다(여객자동차운수사업법 시행령 제3조).

(2) 마을버스운송사업의 등록

여객자동차운수사업을 하고자 하는 자는 사업계획을 작성하여 사업의 종류에 따라 건설교통부 장관이나 특별시장 · 광역시장 · 도지사(이하 "시 · 도지사"라 한다)의 면허를 받거나 건설교통부 장관에게 등록하여야 하는데(여객자동차운수사업법 제5조 제1항), 2000년 8월 2일 여객자동차운수사업법 시행령의 개정으로 마을버스운송사업이 한정면허제[8]에서 등록제로 전환되었다. 등록대상인 여객자동차운송사업은 마을버스운송사업 · 전세버스운송사업 및 특수여객자동차운송사업이다(여객자동차운수사업법 시행령 제4조).

여객자동차운송사업의 등록은 여객자동차운수사업법 제67조 제1항, 동시행령 제26조 제1항 제1호에 의하여 시 · 도지사에게 위임되어 있다. 또 여객자동차운수사업법 제67조 제2항은 "시 · 도지사가 건설교통부 장관으로부터 위임받은 사항을 시장 · 군수 또는 구청장에게 재위임할 수 있다."고 규정하고 있다. 이에 따라, 서울특별시사무위임규칙(2001년 1월 15일 개정)의 별표 18의2에 따르면, 마을버스운송사업의 등록에 관한 사무는 구청장에게 위임되어 있다. 구청장은 시내버스운송사업, 농어촌버스운송사업이나 시외버스운송사업의 면허를 받은 자 중에서 교통카드의 판독기능, 하차시간 입력기능 등 관련 설비를 설치하고, 시장이 정한 요금기준 및 요율의 범위 안에서 요금을 신고하도록 조건을 부과하여 등록을 허용할 수 있다(시조례 제8조의2). 그러나 마을버스노선의 신설, 폐지, 연장 · 단축 및 조정에 관한 사무는 위임사항에서 제외하여 시장이 결정할 사항으로 남겨 놓고 있다.

(3) 마을버스등록업무의 법적 성격과 조례에 의한 규율의 합법성

여객자동차운송사업의 등록은 여객자동차운수사업법 제67조 제1항, 동시행령 제26조 제1항 제1호에 의하여 시 · 도지사에게 위임되어 있다. 여객자동차운수사업법 시행령 제26조 제1항은 "건설교통부 장관은 법 제67조 제1항의 규정에 의하여 다음 각호의 권한을 시 · 도지사에게 위임한다."고 규정함으로써, 명백히 여객자동차운송사업의 등록업무를 시장이나 도지사에게 위임해 놓고 있다. 따라서 시행규칙에서도 규정하지 않은 보다 세부적인 사항은 시장이나 도지사의 규칙으로 정해야 할 것으로 보인다. 그러나 여객자동차운수사업법 시행규칙 제21조 제2항(신설 2000.8.23)은 "이 규칙에 규정된 사항 외에 마을버스운송사업의 등록조건에 관한 사항, 운행계통의 기준 기타 마을버스운송사업의 등록에 관한 세부적인 사항은 시 · 도의 조례로 이를 정할 수 있다."고 하여 조례로 보다 세부적인 사항을 규정하

8) 건설교통부 장관 또는 시 · 도지사는 면허 또는 등록을 부여할 때 운송할 여객 등에 관한 업무의 범위나 기간을 한정하여 면허하거나, 여객자동차운송사업의 질서를 확립하기 위하여 필요한 조건을 붙일 수 있는데 이것을 한정면허제라 부른다(여객자동차운수사업법 제5조 제3항). 보다 상세한 내용은 후술한다.

도록 하고 있다.

이 조항을 근거로 서울시는 서울특별시여객자동차운수사업의 재정지원 및 한정면허 등에 관한 조례를 제정해 놓고 있다. 법률이나 시행령에서 기관위임사무로 정해 놓은 사무를 시행규칙으로 조례로 규율하도록 하는 것이 합법적인가? 법체계상 합법성에 중대한 문제가 있는 것은 아닌가? 법이론상 시행규칙은 법률이나 시행령의 하위법으로서 명백히 상위법에 위반된 하위법의 규정은 위법무효이다. 또 규칙으로 정할 사항을 조례로 정한 경우 해당 조례는 위법무효이다. 그러나 이른바 '위임조례'의 경우는 판례상 다르게 취급되고 있다.

판례에 따를 때, 지방자치법 제15조, 제9조에 의하면, 지방자치단체가 자치조례를 제정할 수 있는 사항은 지방자치단체의 고유사무인 자치사무와 개별 법령에 의하여 지방자치단체에 위임된 단체위임사무에 한하는 것이고, 국가사무가 지방자치단체의 장에게 위임된 기관위임사무는 원칙적으로 자치조례의 제정범위에 속하지 않는다 할 것이고, 다만 기관위임사무에 있어서도 그에 관한 개별 법령에서 일정한 사항을 조례로 정하도록 위임하고 있는 경우에는 위임받은 사항에 관하여 개별 법령의 취지에 부합하는 범위 내에서 이른바 위임조례를 정할 수 있다(대판 2000.11. 24. 2000추29; 대판 2000.05.30. 99추85; 대판 1999.09.17. 99추30).

3) 마을버스 노선허가(한정면허)의 의의와 성질

(1) 마을버스노선 한정면허의 의의와 성질

한정면허라는 개념이 어디에서 어떤 근거에서 유래한지는 아직 연구된 글이 없어 확인할 수는 없다. 현행법상 한정면허제도를 도입하고 있는 것은 여객자동차운수사업법 시행규칙과 선박직원법 시행령이다. 자동차운수사업법이 폐지된 후 여객운송에 관한 관련 규제는 여객자동차운수사업법에 의해 이루어지게 되었는데, 한정면허라는 용어는 이미 폐지된 자동차운수사업법에서도 쓰이고 있었다.

선박직원법 시행령 제4조 제1항은 "면허의 한정"이라는 조문명칭 하에 "1급 항해사 내지 4급 항해사의 면허는 상선에 한하여 승무하도록 한정하는 상선면허와 어선에 한하여 승무하도록 한정하는 어선면허로 구분한다."고 규정하고 있다. 그리고 선박직원법 시행령 제15조도 "한정면허를 받은 자에 대한 특례"라는 제목 하에 "제4조 제1항의 규정에 의하여 상선면허를 받은 자는 상위등급의 상선면허에 한하여 이를 받을 수 있으며, 어선면허를 받은 자는 상위등급의 어선면허에 한하여 이를 받을 수 있다."고 규정하고 있다. 선박직원법 시행령에서 말하는 한정면허는 항해사가 받을 면허를 상선이나 어선에 모두 승선하여 근무할 수 있는 포괄적인 성질의 것으로 하지 않고, 상선과 어선을 구별하여 그들 중 어느 하나에 한정하는 면허를 말하는 것임을 알 수 있다. 업무의 범위를 한정하고 있는 것이다.

여객자동차운수사업법 제5조 제3항은 "운송할 여객 등에 관한 업무의 범위나 기간을 한정하여 면허(이하 "한정면허"라 한다)를 하거나, 여객자동차운송사업의 질서를 확립하기 위하여 필요한 조건을 붙일 수 있다."고 규정하고 있다. 이 규정으로부터 한정면허제도는 운송할 여객 등에 관한 업무의 범위나 기간을 한정하는 면허라고 할 수 있다. 그리고 현행 여객자동차운수사업법 시행규칙 제15조는 법령들 중 유일하게 '한정면허'라는 조문명칭을 가지고 있는데, 특수한 노선여객자동차운송사업에 대하여 한정면허제도를 적용하도록 하고 있다. 한정면허는 "여객의 특수성 또는 수요의 불규칙성 등으로 인하여 노선운송사업자가 노선버스를 운행하기 어려운 경우"나(여객자동차운수사업법 시행규칙 제15조 제1항 제1호), "수익성이 없어 운행을 기피하는 노선"(여객자동차운수사업법 시행규칙 제15조 제1항 제2호)을 대상으로 하는 운송사업면허이다.

특기할 것은 여객자동차운수사업법 제5조 제3항은 "면허대상인 운송사업뿐만 아니라 등록대상인 운송사업에 대해서도 운송할 여객 등에 관한 업무의 범위나 기간을 한정하여 면허할 수 있다."고 규정하고 있으나, 시행규칙 제15조는 "한정면허라는 명칭에도 불구하고 운송사업의 면허에만 적용되는 규정"이라는 점이다. 등록대상인 마을버스의 노선허가에 대해서는 광역자치단체장에게 위임되어 있는데(여객자동차운수사업법 제67조 제1항), 서울시의 경우에는 조례로 규정하고 있다. '시 조례' 제8조는 "한정면허 등의 기본원칙"이라는 표제 하에 "시장은 다음 각호의 원칙에 따라 마을버스·공항버스·시내순환관광버스에 관한 제도를 운영하여야 한다."고 하면서, 제8조 제1호에서 "시장은 일반노선버스가 운행하지 아니하거나 운행하기 어려운 지역 등 주민들의 교통불편을 해소하기 위하여 마을버스 운행이 필요한 지역"을 발굴하도록 규정하고 있다. 이 규정으로부터 마을버스의 노선허가는 한정면허의 대상임을 알 수 있다. 판례도 마을버스 노선허가를 한정면허라고 부른다(대판 2001.1.19. 99두3812; 1999.10.12. 99두6026; 1999.4.9. 98두14464 등).

이상의 검토로부터 한정면허는 자격을 부여하거나 사업을 허가함에 있어 경쟁관계에 있는, 유사하지만 다른 자격증소지자나 사업자와의 경쟁을 일정한 사유가 있어 제한하기 위하여, 업무의 범위나 기간을 제한하는 허가라고 할 수 있을 것이다. 이 내용을 조금 더 자세히 설명하면 다음과 같다.

첫째, 한정면허는 유사하지만 다른 자격증소지자나 사업자와의 경쟁을 일정한 사유로 제한하여 과당경쟁을 방지하고자 등장한 것이다. 상선면허의 소지자는 동종의 상선면허소지자들과 직업시장에서 경쟁해야 하지만, 조금 범위를 넓혀보면 배를 운항할 능력을 갖추고 있다는 점에서 어선면허의 소지자들과도 경쟁관계에 있다고 할 수 있는 것이다. 마을버스사업자도 일부 노선이 중복되는 다른 마을버스사업자들과 경쟁하지만, 넓은 의미에서 볼 때, 시내버스사업자나 농어촌버스사업자와도 경쟁관계에 있는 것이다.

둘째, 한정면허는 업무의 범위를 제한한다. 마을버스의 경우, 시내버스, 농어촌버스나 시외버스가 운행하기 어려운 구역, 즉 고지대마을, 벽지마을, 아파트단지, 산업단지, 학교 및 종교단체의 소재지 등을 기점 또는 종점으로 하여 이들 마을들과 가장 가까운 철도역 또는 노선버스 정류소 간을 운행해야 한다.

셋째, 한정면허는 업무의 기간을 제한하기도 한다. 여객자동차운수사업법 시행규칙 제15조에서 한정면허대상으로 규정하고 있는 공항버스나 관광버스의 경우에는 동 제4항에서 한정면허의 기간을 3년 이내로 한정하면서, 동 제5항에서 한정면허의 기간만료 후 사업을 계속하고자 하는 때에는 기간만료일 3월 전까지 면허의 갱신을 신청하도록 하고 있다.

넷째, 한정면허에 의해 허용되는 업무는 보충적인 것이다. 즉, 한정면허에 의해 허용되는 업무가 일반면허에 의해 허용되는 업무와 중복·경합할 때 일반면허가 보다 우위에 있는 것이다. 마을버스노선허가의 경우, 시내버스와 그 노선허가가 중복·경합할 때 시내버스노선허가에 그 효력의 우위가 인정되어야 한다(대판 2001. 1.19. 99두3812). 마을버스노선허가와 시외버스노선허가가 중복·경합할 때에도 시외버스노선허가에 그 효력의 우위가 인정되어야 한다(대판 1999.10.12. 99두6026). 다만, 한정면허의 경우에도 취소되기까지는 여전히 유효하기 때문에 허용된 영업활동은 할 수가 있다.

(2) 한정면허와 부관의 구별

한정면허는 행정행위의 내용을 일반면허에 비하여 제한하지만 부관과는 구별되어야 한다. 업무의 범위를 제한할 때는 부담과 유사하고 업무의 기간을 제한할 때는 기한과 유사하기 때문에, 행정행위의 내용결정(Inhaltsbestimmung der Hauptregelung)과 부관(특히, 그중에서도 부담)은 서로 혼동되는 경우가 많다. 이 양자를 구별하기 위한 기준은 당사자의 신청과 관계법상의 실체적 기준들이라고 할 수 있는데, 이로부터 나오는 것들은 행정행위의 내용에 속하는 것이다.[9] 관계법의 내용이나 당사자의 신청내용이 매우 상세하다면 행정행위의 내용은 매우 구체적인 것이 될 것이다. 이때 외형상 부관과 내용결정은 구별하기가 힘들어 보이지만, 그 구별기준들을 검토함으로써 구별할 수 있을 것이다. 부관은 당사자의 신청에 없거나 신청과는 다르지만 행정청이 부가한 것이다.[10]

4) 마을버스의 노선허가(신설 및 조정)절차

등록대상인 마을버스의 노선허가에 대해서는 광역자치단체장에게 위임되어 있는데(여객자동차운수사업법 제67조 제1항), 이하에서는 서울특별시에서의 마을버스노선의 신설 및 조정 절차를 기술하면 다음과 같다. 노선의 신설 및 조정에 관한 원칙을 선언하고 있는 '시조례' 제8조는 두 가지의 원칙을 규정하고 있다. 첫째, 시장은 일반노선버스가 운행하지 아니하거나 운행하기 어려운 지역 등 주민들의 교통불편을 해소하기 위하여 마을버스 운행이 필요한 지역을 적극적으로 발굴하여 그 지역에 마을버스가 운행되도록 하여야 한다. 둘째, 마을버스는 간선기능을 담당하고 있는 도시철도 또는 일반노선버스의 보조기능 및 연계교통수단으로서의 기능을 담당하도록 하여야 한다.

마을버스노선 신설 및 조정의 절차는 서울특별시 마을버스 노선조정업무처리지침(2000.12.20)에 따를 때, 다음과 같은 순서로 진행된다.

첫째, 노선조정대상발굴절차이다. 시의 직권조사, 자치구청장의 건의, 버스업계 및 이용시민 등의 민원제기가 그 계기가 된다. 서울시의 주무과는 대중교통과이다. 특히, '시조례' 제8조의3 제1항은 "시장은 정기 또는 수시로 교통수요를 조사"하여

9) Hans-Günter Henneke, *VwVfG*(Knack, 6 Aufl., 1998.), §36, Rdn.3.2.1.
10) Wolff, Bachof & Stober, *Verwaltungsrecht1*, 10. Aufl., §48, Rdn.29.

야 한다고 규정하고 있어서 시장의 직권조사의무를 강조하고 있다.

둘째, 이해관계기관의 의견수렴절차이다. 자치구(동사무소 포함), 마을버스운송조합(자치구지부), 시내버스운송사업조합, 지역주민 등이 포함된 자치구 마을버스 노선조정심사위원회를 구성하여 토론 및 협의를 거쳐 노선조정안을 도출하게 된다.

셋째, 자치구에서 건의된 노선조정의 적정성여부를 서울특별시가 검토하여 확정하고 시보를 통해 공고한다.

마을버스노선의 신설 및 조정의 구체적 기준은 다음과 같다. 시장은 마을버스가 도시철도 및 일반 노선버스의 보조, 연계수단으로서 기능할 수 있도록 하기 위하여 고지대마을, 벽지마을, 아파트단지, 학교 및 종교단체의 소재지 등을 마을버스의 기점 및 종점으로 하도록 하여야 한다. 또 특별한 사유가 없는 한 이들 마을등과 가장 가까운 철도역 또는 일반 노선버스 정류소 간을 운행하도록 하며, 일반 노선버스의 운행계통에 마을버스 정류소를 설치하는 경우에는 3개소 이내의 정류소를 설치하여야 한다('시조례' 제8조의3 제2항). 자동차의 배차시간간격이 25분 이내가 되도록 자동차 대수와 운행횟수를 정하여야 하며('시조례' 제8조의3 제3항), 마을버스의 첫차는 기점을 기준으로 오전 6시 이전에 운행을 시작하여야 하고, 막차는 기점을 기준으로 오후 10시 이후까지 운행하도록 하여야 한다('시조례' 제8조의3 제4항).

3. 규제체계의 설계와 경쟁관계의 조정

1) 중요산업에 있어 규제체계설계의 원칙

중화학공업이나 정보통신산업의 경우처럼 전체경제에 미치는 영향이 크기 때문에 중요산업으로 인정받기도 하지만, 당해 사업에 대한 시민들의 인지도가 현저하게 높고 매우 복잡하기 때문에 중요성을 인정받기도 한다.[11] 시민들의 인지도가 높고 매우 복잡한 사업의 경우 규제과정에서 실체적 정당성뿐만 아니라 절차적 정당성도 갖추고 있어야 한다. 이 상황에서는 사업자들은 관료를 포획하지도 못하고

11) William Gormley, Regulatory Issue Networks in a Federal System, *Policy* 18, 1986; Paul Teske, The State of State Regulation, in; Rosenbloom & Schwartz, *Handbook of Regulation and Administrative Law*, 1994, pp.129－132.

정치인들보다도 고위의 전문관료와 전문가들, 그리고 중립적인 법원이 중요한 역할을 하게 된다. 정치인들은 시민들의 주목을 받는 민감한 사안들에 대해서는 스스로 결정하지 않고 위임해버리는 경향이 강하다.

중요산업의 영역에서 기업은 이윤추구자임과 동시에 공익보호를 위한 사회적 책임을 지고 있는 자이다. 따라서 기업행정은 기업에게 이윤추구를 허용하면서 적절한 사회적 책임을 이행하도록 보장하여야 한다. 이러한 과정에서 정부는 환경보호나 사회적 약자 보호와 같은 전 세계에서 공통적으로 문제되는 이익들의 보호뿐만 아니라, 교통질서의 안정성과 버스운송사업의 재무건전성 보호 등 한국의 현상황을 타개하기 위해 제정된 관계법들에 구체화된 다양한 이익들이 조화롭게 보호되도록 규제체계를 설계해야 한다.

한편, 직업행사의 자유는 입법자에게 보다 폭넓은 형성의 자유가 인정되므로 여러 가지 사정을 입법정책적으로 고려할 수 있다. 그렇지만, 버스교통은 국민생활의 기초질서형성요소로서 정부가 국민의 생활배려관점에서 규제체계를 설계하여야 하고 개별 기업들의 이윤추구동기가 냉혹하게 작동하는 시장의 보이지 않는 손에 그 질서형성을 맡길 수는 없다. 시장과 정부의 관계에서 극단적인 시장우위적 관점은 중요산업의 영역에서조차 해당 산업계의 경쟁의 구조와 방식을 시장에 맡겨야 한다고 보지만, 국민생활에 중요한 산업의 경우에는 보이지 않는 손에 그 주요질서형성을 그대로 맡기는 정부는 거의 없거나 있어도 그 부작용 때문에 일시적인 현상으로만 존재한다.

중요산업의 영역에서 시장에 대한 정부의 역할은 보다 중립적인 입장에서 시장에서 수요와 공급의 상황을 살펴 정부가 해당 시장실패의 위험을 감당할 수 있는 형태로 그 역할과 규제체계를 설계해야 한다. 시장상황에 대한 철저하고 지속적인 정보파악없이 실험적으로 시장이 효율을 보장할 것이라는 맹목적인 믿음에 의해서 규제체계를 설계하는 것은 실패로 인한 과중한 부담을 정부와 전체시장에 지우는 경우들이 많다. 수요와 공급이라는 경제적 관점을 취하는 경우에도 일방적으로 시장의 자유에 우위를 인정하는 것이 아니라, 정부가 시장에 보다 깊숙하게 들어가 사업자 간의 이해관계를 조정하는 것이 필요하다는 입장은 가능하다.

버스산업을 고려하여 중립적 입장에서 수요와 공급의 관점을 취한다는 것이 갖는 그 구체적 의미를 보다 상세히 기술하기로 한다. 첫째, 행정규제기본법의 입장과 달리 버스사업규제에 관한 한 일방적으로 경쟁제한적 규제철폐의 관점만을 우위에 두고 버스사업규제의 철폐에 접근하는 것은 적절하지 않다. 물론, 시장경쟁에 맡기는 것이 합리적으로 보이는 상황에서는 경쟁제한적 규제를 철폐하여야 하겠지만 특정 규제는 과당경쟁의 방지 관점에서 필요한 것일 수도 있다. 그 판단의 기준은 시장상황에 대한 충분한 사실정보와 경제헌법상의 원칙들이 될 것이다. 공급자의 입장에서 정부규제는 공급자 간의 경쟁을 제한하는 행위일 수도 있고 과당경쟁을 방지하여 기업부실을 막아주는 행위일 수도 있다. 버스사업의 경우, 지하철, 자가용, 마을버스, 셔틀버스 등과 경쟁관계에서 승객을 운송하여야 하기 때문에 사업자간의 이해조정이 매우 중요하다. 버스사업자 상호 간 또는 마을버스사업자 상호 간의 경쟁도 중요한데 그들끼리는 노선조정에 의해서 이해관계가 조정된다. 이 상황에서는 규제의 철폐관점에서 접근하는 입장보다는 시장 내에서의 이해갈등의 조정을 위한 정부규제의 설계관점이 의미를 갖는다.

둘째, 정부가 시장 내에서 사업자 간 이해조정의 관점에서 적절한 개입을 하기 위해서는 시장상황에 대한 철저한 정보파악이 매우 중요하다. 문제된 사업자들은 시장에서 어떠한 상황에 놓여 있는가, 동업자들 간 기업의 규모에 따라 또는 지역에 따라 어떻게 달라지는가, 다른 사업자들과는 어떠한 경쟁관계에 놓여 있는가? 정부개입이 필요한가, 정부개입으로 인해서 시장의 각 주체들에게 어떠한 영향이 가해지는가, 새로운 규제체계가 일정한 사업자에게 과중한 피해와 부담을 지우는 것은 아닌가? 수요와 공급의 관점에서 이해조정을 위하여 정부가 개입할 필요성과 개입방식에 관한 답은 대부분 해당 시장상황에 달려 있고, 따라서 정부가 그 시장상황에 관한 정보를 얼마나 충실하게 파악하는지가 결정적 의미를 갖는다.

셋째, 정부규제의 설계 및 평가에 있어 규제의 결과에 대한 고려가 매우 중시되므로 '보이지 않는 손'에 맡기는 방식이 아니라 오히려 '보이는 손'으로서 정부가 적절히 역할을 수행할 것이 기대된다. 이용하는 승객들의 불편 때문에 쉽게 버스사업면허를 취소시키지도 못하고 과징금만을 주요 감독수단으로 활용할 수밖에 없는 상황, 즉 버스사업과 같이 사후감독적 수단이 강력하기 어려운 사업에 대한 규제에 있어서는 기업활동에 대한 사후적 감독보다는 사전적 진입규제가 더욱 중요하다. 따라서 사업자에게 가해지는 부실화 및 도산의 결과를 방지하도록 사전적 진입규제체계를 설계해야 하는 정부에게는 규제체계의 설계 시 사업자 간 적절한 경쟁규

형을 예측하여서 계획적으로 설계하여야 하는 매우 과중한 부담이 지워지는 것이다.[12)]

2) 시내버스와 마을버스의 경쟁관계의 조정조례의 평가

규제기준의 설정과 그의 구체적 적용을 통해 행정이나 법원은 시내버스와 마을버스, 농어촌버스와 마을버스의 이해관계의 균형점에 중대한 영향을 미치게 된다. 버스노선은 희소재로서 그 배분액을 둘러싸고 이해관계주체 간에 치열하게 경합하고 있는데, 입법자에게는 소비자를 보호하면서도 공급자 간의 이해조정을 위한 상당한 형성의 여지가 인정된다.

최근 대법원은 서울시 강남구의 4개 마을버스노선이 시내버스노선과 그 정류소들이 중복됨을 이유로 폐지하였다. 즉, "기존 일반버스의 노선이나 도시철도의 분포와 운행지역 등 여러 사정을 종합하여 이용주민의 편의를 위하여 연계지점으로 운행노선이 서로 다른 도시철도역 수개를 지정할 필요가 있는 등 특별한 사정이 없는 한 연계지점을 다수 선정하고 기존 일반노선버스와 중복되는 곳에 수개의 정류소를 설치하거나, 노선거리를 지나치게 장거리로, 운행시간을 장시간으로 하는 등 보조 또는 연계교통수단으로서의 기능을 넘어 실질적으로 일반노선버스로서의 역할을 하게 하는 것은 마을버스의 본질에 어긋나 허용되지 아니한다."고 판시하였다(대법원 2001.1.19. 선고 99두3812 판결). 즉, 마을버스의 신규노선이 일반노선버스사업의 보조기능 및 연계교통수단으로서의 기능을 넘어서 실질적으로 강남구 관내를 운행하는 일반노선버스사업을 허용한 것과 같은 의미를 가져서는 안된다는 것이다.

이 판결이 나온 이후 시내버스와 마을버스의 과도한 경합운행의 방지가 중요한 이슈로 제기되었다. 그리하여 서울시는 도시철도와 일반노선버스의 보조·연계수단으로서의 역할을 규정하고 있는 여객자동차운수사업법에 따라 지난해 5월 일반버스의 노선과 겹치는 마을버스 정류장 수를 3개 이내로 제한하는 내용의 조례('시조례' 제8조의3 제2항)를 제정하여 시내버스노선과 중복되는 마을버스노선을 줄이거나 폐지하고 마을버스 정류소를 대폭 줄이는 조치를 취하고 2002년 1월 1일부터 시행하였다. 입법자는 한정면허제도를 통해 시내버스의 재정적자문제를 심각한 문

12) Christian Koenig, *Die Öffentlich-rechtliche Verteilungslenkung*, 1994, SS.351-371.

제로 인식하여 시내버스의 노선허가가 마을버스의 노선허가와 경합·중복될 경우 시내버스노선에 우선적 효력을 부여한 것이다. 그렇지만, 조례를 통해 중복버스정류소가 3개 이내이어야 한다는 것으로 한정면허의 내용을 크게 제한하고 있는 점('시조례' 제8조의3 제2항)은 현실적으로 기존에 노선면허를 받아 운영하는 업체들의 경우 3개 이상의 정류소가 중복되는 경우도 상당수 존재하는 실정임을 고려할 때 너무 과도한 규제가 아니었나 하는 의문이 든다.

구체적으로 살펴볼 때, 전체 마을버스 253개 노선 중 197개 노선은 이미 조정되어 문제없이 시행되고 있었으나, 시내버스와 경합 정도가 심하거나 관계법령상 마을버스등록규정들에서 제시된 기능에 맞지 않는 56개 노선(286개 정류소)에 대하여는 2002년 1월 1일부터 기존 정류소를 축소하였다.[13] 그러나 강남구·서대문구 등 7~8개 마을버스노선을 이용하던 주민들이 "대안도 없이 폐지부터 한다."며 강력히 반발하자(대한매일신보 2002년 1월 5일), 서울시는 시행 사흘만인 4일 축소 조치를 전격 유보하였다. 즉, 이용시민의 불편과 민원이 가중되고 있다는 이유로 이 노선들에 대하여 개별적으로 보다 정밀한 조사를 통해 시민불편을 해소할 수 있는 조치를 취하기로 하고, 이 정밀조사 기간 동안 정류소 축소는 당분간 유보하기로 하였다.[14] 하지만, 이 유보조치는 마을버스노선과 겹치는 시내버스 업체들의 비난을 면키 어렵고, 이미 지난해 정류소를 축소 운행하고 있는 다른 마을버스 업체들과 형평에 맞지 않는 측면도 있다.

마을버스 노선허가를 한정면허로 성격규정하고 마을버스노선과 시내버스노선을 3개 이내로 줄이도록 규제기준을 마련함으로써 입법자는 매우 구체적으로 규제방향과 기준을 제시했다. 그러나 이와 같이 마을버스의 경쟁활동을 제한하는 규제는 행정규제기본법 시행령 제6조 제1항 제5호가 규정하고 있는 경쟁제한적 규제로서 철폐의 대상이 된다고 볼 수도 있다. 경쟁제한적 개입이 필요하다고 하더라도 비례원칙에 의해 가장 침해의 정도가 적은 방법을 채택하여야 한다. 새로운 규제조치를 설계하여 시행하기 전에 당해 조치가 이해관계인들에게 야기할 불이익과 불편의 내용을 충실하게 조사하고 분석하여야 한다. 나흘만에 새로운 규제조치를 유

13) 서울특별시 홈페이지 www.metro.seoul.go.kr 공지사항란 2002년 1월 4일자 "마을버스 정류소 축소 유보" 참조.
14) 위의 곳, "마을버스 정류소 축소 유보" 참조.

보한 후, 서울시 대중교통과장이 "시내버스 배차간격이 10분 이상인 곳, 노약자·학생 등의 이용이 많은 곳, 마을버스에서 내리고 난 뒤 2차례 환승해야 하는 곳 등은 정류장 축소대상에서 제외해줄 방침"이라고 진술했다는 것(대한매일신보 2002년 1월 5일)은 새로운 규제조치의 설계에 있어 충분한 정보의 수집과 서울시와 시민들이 감당할 수 있는 부담과 불편의 정도를 적절히 평가하지 못하지 않았는가 하는 의문이 든다. 규제설계의 잘못에 대해 시민들이 더 이상 인내하지 않는다는 것을 보여준 사례라고 생각된다. 따라서 버스정류소 중복에 관한 규제기준의 정립에 있어서는 조금 더 유연한 규제기준을 도입하되 부관에 의해서 구체적 상황에 맞게 허가할 수 있는 재량여지를 인정하는 것이 좋을 것으로 보인다.

3) 허가처분의 재량행사기준으로서 과당경쟁의 방지

마을버스 노선허가는 행정청의 재량에 속하는 사항이다. 판례도 "마을버스운송사업면허의 허용여부는 사업구역의 교통수요, 노선결정, 운송업체의 수송능력, 공급능력 등에 관하여 기술적·전문적인 판단을 요하는 분야로서 이에 관한 행정처분은 운수행정을 통한 공익실현과 아울러 합목적성을 추구하기 위하여 보다 구체적 타당성에 적합한 기준에 의하여야 할 것이므로, 그 범위 내에서는 법령이 특별히 규정한 바가 없으면 행정청의 재량에 속하는 것이라고 보아야 할 것이고, 또한 마을버스 한정면허 시 확정되는 마을버스노선을 정함에 있어서도 기존 일반노선버스의 노선과의 중복 허용 정도에 대한 판단도 행정청의 재량에 속한다."고 한다(대법원 2001.1.19. 선고 99두3812 판결). 다만, 이때 노선의 중복 정도는 개별 일반노선버스와 개별 마을버스를 비교하여 판단하여야 하고 관련된 버스노선 전체를 비교대상으로 삼아서는 안된다(대법원 2001.1.19. 선고 99두3812 판결).

행정실무상으로도 3개 이내의 정류소금지조항이라는 입법적 기준의 존부여부와는 상관없이 허가처분재량에 관한 행사기준이 다르게 정립됨으로써 노선허가의 취득에 중대한 영향을 미치고 있다. 시내버스에 대한 마을버스의 보완성을 인정한다 하더라도 행정이 마을버스 노선허가에 있어 중복 버스정류소에 관한 규제재량의 여지를 실체적 측면에서 어떻게 행사하는 것이 적절한지에 대해서는 실무운용의 기준인 훈령이나 시행규칙에서도 그 입장이 나뉘고 있다. 제1안으로는 "건설교통부 훈령 제138호 버스운송사업한정면허제도운영요령 제3조 제1호와 제4조 제1항 제4호가 관할관청에 대하여 주민들의 교통불편을 해소하기 위하여 마을버스 운행이 필요한 지역을 적극적으로 발굴하여야 할 의무를 부여하고 있고, 마을버스 운행계통이 일반노선버스 운행계통과 일부 중복되는 경우 중복운행하는 구간에서는 마을버스가 정차하지 않는 조건으로 마을버스운송사업 면허를 적극 허용"하는 방안이다.[15] 제2안은 "이처럼 운행구간이 중복되는 이상 정차지점을 다소 달리 하더라도 그것만으로 마을버스 운영에 필요한 한정면허의 요건이 충족되는 것은 아니고"(대법원 1999.10.12. 선고 99두6026), "기존 일반버스의 노선이나 도시철도의 분포와 운행지역 등 여러 사정을 종합하여 이용주민의 편의를 위하여 연계지점으로 운행노선이 서로 다른 도시철도역 수개를 지정할 필요가 있는 등 특별한 사정이 없는 한 연계지점을 다수 선정하고, 기존 일반노선버스와 중복되는 곳에 수개의 정류소를 설치하거나, 노선거리를 지나치게 장거리로, 운행시간을 장시간으로 하는 등 보조 또는 연계교통수단으로서의 기능을 넘어 실질적으로 일반노선버스로서의 역할을 하게 하는 것은 마을버스의 본질에 어긋나 허용되지 아니한다."고 하여 마을버스의 보조수단으로서의 성격을 매우 강조하는 입장이다(대법원 2001.1.19. 선고 99두3812 판결).

판례는 제2안을 지지하면서 "이 사건 면허처분을 받은 소외 회사들이 그 판시와 같이 버스 등 장비를 구입하여 마을버스를 운행하고 있고, 그 이용주민이 많아 그 취소 시 소외 회사들이 상당 한 재정적 피해를 입게 되며 주민들이 대중교통 연계수단을 잃게 되는 등 불이익이 있다고 하더라도 피고는 일부 노선을 폐지하거나 변경하는 방법으로 마을 버스노선을 다시 정하여 면허처분을 할 수 있는 것"이라고 하여(대법원 2001.1.19. 선고 99두3812 판결), 면허처분을 받은 회사들에 대하여 시내버스와 중복·경합을 벌이지 않게 새로운 노선을 허가하는 등의 방법으로 그 손실을 만회시켜줄 수도 있다고 하였다. 이를 통해 법원은 최적 조화의 원칙에 따라 시내버스운송회사와 공존하면서 마을버스의 생존을 도모할 수 있는 규제조치를 설계하는 것이 우리 법질서가 바라는 것이라는 것을 명시적으로 밝혔다. 과거의 판례들은 잘못된 처분을 취소하면서도 가능한 규제의 새로운 대안의 제공에 있어 매우 인색했었는데, 그러한 태도와 비교할 때 이 판결은 진일보한 것이다.

한편, 절차적 측면에서도 마을버스 노선허가를 어떻게 운용하는가에 따라 허가

15) 대법원 1999.10.12. 선고 99두6026에 소개되고 있다. 이 판례는 이 입장에 반대한다.

의 난이도가 크게 달라질 수도 있다. 노선허가절차의 일부분인 의견수렴절차에 참여하는 이해관계인으로 누가 참여하는가, 제시된 의견에 어떤 의미를 부여하는가에 따라 실무상 마을버스 운송사업허가취득의 난이도가 크게 달라진다. 특히, 허가될 마을버스노선과 중복되거나 일부 승객을 빼앗길 우려가 있는 시내버스운송조합이 의견수렴절차에 참여하는가에 따라 달라지고, 또 수렴된 경우에도 시내버스운송조합의 의견을 허가여부결정에서 어떻게 고려하는가에 따라 달라진다. 최근 대법원이 서울시 강남구의 4개 마을버스노선이 시내버스노선과 그 정류소들이 중복됨을 이유로 그 허가를 취소시키는 판결(대법원 2001.1.19. 선고 99두3812 판결)을 한 후 마을버스노선은 과거와는 달리 매우 엄격하게 허가가 발급되고 있는 것으로 보인다.

서울시 민원처리온라인공개시스템에 공개된 마을버스노선허가과정을 분석하여 보면, 2001년 1월 21일의 대법원판결이 나오기 전까지 실무상 의견수렴절차에 시내버스운송조합은 참여하지 않는 경우도 있었다. 즉, 2000년 5월 9일 강남역을 기점으로 하는 01-2번 노선변경허가신청에 대해 해당 동사무소에 대해서만 의견수렴을 하였다. 2000년 6월 1일 용산구청장도 이촌역을 기점으로 하는 3번 버스의 노선변경신청의 허가과정에서 관할경찰서와 관할동주민들의 의견만을 듣고 의견수렴절차를 마쳤다. 또 시내버스운송조합이 반대의견을 내놓더라도 마을버스운송사업면허를 하였다. 즉, 대림역을 기점으로 하는 15-26번 버스가 노선분할연장안을 제출하자 안양교통이 의견수렴절차에서 반대의견을 제출하였으나, 2000년 1월 29일 구로구청장은 노선분할연장을 허가하였다.

그러나 2001년 1월 21일의 대법원판결이 나온 이후 실무운영방식은 크게 바뀌어서 마을버스 노선허가를 받는 것은 극히 어려워지고 있다. 시내버스운송조합이 의견수렴절차에 반드시 참여하고 있으며, 반대의견이 있으면 마을버스 노선허가는 나오지 않고 있다. 즉, 2001년 10월 15일 성수역을 기점으로 하는 마을버스 노선신설신청에 대하여 시내버스운송조합의 반대가 있자 동사무소들과 마을버스조합의 동의에도 불구하고 허가거부되었는데, 이와 유사한 사례들이 다수 출현하고 있는 것으로 보인다.

4) 수익적 처분의 취소사유로서 과당경쟁

마을버스 노선허가를 이미 받아 운영하고 있는 마을버스사업체에 대해서는 신뢰보호의 원칙에 따른 수익적 행정행위의 취소제한의 법리가 적용된다. 서울시 강남구의 4개 마을버스노선의 정류소들이 시내버스노선과 중복됨을 이유로 제기된 마을버스 노선허가 취소소송에서 대법원은 인용판결을 내리면서 이 부분에 대해서 다음과 같이 설시하고 있다. 즉, "원심판결에 수익적 행정행위의 취소에 관한 법리 오해가 있다는 상고이유의 주장은 상고 이후에 비로소 주장된 것일 뿐만 아니라, 기록에 의하면, 이 사건 면허처분이 취소되지 않음으로써 원고 등이 입게 될 불이익이나 위법한 한정면허를 취소하여야 할 공익상 필요가, 그 취소로 인하여 받게 될 소외 회사나 그 직원들의 불이익과 이용 주민들이 입게 될 불편 등보다 중대함을 알 수 있는 바, 사정이 그러하다면 이 사건 면허처분을 취소하는 것이 수익적 행정행위의 취소에 있어서 재량권의 한계를 일탈한 위법이 있다고 할 수 없으므로 결국 위 상고이유도 이유 없다"(대법원 2001.1.19. 선고 99두3812 판결). 이 판결에서 대법원도 시내버스운송회사들의 경영수지악화문제를 심각하게 인식하여 "마을버스"회사나 그 직원들의 불이익과 이용 주민들이 입게 될 불편"을 인식하고 있으면서도, 시내버스회사의 이익에 우위를 인정함으로써 경쟁제한적 규제의 철폐관점보다는 과당경쟁의 방지관점을 중시하였다. 이를 위해 법원은 보조 또는 연계교통수단으로서의 기능이 마을버스 역할의 본질이라는 논리를 구사하였다(대법원 2001.1.19. 선고 99두3812 판결).

4. 결 어

법원이 어떤 처분에 대하여 경쟁제한적 규제로서 위법한 것으로 판단하는가 아니면 과당경쟁방지를 위해 필요한 합법적인 것으로 보는가는 소송당사자에게는 소송의 승패와 직결되는 매우 중요한 문제이다. 규제체계의 설계관점에서 우리 행정판례를 분석하는 것은 소송요건이 아니라 본안판단의 기준으로서 재량이론의 발전을 위해 의미를 가질 수 있다. 행정청의 광범위한 재량에 비하여 재량이론이 매우 추상적인 수준에서의 논의에 그치고 있는 상황에서 설계의 대상으로서 처분을 바라보고 처분설계의 기준을 검토하는 것은 처분중심의 행정법학에 새로운 시각을 제공한다. 공정하고 중립적인 입장에서 이해관계를 조정하는 것으로 점점 더 행정과 행정법학의 성격이 변해가는 현대행정상황에서 공무원들의 핵심적인 고민은 어떻게 처분을 설계하고 부관을 설계하는 것이 합법적이면서 합리적인 결과를 가져올 것인가에 있다고 할 수 있다.[16] 규제설계의 관점은 언제 당해 처분에는 하자가 있는가 하는 관점에서 접근하는 것에 비해 처분을 해야 하는 행정청뿐만 아니라 판결이 사회와 시장에 미칠 결과도 고려하지 않을 수 없는 법원에게도 보다 실질적인 도움을 제공할 수 있다.

여기에서는 마을버스 노선허가와 그의 취소에 관한 대법원의 판결을 중심적인 고찰대상으로 삼아 판결 이후 서울시의 마을버스 노선허가절차의 실제운영모습, 시민들의 반응 등 사회에 미치는 영향까지 분석하여 미시적인 관점에서의 규제연구와 행정판례가 나아가야 할 방향을 시사하는 데 기여하고자 하였다.

Ⅱ 규제개혁과 정부책임-건설산업의 규제개혁-

여기서 다룰 주제는 가장 과감한 규제철폐가 단행되었던 사례에 관한 것이다. 1997년 IMF 경제위기를 극복하기 위해 우리 정부는 기존에 존재하던 총 규제의 2분의 1을 단기간에 철폐하는 것을 목표로 대통령은 각 부처의 관계법령에 규정된 규제에 대해 철폐목표와 철폐대상을 선정해 그 철폐현황을 주기적으로 보고하도록 지시하였다.

이 시기 건설산업은 1970~1980년대 부동산투기의 열풍을 타고 산업의 규모를 매우 키운 상태에서 경제위기를 맞이해 큰 어려움을 겪고 있었다. 맹목적 규제철폐가 초래하는 심각한 문제점을 잘 보여주는 사례이다. 기존의 규제를 철폐하더라도 적절한 대안을 고려해야 한다는 것, 적어도 핵심산업의 영역에서는 심각한 부실의 발생을 예방하고 불법행위를 방지하기 위해 유효한 경제질서를 형성하고 유지시켜줄 책임을 정부가 망각하거나 포기해서는 안된다는 것을 보여준 사례이다.

16) 이러한 시각에서 쓰여진 매우 광범위한 독일 교수자격논문으로, Matthias Schmidt-Preuß, *Kollidierende Privatinteressen im Verwaltungsrecht*, 1992가 있다.

1. 중 · 장기적 효율성확보실패로 인한 개혁위기와 이데올로기에 대한 맹신의 극복

개방사회에서 경제발전의 수단들에 대한 기초지식은 대부분의 정부들이 공유하고 있기 때문에, 단기적 효율성을 목표로 하는 정책은 즉시 경쟁국가들의 상응하는 정책에 의해 그 효과를 상쇄당하여 부작용만 남겨 놓게 된다. 이제 국가 간 진정한 경쟁은 경제사회발전을 위해 어떤 사회가 중・장기적 효율성을 위한 집중력을 가지느냐에 있다. 중・장기적 효율성을 위한 집중력은 새로운 정책들의 미래효과에 대한 예측력과 핵심정책에 대한 사회적 갈등의 조정능력에 달려 있는데, 이것들은 현재의 경제사회질서의 문제들에 대한 정확하고 충실한 인식과 평가를 전제로 할 때만 확보가능한 것이다. 또 현실적으로는 정책도구들과 규제수단들을 단기적으로 상호모순적으로 사용하는 빈도를 줄여 정책과 규제의 실패비용을 어떻게 최소화할 수 있느냐에 달린 문제이기도 하다.

이기적인 인간들이 모여 사는 생활세계에서 시장은 교환의 성립을 위하여 화폐와 상품을 요구할 뿐 인맥이나 배경을 요구하지 않으므로, 특정인의 편견에 의하여 방해받지 않고 누구든지 자유롭게 시장에 참여할 수 있다는 장점을 갖는다. 이로 인해, 시장은 많은 사회적 갈등을 해소하고 개인의 필요를 충족시켜줄 수 있다. 그러나 시장이 모든 사회적 갈등을 해결할 수는 없다. 특히, 집단적 갈등과 같은 심각한 문제에 대한 시장의 해결능력은 취약하므로 정부에 의한 적절한 개입이 요구되게 된다.

IMF 이후 한국의 건설수요시장이 국내부문과 해외부문에서 함께 급격히 축소되어 가는 시점에서 기존의 공급자들은 부실과 도산의 위험이 커지고 있었다. 수요시장의 급격한 위축은 시장의 가격메커니즘에 의한 자율적 해결능력에 중대한 위기를 초래하였으므로 건설기업들의 광범위한 도산에 의해 초래될 주식시장의 붕괴위험방지와 아파트입주예정자들과 채권자인 금융기관의 보호를 위한 정부책임의 강화를 필요로 하는 상황이었다. 따라서 강력한 구조조정에 의해 부실기업의 정리와 재무구조의 건실화, 아파트입주예정자들의 보호 및 적절한 수요증진정책이 필요한 상황이었다. 그러나 IMF 이후 건설수요가 크게 축소되고 있는 상황임에도 불구하고 정부정책의 핵심은 대폭적인 진입규제완화에 있었고, 이에 의해 건설시장에 회복하기 어려운 피해와 위기가 발생하였다. 공급자들의 숫자는 3배로 늘어났을 뿐만 아니라 매년 공급자의 증가속도가 더 빨라짐으로써 정부의 구조조정정책만으로는 부실기업정리에 한계가 발생하여 원천적으로 참여기업들을 줄이지 않으면 안되게 되었던 것이다. 그리하여 다시 진입규제강화정책으로 복귀하게 되었던 것이다.

해당 산업상황이 필요로 하는 것과 정반대 정책이 이처럼 추진되는 것은 정책결정자가 아무런 이데올로기나 선입견없이 상식적인 판단능력으로 정책에 접근했었다면 결코 나타날 수 없는 현상이다. 이미 이데올로기를 맹신하여 남북전쟁과 같은 엄청난 혼란에 시달렸던 한국에서 아직도 우리는 상식의 중요함과 이데올로기의 위험성을 깨닫지 못했다. 조선의 멸망을 불렀던 삼정의 문란에 대한 원인분석에서 정약용은 목민관의 무지와 공무원의 부패를 그 핵심원인으로 꼽았다. 이 책에서는 정책결정자를 현대적 무지에 빠뜨렸던 이데올로기에 대한 맹신을 극복하고 한국의 경험적 상식에 기초한 정책과 규제체계의 설계를 위한 공법학의 기여가능성과 과제를 검토할 것이다.

2. 건설산업에 대한 규제개혁실패와 진입규제의 재강화

건설산업분야의 진입규제정책을 중기적으로 살펴볼 때, 규제정책의 방향과 목표의 오류, 규제체계의 중·장기적 일관성의 상실은 건설산업의 위기심화와 밀접한 상관관계가 있다. 건설산업에 대한 재규제 시도는 현재의 규제체계가 피규제자들에게 부과할 비용에 대한 예측에 있어 현저한 실패를 했다는 것을 정부가 어쩔 수 없이 인정하게 되었다는 것을 의미한다. 정부는 정책의 목표와 방향을 시장상황에 대한 냉정한 분석에 기초해서 정하지 않았다. 정책결정자들과 이론가들은 무책임하게 맹목적으로 영미권국가에서 추진해오던 방향을 무조건 옳다고 추진했다. 이 실패는 신자유주의적 법경제학자들이나 행정규제개혁론자들이 정부와 공법적 규제에 대하여 비이성적인 불신감정을 가지고 있었다는 점에 그 중대한 원인이 있었다. 새로운 규제개혁의 설계자들은 제한된 시간과 능력의 한계로 인해 매우 복잡한 이해관계망들[17]을 무시하거나 경시하고 수량화하기 어려운 것들은 제외하면

17) 건설사업자의 수익측면에서는 건설사업자의 수와 건설시장의 크기가 중요한데, 특히 중소사업자

서,[18] 시장의 효율성에 대한 맹목적인 신념에 의해 공법적 규제의 비용을 과대평가하여 급진적으로 규제철폐를 밀어붙였던 것이다.[19]

1) 김대중정부 이전 건설산업의 진입규제체계의 주요내용과 그 목적

건설업에 대한 규제는 건설업법에 의하여 이루어지고 있었으나 그 내용의 단편성을 극복하고자 1996년 12월 30일 법률 제5230호에 의해 새로이 건설산업기본법으로 제정되었다. 과거 건설업법 제1조에서도 규정하고 있었고 현재의 건설산업기본법 제1조도 규정하고 있는 건설산업규제의 목적은 "건설공사의 적정한 시공과 건설산업의 건전한 발전"의 도모이다. 성수대교 붕괴나 삼풍백화점 붕괴의 예에서 중요한 국가과제로 부각되었던 부실시공을 방지하고, 시공실적, 기술, 자본, 장비, 인력 등이 부족한 영세 건설업자들의 무질서한 난립을 막아 부적격자를 배재하려는 것이다.

부실시공의 방지를 위하여 입법을 통해 정부가 구체화한 내용은 대기업들이 획득가능하였던 일반건설업면허를 통해 대기업들만이 그 전문특성이 다른 복수의 건설사업들과 대형시설물을 건설할 수 있되, 중소기업들에 대해서는 전문건설업면허를 통해 작은 자본으로 참여가 가능한 특수한 건설사업만을 전문적으로 시공하도록 하였다. 이를 위해 1996년의 건설산업기본법 제8조 제1항은 일반건설업과 전문건설업으로 구별하고 있었다. 또 정부의 건설사업자들에 대한 감독능력의 부족을 고려하여 5년마다 면허요건이 준수되고 있는지를 건설사업자들 스스로 입증하도

는 대기업이 참가할 수 없는 사업과 중소기업에게 의무적으로 하도급해야 하는 비율에 의해 그 수익이 좌우된다. 아파트입주예정자와 같은 소비자들은 정해진 기한 내에 아파트가 완공되고 필요한 시설이 갖추어져 있는가 여부, 건축물의 물적 안전성, 충분한 건축공급에 의한 가격의 적정성 등에 중대한 이해관계를 갖고 있다. 건설사업자에게 자본을 대출한 금융기관들은 건설사업자의 재무상태에 따라 채권회수 정도가 결정되므로 건설시장의 침체여부, 건설사업자들의 부실화 진행 정도에 대해 높은 이해관계를 갖는다. 따라서 규제체계를 새로이 설계할 때에는 이러한 이해관계와 그에 미칠 위험을 철저히 고려하고 배려하여야 한다.

18) Susan Rose-Ackerman, *Rethinking the Progressive Agenda-the Reform of the American Regulative State-*, 1992, p.191. 이하에서는 Reform of the American Regulative State로 인용.

19) 이상호, 김대중정부의 건설규제개혁 평가, 1999, 한국행정학회 하계학술대회 발표문, 377면도 "김대중정부 1년 간의 규제개혁은 놀라운 것이었다. 대통령의 강력한 정치적 리더쉽을 배경으로 규제건수의 50%를 1년만에 폐지한 성과는 전 세계 어디에서도 찾아보기 어려울 것이다."고 하면서도, "규제를 푸는 데만 치중한 나머지 규제개혁 이후의 정부역할을 정립하는 준비는 거의 이루어지지 못했다."고 한다.

록 하기 위해 일반건설업과 전문건설업의 면허자 모두 5년마다 면허를 갱신하지 않으면 그 효력을 잃도록 규정했다(1996년의 건설산업기본법 제9조 제4항).

지나치게 영세한 부실업체는 건축물을 완공하지 못하고 중도에 자본부족으로 도산하여 공사의 발주자나 아파트입주예정자들에게 커다란 피해를 줄 수 있다. 이와 같이 영세한 전문건설업자의 시장진입을 막기 위하여 면허요건으로서 필요한 자본금을 최소 1억 원 이상으로 하였다(1996년의 건설산업기본법 시행령 제13조 관련 별표2). 시공경험이 전혀 없는 자의 시장진입을 방지하기 위하여 시공경험을 갖추고 있을 것을 국가발주공사에서 낙찰자의 요건으로 규정하였다(1996년의 국가를 당사자로 하는 계약에 관한 법률 시행령 제42조 제2항).

이 당시의 규제체계는 일반건설업자와 전문건설업자, 대기업과 중소기업을 분리하여 대기업은 다른 대기업들과 경쟁하고, 중소기업은 다른 중소기업과 경쟁하도록 할 뿐, 대기업이 중소기업과 직접 경쟁하지 못하도록 하였다. 이를 위해 10억 원 이상의 공사는 반드시 공종별로 전문건설업자들에게만 하도급할 수 있도록 하였는데(1996년의 건설산업기본법 제30조 제1항), 이 제도는 대부분 중소기업인 전문건설업자들의 수주물량의 확보를 위한 것이었다. 그 이론적 근거는 중소기업자들에게 물량을 확보해주면서도 그 기업들 상호 간에는 유효경쟁이 이루어지면 분업과 경쟁이 보장되어 기술혁신을 통한 부실시공의 방지와 소비자들의 보호가 동시에 달성될 수 있다는 것이었다.

2) 건설산업에 대한 김대중정부의 진입규제개혁의 내용

김대중정부 들어와서 이루어진 건설산업에 대한 주요규제개혁이 이루어진 시기는 건설산업기본법은 1999년 4월 15일(법률 제5965호), 동시행령은 1999년 8월 6일, 동시행규칙은 1999년 9월 1일이다. 이러한 규제개혁이 이루어지게 된 이론적 근거와 내용은 다음과 같다. 건설산업에 대한 정부개입을 최소화하여 민간의 자율성을 제고하는 것이 건설산업의 경쟁력을 향상시키는 길로 판단했다.[20] 기존의 규제제도들이 실효성은 떨어지고 규제비용만 많이 드는 것으로 평가하고 건설업에 대한 진입장벽을 대폭 완화하여 허가제를 등록제로 변경하고 5년마다의 면허갱신제도 철폐하였다. 업종 간의 영업제한도 철폐하였는데, 구체적으로는 30종의 전문

20) 김경식(건설교통부 행정관리담당관), 건설교통부문규제, 이렇게 바뀐다(하), 국토 1999.1.

건설업종 중 5개 업종까지만 면허를 취득할 수 있도록 하던 것을 폐지하고, 전문업종 간에 서로 영업범위를 침범할 수 없도록 제한하던 것도 폐지하였다. 또 1996년의 건설산업기본법 제30조 제1항에 의해 일반건설업자가 10억 원 이상의 공사를 수주한 경우 20~30% 이상을 전문건설업자에게 하도급 주도록 한 의무하도급제도를 폐지하였다.

건설업자가 등록하기 위해 필요한 자본금요건에 대해서도 허가제 당시보다 대폭 완화하여 일반건설업자는 2000년 7월부터(이로 인해, 일반건설사업자가 7월 이후 폭발적으로 증가했음), 전문건설업자는 2001년 7월부터 건설공제조합에 대한 출자를 하지 않아도 되는 임의출자방식으로 바꾸었다(1999년의 건설산업기본법 시행규칙 제13조 별표2). 또한 10억 원 미만의 소규모 공공공사에 대한 낙찰의 적격심사에서 시공경험평가 항목을 삭제하여 신규 건설업체의 시장진입을 유인하는 데 결정적인 역할을 하였다. 즉, 1996년의 건설산업기본법 제23조(시공능력의 평가 및 공시) 제2항은 "건설업자의 건설공사실적, 자본금, 건설공사의 안전·환경 및 품질관리수준 등에 따라 평가하여야 한다."고 하여 적격심사제도를 도입하였는데, 국가를 당사자로 하는 계약에 관한 법률 시행령 제42조의 규정에 의해 제정된 회계예규 2200.04-149-9(2000.7.31. 제정)는 적격심사기준을 보다 상세히 규정하였다. 동 회계예규 제5조의 별표에 따를 때, 추정가격이 10억 원 미만인 공사는 시공경험을 필요로 하지 않아 신규 건설업체의 참여를 유인하는 데 결정적 역할을 하였다.[21]

김대중정부에서 건설시장에 심대한 충격을 준 3대 핵심적인 규제개혁내용은 건설업허가제도의 철폐와 등록제도의 도입, 건설공제조합에 대한 출자의무의 면제, 공공공사 발주 시 10억 원 이하의 공사에 대한 시공경험요구사항의 삭제이었다.[22] 이것 모두는 진입규제의 개혁이었고, 따라서 규제개혁정책의 핵심적 목표는 건설사업자의 획기적 증가에 의한 경쟁력 향상이었다.[23] 그 정책목표는 개별 기업에게

---

21) 유진근, PQ 적격심사기준의 문제점과 개선방안, 건설산업동향, 한국건설산업연구원, 2001.8.22. 17면도 부적격업체의 난립과 부실시공의 방지를 위하여 적격심사과정에서 시공경험평가를 강화하기 위하여 100% 미만의 실적보유업체에 대해서는 점수를 주지 않는 방안이 검토되어야 한다는 의견을 제시하고 있다.

22) 동지. 김민형·강민석, 부적격업체 퇴출·배제 원활화 방안, 2000.12.29, 한국건설산업연구원, 8면 [그림 II-1] 시기별·면허별 업체 수 증가현황 참조.

23) 최근 건설업체가 폭증함으로써 정책목표는 완벽하게 달성되었다. 그러나 설립되고 있는 건설업체들의 대부분이 중·소업체로서 자본이 극히 취약하다는 점이 오히려 부적격업체의 양산과 부

비용절감노력의 강화와 소비자에 대한 품질·서비스의 개선노력없이는 시장에서 퇴출될 것이라는 메시지를 보다 강력하게 줌으로써 건설산업의 경쟁력을 향상시키고 시장의 자율적 책임영역을 확대시켜야 한다는 것이었다. 그러나 이러한 정책목표는 얼마나 비현실적인 것이었는가?

3) 건설산업에 대한 진입규제개혁의 결과 및 진입규제 재강화의 필요성

김대중정부에서 건설산업에 대한 진입규제의 대폭적인 완화는 '건설산업의 총체적 위기',[24] '건설업붕괴의 위기'[25]를 가져왔다. IMF 이후 축소된 건설수요시장은 국내부문은 물론이고 해외부문도 급격히 위축된 채 계속해서 축소된 상태에 있었지만, 건설사업자들이 상상할 수 없을 정도로 폭발적으로 증가하면서, 영세건설업자는 물론 중견건설업체까지 도산하거나 부실화하고 아파트입주예정자들에게까지 중대한 경제적 손실을 주었다. 건설시장의 축소와 건설사업자의 폭발적 증가라는 이중악재에 직면하여 개별 기업차원의 비용절감노력에 의한 도산위험 극복은 거의 가능하지 않았고, 경쟁력은 현저히 약화되어 해외부문에서 건설수주실적도 급격히 낮아졌다. 최근 정부의 진입규제 재강화노력은 개별 기업차원의 자율적인 생산성 향상과 도산위험 극복 노력만으로는 건설산업의 총체적 위기를 극복할 수 없다는 것을 정부가 인정할 수밖에 없었다는 것을 의미한다.

한편, 건설사업자의 폭발적 증가와 함께 수도권에서는 준농림지역의 규제가 완화되고 지방에서는 자치가 확대되면서 지역개발과 지방세증대를 목표로 건축허가를 남발하고 국가전체적으로는 개발제한구역제가 축소 조정되면서 난개발이 또 다른 사회문제로 대두되었다. 국토전체와 도시전체를 대상으로 하는 계획과 법에 의한 체계적인 개발노력은 현저히 약화되었다. 더불어, 젊은이들은 이른바 3D 업종에 대한 기피현상을 보여 건설노동자를 구하기도 쉽지 않아 건설임금은 지속적으로 상승했으며, IMF 이후 달러가치 상승으로 철근 등 건축자재의 가격까지 급격히 상승하여 건설업의 비용측면은 급격히 악화했던 것이다.

이하에서는 건설업체 수의 증가추이, 부실기업체 수의 증가현황, 건설수요시장

실시공의 문제를 확대시켰다. 김재영, 위기에 대한 인식의 전환, 국토 2000.10.

24) 김정호, 건설업계, 새로운 '패러다임'이 필요하다, 국토 2000.10, 2면.

25) 김동욱·이종원·이원희, 기업퇴출·회생제도의 문제점과 개선방안, 건설업을 중심으로, 2001.1, 한국건설산업연구원, 2면.

의 크기변화, 해외건설공사수주량의 변화 등에 대한 통계들을 살펴본다.

표 4-1 일반건설업체 수, 건설수주액 등의 변화

구 분	1997년	1998년	1999년	2000년	2001년 상반기
일반건설업체 수	3,896개	4,207	5,151	7,978	10,698개
건설수주액	79조 원	47	51	60	28조 원
업체당 평균수주액	192억 원	112	92	75	26억 원

출처: 건설교통부 홈페이지(www.moct.go.kr), '통계자료'.

표 4-2 2001년 일반건설업체 수 증가추이: 월 평균 453개씩 증가

구 분	1월	2월	3월	4월	5월	6월
일반건설업체 수	8,249	8,720	9,433	9,882	10,309	10,698

출처: 건설교통부 홈페이지(www.moct.go.kr), '통계자료'.

표 4-3 해외건설공사수주현황

(단위: 백만 달러)

연도별	'81	'88	'94	'95	'96	'97	'98	'99	2000	'01.7말
수주액	13,681	1,602	7,441	8,508	10,779	14,032	4,055	9,189	5,433	2,227

출처: 건설교통부 홈페이지(www.moct.go.kr), '통계자료'.

표 4-4 입찰참가업체 수 급증사례

- '00.6 진해시 해안관광도로 개설공사(725백만 원): 350업체 참가
- '01.3 산청군 고읍보 용수로 개보수공사(197백만 원): 471업체 참가
- '01.3 용인시 나정리 용배수로 정비공사(337백만 원): 570업체 참가
- '01.3 용인시 삼전천 정비공사 3공구(622백만 원): 692업체 참가

출처: 건설교통부 홈페이지(www.moct.go.kr), 2001.8.18 '건설업등록기준강화' 공개자료.

표 4-5 건설노동자 취업자 수의 변화

구 분	'88	'90	'94	'95	'96	'97	'98	'99	2000
전체 취업자 수	1,370	1,808	1,984	2,038	2,081	2,110	1,999	2,028	2,106
건설업취업자	83	133	178	189	197	200	158	147	158
– 비중(%)	6	7.3	8.9	9.3	9.5	9.5	7.9	7.2	7.5

출처: 건설교통부 홈페이지(www.moct.go.kr), '통계자료'.

<표 4-1>과 <표 4-2>에 나타나 있듯이 일반건설업체 수가 1997년 3,896개에서 2000년 7,978개로 1997년 기준 2배가량 늘어났으나, 2001년에 들어와서 그 증가속도는 더 빨라져 매월평균 453개로 늘어나 2001년 6월 현재 10,698개로 늘어났다. 이 증가속도라면 2001년 말에는 일반건설업체 수가 1997년 기준 3배를 넘게 되었다. 특히, 건설공제조합에 대한 일반건설업체의 출자방식을 임의출자방식으로 바꾼 2000년에 2,800여 개가 한꺼번에 증가하였듯이, 전문건설업체도 2001년 7월부터 임의출자방식으로 바뀌었기 때문에 2001년 말에는 전문건설업체도 폭발적으로 증가하였다. 국내건설수요시장의 크기를 나타내는 건설수주액도 1997년 79조 원에서 1998년 47조 원, 1999년 51조 원, 2000년 60조 원 등으로 감소한 후 좀처럼 회복되지 않고 있었다.

그런데도 건설업체는 계속 늘어났기 때문에 1개 건설업체당 평균수주액도 계속 줄어들어 1997년 192억 원에서 2000년에는 75억 원으로 줄어들었다. 해외건설공사수주량도 1997년 140억 3,200만 달러에서 2000년에는 54억 3,300만 달러로 줄어들었다.

이에 따라, IMF 이후 동아건설이나 현대건설과 같은 수많은 업체가 쓰러지고 구조조정에 들어갔지만, 아직도 그 행진은 끝나지 않고 있는 상황이어서 1999년 48개이던 상장건설업체 수가 2000년에는 43개로 감소하였으며, 이 중 17개사가 워크아웃이나 관리대상업체이다.[26] 건설업체들은 유동성이 매우 부족한 상황이기 때문에 어음이 아닌 현금으로 결제를 해주는 공공기관이 발주하는 공사에 대한 선호도와 의존도가 매우 높은 상황인데, <표 4-4>에 나타나듯이, 예를 들어, 경남 산청군의 1억 9,700만 원짜리 용수로 개보수공사 입찰에 무려 471개 업체가 참여하여 무질서와 혼란의 극치를 보여주었다. 한편, 건설노동자취업자 수도 1997년 200만 명에서 2000년 말 158만 명으로 감소하여 한국에서 실업자 수 증가의 핵심원인 중의 하나가 되었다.

건설산업에 대한 진입규제개혁에 있어 정부는 배려해야 할 위험의 내용에 대한 분석, 평가 및 미래예측에 있어 실패했다. 규제철폐론자들은 규제개혁 이후 건설사업자, 아파트 입주예정자 및 채권자들이 입을 손해를 과소평가했다. 개별 건설기업

26) 김민형 · 이선희, 상장건설업체 2000년도 경영실적분석, 건설산업동향, 한국건설산업연구원, 2001. 4.14. 3면.

에 대해 정부가 파악하고 있는 정보가 매우 부정확했고 건설시장의 동향에 대한 정보도 부족해서 기업들의 증가율과 부도율을 예측하는 데 완전히 실패했다.[27] 결국, 이러한 실패로 인해 진입규제의 재강화로 선회하게 된 것이다.

4) 진입규제 재강화안의 내용과 평가

건설업의 총체적 위기상황에 직면하여 정권의 핵심적 과제가 규제개혁이었음에도 불구하고 건설교통부(현 국토교통부)는 후퇴하지 않을 수 없었던 것이다. 즉, 건설교통부는 "시장기능에 의하여 부실업체를 선별·퇴출할 수 있는 여건이 마련되지 못한 상태에서 건설업 허가제가 등록제로 전환되는 등 건설업 진입규제가 완화됨에 따라, 건설경기침체에 따른 수주물량 감소에도 불구하고 낙찰확률을 높이기 위한 페이퍼컴퍼니 등 부실업체 설립이 급증하고, 이로 인한 과당경쟁, 저가투찰 만연 등으로 시장질서가 극도로 문란해지고, 건설업계의 경영난이 심화"되고 있고, "이들 부실업체의 불법·부당행위로 인하여 견실한 업체까지 부실화되는 등 건설산업 전반의 동반 부실화가 초래됨에 따라, 부실업체 퇴출 및 건설시장의 질서회복을 위하여 건설업 등록기준을 정비해야 할 필요성이 증대"되고 있다는 이유로, 건설업 등록사항의 주기적 갱신신고제 도입을 내용으로 하는 건설산업기본법 개정안을 2001년 7월 6일 입법예고 하였으며, 2001년 8월 18일 건설산업기본법 시행령 개정안에 대해서도 입법예고 하였다.[28] 동시행령 개정안의 주요내용은 새로이 건설시장에 진입하고자 하는 건설업체는 보증기관으로부터 보증가능금액확인서를 발급받아야 하며, 일정 면적 이상의 사무실을 갖추도록 하는 등 건설업 등록기준을 강화하는 것이었다.

(1) 진입규제 재강화안의 내용

가. 건설업등록갱신제의 재도입

건설산업기본법 개정안 제9조 제4항은 "제1항의 규정에 의하여 건설업의 등록을 한 자는 제10조의 규정에 의한 등록기준에 관한 사항별로 3년 이내의 범위에서

27) 예상했어도 정치인들이 무모하게 강행했을 수도 있다. 한편, 이와 같은 실패는 신자유주의자들이 기존 규제의 철폐가 옳다고 확신한 나머지, 의도적으로 규제편익을 과소평가하고 규제비용을 과대평가하는 잘못된 태도에도 기인하는 바가 크다.

28) 건설교통부 홈페이지(www.moct.go.kr) 2001.8.18 '건설업등록기준강화' 공개자료 참조.

대통령령이 정하는 기간이 경과할 때마다 시·도지사에게 대통령령이 정하는 바에 의하여 등록기준에 관한 사항을 신고하여야 한다."고 규정하여 건설업등록갱신제도를 도입하였다. 이 제도는 건설업 등록 후 자본금, 기술자 등 법정요건을 갖추지 않고 영업을 하는 부실업체의 퇴출을 원활히 추진하기 위하여, 건설업 등록사항을 주기적으로 갱신신고하도록 한 것인데, 미신고 시에는 시정명령하고 시정명령에 불응하는 경우 등록말소하며, 허위신고 시에는 시정명령절차 없이 바로 등록말소하겠다는 것이었다.

나. 등록취소요건강화

건설산업기본법 개정안 제83조 제2호는 "제10조의 규정에 의한 건설업의 등록기준에 미달한 사실이 있는 때"를 등록취소의 사유로 신설하고자 하였다. 그 이유는 현행 규정에 의해서도 건설업등록 후 등록기준에 미달하면 등록을 취소할 수 있으나, 행정이 위반사실을 적발하여도 등록을 취소하기 위해서는 사전에 청문을 실시하여야 하는데, 청문과정에서 등록기준에 미달한 사유를 일시적으로 보완하면 다시 취소할 수 없게 되어 부실업체를 퇴출시킬 수 없게 되는 문제점이 있다는 것이다. 실제로 2001년 7월 6일 건설산업기본법 개정안 보도자료(건설교통부 홈페이지 개정안 '보도자료' 참고)에 따를 때, 2000년 7월 이후 전국적으로 등록기준미달로 의심되는 13,475개 업체를 조사하였으나, 대부분 업체가 청문과정에서 미비점을 일시보완하여, 실제처분된 업체는 3,971개에 불과하였다는 것이다(처분비율: 29.5%).

다. 보증가능금액확인제도

건설산업기본법 시행령 개정안에 따를 때, 건설업 등록기준상 업종별로 1억 원 내지 10억 원의 자본금을 확보하여야 하나, 등록 시에만 자본금을 갖추었다가 이를 영업용 이외로 유용하거나, 건설공사를 낙찰받은 후 다른 건설업자에게 넘기는 등의 행위를 일삼는 부실·무자격업체의 난립을 방지하기 위하여 향후 건설업 등록을 하려면 건설교통부 장관이 지정하는 보증기관으로부터 보증가능금액 확인서를 발급받아 시·도 또는 시·군·구청에 등록하도록 하겠다는 것이다. 이때 보증기관은 건설업체의 재무상태, 신용상태 등을 평가하고 법정자본금의 일정비율(20~50%)에 해당하는 현금 또는 담보를 예치받은 후 보증가능금액확인서를 발급하도록 하겠다는 것이다. 보증능력의 유효기간은 등록일부터 1년으로 하고, 1년마다 보증능력을 재확인하게 할 예정이다.

결국, 보증가능금액확인제도는 보증기관이 일정한 자본금의 계속보유여부를 사전에 확인하도록 하여 보증능력이 없는 부실업체의 등록과 입찰의 참여를 방지하려는 것이다. 그러나 건설보증제도는 발주자의 건설위험을 경감하고 생산을 원활히 하기 위하여 미국에서 오랜 세월에 걸쳐 정착된 것으로서 우리나라에서 이 제도가 정착되기까지는 상당한 시일이 걸릴 것이다.[29)]

라. 사무실 보유요건 신설, 기술자기준상향조정 및 건설근로자퇴직공제회 가입확대

건설업의 등록요건에 사무실 보유기준이 없어 페이퍼컴퍼니, 핸드폰컴퍼니 등의 양산 원인이 되고 있으므로, 건설산업기본법 시행령을 개정하여 건설업의 등록요건에 건설공사수행에 필요한 최소한의 사무실을 갖추도록 한 기준을 신설하겠다고 예고하였다.[30)] 또 부실시공 방지 및 적정품질 확보를 위한 기술능력을 제고하기 위하여 도로, 교량, 아파트 등 다중이용시설을 주로 시공하는 토목공사업과 건축공사업의 기술자보유기준을 상향조정하였다.[31)] 그리고 건설일용근로자의 복지향상 및 실업대책의 일환으로 건설일용근로자가 건설업을 그만둘 경우 퇴직공제금을 지급하는 건설근로자퇴직공제제도를 활성화하기 위한 조치를 포함시켰다.[32)]

(2) 신자유주의 입장으로부터의 후퇴

건설공사의 수급업자들이 수주받은 건물을 안전하게 완성하여 아파트입주예정자 등 소비자들에게 양도하기까지 거래질서의 안전을 확보하는 것에 대하여 신자

---

29) 김홍수·송병관, 미국의 건설보증에 대한 이해와 주요 시사점, 건설산업동향, 건설산업연구원, 2001.7.21, 1－15면 참조. 사견으로는 금융기관 등이 자신들의 위험과 책임을 줄이기 위해 건설업체의 재무상태, 신용상태 등을 평가하는 과정에서 지나치게 엄격한 기준을 적용한다면 건설업자들의 등록은 사실상 매우 어려워질 것이다. 반대로, 정부가 의도적으로 신규진입을 촉진시키려는 목적으로 금융기관들의 심사기준완화에 개입한다면 금융기관들과 발주자들에게 부적격업체의 부도위험으로 인한 피해확대의 가능성이 더 커지게 될 것이다.

30) 구체적으로는, 건설업등록 시에 토건·산업설비공사업 50㎡, 토목·건축·조경공사업 33㎡, 전문공사업 20㎡ 이상의 사무실을 해당 시·도에 의무적으로 갖추도록 하는 것이다.

31) 구체적으로는 건축공사업의 등록을 위해서 현행 건축분야기술자 3인을 요구하던 것에서 4인으로 조정하였고, 토목공사업에 대해서는 현행 토목분야기술자 4인을 요구하던 것을 5인으로 조정하였다.

32) 즉, 건설근로자 퇴직공제제도에 의무적으로 가입하여야 하는 건설공사의 범위를 공공기관이 발주하는 '공사예정금액 100억 원 이상 공사'에서 '공사예정금액 50억 원 이상 공사'로 확대하였다.

유주의자들은 시장에서 자율적으로 해결되는 것이 효율적이라고 믿는다. 그러나 특수한 아파트 한두 개에 대해서만 입주가 불가능하게 되는 것이 아니라, 전국에서 다수의 아파트가 완성되지 못하고 부도가 나는 상황에서는 건설시장의 질서가 붕괴되기 때문에 누구에게도 결코 효율적인 결과를 보장하지 못한다. 따라서 거래관계의 기본적 안전을 확보하여 시장질서를 회복할 정부책임이 다시 강화될 수밖에 없는 것이어서 어떻게 개입하여야 하는가의 문제만 남는 것이다.

한편, 가변성과 복잡성이 매우 높은 현대의 위험사회에서 시장의 거래상황에 대한 정부의 정보수집능력에는 한계가 있을 수밖에 없는데, 경험적으로도 자본부족과 자본전용을 막기 위한 정부의 사후적 감시능력에도 중대한 한계가 나타났었다. 즉, 건설업체 실태조사결과, 소재지·대표자·주소 등이 동일한 업체(일명 페이퍼컴퍼니, 핸드폰컴퍼니)가 634개사로 나타났는데,[33] 이것은 시장이 사기로 무질서와 혼란이 심각해질 때까지도 정부가 그 상황을 파악하지도 못했고 대응조치를 취할 수도 없었다는 것을 의미한다. 이에 대해 건설교통부의 공무원들의 직무태만이라고 비판할 수도 있지만 인구밀도가 극히 높은 한국사회에서 시장상황에 관한 정보를 문제상황발생과 동시에 파악하는 것은 정부에게 극히 어려운 일이라는 것을 보여주기도 한다. 이러한 이유로 정부는 불가피하게 사후감독강화가 아닌 진입규제강화로 선회하게 된 것이다. 이러한 경험사례를 살펴볼 때, 진입규제강화보다는 사후감독권의 강화를 주장하는 신자유주의자들의 입장은 현대 위험사회의 복잡성관리를 위한 정부의 감독능력의 현실적 한계를 고려하지 못한 것이라 할 것이다. 작은 정부를 위한 정부인력의 감축상황을 고려할 때에도 전혀 대안이 되지 못하는 것이다.

재규제안은 폐지하였던 건설업면허갱신제도(5년 주기)보다 더 강한 3년 이내의 건설업등록갱신제도를 재도입하고, 아파트 등의 건축물완공여부의 핵심열쇠인 자본을 건설업자들이 등록 후에도 충분히 확보하도록 하며, 사무실보유요건을 신설하거나 기술자 수를 더 늘리는 등 새로운 진입규제를 도입하려 하고 있다. 부실업체가 증가하며 근로자들의 체불임금문제도 심각해졌기 때문에, 등록기준에 미달한 업체에 대한 등록취소요건의 강화와 건설근로자퇴직공제회 의무가입제도도 확대하려 하고 있다.

---

33) 건설교통부 홈페이지(www.moct.go.kr) 2001.8.18 공지사항란 참조.

그러나 이미 너무 많은 건설업체들이 등록해 있고, 새 개정안도 일정기간이 지나야 효력을 발생할 것이므로 그때까지 수많은 업체들이 등록할 것이다. 또 수도권을 제외한 지방의 주택보급률이 100%에 가까운 상황에서 건설수요의 감소추세가 멈추기도 어렵고, IMF 이후 한국의 건설업에 대한 해외신뢰도가 매우 낮고 현대건설이나 동아건설 등 대표적인 해외건설업체들이 도산했거나 도산위기에 몰려 있는 지금, 해외건설수주도 과거와 같은 정도로도 회복하기는 어려울 것이다. 이로 인해, 정부가 진입규제를 다시 강화시킨다고 하여도 한국의 건설산업의 상황은 김대중정부 이전의 상황, 즉 진입규제의 급격한 개혁 이전의 상황으로 돌아갈 수는 없다는 것이 우리가 놓인 비극적인 상황인 것이다. 그럼에도 불구하고, 규제개혁위원회는 2002년 중에 일반건설업과 전문건설업 간 겸업제한폐지, 일반건설업자 간 하도급 및 재하도급의 허용, 의무하도급제도 폐지 등이 시행되어야 한다고 의결하였다 한다.[34] 이 의결의 목적은 중소건설업자들의 물량확보를 위한 장치를 전부 풀어서 대기업자들과 완전한 경쟁을 하도록 하겠다는 것인데, 이 안에 따를 때 현재도 부실기업이 많은 상황에서 대부분의 중소기업들은 도산하게 될 것이다.

3. 신자유주의적 법경제학 · 행정규제론의 한계와 정부책임의 설계

1) 신자유주의적 법경제학 · 행정규제론과 법학의 관계재설정의 필요

1970~1980년대 이후 경제사회적 규제에 대한 분석과 개혁방안을 주장하는 이론으로서 '법과 경제학(Law and Economics)' 및 행정규제론(administrative regulation)은 신자유주의적 경제이론을 일방적으로 경제사회적 규제의 문제에 적용하는 것이었다. 이것은 양 학문의 정신을 존중한, 대등한 대화에 기초한 학제적 연구라기보다는 법학분야로의 경제학의 일방적 수출이었다. 경제학자들의 무차별적 공격에 적절한 대응을 하지 못했던 법학자들 중에서도 이제 '경제학에 의한 법의 식민지화(the colonisation of law by economics)'이자 '지적 제국주의(intellectual imperialism)'에 심취한 경제학자들의 영토확장욕구의 표현이라는 비판을 하면서 대응이론을 제기하는 사람들이 늘어나고 있다.[35]

34) 이에 관한 내용은 이상호, 건설규제개혁의 추진현황과 향후과제, 건설산업동향, 건설산업연구원, 2001.4.10, 1－15면 참조.

건설산업에 대한 규제개혁과 재규제의 과정에서 드러나듯이 신자유주의적 법경제학과 행정규제론은 완전경쟁의 효율성신화를 맹신하는 형식주의적 도그마(formalism)로서 관료들과 기업인들의 경험과 경제생활의 상식 및 현행법체계를 무시한 채 경제이론가들과 정치인들의 과잉의욕만을 앞세운 경제이론만능주의의 폐해를 극명하게 보여주었다. 경제의 어느 한 측면과 경제정책의 특정한 목적만을 강조하고 그것을 기초로 추상적 이론을 형성하여 경제활동의 다른 이익들과 문제들을 무시함으로써 그때까지 간신히 균형을 이루고 있던 경제질서를 무질서와 혼돈 속으로 몰아넣었던 것이다.

두 학문이 서로 균형잡힌 협력을 통해 경험세계에서 실천적 합리성을 보장하기 위해서는 먼저 일방통행의 원인과 현상이 분석되어야 한다. 미시경제학과 같이 상당한 역사를 가진 학문의 경우에도 지속적 발전을 위하여 그 학문의 영역을 넘어 다른 학문의 주제에로까지 관심영역을 넓힐 때는 그 학문패러다임의 기초가정의 한계를 뛰어넘기는 매우 어렵다. 이 점은 특히 주의해야 할 점인데, 그것은 학제적 연구의 출발동기가 기존의 양 학문의 패러다임의 한계를 뛰어넘으려는 노력의 산물임에도 다시 어느 하나의 학문의 기초가정에 구속되어진다는 점에서 습관과 관행의 완강함을 보여주기 때문이다.

법학과 경제학은 정부의 공적 활동과 시장의 사적 활동이 서로 접촉하는 중간지대를 그 연구대상으로 한다는 점에서 공통적이다. 그동안 법학과 경제학의 핵심적 이론들의 흐름은 경제사회의 발전과정에서 정부의 역할과 정부활동의 형식을 둘러싼 다양한 논쟁들의 이론적 기초가 되고, 결국은 정부정책으로 형상화되어 기업과 시장에 직·간접적인 영향을 미쳐 왔다. 대통령임기의 제한, 헌법적 효력을 갖는 긴급조치권의 부인 및 헌법재판소의 활성화를 이룩한 한국에 있어 이제 정치헌법에 관한 공법학의 핵심적 과제는 어느 정도 달성되었고 중범위수준의 정치적 쟁점들의 해결이 문제되고 있는데 반해, 경제헌법분야에서는 한국 경제체제의 핵심적 성격이 무엇이어야 하는지에 대해 극심한 혼란상태에 빠져 있다. 독일은 독일나름의 특징을 보여주고, 미국은 미국적 특징을 강하게 보여주면서 그 핵심적 특징

35) David Campbell & Sol Picciotto, Exploring the Interaction Between Law and Economics: the Limits of Formalism, *Legal Studies* 1998, Vol.18, p.249. 이하 Exploring the Interaction Between Law and Economics로 인용; C. A. E. Goodhart, Economics and the Law: Two Much One Way Traffic?, *MLR* 1997, p.1.

내에서 정당 간 편차를 보여주는 데 불과하다고 할 수 있지만, 한국에서는 경제헌법의 내용에 대한 무지와 무시가 경제학자들에게 보편화되어 있고, 법학자들 중에서도 경제헌법의 개정론을 제기하기도 한다.

신자유주의적 규제개혁론은 국민적 합의의 표현인 헌법적 가치결단을 무시하면서 자유일원론적으로 경제체계의 개혁에 접근하였다. 이 책에서는 자유를 우선하면서도 평등을 보완적으로 고려하도록 규정하고 있는 우리 헌법의 가치결단을 지지하면서, 그의 구체화를 위한 규제체계의 설계가 공법학과 경제학자들 및 행정학자들에게 부과된 중요한 과제로 인식되어야 한다는 입장을 취한다.

2) 정부책임의 내용과 범위의 명확화로서 규제체계의 설계

(1) 정부책임의 의의, 내용과 범위의 명확화

정부책임(Government Responsibility; Regierungsverantwortung)은 정부가 사회와 상호작용을 함에 있어 이행해야 할 의무의 내용과 범위, 역할을 결정하기 위해 출현한 개념이다.

국제사회가 개방사회 및 정보사회로 변화되면서 국가 간 경쟁의 격화와 경제사회환경의 가변성 및 폭력성의 증가로 사회의 정부의존도가 다시 높아지고 있다. 이로 인해, 정부는 전통적인 과제의 이행책임도 지지만, 사회의 성격과 구조의 변화에 상응한 새로운 공적 과제에 대한 이행책임도 회피할 수 없어 과중한 부하에 시달리고 있다. 때문에 정부가 공익보호에 대하여 유일한 책임을 지는 것으로 이해했던 전통적인 사고는 변화를 맞이하지 않을 수 없게 되었다. 현대사회에서 정부와 시장은 공익보호의 책임을 함께 분담할 수밖에 없기 때문에 협력관계의 형성과 책임의 구체적인 배분이 중요한 의미를 가지게 될 것이다. 전통적인 사회문제에 대해서는 정부책임을 감축시키되 사회의 자율적 이행책임을 늘리며, 새로운 과제에 대해서는 정부와 사회의 협력관계를 새로이 형성하는 것이 중요한 개혁이슈로 등장하고 있다.

따라서 새로운 개혁이론은 정부개입이냐 시장의 자율적 해결문제이냐의 양자택일적이고 단절적·배타적 접근이 아니라, 공적 과제의 이행보장을 위한 최상의 거버넌스를 구축하기 위한 정부와 사회의 협력관계의 건설이라는 관점에서 접근해야 한다. 일방적인 정부기능의 감축이 아니라 정부와 사회가 최상의 협력을 할 수 있도록 보장하는 협력관계의 형식이 무엇인지가 문제되며, 새로운 협력관계건설을 위해 개혁이 추진되었다면 변화된 상황에서 정부책임의 성격과 내용이 구체적으로 어떻게 변하였는지가 주요한 관심사로 떠오른다.[36] 이러한 관점에서는 정부가 이행해야 할 의무의 내용과 범위를 명확히 하고, 사회가 감당하고 수용해야 할 의무의 내용과 범위를 명확히 하는 것이 개혁이론의 핵심적 내용이 되어야 한다.

정부는 민주사회에서 국민들의 과도한 기대로 인해 항상 자원부족에 시달리고 있는데, 입법이나 정책지침 또는 계획 등에 구체화된 정부책임의 내용은 정부가 당해 공적 과제의 중요성을 어떻게 평가하고 우선순위를 어디에 두고 있으며, 사회의 자율적 이행책임의 내용을 어떻게 기대하고 있는가를 보여준다. 따라서 정부책임은 정부의 과제인식(Aufgabenwahrnehmung)의 징표가 된다. 정부책임에 관한 논의는 정부책임의 내용과 범위의 구별을 통해 정부의 과제인식의 강도를 유형화함으로써 정부가 제약된 자원을 핵심과제의 이행에 보다 선택적으로 집중할 수 있도록 해준다.[37] 핵심과제에의 근접도에 따라 책임단계를 구별함으로써 공적 과제들에 대한 정부책임의 내용을 명확하게 단계적으로 체계화할 수 있고, 사회의 자율적 책임영역에 맡겨야 할 과제에 대해서는 정부개입의 범위와 강도를 축소할 수도 있게 된다. 또 특정 공적 과제에 대한 책임내용을 구별함으로써 정부와 사회의 자기책임범위를 구별하고 협력을 위한 의무범위를 확정할 수도 있다. 공익보호의 정도와 공적 과제의 충실한 이행여부는 정부가 사회와 협력해야 할 내용과 한계가 얼마나 명확하게 구조화되고 그것이 얼마만큼 현실적으로 집행될 수 있는가에 달려 있다.[38]

다양한 기대와 불만이 분출하고 있는 현대사회에서 정부가 동원가능한 자원은 항상 매우 제한적일 것이기 때문에 규제체계는 적절한 우선순위를 설정하여 경쟁력 향상이나 부실방지 또는 소비자보호와 같은 이익들에 대하여 적절한 균형을 갖추어 보호해야 한다. 때문에 정책결정자들과 이론가들은 새로운 규제체계의 설계

36) Gunnar Folke Schuppert, Verwaltungswissenschaft, 2000, SS.430－432.

37) Gunnar Folke Schuppert, Schlüsselbegriffe der Perspektivenverklammerung von Verwaltungsrecht und Verwaltungswissenschaft, *Die Wissenschaft vom Verwalungsrecht*, 1999, S.115.

38) Eberhard Schmidt－Aßmann, Zur Reform des Allgemeinen Verwaltungsrechts－Reformbedarf und Reformansätze－, in; Hofmann－Riem & Schmidt－Aßmann, *Reform des Allgemeinen Verwaltungsrechts*, 1993, SS.43－44. 행정법은 정책결정자를 위하여 정부책임의 내용에 따라 이용가능한 수단들을 준비하여 제공해야 할 과제를 지고 있는데, 경우에 따라서는 여러 수단들을 적절하게 결합하여 이용할 수 있도록 결합모델들을 제시해야 한다.

가 매우 어려운 과제라는 것을 수용하고 진지한 학습의 태도와 고도의 집중력을 가져야 한다.

(2) 규제개혁의 성격의 이중성과 규제설계의 과제

특정 산업에 대한 규제개혁은 정부책임의 성격과 내용을 중대하게 수정시킨다. 미국의 예를 들면, 항공산업에 대한 진입규제의 완화로 자격이 부족하거나 소비자의 안전을 위협할 수 있는 취약한 회사가 시장에 참여하는 것이 가능해졌고, 하이재킹(hijacking) 등에 의해 소비자들의 안전이 훨씬 더 위험에 강하게 노출되었으므로 항공안전에 대한 보다 강한 규제와 독점금지법의 강력한 집행이 동시에 요구되었다. 또 저축대부조합(savings and loan association)에 대하여 자금운용의 포트폴리오에 관한 규제를 풀고 금융위험감시요원들의 수를 줄였으면서도 예금보장제도는 그대로 두었기 때문에 금융위기가 발생했다. 이의 해결을 위해 막대한 공적자금을 투입하지 않을 수 없었고 금융기관의 감독강화가 다시 요구되었다.[39] 진입규제의 완화는 불법과 부실에 대한 감시인력의 대규모 충원에 의해서만 시장질서의 혼란을 방지할 수 있었던 것이다.

규제철폐(deregulation)는 표현 그대로 무규제상태를 의미하는 것이 아니라 공법적 규제의 형식을 변경시키거나 공법적 규제를 사법적 규제로 전환시키는 것에 다름 아니다. 사법적 규제상태에서도 정부는 생활관계에서 사기나 강박에 의한 계약의 형성과 강자에 의한 불공정한 계약의 형성을 방지하고 계약의 안전한 이행을 보장하기 위하여 개입하게 된다. 시장에서의 계약체결과 이행과정에서 사법이나 특별사법을 통한 정부개입은 시장에서의 거래안정의 기초인 신뢰보호와 의무이행의 보장을 위해 본질적인 것이고, 이 점은 이미 자본주의 발전과정에서 나폴레옹(Napoléon) 민법전의 제정과 그 전파를 통해 역사적으로 입증되었다. 시장은 현실적으로 개인들의 계약자유를 통한 화폐의 법칙이 지배하는 공간과, 그 거래를 뒷받침하기 위해 정부가 제정한 법과 그 법을 집행하기 위한 정부개입의 공간이 혼연일체로 결합된 혼합체인 것이다.[40] 경제학자들은 정부부문과 법을 시장에서의 경

39) Reform of the American Regulative State, p.11, 190. 미국의 저축대부조합의 정책실패사례는 금융규제완화, 예금인출사태와 대규모의 공적자금의 투입의 과정을 거치고 있는 한국의 금융규제완화사례에도 그대로 나타났다.

40) Exploring the Interaction Between Law and Economics, p.265.

제활동에 대한 외생변수로서 고찰해왔으나, 법은 시장에서의 거래에 대한 외생변수가 아니라 내생변수로서 경제활동 그 자체의 본질적인 구성요소인 것이다.

산업혁명 이후 현대사회가 도시사회와 산업사회로 급속히 변하면서 위험사회로서의 성격이 두드러지고 이에 따라 정부의 위험관리책임은 강화될 수밖에 없게 되었다. 이것은 사법의 영역에서도 전통적인 사법과는 그 성격이 어느 정도 다른 특별사법과 사회법의 증가를 가져왔다. 신자유주의적 규제개혁이론가들은 17~18세기의 시민사회에서는 물론이고 현대의 도시사회에서 더욱 더 가능하지 않은, 무규제상태로서 완전경쟁상태를 도달목표로 상정함으로써 현실적으로 존재하지 않는 환상의 세계를 꿈꾸었다고 할 수밖에 없다.

최근 우리 정부가 1999년의 건설교통부 규제개혁과정에서 항공안전에 대한 규제가 부족한 상태를 제대로 인식하지 못하고 항공안전규제의 완화를 정책목표로 설정하여 항공안전관리를 소홀히 한 결과,[41] 항공안전 기준미달국가[42]로 평가받게 된 경과를 살펴볼 때에도 규제개혁자들의 인식오류가 드러난다. 규제개혁이 무규제상태를 의미하는 것이 아니라 정부책임의 성격과 내용을 변화시킬 뿐이라는 것, 따라서 새로운 규제체계도 다양한 법적 보호이익들을 적절히 보호하고 예상되는 위험에 의한 공익침해를 예방하도록 설계할 책임이 정부에게 면제되지 않는다는 것을 인식하지 못한 결과인 것이다. 진입규제의 대폭적인 철폐는 새로 형성된 시장

41) 교통안전법 제7조와 교통안전법 시행령 제15조 제1항에서 규정하고 있던, 일정대수 이상의 차량 · 항공기 등을 사용하는 자는 교통안전관리자를 의무적으로 고용토록 하던 규제를 1999년 2월 5일(교통안전법)과 1999년 2월 8일(교통안전법 시행령) 폐지하였다. 인천신공항건설에 막대한 재정을 투입한 한국으로서는 1999년도에 아시아 물류기지건설을 위하여 이용자들의 편의를 개선하면서도 항공교통의 철저한 안전강화조치를 제도화하였어야 할 시점이었다. 김경식, 건설교통부문 규제, 이렇게 바뀐다(상), 국토 1998.12 및 교통안전법 참조.

42) 국제민간항공기구(ICAO)에 의한 항공안전개선지적을 받은 후 건설교통부가 그 미비점의 개선을 서두르지 않아 미연방항공청(FAA)의 안전점검에서 '기준 미달' 판정을 받게 되었다. 국제민간항공기구(ICAO) 점검에서는 운항 · 항공종사자 자격 증명 및 관리 부실, 안전규정 적용 미흡, 정비 · 사고 · 면허 관리체계 미비, 정부 내 항공전문 인력부족 등이 지적됐다. 또 항공 기술직 등에 대한 교육 및 훈련 프로그램 부재 등도 문제로 꼽혔다. 미연방항공청(FAA)은 한국의 항공안전에 관한 규정, 항공사고조사의 객관성, 본부 통제인력과 전문기술인력, 기장 노선자격심사 체계, 재교육 프로그램 등 8개 항목에서 국제민간항공기구(ICAO)의 기준에 미흡하다고 지적하고 법령과 조직, 전문인력이 보강되어야 한다고 평가했다. 건설교통부 홈페이지 뉴스센터 1360번 2001.07.05 '항공사고조사위원회 구성 등 항공법개정(안) 입법예고' 및 중앙일보 2001.7.11 및 서울경제 2001.7.10 참조.

에서 불법적인 사업활동의 감시와 대규모부실의 방지를 위한 정부의 감시능력의 대폭적인 확충을 필요로 하는데, 신자유주의이론의 또 다른 주장내용인 정부기능의 민영화를 위해 공무원의 인원을 감축하고 감시기관을 축소하였기 때문에, 시장에서 계약과 거래의 질서가 무너지고 대다수 산업체들의 도산과 부실이 발생해도 그것을 방지할 수가 없게 되는 것이다.

정부는 어떤 상황에서도 시장에서의 경제활동에 대한 책임을 회피할 수 없다는 것을 받아들여야 한다. 규제개혁의 요점은 규제가 없는 상태는 존재할 수 없기 때문에 규제를 할 것인가 말 것인가의 문제(whether)가 아니라, 어떻게 규제할 것인가의 문제(how)인 것이다. 이러한 전제를 받아들인다면, 결국 정부에게 맡겨진 과제는 경제활동에 참여한 자들의 위험과 피해를 줄이고 편익을 증진시키기 위해 어떠한 규제체계가 적절한 것인가 하는 선택과 설계의 문제인 것이다. 시장에 대한 비이성적 신뢰와 정부에 대한 증오의 태도로는 적절한 정부책임의 내용을 구체화하는 규제체계 설계문제에 지극히 소극적인 태도를 취할 수밖에 없다. 규제철폐에 주된 관심이 있었던 신자유주의적 '법과 경제학' 및 행정규제론은 이러한 규제의 재설계과정에서 거의 도움을 줄 수 없었고 다양한 대안들을 제시하지도 못했는데, 그 원인은 무규제상태로 이해했던 완전경쟁모델에 대한 지나친 집착 때문이었다.[43]

특히, 미국에서보다 법원에 의한 행정통제가 매우 취약한 한국의 실정을 무시하고, 시장에서 문제가 생기면 당사자들 중의 일방이 법원에 소송을 제기하여 해결하는 것이 시장법칙에 보다 충실하고 효율적이라는 시카고학파의 믿음[44]을 한국에서도 그대로 따르는 것은 매우 무모한 것이다. 한국 현실에 대한 이해부족 때문에 한국의 규제개혁론자들은 사법권의 강화를 주장하는 것과 같은 노력, 즉 자신들의 이론적 기초조건의 충족을 위한 노력에는 전혀 관심을 갖지 않았다.[45]

---

43) Exploring the Interaction Between Law and Economics, pp.262－263.

44) 시카고학파의 경우, 행정에 대한 불신과 법원에 대한 신뢰, 특히 사법에 대한 신뢰는 매우 유명하다. Reform of the American Regulative State, pp.19－27 참조.

45) 그것은 이미 강력한 사법제도를 확보하고 있는 미국의 규제개혁문헌들은 미국에서 사법권강화가 필요하다는 점에 대한 문제제기를 거의 하지 않고 있었고, 한국의 규제개혁 논문들은 미국의 최신문헌에만 기초해서 그 논리를 형성하였기 때문이다.

(3) 재정적 개입수단의 효율성의 한계

1990년대 초 금융기관 규제완화와 1990년대 말 건설산업 규제완화는 한국의 재정상태를 극도의 위기로 몰아가고 있다. 규제개혁론자들은 가부장적 문화를 지닌 한국사회에서 사회위기 시 국가에 발생하는 막대한 재정수요를 예측하지 못하고 재무구조와 기술력이 극도로 취약한 대량의 신생기업들의 시장진입을 허용하여 국가의 위험배려능력을 훨씬 초과하는 부실기업들을 양산해냈다. 특히, 이미 IMF 경제위기가 발생한 후에도 국가경제에 중대한 파급효과를 미치는 중요산업분야에서 대폭적인 규제완화로 부실기업들을 양산한 것은 신자유주의라는 이데올로기에 대한 맹신이외에는 그 사유를 설명하기가 어렵다.

한국에서의 개혁경험을 살펴볼 때, 규제수단에 의한 개입보다 재정수단에 의한 사회개입이 보다 효율적이라는 신자유주의자들의 주장은 설득력을 잃는다. 공적자금[46]의 회수율이 미국의 경우 85%에 이른다지만, 한국에서는 20~30%에 머물고 있는 것에서 알 수 있듯이, 한국의 재정적 개입의 집행체계와 사후감독체계는 매우 취약하다. 은행과 기업들이 장부상에 기록된 것보다 더 부실화 정도가 심하기 때문에 공적자금의 투입 이후에도 기업상황이 호전되지 않아 여전히 부실기업상태로 존재하며 수익이 발생하지 않는다. 이와 같이 경영부실과 기업투명성결여문제가 심각한 상태에서 기업의 경쟁력강화와 효율성개선을 위한 재정적 개입의 기여도는 매우 낮고, 국민에게 과도한 재정부담을 지우며 관련 시장에 도덕적 해이와 불법행위를 광범위하게 만연시킨다. 또 금융산업과 기존의 대기업의 부실심화로 인한 도산방지와 구조조정을 위한 과도한 재정투입으로 정부의 재정상태가 매우 취약한 상태이기 때문에, 현실적으로 재정적 개입에 의한 사회문제 해결능력이 정부에게 거의 존재하지 않는다는 것이 더 큰 문제이다.

3) 규제과제의 복잡성과 국민적 합의의 표현으로서 경제헌법상의 가치결단의 존중

(1) 규제과제의 복잡성과 충돌하는 이익들의 지나친 단순화의 위험성

규제개혁은 공공재의 사용권에 대한 기존의 배분체계를 크게 변화시킨다. 건설산업규제개혁에 의하여, 토지, 도로, 생활공간, 그린벨트, 건축자재 및 재정자본(정

46) 이에 관해서는 선정원, 전자정부와 개인정보보호, 공법연구 제29집 제3호, 2001.5, 135-146면 참조.

부발주공사에 대한 의존도가 크다)의 이용과 배분의 체계에 변화가 야기되어 다수의 이해관계인들의 이익에 중대한 영향을 미치게 된다. 건설산업규제의 개혁은 기존의 건설대기업들, 신규진입하는 영세 중소기업들, 아파트입주예정자들, 건설부지 인근의 이웃주민들, 건설노동자들, 자본을 제공한 많은 금융기관들과 예금자들, 그리고 많은 건축자재의 공급자들과 환경보호론자들의 이해구조에 대하여 중대한 변화를 가져왔다. 그러므로 거의 필연적으로 과거의 누적된 갈등요소들과 미래에 대한 불안감으로 사회적 갈등이 개혁과정에서 증폭될 수밖에 없다. 따라서 개혁을 시도하는 정부는 복잡한 이해의 조정과 갈등의 관리를 위한 보다 강화된 책임을 져야 한다.

지나치게 단순화된 이론세계로부터 나온 개혁방안들과 부정확한 데이터에 의존하거나 편견을 반영하고 있을지 모르는 이론들이 실제 시장의 복잡성을 균형있게 고려하여 적절한 방안을 제시하기를 기대하기는 어려우므로[47] 오랜 경험에 의하여 검증된 상식을 압도해서는 안된다. 현실세계를 급격하게 변화시키려는 이론들은 실제의 다양한 이해관계의 복잡성을 수용하고 구체화되는 과정에서 그 이론적 지침들을 과격하게 적용하려 할 것이 아니라 자제(restraint)와 불완전성의 인정을 통하여 현실의 질서와 대화하여야 한다.[48] 현대사회문제가 점점 복잡한 이익들의 조정문제로 변해가고 있다는 것을 고려하지 못하고 지나치게 단순하고 간명한 이론에 의해 개혁에 접근했다는 점에서, 신자유주의적 규제개혁이론은 개혁이론으로서 중대한 한계를 갖는다. 법과 법학은 인간의 인식능력의 한계를 인정하고 제한된 범위에서 합리성을 추구한다. 특정 산업과 관련된 개별법들은 이해관계자들의 이해조정을 위하여 처분의 신청, 의견제출기회나 청문의 보장, 관계행정기관과의 사전협의 등 각자의 절차적 규정을 통해 결정에의 참여가능성과 그 역할을 규정하고 있다. 특정한 법령 하나만으로는 해당산업 규제체계의 개편에 필요한 전체적인 이해관계망을 보여주지 못할 수도 있지만, 특정 쟁점과 관련하여 고려되어야 할 이익들을 제시하고, 그들의 공평한 조정을 위한 의사결정의 구조를 보여준다. 이 부분에서도 모든 비용과 편익을 수량화하고 비교하여 개혁안을 제공할 수 있다고 믿

47) Mark V. Tushnet, Law, Science, and Law and Economics, *Havard Journal of Law and Public Policy*, Vol.21, 1997, p.52.
48) Steven L. Schwarcz, Is Law an Autonomous Discipline?, *Havard Journal of Law and Public Policy*, Vol.21, 1997, p.88.

는 급진적인 신자유주의적 규제개혁이 쉽게 침범해서는 안되는 법과 법학의 자율적 설계공간이 인정되어야 한다.[49)]

규제설계의 실패[50)]는 실제세계와 유리되어 지나치게 단순화된 이론가들과 그들을 맹신하는 정치인들에 의하여 관료들에게 강요된다.[51)] 이론가들은 현실세계와 긴밀하게 결합되어 있는 관료들과 법령들에 대하여 그들의 부조화와 모순을 비판하고 그 낙후성이 경제발전의 장애물이라고 공격한다. 이와 대조적으로 관료들과 관계법령들은 일반화된 추상적 이론과 태도를 가지고 접근하는 것이 아니다. 이해관계가 복잡하게 얽히고 충돌하는 상황에서 특정한 규제는 특정한 입법이 규율하고자 하는 개별적 쟁점들에 대한 입장과 태도만을 가지고 있을 뿐이다. 그러므로 그들 사이에는 어느 정도 모순과 충돌이 존재할 수도 있다. 법령은 시민들의 주거환경보호의 의지를 반영하기도 하고 영세산업의 보호육성의 의지나 서민아파트 입주예정자들의 입주보장의지를 반영하기도 하며 국제경쟁에서의 생존을 위한 규제완화의 의지를 반영하기도 한다. 입법의 정신적 기초는 서로 다르기 때문에 일반이론수준에서 일관된 입장과 합의의 형성은 매우 어렵다. 법은 통일성을 지향하면서도 법질서 내에 다양성을 수용하므로, 추상적 수준에서 부조화가 존재하더라도 개별적인 쟁점에 대해서는 합의된 입장을 가지는데, 이 부분에서 법, 법학자들 및 실무자들의 해석과 논리가 기능한다.[52)] 다원적인 가치를 인정하는 사회는 이데올로기나 일반이론의 관점에서는 서로 다른 입장을 가질 수 있어도 특정 문제의 해결대안들에 대해서는 불완전한 이론적 기초에도 불구하고 서로 합의할 수 있고, 그것이 상식의 세계이고 실정법의 세계의 특징을 이룬다. 신자유주의적 규제개혁이론

49) Cass R. Sunstein, The Autonomy of Law in Law and Economics, *Havard Journal of Law and Public Policy*, Vol.21, 1997, pp.90−91.

50) 규제개혁을 통해 등장하는 새로운 규제체계가 이전의 규제체계보다 이해관계인들에게 부담시키는 비용을 오히려 증가시킬 때 규제설계는 실패했다고 할 수 있다.

51) 단시간에 수많은 규제를 다루는 규제개혁위원회와 보조인력 및 예산지원을 거의 못 받는 소수의 전문인력으로 복합적으로 얽혀 있는 문제를 다루는 것이 구조적으로 불가능하므로, 규제개혁위원회의 강압에 의한 규제개혁보다는 각 법령의 소관 부처가 자발적으로 규제개혁에 참여할 수 있도록 하는 것이 바람직하다는 의견이 1999년 핵심적 진입규제의 개혁이 이루어지기 전에 이미 제시되었었다. 배순석, 건설교통부 규제개혁평가, 규제연구 제8호 특집(김대중행정부의 규제개혁 평가), 1999.11, 84−86면.

52) Cass R. Sunstein, The Autonomy of Law in Law and Economics, *Havard Journal of Law and Public Policy*, Vol.21, 1997, pp.88−89.

들은 관계법령들의 복잡한 기능과 과제를 무시하고 미시경제학의 완전경쟁모델을 기초로 이러한 법학의 자율성을 크게 훼손시켰다. 무리한 일반이론에 의해 획일적으로 강요된 개혁을 주장하고 현실감각이 부족한 아마추어적인 정치인들은 현행법에 대한 지나친 경시와 관료들에 대한 근거없는 우월감으로 이를 과감하게 실천에 옮김으로써, 금융산업규제개혁이나 건설산업규제개혁의 경우에서 보듯이 수많은 기업들을 과당경쟁으로 내몰아 도산시키고 공적 자금의 폭발적 증가를 가져왔다. 그러나 아직도 신자유주의 이론가들과 정치인들 모두 그들의 근거없는 우월적 태도를 버리지 않고 있는데, 이러한 태도는 한국의 행정개혁시도들의 중대한 실패와 권력남용의 원인으로 계속해서 작용할 수 있어, 그 문제점을 정확히 지적하는 것은 현재뿐만 아니라 미래를 위해서도 매우 중요하다고 본다.

(2) 국민적 합의의 표현으로서 경제헌법상의 가치결단의 존중

규제개혁으로 인하여 기존의 다양한 이해관계인들은 그 이해상황이 크게 달라지게 되어 심각한 갈등을 일으키는 경우가 흔하므로 규제설계자들은 이해갈등을 조정하기 위한 기준을 필요로 한다. 헌법은 국민적 합의의 표현[53]으로서 정치헌법으로서의 특성만을 가지고 있는 것이 아니라 경제헌법의 특성도 가지고 있는데, 새로운 규제설계와 복수의 이익들의 조정지침으로서 경제헌법의 중요성은 점점 더 커지고 있다. 경쟁제한적 규제의 철폐, 중소기업의 보호, 지역경제의 균형발전 및 소비자보호와 같은 상충하는 이익들에 대하여 경제헌법은 완전경쟁모델에 따라 일방적으로 경쟁촉진의 목적만을 추구하는 것을 허용하지 않고 있다. 헌법은 국제경제환경, 국내경제상황 및 해당 산업의 상황 등을 고려하되 헌법상 보호하도록 규정한 이익들에 대해서는 어떤 이익의 일방적 포기가 아닌, 관련 이익들의 최적조화의 원칙에 따라 규제체계를 설계할 의무를 정부에게 지우고 있다. 어떤 산업의 육성과 재화의 생산이 사회의 편익을 증진시키는가, 그리고 이를 위해 정부와 사회에게 어느 정도의 비용부담까지 정당화시키는가 하는 문제는 경제헌법에 표현된 국민적

53) 현행헌법은 1987년 6·10 평화대행진과 시민혁명 후 동년 10월 27일 실시된 국민투표에서 투표자의 93.1%의 찬성에 의하여 제정되었다. 이론가들은 이념적 갈등으로 피로 얼룩진 최근세사를 보낸 한국사회에서 이념적 갈등의 조정수단으로서 경제헌법조항에 대한 보다 높은 존중의 태도를 가져야 한다. 특정 시기의 외국이론에 따라 계속해서 이론을 바꿔가며 한국헌법에 표현된 국민적 합의에 대하여 최소한의 관심도 표시하지 않는 것은 오만과 한국경시의 태도에 기인한 치명적 오류라 할 것이다.

합의와 결단에 따라 대답되어져야 한다. 헌법의 가치결단에 대한 존중의 필요와 충돌하는 법적 이익들의 조화필요는 경제관계를 일방적으로 화폐의 법칙에 따라 경제화하려는 시도에 반대하고 그러한 시도의 유용성에 제한을 가한다.[54] 비례원칙과 비용편익분석은 복수의 이익들의 평가와 형량에 있어 유용한 도구가 되지만 고려해야 할 이익의 선택은 헌법에 따라야 하고, 정책결정자와 이론가들이 아무런 제한과 구속없이 고려해야 할 이익들을 선별할 권한은 없다. 그동안 경제헌법에 표현되고 구체화된 다양한 법적 보호이익들을 경시한 채, 정책결정자들은 정책결정과 규제개혁의 과정에서 지나치게 단선적인 목표만을 추구한 결과 관련된 다수의 이익들을 적절히 고려하지 못하였다. 그 결과, 헌법적 정당성을 갖지 못하고 사회갈등을 더욱 악화시키며 건설산업의 경우처럼 해당 산업의 문제를 더욱 심화시키기도 했다. 단지, 공무원 몇 사람과 이론가들이 모여서 규제체계를 설계하는 것은 현실 경제사회의 복잡한 이해관계망의 세부사항들을 놓치게 될 위험성이 매우 크다. 따라서 헌법적으로 보호되는 이익의 주체들에 대해서는 규제개혁과정에서 그들의 입장을 주장하고 반영시킬 적절한 기회가 보장되어야 한다. 비례원칙, 비용편익분석과 같은 규제체계의 실체적 설계도구들과 절차적 정당성의 보장수단들은 규제설계과정에서 서로 협력적으로 작용하여야 하고 어느 한쪽을 배제시켜서는 안된다.[55] 분석가들이 이해관계인들과 국민들을 위한 절차적 정당성을 보장하지 않은 채 비용편익분석기법에 의해 복잡성을 분석할 때, 정책결정자가 미리 설정한 정책목표를 합리화하기 위해 일부 비용과 편익에 대한 단순화·생략의 위험과 주관적 편견과 왜곡에 의한 자의적 평가의 위험이 더 커진다. 이해관계인들과 충실한 의사소통없이 중립적 제3자 개인에 의한 비용편익분석은 권력자에 의한 왜곡압력에 약하고, 현실사회의 복잡한 이해관계의 다층적 측면을 파악하거나 다양한 대안들을 발견하는 데 취약점이 있을 뿐만 아니라, 집행단계에서의 수용성을 향상시키는 데에도 중대한 한계가 있는 것이다.

정부는 규제개혁의 필요성을 발견하고 그 내용을 결정함에 있어 배려해야 할 위험의 내용을 철저히 조사하여 위험이 정부가 감당할 수 없을 정도로 커지는 것을 방지해야 할 책임이 있다. 때문에 산업의 성격과 기업도산의 파급효과 등을 고

54) Christian Koenig, *Die Öffentlich-rechtliche Verteilungslenkung*, 1994, S.235.
55) Christian Koenig, a.a.O., S.236.

려하여 규제정책의 목표를 달리 정하여야 하고, 예상되는 중요한 위험요소에 대한 대처방안이 규제체계 내에 반드시 포함되어 있어야 한다. 하지만, 규제개혁의 구체적인 내용은 각국이 처한 경제발전단계와 해당 산업과 소비자들이 놓인 상황에 따라 달라질 수밖에 없다. 적절한 경쟁의 압력을 가해 효율성향상을 위한 자극을 부여하면서도 진입의 비용을 평가할 능력이 없는 수많은 중소기업들의 무분별한 시장참여를 제어하여 기업가 자신의 재산손실을 방지하고 아파트입주예정자와 같은 소비자들의 입주권을 보장해야 할 책임이 정부에게 부과되는 것이다. 이를 위해서는 기업가와 소비자, 그리고 은행 등 관련 산업이 처한 상황에 대한 충분한 정보와 지식을 갖추고 현재의 규제체계를 종합적으로 분석하여 그 연결고리들과 의존관계망을 정확하게 파악하는 작업이 선행되어야 한다. 이 과정에서 현행 규제체계에 무지한 정치인이나 이론가에의 일방적 의존은 피해야 한다. 현행 규제체계의 전체적 관계망을 고려하여 그 문제점에 대한 정확한 인식과 평가를 거쳐 새로운 규제체계를 정교하게 설계함으로써 시장의 비용과 정부의 책임비용을 최소화하는 것이 되어야 한다. 또 새로운 규제체계는 해당 산업계에서 생산자들 상호 간의 관계에서나 소비자들과의 관계에서 이해관계의 균형점들을 적절하게 형성할 수 있는 것이어야 한다. 새로운 규제체계가 이에 대한 섬세한 고려없이 기존의 이해관계 균형점들을 권위주의적으로 파괴하는 것은 건실한 대기업들의 부실화를 가져올 뿐만 아니라 중소사업자들과 서민들에게 일대 재앙을 초래하게 되는 것이다. 신자유주의적 입장에서 권위주의적으로 추진된 규제개혁은 현실경제사회의 균형점들을 현저히 무시함으로써, 국민적 합의의 표현인 헌법규정들에 나타난 중소기업보호나 지역경제의 균형발전, 그리고 소비자의 이익보호 등의 법익에 대한 경시로, 경제사회의 문제를 악화시키고 사회적 갈등을 새롭게 강화시켰다.

(3) 중요산업규제의 목표－완전경쟁인가 유효경쟁인가－

개별 기업들은 사업과정에서 필요한 물량을 확보할 수 있는가, 적절한 자본을 확보할 수 있는가, 그리고 소비자가 원하는 적정한 가격과 품질을 갖춘 상품을 제공할 수 있는가, 비용을 빼고 적정한 수익을 확보할 수 있는가 등에 따라, 효율성 개선을 위한 의지를 가질 수도 있고, 개선의지는 거의 포기한 채 정부에 의존하여 은행대출의 정책적 확대나 만기연장 또는 진입규제강화와 공공시장창출을 정치적으로 주장할 수도 있다. 그러므로 기업들에게 중·장기적으로 효율성향상을 위해 전력을 다하도록 규제체계를 설계하는 것은 어렵다. 특히, 한국과 같이 상대적으로 규모가 작은 시장에서는 해외부문에 대한 경기의존도가 높기 때문에 매우 어려운 과제이다. 진입규제철폐가 효율성을 개선시키고 재정적 개입이 진입규제보다 더 효율적이라는 지극히 경제학편향적인(법이 아니라 화폐만을 주로 다루기 때문에) 막연한 기대로 진입규제를 대폭 완화하는 것은 시장전체에 공멸적 위험을 가한다. 이 위험에 대하여 취약한 개별 기업으로서는 효율성 개선의지를 갖기보다는 보다 정부의존적인 경향을 갖게 되는 것이다.

시장에서의 모든 경쟁이 효율성을 보장해주는 것이 아니라는 점을 인식하는 것이 중요하다. 기업들에게 효율성개선의 압력을 유효하게 가할 수 있는 경쟁만이 중장기적 효율성을 보장한다. 유효경쟁과 완전경쟁의 택일적 대안 사이에서 완전경쟁을 선택해야 한다는 신자유주의적인 주장은 극히 잘못된 것이다. 규제개혁은 무규제상태로의 변화를 가져오는 것이 아니라 새로운 규제체계를 도입하는 것이고, 유효한 경쟁을 보장하는 규제체계들 중에도 다수의 대안적 규제체계들이 존재한다. 그러므로 철폐의 당위성에 관한 논의보다는 합리적인 설계를 위한 대안들에 관한 논의가 필요하다.

국민총생산과 국민생활에 중대한 영향을 미치는 산업으로서 그 생산품의 물적 안전성과 해당 기업들의 전체적 부실화정도가 국민경제에 치명적 영향을 미치는 산업, 예를 들어 중화학공업이나 건설산업에 대한 규제체계에서는 완전경쟁이 아니라 유효한 경쟁을 목표로 하여야 하며, 유효한 경쟁을 보장하는 다수의 규제체계들 중에서 해당 상황에 적합한 규제체계를 발견해야 한다. 이와는 대조적으로 섬유산업과 같은 경공업분야에서는 완전경쟁에 가까운 규제체계를 유지하더라도 금융기관이나 소비자에게 가하는 위험의 정도가 상대적으로 낮다. 실제로 많은 음식점사업과 같이 이미 완전경쟁에 가까운 규제체계를 갖는 산업이 존재하고, 이러한 산업분야에서는 많은 자영업자들이 해당 산업에 진입하고 있기 때문에, 정부가 완전경쟁을 정책목표로 세우더라도 충분한 타당성을 갖는다(물론, 이때에도 정부는 식품에 의한 소비자들의 건강침해는 방지하여야 한다).

4. 개혁이론의 위기와 공법학의 임무

영국에서 보수당정부와 노동당정부에 의해 많은 개혁조치들이 쏟아져 나왔고 그중에는 공법학에 중요한 의미를 갖는 조치들이 많았음에도 이러한 정치경제적 개혁조치들에 대한 가장 적절한 조언자는 저널리스트(journalist)이었다는 영국 공법학자의 반성은 우리에게도 시사하는 바가 있다.[56] 이러한 현상은 공법학자들이 매일매일 쏟아지는 정치경제적 사건들과 조치들로부터 정화된 순수한 공법학의 구조물을 보여주겠다는 태도에 기인한 면도 없지 않으나, 현실 세계의 중요한 정치경제사건들로부터 공법학을 유리시켰다. 그 결과, 공법학의 분석대상이 되어야 할, 국민의 자유, 재산과 생존에 중대한 영향을 미치는 정책목적들과 조치들에 대한 연구에서 소외되어, 점차 공법학의 퇴조를 불러왔고, 다른 학문이 공법학을 대체하게 되었다. 그러나 이러한 현상은 결코 바람직한 것이 아니다.

신자유주의적 정치경제학자로서 '예산극대화'를 추구하는 관료제이론(1971)[57]으로 유명한 니스카넨(William A. Niskanen)은 규제분석과 규제개혁을 위하여 비용편익분석의 예찬론자이었지만, 연방공무원생활을 경험하여 규제실무를 접촉하게 된 후인 1996년, 이제 숫자에 의한 규제심사를 더 이상 신뢰할 수 없게 되었다고 하면서, 규제를 분석하여 규제체계를 개선시키는 데 비용편익분석이 많은 경우 필요하지도 않고, 실시되어도 대부분 충분한 지침을 주지도 못한다고 반성하였다. 숫자에 의한 규제분석이 마치 '과학적 사회주의(scientific socialism)'의 약속과 유사하다고 하면서, 비용편익분석에 우선하여 보다 신중하게 법적 분석(합헌성심사, 합법성심사, 제3자 외부효과의 고려)과 개념적 분석을 할 것을 권고하고 있다.[58]

정부정책은 현행법령에 구속당하기도 하지만, 현실적으로 새로운 정책이 현행법령의 대폭적인 개정을 가져오기도 하는데, 정책권력에 의한 법의 임의적인 개정현상은 전통적인 법치행정의 관점에서 정부권력을 법의 구조와 틀 위에서 움직이

---

56) S. A. De Smith, *Costitutional and Administrative Law*, 3ed. 1977, p.208.

57) William A. Niskanen, *Bureaucracy and Representative Government*, 1971. Niskanen의 관료제모형에 대한 소개와 평가는 전상경, William A. Niskanen의 관료제모형, 행정학의 주요이론(제2판), 2000, 137－147면 참조.

58) William A. Niskanen, Regulating by Numbers, *Regulation* 1996, pp.9－12. 이 당시 니스카넨(William A. Niskanen)은 *Regulation*의 편집자로서 미국학계에서 지도적 위치에 있는 학자들 중의 한 명이었다.

게 하려는 공법학자들을 매우 괴롭히는 문제이다. 더 나아가, 정부가 국민의 경제사회생활에 지대한 영향을 미치는 새로운 정책을 설계하고 집행하면서 법령을 제정하지 않고 단순히 정책지침만을 발하는 경우가 나타나고 있어 더욱 큰 문제로 등장하고 있다. 한국과 같이 여야갈등으로 입법이 쉽지 않은 나라에서는 정책지침이 더욱 증가하고 있다.[59] 정책지침은 행정규칙의 일종으로서 국회의 입법절차를 거칠 필요도 없을 뿐만 아니라 정책결정자가 일방적으로 수정하거나 철폐할 수도 있다. 이처럼 단기적 효율성을 목적으로 정책을 빈번하게 변경하는 것은 한국이 선진국들과 중·장기적 효율성경쟁을 함에 있어 중대한 장애가 되고 있다.

국민의 기본권과 경제생활에 중대한 영향을 미치는 정책이 입법적 근거도 없이 기준이 정해지고, 또 그 기준이 바뀌는 것은 민주적 법치사회에 대한 중대한 위협이 된다. 물론, 현대사회의 복잡성과 가변성은 정부에 더욱 신속하고 임기응변적인 정책대응을 요구하는 측면이 있는 것도 사실이다. 따라서 입법자에게는 입법작업에 있어 사회의 이러한 특성을 충분히 고려하여 정책결정자에게 적절한 재량을 부여하되 정책결정자의 권력남용과 무분별한 정책과잉을 제어할 수 있는 입법을 해야 하는 매우 어려운 과제가 부여된다. 경제사회입법에 대한 우리 입법부의 설계능력부족과 입법에 참여하는 행정공무원들이 정책결정자의 권력에 대해 갖는 취약성은, 정책권력의 과잉과 남용으로 대형정책부실이 야기되어도 그것을 극복할 유효한 수단을 찾는 데 커다란 어려움을 야기하고 있다.

공공정책과 공법학을 통합시켜 적절한 정책도구와 규제수단들을 설계하고 정책담당자들의 책임을 강화시켜야 한다. 공법학자, 경제학자 및 정책학자들의 협력적 연구를 촉진시키는 것은 이제 선진국에서도 가장 중요한 연구과제가 되고 있으나, 개별 학문 패러다임의 기초가정의 차이와 편견이 통합된 발전을 가로막고 있다.[60] 많은 국가적 과제를 가지고 있는 우리 사회에서는 경제사회의 개혁과정에서 국민의 기본권에 중대한 영향을 미치는 규제체계들의 설계를 위하여 선진국에서보다 더 학문 간 균형잡힌 협력이 필요하고, 이를 위해서 공법학의 개혁이 필요하다.

---

59) 미국의 경우에도 법령이 제정되면 수많은 소송폭주에 시달리거나 집행비용만 증가시키기 때문에 (정부규모가 축소되어가는 상황에서), 연방정부가 연방법을 제정하지 않거나 입법을 지연시키는 경우가 늘어나고 있어 그것이 큰 문제가 되고 있다 한다. Reform of the American Regulative State, p.10 참조.

60) Reform of the American Regulative State, p.13.

정부가 기존의 규제체계를 버리고 새로운 규제체계를 도입할 때, 정부의 대안들을 비판적으로 평가하거나 적절한 대안들을 제시하는 것은 개혁시대를 살아가는 공법학자들에게 부과된 숙명적인 임무라 할 것이다.61)

건설산업에서 잘못된 목표설정과 규제철폐로 인해 사회와 정부재정에 막대한 비용이 초래되었다. 규제를 다시 강화한다 해도 규제철폐를 하기 전보다 당해 산업과 시장상황은 악화된 후이기 때문에 정부와 시장에 훨씬 힘든 고통과 많은 비용을 요구할 것이다. 이것이야말로 사회개혁과정에 있어 공법학, 정책학, 그리고 경제학의 역할과 비중을 적절하게 고려한 이론의 중요성을 웅변으로 보여주는 실례라고 생각된다(자료는 2001년 12월까지의 것을 참조하였다).

제 2 절 규제개혁과 제도적 인프라의 형성책임

I 의약산업의 규제완화와 건강기능식품

이 책에서는 규제개혁을 통해 새로운 산업인 건강기능식품산업을 성공적으로 육성한 사례를 살펴볼 것이다. 국가가 신산업의 영역에서 공익을 보호하면서도 시장을 활성화하기 위해 어떤 규제를 철폐하고 어떤 대체적 수단들을 도입하였는지 하는 부분을 볼 것이다. 이 사례를 통해 규제의 철폐 또는 완화와 함께 시장친화적이면서도 경제주체들의 행위들을 조종할 수 있는 새로운 대체적 규제들이 필요하다는 것을 알 수 있을 것이다.

1. 건강기능식품의 의의, 종류와 현황

1) 건강기능식품의 의의

건강기능식품이란 인체에 유용한 기능성을 가진 원료나 성분을 사용하여 제조

61) T. C. Daintith, Legal Analysis of Economic Policy, *Journal of Law and Society*, Vol.9, 1982, pp.191–193.

(가공을 포함)한 식품을 말한다[건강기능식품에 관한 법률(이하 건강기능식품법이라 인용) 제3조 제1호].

첫째, 건강기능식품은 의약품[62]과는 구별되는 식품이다. 입법자는 식품의 개념을 적극적으로 정의하지 않고 "식품은 의약으로 취급되는 것을 제외한 모든 음식물"을 말한다고 하여(식품위생법 제2조 제1호), 소극적으로 정의하고 있다. 건강기능식품도 식품인 이상 질병의 치료나 사람의 구조와 기능에 대한 약리학적 영향을 가진다는 의약품의 특징을 표방하여서는 안된다.

둘째, 건강기능식품이 일반 식품과 구별되는 부분은 인체에 유용한 기능성을 가진 원료나 성분을 사용하여 제조된다는 점이다. 여기서 '기능성'이란 인체의 구조 및 기능에 대하여 영양소를 조절하거나 생리학적 작용 등과 같은 보건용도에 유용한 효과를 얻는 것을 의미한다(동조 제2호).

식품은 원칙적으로 규제기관의 사전심사를 받지 않고 시장에서 거래되므로 허가를 얻을 필요가 없고 생산자가 자기책임 하에 자유롭게 시장에서 판매할 수 있다. 하지만, 식품에 대해 입법자가 규정한 명령규범이나 금지규범을 위반하여 위해식품을 제조하거나 판매하게 되면 그 행위에 대해서는 사후적인 제제를 받게 된다(식품위생법 제4조). 예를 들어, 상하거나 유해물질이 들어 있거나 오염된 것들이 위해식품에 해당되게 된다.

식품 중에서 건강기능식품으로 표시될 수 있기 위해서는 기능성을 갖는 원료나 성분을 사용하여 제조되어야 한다. 우리나라에서 기능성 물질로 인정받기 위해서는 고시에 의해 공포된 물질로서 기준과 규격에 맞는 고시형에 적합하거나 신규물질인 경우는 규제기관으로부터 사전인정을 받아야 한다. 때문에 식품과 건강기능식품의 구별은 형식적으로는 고시형에 속하는가의 여부 및 개별적으로 인정을 받았는가에 의해 구별되고, 실질적으로는 기능성 물질이나 원료를 그 성분으로 가지고 있는가에 의해 구별된다.

셋째, 건강기능식품은 건강기능식품법 제3조 제3호에서 언급한 기능성이 표시된 식품을 말한다. 시장에서 소비자들은 전통적으로 건강에 좋다고 여겨져 널리 섭

62) 의약품은 "사람이나 동물의 질병을 진단 · 치료 · 경감 · 처치 또는 예방할 목적으로 사용"하거나 "사람이나 동물의 구조와 기능에 약리학적 영향을 줄 목적으로 사용"하는 물품을 말하는데 현실적으로는 대한약전에 등재여부가 중요한 판단기준이 되고 있다(약사법 제2조 제4호).

취되어온 식품에 대해 건강식품, 건강보조식품, 기능성식품 또는 건강기능식품 등의 용어를 구별하지 않고 사용하는 경향이 있으나, 2003년 시행된 건강기능식품법이 제정된 후 전통적 식품과 달리 기능성 표시를 할 수 있는 식품으로 허용된 것은 '건강기능식품'일 뿐이다.

예를 들어, 마늘, 감초, 가시오가피, 산수유, 동충하초 등은 전통적으로 건강을 유지·증진시키는 데 효과가 좋다고 여겨져 널리 섭취해온 식품이지만 식품의약품안전청에 의하여 인정된 건강기능식품은 아니다. 또 과거 껌과 같이 대한약사회 등 민간단체가 건강증진에 유용한 것으로 인증해온 식품들은 건강기능식품이 아니어서 그러한 인증의 표시는 허위표시나 과장광고에 해당된다(식품위생법 제8조 제6호).

2) 건강기능식품의 종류

대상의 신규성, 성질과 출처 등의 기준에 의하여 건강기능식품은 다음과 같이 구별된다.

(1) 고시형과 개별인정형

건강기능식품법은 그 성분의 안정성과 기능성이 공인된 식품에 대해서는 그 기준과 규격을 건강기능식품공전에 등록 게재한 고시형 건강기능식품과, 새로이 그 성분의 안정성과 기능성에 대해 심사자료를 제출하여 인정받도록 한 개별인정형 건강기능식품의 두 종류를 구별하고 있다(건강기능식품법 제14조 제1항, 제2항).

고시형 건강기능식품은 현행 건강기능식품공전에 등록되어 있는 제품을 개발·생산하고자 하는 경우로서, 건강기능식품공전의 기준규격에 적합한 제품을 생산하면 별도로 식품의약품안전청장의 사전인정이 필요하지 않다. 건강기능식품제조업의 허가를 받은 자가 건강기능식품을 제조하고자 하는 때에는 그 품목의 제조방법설명서 등을 구비하여 지방식품의약품안전청장에게 신고하면 된다(건강기능식품법 제7조).

개별인정형 건강기능식품은 식품업계, 제약업계와 연구자들의 노력에 의하여 천연자원물의 연구개발을 촉진하여 건강기능식품의 품목을 확대하려는 목적을 가지고 규정된 것이다. 개별인정형 건강기능식품의 제품개발을 위해서는 먼저, 제조하고자 하는 자가 건강기능식품 제조업허가를 식품의약품안전청장으로부터 사전에 얻고 나서 기능성 소재를 발굴하여 그 기준과 규격을 식품의약품안전청장으로부터 인정받아야 한다. 기능성 소재의 안전성과 기능성을 입증할 수 있는 구비서류를 준비하여 식품의약품안전청장에게 신청하여야 하는데, 원료의 안전성과 기능성에 대하여 인체시험 등을 통하여 입증해야 할 수준과 강도는 의약품의 경우보다는 상당히 낮다.

(2) 생리활성형과 질병발생위험감소형

기능성 원료의 특성에 따라 식품의약품안전청장의 고시인 '건강기능식품 기능성 원료 및 기준·규격 인정에 관한 규정'(2011.07.08.) 제16조는 기능성 원료의 등급을 생리활성형과 질병발생위험감소형으로 건강기능식품을 나누고 있다.63) 우리나라의 건강기능식품법에서는 위와 같은 건강기능식품의 유형에 관하여 규정하고 있지 않는데, 이 구별에 대해 법률적인 근거규정을 둘 필요가 있다고 생각한다.

이와 달리 식품의약품안전청고시인 '건강기능식품의 표시기준' 제2조 제11호는 "기능성표시"에 대해 인체의 성장·증진 및 정상적인 기능에 대한 영양소의 생리학적 작용을 나타내는 영양소기능표시, 인체의 정상기능이나 생물학적 활동에 특별한 효과가 있어 건강상의 기여나 기능향상 또는 건강유지·개선을 나타내는 영양소기능 외의 생리기능향상표시, 그리고 전체 식사를 통한 식품의 섭취가 질병의 발생 또는 건강상태의 위험감소와 관련됨을 표시하는 질병발생위험감소표시로 3분하고 있다.64) '건강기능식품의 표시기준'에 규정된 영양소기능표시와 영양소기능 외의 생리기능향상표시의 유형은 '건강기능식품 기능성 원료 및 기준·규격 인정에 관한 규정'에 정의된 생리활성기능형을 다시 2분한 것이라고 볼 수 있을 것이다.

'건강기능식품 기능성 원료 및 기준·규격 인정에 관한 규정'은 '생리활성기능'

---

63) 건강기능식품 기능성 원료 및 기준·규격 인정에 관한 규정 부칙(2010.10.29.) 제1조에 의해 2011년 11월 1일부터 효력이 발생한다.

64) 국제식품규격위원회(Codex Alimentarius Commission)는 식품의 기능성표시를 인정하면서 2000년 5월 이후 영양소 기능표시(nutrient function claim), 기타 기능표시(other function claim), 질병위험감소 기능표시(reduction of disease risk claim)의 3종류로 구분하고 있다. 기타 기능표시는 고도기능표시(enhanced function claim)라는 명칭에서 개칭된 것이다. 이에 관한 더 상세한 소개는 신효선, 식품의 건강강조표시, 2006, 38면 이하 참조.

을 가진 것에 대해 제출된 기능성 자료가 인체의 정상기능이나 생물학적 활동에 특별한 효과가 있어 건강상의 기여나 기능향상 또는 건강유지·개선을 나타내는 것을 말한다고 한다. 생리활성기능형은 다시 3등급으로 나누고 있다. (1) 1등급: 탄수화물이 지방으로 합성되는 것을 억제하여 체지방감소에 도움을 주는 경우, (2) 2등급: 전립선 건강의 유지에 도움을 줄 수 있는 경우, (3) 3등급: 면역조절에 도움을 줄 수 있으나 인체적용시험이 미흡한 경우.

과거 식품위생법만이 존재하던 당시에도 건강보조식품·특수영양식품 및 인삼제품류의 경우에는 그 유용성과 관련하여 (1) 신체조직 기능의 일반적인 증진을 주목적으로 하는 표현(다만, 질병의 예방과 치료에 관한 사항을 표현할 수 없다), (2) 식품영양학적으로 공인된 사실의 표현, (3) 제품에 함유된 주요성분의 신체조직 기능에 대한 식품영양학적·생리학적 기능 및 작용의 표현이 허용되었다(1989년 11월 30일의 식품위생법 시행규칙 제6조 제3항 [별표 3]).

'질병발생위험감소기능'을 가진 것은 제출된 기능성 자료가 질병의 발생위험감소를 나타내며,[65] 확보된 과학적 근거자료의 수준이 과학적 합의(Significant Scientific Agreement)에 이를 수 있을 정도로 높은 것을 말한다. 질병발생위험감소형은 건강기능식품이 과거 건강보조식품과는 질적으로 다른 것도 포함한다는 것을 명확하게 드러낸 것으로써 건강기능식품법이 제정되기 전에는 식품에 질병발생위험감소의 표시를 하는 것은 의약품으로 오인되게 하는 것으로 취급되어 제조업자나 판매업자를 형사처벌하였던 것이다.[66] 이와 같이 사업자의 자유권과 형사처벌여부에 중요한 영향을 미칠 수 있는 건강기능식품의 유형구별이 처음으로 식품의약품안전청장의 고시에 나타나고 있는 것은 기본권의 보장과 법치주의보장의 관점에서 문제 있는 것이라 할 수 있을 것이다.

---

65) 2012년 3월 현재 자일리톨이 질병발생위험감소형으로 인정받았다(제2004-2호). 자일리톨의 치아우식발생위험감소기능에 대해서는 과학적 합의에 이를 수 있을 정도로 상당한 수준의 근거자료가 확보되어 "플라그 감소, 산생성 억제, 충치균 성장을 저해시켜 충치발생위험을 감소시킬 수 있습니다."는 평가를 받았다. 식품의약품안전청, "기능성 원료 인정현황" 2008.2.11. 등록자료 참조.

66) 판례는 식품위생법 제11조 제1항 및 같은 법 시행규칙 제6조 제1항 제2호에서 식품에 대하여 질병의 치료에 효능이 있다는 내용 또는 의약품으로 혼동할 우려가 있는 내용의 표시·광고를 금지하고 있는 것과 관련하여, 이 법령조항들은 식품 등에 대하여 마치 특정 질병의 치료·예방 등을 직접적이고 주된 목적으로 하는 것인 양 표시·광고하여 소비자로 하여금 의약품으로 혼동·오인하게 하므로 금지한 것으로 이해하고 있다(헌재 2000.3.30. 97헌마108 참조).

건강기능식품은 생리활성기능형과 질병발생위험감소형의 모두 의약품과 달리 질병상태의 치료가 목적이 아니라 생체기능의 활성화를 통해 질병발생위험을 감소시키거나 건강유지나 증진을 목적으로 하고 있다는 한계를 갖는다. 때문에 "질병의 예방 및 치료를 위한 의약품이 아니라는 내용의 표현"을 하여야 한다('건강기능식품의 표시기준' 제4조 제10호, 동 제6조 제10호).

3) 건강기능식품산업의 현황[67)]

간편식품의 증가, 노령화 등으로 다양한 질병이 증가하고 있고 민간의 의료비 지출은 물론 국민건강보험의 지출이 증가하는 가운데, 식품 및 의약품 중 건강기능식품의 판매가 급증하고 있다.

2010년 우리나라 건강기능식품의 매출액은 10,671억 원으로 2009년(9,598억 원) 대비 11.2% 증가하였다. 매출액 상위 5개 품목은 홍삼(5,817억 원, 54.5%), 개별인정제품(1,129억 원, 10.6%), 비타민 및 무기질 제품(991억 원, 9.3%), 알로에(584억 원, 5.5%), 오메가-3 지방산함유 유지(348억 원, 3.3%)이었다.

건강기능식품 품목 수는 2009년 말 현재 11,185개 품목으로 2008년(9,189개 품목) 대비 21.7% 증가하였다. 품목 수 기준 상위 3개 품목은 비타민 및 무기질 제품(2,857개 품목, 25.5%), 홍삼 제품(1,291개 품목, 11.5%), 개별인정제품(1,030개 품목, 9.2%)이었다.[68)]

위와 같은 성장세에도 불구하고 건강기능식품시장은 현재 유통구조의 다각화, 식품대기업과 제약회사의 시장참여, 건강기능식품유형의 제형확대 등의 요인으로 겨우 성장초기단계일 뿐이라고 할 수 있을 것이다.[69)][70)]

---

67) 이하의 통계자료는 식품의약품안전청이 2011년 12월 26일 발간한 2011년도 식품의약품통계연보 제13호(41-42면)를 참조한 것이다.

68) 식품의약품안전청, 식품의약품통계연보 제12호, 2010.12.8, 41-42면.

69) 김미경 외 13인 공저, 건강기능식품, 2010, 18-19면.

70) 미국에서도 건강기능식품산업은 급팽창하고 있다. 1994년에는 4,000개의 건강기능식품이 존재했으나 2008년에는 75,000개의 건강기능식품이 시장에 출현했다. Richard Potomac, ARE YOU SURE YOU WANT TO EAT THAT?: U.S. GOVERNMENT AND PRIVATE REGULATION OF DOMESTICALLY PRODUCED AND MARKETED DIETARY SUPPLEMENTS, *Loyola Consumer Law Review*, 2010, p.91.

2. 의약품규제로부터의 이탈

1) 규제완화를 통한 건강 관련 식품산업의 육성필요-정부와 시장의 역할의 재조정

종래 정부는 식품과 의약품을 엄격하게 나누어, 의약품은 안전성과 유효성의 검사를 거치고 이에 따른 제조 및 판매 등을 허가제로 엄격히 관리하여 왔지만, 식품은 일반적으로 식품의 제조와 판매는 규제하지 않는 대신에 인체의 건강을 해할 우려가 있는 위해식품의 판매 등을 금지하는 방식으로 관리하여 왔다. 그리고 식품에 대해서는 질병의 예방이나 치료의 기능을 표시하는 것을 허용하지 않았을 뿐만 아니라, 질병위험의 발생가능성을 감소시켜주는 사항을 표시하는 것은 허용하지 않았다.

또한 국민 모두 국민건강보험제도의 적용을 받도록 함으로써 국민에게 질병이 발생한 경우 의약품의 구입이나 병원에서의 질병치료와 관련하여 국민보험급여를 받도록 하였다.

위와 같이 의약품의 영역에서는 위험방지의 입장에서 강력한 진입규제를 유지하고 의료비 지출과 관련해서는 사회연대적 입장에서 국민들의 의료비용의 개인부담을 대폭 완화시켜주는 제도를 유지해왔다.

하지만, 지속적으로 국민들의 수명이 증가하고 노령화가 진전되면서 국민보험재정의 건전성이 위협받고 국민들의 보험료도 계속하여 상승하는 부담이 가해지면서 보다 근본적으로 정부개입의 영역밖에서 국민 스스로 질병을 예방하고 관리할 수 있는 영역과 수단을 확대시키지 않으면 안되게 되었다.

건강기능식품의 출현과 활성화는 예방의학적 차원에서 질병의 예방과 감소에 기여하여 의료비의 지출 및 보험급여의 지출을 줄여줄 것으로 기대되고, 국민의 건강에 대한 자기관리영역, 시장의 자율적 관리영역을 확대해 정부책임의 과부화상태를 완화해 줄 것으로 기대될 뿐만 아니라, 시기적으로도 수요자와 공급자의 필요에 적절히 대응한 것이라고 볼 수 있을 것이다.

수요측면에서 볼 때, 경제성장과 함께 생활수준이 높아지면서 지불능력이 증가한소비자들은 건강에 대한 관심이 높아지고 있고, 사회에서 경쟁의 격화로 업무에

쫓겨 생활하면서 나타난 운동부족과 불규칙적인 생활, 건강진단기술의 발전으로 자신의 영양결핍요소에 대한 정보획득의 증가 등이 건강기능식품에 대한 수요를 증가시키고 있다. 공급측면에서는 식품가공기술의 발전으로 특정 성분의 추출기술이 널리 이용되게 되었고, 전통적인 건강식품들로부터의 추출물이 건강기능물질로 인정되는 경우가 증가하고 있을 뿐만 아니라, 세계 각국에서 개발된 새로운 건강기능식품들의 수입도 늘어나고 있으며, 일반 식품에 비하여 높은 가격을 받을 수 있어 공급기업들에게는 높은 이윤을 창출해주는 상품으로 각광받고 있다는 점 등이 최근 건강기능식품시장의 확대에 기여하고 있다.

한의약품의 경우 한의사들이 한의약품의 처방권 이외에 조제권을 갖고 더 나아가 제조권을 갖고 있어 제조와 처방·조제가 미분화상태이다. 또 개별 한의사의 적은 자본규모와 한방제조기술의 비방화로 인해 우리나라에서 기업들이 식품의약품안전청장의 허가를 얻어 시판하는 한의약품이 지극히 드물어 한의약품의 제조산업이 저발전상태이다. 이에 비해, 일본, 중국과 미국 등에서는 한방을 포함한 전통건강지식을 활용하여 기업들이 의약품이나 건강기능식품을 제조하고 그것에 대한 지적 재산권의 보호를 받는 경우가 점차 늘어나고 있다. 이것은 장래 우리나라의 의약산업의 발전에 중대한 문제요인이 될 소지가 크다.

천연물의약품과 건강기능식품은 현대의 과학적 분석기술을 이용하여 일정한 물질을 추출하여 제품을 만드는 방법을 사용함으로써 한약재를 배합하여 사용하는 전통적인 제조방법을 사용하는 한의약품에 비하여 세계 시장에서도 통용될 수 있는 가능성이 높다. 또 지역에 전래하는 건강 관련 식품을 이용한 산업을 촉진시켜 지역경제의 촉진효과도 기대되고, 전통적 민간지식을 이용하여 새로운 기능성 원료를 발굴함으로써 외국의 다국적 기업들의 특허에 제한받지 않는 새로운 상품들의 개발이 촉진될 수도 있다.

2) 건강 관련 식품에 대한 규제의 변화

종래 건강기능식품법이 제정되기 전 건강에 유익한 특수한 기능성을 가진 식품들에 대해 식품위생법의 개정으로 '영양식품'은 1977년, '특수영양식품'은 1987년, 그리고 '건강보조식품'은 1989년 도입되었다.

1989년 식품공전은 건강보조식품에 대하여 "건강보조의 목적으로 특정 성분을 원료로 하거나 식품원료에 들어 있는 특정 성분을 추출, 농축, 정제, 혼합 등의 방법으로 제조, 가공한 식품"이라고 정의하였는데, 건강보조식품이 되기 위해서는 "의약품으로 사용된 식품이 아닌 것"이 요구되었다. 건강보조식품은 안정성과 기능성을 검증하기 위한 제출자료에 대한 규제기준이 불명확하고 기능성 표시의 내용이나 방법, 그리고 소비자에 대한 복용방법의 설명 등에서 미흡하여 소비자의 신뢰를 그다지 얻지 못하였다.[71)]

건강기능식품제도는 2002.8.26. 건강기능식품법을 제정·공포하여 2003.8.27.부터 시행 중인데, 건강기능식품의 안전성 확보 및 품질향상을 위해 평가기준을 보다 명확하게 하고 표시에 대한 규제기준도 정비하며 그 유형도 보다 다양하게 함으로써 소비자의 신뢰를 확보하려 하였다. 특히, 과거 건강보조식품 당시와 비슷한 제품들에 대해 생리활성형으로 인정하면서도 건강기능식품의 새로운 유형으로 질병발생위험감소형을 인정한 것은 국민보건의 보호와 관련하여서도 중대한 의미를 갖는 것이다.

입법자가 건강기능식품이라는 새로운 식품 유형을 인정한 이유를 다음과 같이 정리해 볼 수 있을 것이다.

첫째, 종래 건강기능식품은 식품위생법의 적용으로 일반식품과 동일하게 취급되어, 건강기능식품을 제조·가공하고자 하는 업체는 식품공전 및 식품첨가물공전에 수록된 원료와 첨가물에 한정하여 제조할 수밖에 없었다. 이로 인해, 국민건강의 증진에 도움이 되는 새로운 기능성원료의 개발은 촉진될 수가 없었다. 하지만, 식품 중에서도 의약품에 가까운 건강기능식품에 대하여는 의약품과 마찬가지로 화학적 첨가물의 사용을 적극적으로 허용할 필요가 있게 된 것이다.

둘째, 식품이나 식품에 함유된 영양소도 경우에 따라 일정한 약리적 작용을 할 수 있고, 사람의 건강증진과 질병의 치료 및 예방에 일정한 역할을 할 수 있다는 사실이 점차 받아들여지고 있으며, 이에 관한 과학적 연구성과도 축적되어 가고 있다. 영양학적으로도 식품영양과 질병 사이에 밀접한 관련이 있다고 알려져 있는데, 칼슘, 마그네슘과 같은 미네랄(Mineral), 그리고 비타민(Vitamin)은 생명현상에 필수적인 유기물로서 그 섭취가 부족하거나 균형이 깨어지면 질병을 유발하거나 악

71) 문상덕, 건강기능식품법의 현황과 과제, 법과 정책연구 제9집 제1호, 한국법정책학회, 2009, 52-53면 참조.

화시킨다고 한다. 이와 같이 어떠한 식품에 일정한 약리적 효능이 있다면 그에 관한 정확한 정보를 제공하는 것은 국민의 건강수준 향상을 위하여 필요한 일이라고 보지 않을 수 없는 것이다(헌재 2000.3.30. 97헌마108; 헌재 2004.11.25. 2003헌바104). 하지만, 과거 식품위생법의 규율에 따를 때, 새로운 건강기능성원료를 개발한 후에도 식품으로서의 일반적인 효능을 초월하여 가지는 유용성이나 기능성을 표시할 수 없었던 어려움이 있었다.

건강기능식품법은 기존의 식품위생법이 건강기능식품을 위와 같이 일반 식품과 동일하게 규율하여 왔던 것이 잘못된 정책이었고, 이로 인해 건강기능식품 개발이 장려되지 못하고 지지부진하였다는 반성적인 고려에서 제정된 것으로, 법률사상 또는 법률이념의 변경에 따른 것이다(서울고등법원 2005.1.7. 선고 2004노2619).

3) 건강기능성의 표시허용에 의한 전통 식품과의 차별화승인

건강기능식품법이 시행되기 전에는 질병발생위험의 감소에 관한 신물질의 개발로 특허를 받았다 하더라도 그것에 대해 의약품으로 품목허가를 받지 않는 이상 식품으로 판매하면서 질병발생위험감소의 표시를 할 수 없었고 그러한 표시를 하게 되면 형사처벌을 받았다. 또 식품이 의약품과 동일한 성분을 함유하였다고 하더라도 그 효능·효과의 광고에 있어서 의약품과 같은 효능·효과가 있다는 표시·광고는 금지되었다(헌재 2004.11.25. 2003헌바104).

식품에 대해 의약품과 유사한 인식을 주는 표시를 금지한 것은 제조업자와 소비자 사이의 정보의 불평등으로 인한 시장실패를 보완하고 잘못된 광고로 인한 불특정 다수 소비자의 건강에 미치는 위해를 방지하기 위한 것이었다. 특히, 식품에 대해서 건강증진이나 질병발생위험감소 관련 표시를 금지한 것은 입증되지 아니한 정보를 식품의 표시·광고에 이용하도록 하면 소비자는 적절한 치료시기를 놓칠 수 있고 식품의 유용성 광고에 현혹되어 필요하지 않은 제품을 구입함으로써 경제적 손실이 초래될 수 있기 때문이었다.

이 당시 법원은 현재는 건강기능식품으로 인정되어 있는 간기능개선제인 클로렐라를 처음 개발한 기업이 특허를 받은 이후 클로렐라를 판매하면서 그 내용을 표시한 경우라도 "건강보조식품에 대하여 간기능 장해 개선제와 혈중 지질 개선제로 특허를 받았다고 하더라도 의약품으로 공인받지 아니한 이상 그 표시나 광고의 내용에 의학적 효능·효과가 있는 것으로 오인될 우려가 있는 표현이 허용되는 것은 아니"라는 이유로 형사처벌하는 것을 지지하였다(부산지방법원 2005.9.7. 선고 2005노2117).

그러나 건강기능성을 갖는 식품에 대해서까지 건강기능성의 표시를 금지시키면 국민건강에 관한 유용한 정보를 사장시키고, 식품의 약리적 효능에 관한 연구·개발, 건강보조식품 또는 식이식품의 개발·개선 및 보급도 위축시킴으로써, 오히려 국민의 건강수준과 국가전체의 보건수준 향상에 걸림돌이 될 수 있다. 또 식품제조업자 등의 영업의 자유, 광고표현의 자유, 나아가 소비자의 행복추구권을 지나치게 제약하는 것으로서 헌법적으로 용인되지 아니한다고 보아야 한다(헌법재판소 2000.3.30. 97헌마108).

4) 건강기능식품의 제조에 대한 규제강도의 완화

현행법상 의약품은 그 제조업자나 수입자가 품목별로 품목허가를 받거나 품목신고를 하여야 한다(약사법 제31조, 제42조). 건강기능식품법은 건강기능식품의 제조의 경우 규격과 기준에 맞으면 신고만으로 제조할 수 있도록 하되(건강기능식품법 제7조, 제8조),[72] 식품기술사나 식품기사 또는 식품 관련 대학 학과를 나온 후 일정 경력을 쌓은 자 등에게 '품질관리인'의 자격을 부여하고 건강기능식품의 제조시 품질관리인의 고용을 의무화하였다(건강기능식품법 제12조).

건강기능식품에 대하여 각 품목마다 허가를 얻도록 하지 않고 신고만으로 제조하도록 한 것은 의약품과 비교하여 중대한 규제완화라 할 수 있다. 의약품의 경우, 시판 전에 막대한 시간과 비용을 투자하여 안전성·유효성의 입증을 위하여 임상시험이나 생물학적 동등성시험을 거친 후 그 자료를 제출하여 허가를 받는 경우에

72) 다만, 건강기능식품의 제조 및 판매의 경우와 달리 계속적 사업으로서 제조업을 영위하고자 하는 자는 제조업허가를 사전에 얻도록 규정했고(건강기능식품법 제5조 제1항), 수입업과 판매업을 영위하고자 하는 자는 사전에 신고하도록 규정했다(건강기능식품법 제6조 제1항, 제2항). 건강기능식품의 제조업허가를 얻도록 한 것은 그 기능성 때문에 일반식품보다 국민건강에 더 위험성을 갖고 있는 상황에서 너무 쉽게 시장진입을 허용하면 피해사례가 많이 나타날 수 있고, 자본규모의 영세성 등의 원인으로 너무 단기적으로 시장에의 진입과 퇴출이 발생하면 소비자는 피해를 입어도 그것에 대해 손해배상을 구하기도 쉽지 않기 때문이라고 볼 수 있을 것이다. 이러한 견해에 대해서는 제조업의 허가를 규정한 것은 과도한 진입규제라는 비판도 존재한다. 이세정, 건강기능식품법제에 관한 비교법적 연구, 한국법제연구원, 2006, 122-123면.

만 소비자에게 판매될 수 있도록 하여 소비자보호를 강화하고 있지만, 이로 인해 의약품의 제조비용과 시간이 과다하게 필요하게 된다는 문제점을 안고 있었다. 건강기능식품의 경우, 질병발생위험의 감소 표시를 허용하는 경우처럼 소비자들에게 거의 의약품과 유사한 효과를 광고할 수 있도록 허용해 주면서도 제조비용과 시간을 크게 경감시킬 수 있도록 한 것이다.

5) 건강기능식품 판매자의 자격에 대한 제한철폐

의약품을 판매할 때에는 의사의 처방에 따라 약사가 조제판매하여야 한다. 건강기능식품의 경우, 일반 식품보다 기능성을 강화하여 인체의 건강에 보다 직접적인 영향을 미친다는 점을 고려하면 건강기능식품을 판매할 때에도 어느 정도의 판매자의 자격규제가 필요한 것은 아닌지 의문이 생긴다.

하지만, 우리 건강기능식품법은 건강기능식품의 판매와 관련하여 의약품과 달리 판매자나 그의 고용인과 관련하여 어떤 자격규제도 하지 않았다. 다만, 주로 위생상의 위해를 방지한다는 측면에서 위해 건강기능식품의 판매를 금지하였을 뿐이다(건강기능식품법 제23조).

건강기능식품은 일반 식품에 비해 기능성이 강화되어 그의 건강개선의 효능이 개선된 것은 물론이지만, 건강침해의 위험성도 높아진 것이라 할 수 있는 데도 불구하고 판매자의 자격과 관련하여 아무런 자격규제를 가하지 않은 것은, 사업자들이 건강기능식품 판매시장에 보다 쉽게 참가하도록 하여 해당 산업을 촉진시키기 위한 것이다.

장래 판매자에게 일반 식품판매자보다 강화된 교육훈련을 의무화하거나 일정한 자격을 취득한 자만이 판매할 수 있도록 할 것인가 등의 대안들이 비교·검토되어 법개정으로 보완되어야 할 것이다.

3. 경쟁촉진적 규제에 의한 건강기능식품산업의 육성

1) 규격과 기준 규제방식에 의한 대체가능품목의 확대

건강기능식품법은 고시형과 개별인정형 모두에 걸쳐 규격과 기준을 공개하도록 함으로써 건강기능식품의 판매시장에 대한 신규 참가의 진입장벽을 크게 완화시키고 있다. 또 한의약품의 경우에 문제되었던 표준화의 어려움을 극복하기 위해 건강기능식품의 경우, 표준화를 통해 일관성있는 제품이 생산되도록 하고 있다. 건강기능식품의 표준화는 원재료의 표준화, 제조공정의 표준화와 지표성분[73]과 분석방법의 선정을 통해 이루어지는데,[74] 다른 사업자도 재현가능하도록 함으로써 품질의 균질성보장에 기여할 것이다.

고시형의 경우, 식품제조업허가를 가진 신규참여희망자는 공전에 게재된 규격과 기준에 맞추기만 하면 개별적으로 자신의 제품을 인정받을 필요 없이 식품의약품안전청장에게 단순히 신고(건강기능식품법 제7조, 제8조)함으로써 자신의 제품을 시장에서 판매할 수 있게 된다. 이를 통하여 시장에서 유사한 기능성을 갖는 대체가능품목이 신속하게 증가할 수 있게 되는 것이다. 또 규격과 기준에 의한 정형화는 사업자의 비용경감 및 소비자에 대한 광고홍보비용을 감축할 수 있게 해준다.

개별인정형의 경우에는 인정심사를 거치도록 하되 일정기간의 배타적 독점권의 보장기간이 끝나면 고시형으로 전환해 다른 사업자들의 참여를 쉽게 하도록 하고 있다.

2) 기능성 원료물질의 확대-식 · 약 공용 한약재가 기능성 원료가 될 수 있는가?

2011년 6월 21일 개정된 식품의약품안전청 고시인 '건강기능식품의 기준 및 규격' Ⅰ. 공통 기준 및 규격에서는 건강기능식품 제조에 사용할 수 없는 원료로 "의약품의 용도로만 사용되는 원료 등 섭취방법 또는 섭취량에 대해 의 · 약학적 전문지식을 필요로 하는 것"이라고 하고 있는데, 이것은 식품위생법 제2조 제1호에서 의약품을 식품의 개념에서 제외시키고 있는 법률의 취지에 따른 것이다.[75] 이 규정은 '건강기능식품의 기준 및 규격'의 개정(2011.6.21.) 이전에는 폐지된 '건강기능식품에 사용할 수 없는 원료 등에 관한 규정' 제3조에 있었던 것으로 제3조 제1호

73) 건강기능식품 기능성 원료 및 기준 · 규격 인정에 관한 규정 제2조 제1항 제3호에 따를 때, 지표성분이란 "원료 중에 함유되어 있는 화학적으로 규명된 성분 중에서 품질관리의 목적으로 정한 성분"을 말한다.

74) 김미경 외 13인 공저, 건강기능식품, 2010, 70-76면 참조.

75) 식품위생법 제2조 제1호에서 식품이란 "모든 음식물(의약으로 섭취하는 것은 제외한다)을 말한다."고 하고 있듯이, 의약품으로 인정되는 것은 식품으로 인정될 수 없는데, 건강기능식품도 특수한 '식품'이기 때문에 의약품이면서 동시에 건강기능식품으로 인정될 수는 없는 것이다.

에서 한약조제지침서에서 수재되어 있는 품목으로 원료의 종류 및 함량이 동일한 것을 건강기능성 원료에서 제외하고 있었다.[76][77]

하지만, 건강기능성 원료와 의약품의 원료는 동일한 경우도 많고, 캐나다 같은 경우는 천연건강물질에 대해서는 한약재이든 한약재가 아닌 식물에서 추출한 것이든 동일한 법령의 적용을 받도록 하고 있으며,[78] 우리나라에서도 한약재의 경우 그 용도에 따라 식품으로 인정되는 경우도 있고 의약품으로 인정되는 경우도 있는 등[79] 특정 천연건강물질이 건강기능성식품의 원료가 될 수 있는지가 명확하지 않은 경우가 상당히 존재한다.

때문에 고시에서 간단하게 "의약품의 용도로만 사용되는 원료 등 섭취방법 또는 섭취량에 대해 의·약학적 전문 지식을 필요로 하는 것"이라고 하거나, "의약품과 같거나 유사하지 않음을 확인하는 자료"를 제출하도록 요구하는 것만으로는 이러한 불명확성이 명확하게 해소되지 않는다. 법률에서 한약재를 포함한 의약품 원료와 기능성 원료의 관계를 명확히 할 수 있는 근거를 마련하고 행정입법에서 그것을 세부적으로 구체화하는 것이 필요하다.

---

76) 2011년 7월 8일 전면 개정된 '건강기능식품 기능성 원료 및 기준·규격 인정에 관한 규정' 제14조 제10호에서도 기능성 원료로 인정받기 위해서는 "의약품과 같거나 유사하지 않음을 확인하는 자료"를 제출하도록 하고 있다. 다만, 단서 규정으로 3가지 이하의 원료로 구성된 것은 건강기능성 원료로 포함될 수 있는 것으로 규정하였다.

77) 식품의약품안전청의 고시가 법률이나 법규명령에서 명시적 위임 없이 제정되면서 사업자나 소비자의 권리를 제한하도록 규정한 것은 문제이다. 왜냐하면, 대법원판례(대법원 1987.9.29. 선고 86누484 판결)에 따를 때, 법규성을 갖는 법령보충규칙으로 인정되려면 법률이나 법규명령에 의하여 명시적 위임이 있어야 하는데, 식품의약품안전청의 고시들은 '건강기능식품에 사용할 수 없는 원료 등에 관한 규정'과 같이 상위법령의 명시적 위임 없이 제정되고 있기 때문이다. 동지. 조태제, 건강기능식품법의 문제점과 개선방안, 법과 정책연구 제9집 제1호, 한국법정책학회, 2009, 25면.

78) 캐나다에서 건강기능식품은 천연건강물법(Natural Health Products Regulations)에 의해 규제되고 있는데, 천연건강물질을 의약품이나 식품과 다른 제3의 범주로서 인정하면서도 미국이나 우리나라와 달리 시판 전 제조허가를 얻도록 하고 있다. Greg Lindquist, DIET STARTS MONDAY: AN ANALYSIS OF CURRENT U.S. DIETARY SUPPLEMENT REGULATIONS THROUGH AN INTERNATIONAL COMPARISON, *Saint Louis University Journal of Health Law & Policy*, 2009, pp. 142-143.

79) 2007.11.20. 기준으로 식품공전 별표1(식품에 사용할 수 있는 원료)~별표2(식품에 제한적으로 사용할 수 있는 원료) 등을 기초로 식품의약품안전청이 "식·약 공용 한약재" 중 집중관리대상품목으로 분류한 것은 구기자, 녹용, 갈근, 단삼, 숙지황 등 119개 품목에 달한다. 식품의약품안전청 2007.11.20. "식·약 공용 수입 한약재 관리 강화" 보도자료 참조[홈페이지(www.kfda.go.kr)에 게재되어 있음].

식·약 공용 한약재가 존재하는 상황에서는 한약재이면서 건강기능식품원료로서의 성격도 동시에 갖는 물질의 존재를 승인할 수밖에 없을 것이다. 유럽에서도 식품이면서 동시에 의약품이기도 한 이중용도("dual-use") 식품의 존재가 건강기능식품제도의 도입에 중요한 영향을 미쳤는데, 이 식품들은 의약품의 엄격한 진입규제요건을 충족하기에는 과학적 지식과 정보가 부족하지만 일정 범위에서는 건강의 증진에 영향을 미친다는 점이 인정되어, 그 정보를 소비자에게 전달하고 제조판매업자들의 이윤추구동기를 자극하여 이 시장을 촉진시킬 필요가 있다고 보았던 것이다.[80]

전통한방지식을 이용하여 의약품이나 건강기능식품으로 개발되도록 하고, 그 지적 노하우를 지적 재산권으로 보호하는 것이 중국 및 일본과의 경쟁관계에 비추어 매우 시급하다는 점에서도 안전성이 높은 일부의 한약재들에 대해서는 건강기능식품의 원료로 인정한다는 명시적인 근거를 마련하고, 해당 한약재의 종류를 명확하게 밝히는 것이 필요하다고 본다.

3) 오리지널 제조자에 대한 단기간의 배타적 독점권의 인정을 통한 후발주자의 이익과의 조정

식품의 건강기능성 인정의 효과와 관련하여 개별인정형에 대해 배타적·독점적 권리를 인정하고 있다. 즉, '건강기능식품의 기능 및 규격' 총칙 5에서는 '기능성 원료별 기준 및 규격의 추가 등재'에 관하여 규정하면서 공전 Ⅱ. 개별 기준 및 규격에 추가로 등재할 수 있는 경우에 관하여 다음과 같이 언급하고 있다. "건강기능식품의 기능성 원료로 인정받은 후 품목제조신고 또는 수입신고한 날로부터 2년이 경과하였거나 3개 이상의 영업자가 인정받은 후 품목제조신고 또는 수입신고한 경우"에 비로소 후발주자는 개별인정형 건강기능식품의 품목제조신고를 할 수 있도록 했다. 다만, 그 기간을 2년이라는 단기로 하여 후발주자의 이익과의 조정을 꾀하고 있다.

오리지널 개발자의 이익을 보호할 현실적 필요를 인정한다 하더라도 법률과 법규명령에 근거를 두지 않고 식품의약품안전청의 고시인 '건강기능식품의 기능 및

80) Mark Delewski, Risikosteuerung im Nahrungsergänzungsmittelrecht, *Zeitschrift für Gesamte Lebensmittelrecht*, 2005, S.646.

규격'에 비로소 처음 규정한 것은 오리지널 개발자의 권리보호측면에서 중대한 문제를 야기하고 있다. 특허권의 보장기간(20년)이나 자료독점권의 보호기간(미국의 경우 5년)[81] 등과 비교하여 그 보호기간의 타당성과 관련해서도 의문시된다. 또 권리보호방식과 관련해서도 오리지널 개발자의 배타적 독점권을 적극적으로 인정하는 방식을 취하지 않고 소극적으로 후발주자가 개별인정신청을 하는 것을 제한하는 방식으로 접근하는 것도 문제된다. 입법적으로 시급하게 정비되어야 할 것이다.

4) 건강기능식품협회에의 공공기능의 위탁-건강기능식품의 구체적 표시내용의 위임

건강기능식품시장이 급속하게 팽창하고 있는 상황에서 심사해야 할 개별 품목들도 급증하고 있기 때문에 건강기능식품법 제16조에서는 표시기준에 대해서 식품의약품안전청장이 제정하도록 하되 그 표시내용에 대한 심사업무는 민간단체에 위탁할 수 있도록 규정하고 있다. 이를 근거로 '건강기능식품의 표시기준'(식품의약품안전청장의 고시)이 제정되어 한국건강기능식품협회가 표시내용에 대한 심사업무를 담당하고 있다. 이 심의결과에 대하여 이의가 있는 자는 심의결과를 통지받은 날로부터 1개월 이내에 식품의약품안전청장에게 이의를 제기할 수 있다(건강기능식품법 제16조의2 제1항).

인력이 제한된 행정청이 표시심사업무를 독점적으로 수행하게 되면 그 심사절차는 상당히 지체될 것이므로, 민간단체인 한국건강기능식품협회를 활용함으로써 그들의 전문성과 인력에 의존하여 심사시간을 절약하고 행정비용을 줄일 수 있게 된 것이다. 이와 같은 규제완화와 공공업무의 민간위탁은 건강기능식품 시장에의 신규참가를 촉진시키게 될 것이다.

하지만, 건강기능식품의 기능성 표시의 내용과 한계는 제품에 대한 소비자의 신뢰여부나 사업의 성공여부, 그리고 의약품으로의 오인광고여부 등에 중요한 영향을 미친다. 공공업무를 위탁받은 민간단체가 업무를 수행하면서 공공성을 침해하는 경우도 자주 발생하고 있기 때문에 식품의약품안전청은 한국건강기능식품협회의 표시심사업무의 수행이 적법하고 공정하게 이루어지고 있는지에 대해 충실한

81) 선정원, 의약법상 자료독점권에 관한 고찰, 행정법연구 제25호, 행정법이론실무학회, 2009, 371면 참조.

감독을 하여야 한다. 특히, 심사에 있어 전문성과 공정성이 유지되고 있는지 표시 신청자의 불법적인 유인행위에 포획되고 있지는 않은지 적절한 감독이 이루어져야 할 것이다.[82)]

5) 제형규제의 철폐를 통한 경쟁의 촉진

2003년 제정된 건강기능식품법 제3조 제1호에서는 건강기능식품의 제형으로 "정제 · 캅셀 · 분말 · 과립 · 액상 · 환 등의 형태"만을 인정하고 있었다. 이 조문에서는 명시적으로 6개의 제형을 열거하면서 '등'이라고 하여 제한적 열거가 아니라 예시적 열거임을 나타내고 있었으나, 실무상으로는 위의 6개의 제형만 인정되고 있었다. 이 제형들은 종전 식품위생법에 규정되었던 영양보충용식품 등에서 인정되던 고형, 편상형, 젤리형, 막대형, 페이스트형 등의 제형 규정을 그대로 따른 것이었다.

제정당시 제한적으로 제형을 인정한 입법태도에 대해서는 찬반론이 주장되었다. 제형을 자유롭게 인정해야 한다는 입장에서는 제형의 자유화가 신제품의 개발을 촉진할 것이라고 주장했다. 제형자유화에 반대하는 입장에서는 제형이 지나치게 자유화되면 제품형태에 따라서는 의도한 기능성이 제대로 유지되지 않을 수 있고, 소비자가 건강기능식품을 일반 식품과 구별하기 어려울 수도 있다는 점을 논거로 제시했다.[83)]

2008년 9월 22일 개정된 건강기능식품법 제3조 제1호는 제형에 관한 기술을 삭제하고 건강기능식품이란 "인체에 유용한 기능성을 가진 원료나 성분을 사용하여 제조한 식품"을 말한다고 규정하여 산업촉진에 필요하다는 주장을 지지하였다. 이로써 건강기능식품에 대한 제형규제는 완전 철폐되었다고 할 수 있을 것이다.[84)]

---

82) 기능성표시에 대한 심사업무가 민간에게 위탁된 것은 국가의 업무처리방식이 직접 공공임무를 처리하고 책임지는 이행책임방식(Erfüllungsverantwortung)에서 그 업무의 직접적인 처리는 민간에게 맡기지만 최종적인 공익보호의 책임을 국가가 지는 보장책임방식(Gewährleistungsverantwortung)으로 바뀌었다는 것을 의미할 뿐 국가의 공익보호책임이 전적으로 면제된 것을 의미하는 것이 아니다. Patrik Scholl, *Der Private Sachverständige im Verwaltungsrecht*, 2004, SS.324－326.

83) 심영, 건강기능식품 산업변화에 따른 법령개선방안에 관한 연구, 법학연구 제38호, 연세대학교 법학연구소, 2008, 14면 참조.

84) 심영, 위의 논문, 15면 이하에서는 제형규제철폐의 보완방법으로 건강기능식품의 형태를 크게 규격화형태와 일반식품형태로 나누자는 견해를 제시한다.

하지만, 건강기능식품도 식품이라는 성격을 가지는 한 제형이 무제한적으로 자유로울 수는 없다고 보아야 할 것이다. 식품위생법 제2조 제1호에서는 식품이란 “모든 음식물(의약으로 섭취하는 것은 제외한다)을 말한다.”고 규정하고 있다. 음식물이란 사람이 먹거나 마실 수 있는 것을 의미하므로 먹거나 마시기에 적합하지 않은 형태로 기능성 원료를 제조하더라도 그것을 건강기능식품이라고 할 수는 없을 것이다. 최근 일본과 한국에서 인기를 끌고 있는 비타민주사제는 비타민을 인체의 혈관에 주사기를 이용하여 직접 투입하는 것인데, 이 행위를 먹거나 마시는 것이라고 볼 수는 없을 것이기 때문에 비타민주사제는 건강기능식품이라고 할 수는 없을 것이다.

하지만, 비타민주사제를 건강기능식품으로부터 제외하게 되면 건강기능식품법상의 규제도 받지 않게 될 것이다. 비타민주사제의 원료인 비타민 C 등은 건강기능성 원료이므로 의약품도 아니다. 따라서 병원에서 비타민주사제를 투여받는다 하더라도 그것만 가지고 의약법상의 규제를 적용할 수도 없다. 비타민주사제의 오용으로 인한 부작용을 방지하기 위하여 건강기능성 원료 및 성분을 이용하지만 건강기능식품에 해당되지 않는 제품들에 대한 규제가 새롭게 정비되어야 할 것이다.

6) 영세사업자의 계속적 영업능력의 부족과 규제강화 또는 재정적 지원강화의 필요

일반 식품판매의 경우 장비와 시설의 설치에 대한 부담이 작아 영세사업자들의 참가가 활발한데, 건강기능식품의 경우에도 의약품과 달리 시판 전 허가가 필요없어,[85] 적은 비용으로 영세사업자들이 판매에 뛰어들 수 있어서 영세사업자들이 매우 많은 상황이다.[86]

---

85) 우리나라와 달리 우리나라의 건강기능식품을 포함하여 모든 천연건강물질(National Health Products)을 시장에 판매하기 전에 감독청의 허가를 얻을 것을 요구하는 캐나다에서는 허가획득 비용 때문에 영세사업자들의 시장참여가 어렵고, 허가신청의 획득에 까지 너무 오랜 시간이 걸린다는 비판이 제기되고 있다. Bill Reynolds, Canada Prepares for New Supplement Regs, Natural-productsinsider.com(July 29, 2002), www.natural-productsinsider.com/articles/2002/07/canada-prepares-for-new-supplement-regs.aspx; Len Monheit, Canada: The Status of Natural Health Product Regulations, *Nutraceuticals World*, July-Aug. 2006, p.42, 44; Greg Lindquist, a.a.O., p.144 참조.

86) 건강기능식품 업체는 매년 증가하고 있는 추세로 2007~2010년 동안 평균 14.5% 증가하였다. 2010

자본의 영세성은 사업의 지속가능성을 약화시켜 건강기능식품을 제조판매하는 영세사업자들이 6개월 이상 영업활동을 중지하여 식품의약품안전청으로부터 영업허가를 취소당하는 경우도 상당히 존재하고 있다.87) 건강기능식품의 경우 효과를 발생하기 위해서는 상당히 장기간 복용이 필요할 수도 있고 판매자가 판매 후에도 부작용발생 시 상품에 대한 사용상의 주의사항에 관한 질문에 답해야 하는 경우도 있는데 지나치게 영세한 사업자들이 수시로 교체되는 것은 문제가 있다고 할 것이다.

이상의 문제점들을 해결하기 위해 사업자에 대해 자본, 시설과 인력 등에 대한 규제를 새로 도입하거나, 아니면 일정한 기준을 충족한 우수사업자(판매업자 포함)에 대해 적절한 재정적 인센티브(조세감면 포함)을 제공하는 등의 방식이 검토될 필요가 있다고 본다.

4. 국민건강에 대한 국가의 보호책임강화를 위한 법적 개선방안

1) 국민의 건강보호를 위한 국가책임의 법적 근거

근대와 달리 현대에서 국가가 식품에 대해 국민건강의 보호를 위한 입법정책의 수단으로 삼은 것은 농업과 식품제조업의 발전으로 식품의 생산을 어느 정도 조종하는 것이 가능해졌기 때문이다. 또 식품을 이용하여 국민의 건강을 침해하거나 허위의 정보를 제공하여 폭리를 취하는 것을 방지하고 더 나아가 국민건강을 증진시킬 필요성을 국가가 중대한 국가임무로 인식하였기 때문이라 할 수 있을 것이다.

국민보건의 영역에서 헌법은 국가에게 국민건강의 보호임무를 부과하고 있다.88) 이에 따라, 식품위생보호를 위하여 전통적으로 기본법의 역할을 담당해온 식

년 현재 일반판매업이 70,753개소로 전체의 93.8%를 차지하고 있으며, 수입업(2,818개소, 3.7%), 유통전문판매업(1,481개소, 2.0%), 전문제조업(361개소, 0.5%), 벤처제조업(36개소, 0.1%)의 순이다. 식품의약품안전청, 식품의약품통계연보 제13호, 2011.12.26, 42면 참조. 제조업체도 영세한 업체가 많지만 제조업체보다는 판매업체가 압도적으로 많고 그 규모도 영세한 상황이다.

87) 2010년의 경우 정당한 이유없이 6개월 이상 휴업으로 영업허가를 취소당한 건강기능식품업체들은 행복한 농장, 하나에프티, 국제식품, 경인제약, 바이럼, 굿푸드라이프, 에스 비 아이 이외에 2011년의 경우는 BS식품, 상일, 인산가, 이제 등의 기업들이 있었다. 식품의약품안전청 홈페이지(www.kfda.go.kr) 행정처분 자료 참조.

88) 우리 헌법 제36조는 "모든 국민은 보건에 관하여 국가의 보호를 받는다."고 규정하고 있다.

품위생법 제1조는 "식품으로 인하여 생기는 위생상의 위해를 방지하고 식품영양의 질적 향상을 도모"하며, "식품에 관한 올바른 정보를 제공하여", "국민보건의 증진에 이바지함"을 목적으로 한다고 규정하고 있다. 또 건강기능식품법 제1조는 "건강기능식품의 안전성 확보 및 품질향상과 건전한 유통·판매를 도모함"으로써 "국민의 건강증진과 소비자보호에 이바지함"을 목적으로 한다고 규정하고 있다.

건강 관련 산업의 촉진필요성을 인정하여 국가가 건강기능식품을 중요한 입법정책수단으로 삼아 의약품과 비교하여 규제기준을 완화한다고 하더라도 국가는 국민건강보호의 임무를 포기할 정도로 규제를 완화하여서는 안될 것이다.

2) 건강기능식품 인정 등의 법적 성격과 권리구제

'건강기능식품의 기준 및 규격'(식품의약품안전청 고시 제2011-68호)은 건강기능식품공전으로도 불리우는데, 비록 고시이지만 건강기능식품법 제14조 제1항의 위임을 받아 제정된 것이다. 법률에서 보건복지부 장관도 아닌 식품의약품안전청장에게 고시로 제정하도록 위임한 것은 매우 특수한 예외에 속하는데, 식품의약품안전청이 청조직으로 독립되어 있고 식품과 의약품 등에 관한 업무의 전문성이 높기 때문에 그러한 사정을 입법자가 고려한 것으로 보인다. 이 공전의 법적 성격은 상위 법령으로부터 명시적 위임을 받아 제정되어 있고 상위 법령의 내용을 보충하고 있기 때문에 우리 판례에서 말하는 '법령보충규칙'에 속한다고 할 수 있을 것이다.

건강기능성의 인정행위, 표시행위, 재평가 후 규격과 기준의 철폐행위의 법적 성질은 행정행위라고 볼 수 있다. 또 고시형 신고의 수리를 거부하는 행위도 사업자의 영업의 자유를 제한하므로 행정행위라고 볼 수 있을 것이다.

건강기능식품은 일반 식품과 다르기 때문에 개별인정형의 인정심사에서는 안전성심사 이외에 기능성의 심사, 즉 유효성의 입증과 평가의 문제가 등장한다. 건강기능식품의 경우에도 의약품과 마찬가지로 건강에 미치는 긍정적 효과와 기능성 강화에 따른 건강침해위험의 비교형량을 통해 적어도 긍정적 효과가 침해위험보다는 훨씬 커야 건강기능식품으로 인정될 수 있다.[89] 비교형량의 결과는 개별인정형의 경우 인정여부에 영향을 미칠 것이다.

---

89) Jochen Taupitz, Sicherheit und Wirksamkeit Gesundheitsbezogener Lebensmittel: Rechtsnormen, Bewertung, Risiko, Entscheidung, *Zeitschrift für Gesamte Lebensmittelrecht*, 2008, SS.297-298.

건강기능식품의 표시내용에 대한 심사업무는 한국건강기능식품협회가 담당하고 있다(건강기능식품법 제16조). 사업자가 판매하려는 식품에 대해 건강기능식품의 표시를 할 수 있는지, 표시할 수 있다 하더라도 어떤 표시를 할 수 있는지는 매출에 큰 영향을 미치는 사안으로서 건강기능식품의 표시와 관련되는 이익은 법적 보호이익이라 할 수 있을 것이다. 때문에 건강기능식품법도 이 심사결과 및 재심결과에 대하여 이의가 있는 자는 1개월 이내에 식품의약품안전청장에게 이의를 제기하도록 하여 불복할 수 있는 특별심판절차를 마련해두고 있다(건강기능식품법 제16조의2 제1항).[90] 이러한 점을 고려할 때, 건강기능식품의 표시업무를 처리하는 범위에서 건강기능식품협회는 이른바 '공무위탁사인'으로서 행정청으로서의 지위를 갖는다고 생각된다.

인정거부행위, 사업자의 표시신청에 대한 거부행위 및 재평가 후 규격과 기준의 철폐행위 등과 관련하여 행정절차법에서 규정한 당사자들의 절차법적 권리의 보호문제가 발생한다. 처분의 취소 시 사전통지와 의견제출기회를 주었는지 여부와 처분 시 이유제시를 했는지, 그리고 일정한 경우 청문을 거쳐 취소결정을 했는지가 문제될 수 있을 것이다.

건강기능식품과 관련된 고시들이 상위법령에 근거를 두고 제정되어 있는 경우에는 법령보충규칙으로서 법규성이 인정되는 것으로 볼 수 있다. 더 나아가, 일부 규정들(예, 고시형으로의 등재규정 등)은 처분법규로서의 지위도 갖는다고 보여지므로 처분취소소송 등의 대상이 될 수도 있을 것이다.

3) 신청자의 자료제출의무의 내용, 범위와 절차형식의 개선

어떤 식품의 기능성이 높아지는 것은 건강에의 위험성도 높아지는 것이기 때문에 일반 식품에 비하여 건강기능식품의 경우 그 안전성과 유효성에 대한 평가기준이 더 강화되어야 한다.[91] 때문에 평가방법에 있어서도 단순히 눈으로 보는 것과

90) 건강기능식품의 표시 및 광고를 규율하기 위해 제정된 '건강기능식품 표시 및 광고 심의기준'(식품의약품안전청 고시 2009-178호) 제6조는 식품의약품안전청에 이의신청을 하기 전에 심의결과에 이의가 있는 신청인이 심의기관인 한국건강기능식품협회에 재심사를 신청할 수 있도록 규정하고 있다. 이와 같은 재심의권도 일종의 특별행정심판권에 속하는 것으로 볼 수 있을 것이다. 특별행정심판을 원칙없이 남설하는 것은 국민의 권익구제를 지연시키는 효과가 있으므로 문제가 있다고 본다. 한국건강기능식품협회 내에 재심의절차를 별도로 둔 것이 적절한지 재검토를 요한다 할 것이다.

같은 관능검사로는 부족하고 과학적 실험에 기초한 분석자료를 제출받아 그것을 기초로 검사하는 것이 요구된다. 하지만, 이로 인해 사업자나 감독기관의 비용이 증가하게 된다.

여기서 관건이 되는 것은 우선 제조·가공되는 건강기능식품에 대해 그의 안전성과 유효성의 과학적 증명을 어떤 수준까지 하도록 입법자가 요구할 것인가 하는 점이다. 안전성과 유효성을 입증할 과학적 자료의 제출의무의 내용과 범위가 문제된다. 자료의 준비에 지나치게 시간과 비용이 많이 걸리면 산업촉진이라는 입법자의 의지가 퇴색하게 되고, 그 의무의 내용이 너무 약한 수준의 것이 되면 소비자의 건강은 위협받게 될 것이다.

우리 건강기능식품법 제15조 제2항은 고시되지 아니한 건강기능식품의 원료 또는 성분에 대하여는 영업자로부터 당해 원료 또는 성분의 안전성 및 기능성 등에 관한 자료를 제출받아 검토한 후 건강기능식품에 사용할 수 있는 원료 또는 성분으로 인정할 수 있다고 규정하였다. 이에 따라, '건강기능식품 기능성 원료 및 기준·규격 인정에 관한 규정' 제12조 제1항은 신청자가 기능성 원료로 인정받기 위하여 제출하여야 할 자료로, 1. 제출자료 전체의 총괄 요약본, 2. 기원, 개발경위, 국내·외 인정 및 사용현황 등에 관한 자료, 3. 제조방법에 관한 자료, 4. 원료의 특성에 관한 자료, 5. 기능성분(또는 지표성분)에 대한 규격 및 시험방법에 관한 자료 및 시험성적서, 6. 유해물질에 대한 규격 및 시험방법에 관한 자료, 7. 안전성에 관한 자료, 8. 기능성 내용에 관한 자료, 9. 섭취량, 섭취 시 주의사항 및 그 설정에 관한 자료, 10. 의약품과 같거나 유사하지 않음을 확인하는 자료 등을 규정하고 있다.

기능성물질에 대한 과학적 분석자료가 부족하고 그 부작용에 관한 정보도 부족한 상태에서는 소비자에게 복용용도를 특정해주기도 어렵고 복용 시 주의사항에 관해 충실하게 정보를 제공하기도 어렵게 된다. 따라서 원칙적인 입장에서 볼 때, 제출자료를 통하여 대상물질이 정의되고 사람의 어떤 구조나 기능에 작용하는지, 그리고 어떤 경로로 어떻게 작용하는지가 명확해져야 하며 얼마만큼의 양이 인체에 투입되어져야 하는지를 확정할 수 있고 복용 시 어떤 사항을 주의하여야 하는지 확인할 수 있는 정도까지는 자료가 제출되도록 사업자에게 의무부과하여야 할 것이다.[92]

91) Jochen Taupitz, a.a.O., S.296.

4) 의약품의 부작용보고의무제도의 도입

최근 미국에서는 의약품규제에 비하여 건강기능식품에 대한 규제가 크게 완화되고 감독기관의 감독권이 약화되면서 사업자들이 탐욕적으로 유해식품을 시장에 쏟아내어도 제재하기가 매우 어렵게 되면서 건강기능식품의 부작용이 증가하고 그로 인한 사망자도 급격히 증가하고 있다 한다.[93]

우리의 건강기능식품법은 위해 건강기능식품의 판매금지(법 제23조), 기준・규격 위반 건강기능식품의 판매금지(법 제24조) 및 표시기준 위반 건강기능식품의 판매금지(법 제25조) 등만을 규정하고 있다.

우리나라에서도 건강기능식품의 부작용방지를 위해 적절한 입법적 조치가 필요하다. 이를 위해 우선, 건강기능식품의 제조판매업자가 확보한 부작용에 관한 모든 정보를 식품의약품안전청에 제출하도록 의무지우는 것이 필요하다.[94] 의사들과 약사들도 그들의 환자들 중 건강기능식품으로 인한 부작용의 피해를 입은 사례들을 보고하도록 하여야 한다. 2008년 법개정으로 도입된 건강기능식품이력추적관리제도(건강기능식품법 제22조의2)는 제조자 또는 판매자 중 원하는 자는 이력추적관리의 등록을 신청할 수 있도록 하고 그의 촉진을 위해 일정한 보조금을 지원할 수 있도록 하였으나, 이것은 사업자에게 의무를 부과한 것이 아닐 뿐만 아니라 이력추적관리를 하는 기업이라고 해도 자기 상품으로 부작용이 발생하였을 때 부작용을 보고할 것인지는 의문이다.

5) 수입 건강기능식품 또는 유사식품에 대한 규제강화

수입업자들은 수입식품이 고시형에 해당되는 경우에는 신고한 이후 판매할 수

---

92) 이 의무가 실무상 어떻게 운영되고 있는지는 보다 상세한 실태조사를 거쳐 평가가 이루어져야 한다. 이 책에서는 더 이상 이 부분은 다루지 않기로 한다.

93) Richard Potomac, a.a.O., pp.91－92. 매년 유해건강기능식품에 의하여 피해를 입은 사람들이 증가하고 있다. 1983~2004년까지 미국에서 유해 건강기능식품으로 230명이 사망했다. 미국에서 2005년 한 해에만 건강기능식품으로 5,334건의 부작용보고가 있었다. 최근에는 그 사건 수가 증가하는 추세인데, 1994년에는 4건의 사망사고가 있었으나 2005년에는 27건의 사망사고가 있었다.

94) 사업자에게 부작용보고의무를 부과하지 않은 결과 식품의약품안전청의 통계자료상으로도 2007~2010년에 걸쳐 사업자나 한국건강기능식품협회가 자발적으로 부작용을 보고한 사례는 한 건도 없었고, 소비자만 2007년 86건, 2008년 107건, 2009년 116건, 2010년 95건의 부작용보고를 했다. 식품의약품안전청, 식품의약품통계연보 제13호, 2011.12.26, 247면 참조.

있고, 국내에서 인정되지 않은 새로운 식품인 경우 개별인정형으로 인정신청을 할 수도 있을 것이다. 그러나 수입업자가 단순히 식품으로 수입하려 할 수도 있을 것이다. 또 외국산 기능성 식품의 규격과 기준이 우리나라의 고시형과 다를 수도 있을 것이다. 이와 같은 상황에서 수입업자가 그 상품을 국내에서 판매하는 경우, 그것은 건강기능식품이 아니라 단순한 식품으로 인정되기 때문에 건강기능식품의 표시를 할 수 없게 된다.

이러한 경우, 건강기능식품으로 수입되는 경우와 비교할 때 소비자들은 그의 복용방법 등에 있어 적절한 정보를 얻을 수 없게 된다. 기능성 원료가 함유된 식품은 그 기능성 때문에 전통적인 식품보다 건강에 대한 위험성이 더 높다. 그럼에도 불구하고 소비자들은 수입산 기능성 식품은 아무런 표시가 없기 때문에 복용에 있어 필요한 주의를 기울이지 못하게 된다.

이러한 문제를 해결하기 위해 수입업자에 대해 해당 식품을 고시형 건강기능식품으로 신고하도록 요구하는 신고명령제도나 개별인정형으로 인정신청을 하도록 요구하는 인정신청명령제도를 도입할 필요가 있다. 외국산 기능성 원료가 고시형에 해당되는 경우에는 해당 식품이 우리나라의 건강기능식품의 기준과 규격에 맞도록 제조하여 신고하도록 요구하는 신고명령제도가 도입되어야 할 것이고, 고시형에 포함되지 않은 경우에는 개별인정형 기능성 원료로 인정신청하도록 명령하여 그의 규격과 기준을 인정받도록 하여야 할 것이다.

6) 표시광고제도의 신중한 운영의 필요

건강기능식품에 대해서도 기능성 표시를 할 수 있게 되어 제조판매자는 보다 적극적으로 매출과 이윤의 확대의 도구로 건강증진효과를 광고할 수 있게 되면서, 표시광고제도의 운영에 있어 소비자보호의 필요도 더욱 커졌다. 최근 건강기능식품은 인터넷판매방식이나 다단계판매방식 등을 취하는 경우도 많은데, 해당 식품에 대해 소비자에게 제공되는 정보의 양이 부족하거나 틀린 경우도 많고 복용 시 주의사항도 전달되지 않는 경우도 많다는 점은 특히 문제되고 있다.

기능성 표시제도의 운영에 있어 건강기능식품의 품질이 일정 수준 이상으로 유지되도록 유도하고, 성분과 효능 등에 관한 기능성 표시의 진실성과 정확성이 유지되도록 하여야 한다.[95] 건강기능식품의 제조판매업자는 표시와 광고를 통해 언급한 건강기능성의 효과에 대해서 분쟁이 발생하여 손해배상소송 등 민사소송이 제기된 경우 그것을 입증해야 할 책임을 진다.[96]

우리 건강기능식품법은 소비자 스스로 위험을 회피하고 줄일 수 있도록 건강기능식품의 기능성분 또는 영양소 및 그 영양권장량에 대한 비율 등에 관한 정보 이외에 섭취 시 주의사항과 유통기한 및 보관방법이 충실히 표시되고 광고되도록 사업자에게 의무지우고 있다(건강기능식품법 제17조 제1항).[97] 이외에도 건강기능식품에 대해서만 그것을 표기하는 문자 또는 도형을 사용할 수 있도록 했다. 하지만, 소비자에게 경각심을 부여하기 위해 질병의 예방 및 치료를 위한 의약품이 아니라는 내용의 표현을 반드시 하도록 했다.

건강기능식품의 표시심사업무를 담당하고 있는 한국건강기능식품협회는 공권력을 위탁받은 자로서 공익보호의 관점에서 기능성 표시가 허위이거나 과장은 없는지 신중하게 심사판단하여야 한다. 한국건강기능식품협회는 협회에 의해 승인된 표시들의 경우에도 소비자의 의견을 묻는 설문조사나 전문가의 의견들을 참조하여 의약품으로 오인하는 것을 방지하도록 지속적으로 개선하여야 하고, 건강기능식품 표시 이외에 그 성격과 등급의 표시도 보다 명확하게 인식가능하도록 개선해 가야 할 것이다. 또 판매자에 대한 자격규제가 존재하지 않는다는 점을 보완하기 위하여 건강기능식품의 표시기재에 있어 섭취량, 섭취방법 및 섭취 시 주의사항 등에 대한 표시를 소비자들이 보다 쉽게 인식할 수 있도록 개선하여야 할 것이다.[98]

5. 결 어

우리나라에서 건강기능식품은 국민의 건강을 개선하고 질병발생위험을 감소시키는 역할을 해야 함과 함께 외국의 지식재산권의 제약을 피해 건강 관련 산업을 발전시키는 촉매제가 되어야 한다는 기대를 받고 있다. 그래서 이 책에서는 우리나

95) Mark Delewski, a.a.O., S.647, 659.
96) Jochen Taupitz, a.a.O., S.298.
97) 건강기능식품의 등장은 정부의 국민건강보호책임의 방향이 단독적 감독책임으로부터 소비자의 알 권리 충족과 능동적 소비자의 참여를 통한 협력적 책임의 방향으로 전환되어 가는 모습을 반영하고 있다. 동지. 엄애선 · 신현아 · 이상화, 건강기능식품법의 개정 및 의의, 법과 정책연구 제9집 제1호, 2009, 38면.
98) 동지. 조태제, 앞의 논문, 10면에서는 일반식품형태의 건강기능식품에 대해서는 '섭취량 및 섭취 시 주의사항'의 표시를 소비자가 보다 쉽게 이해할 수 있도록 규제해야 한다고 한다.

라 입법자가 산업촉진의 목적으로 의약품과 비교하여 건강기능식품에 대해 어떻게 규제를 완화했는지 살펴보고 나서, 산업촉진목적을 저해하지 않으면서 국민건강보호를 위해 필요한 입법적 개선안을 제시하였다.

건강기능식품의 부작용이 있어도 은폐가 빈번해지면 결국 건강기능식품 전체에 대한 소비자의 불신을 초래하여 산업의 발전에도 악영향을 끼칠 것이다. 때문에 사업자나 의료기관 등에게 부작용에 대한 보고의무를 지우는 것이 필요하다.

또 외국의 건강기능식품을 수입하는 사업자에 대해 기능성 물질이 갖는 강화된 건강위험성으로부터 소비자를 보호하기 위하여 해당 식품을 고시형으로 신고하도록 요구하는 신고명령제도나 개별인정형으로 인정신청을 하도록 요구하는 인정신청명령제도를 도입할 필요가 있다.

Ⅱ 개방적 경쟁사회를 위한 제도적 인프라에 대한 정부의 형성책임 -건강기능식품산업-

1. 경제발전과 기업활동의 촉진을 위한 제도적 인프라의 형성을 위한 정부책임

1) 정부기능의 약화와 시장개입방식의 재설계 필요

창조적 경제발전의 수단으로서 규제개혁이 다시 각광받고 있다. 하지만, 창조경제를 위한 정부의 정책의지와 필사적인 규제개혁의지에도 불구하고 침체된 경제는 좀처럼 활성화되지 않고 있고 사회의 양극화는 더 심화되고 있다. 규제개혁을 비롯한 정부의 경제활성화노력이 성공을 거두기 위해서는 현재의 정부역할에 대한 정확한 진단에 기초하여야 하는 것으로 어떤 방향의 어떤 조치가 경제발전에 기여할 수 있는가에 대한 다양한 고민과 성찰이 필요하다. 이 책도 이러한 고민을 반영한 것으로 글로벌 시장에의 진출능력의 강화를 통한 중소기업의 활성화에 기여하고자 하는 의도로 작성되었다.

규제개혁이 기업들의 시장진입 및 시장 내에서의 활동에 대한 제한을 단순히 푸는 것일 수는 없다. 각국이 처한 상황은 물론, 산업과 기업들이 처한 상황의 특성을 고려하여 상이한 방식과 상이한 수준에서의 규제개혁에의 접근이 요구된다.

예를 들어, 1980년대 이후 세계 각국에서 규제개혁의 노력이 전개되었는데, 공기업의 비중이 작은 미국에서는 주로 사기업들을 대상으로 진입규제와 가격규제 등의 제한을 철폐하는 것에 개혁의 중점이 두어졌지만, 영국과 프랑스와 같이 전체산업 내에서 공기업의 비중이 높은 국가들에서는 규제개혁조치에 있어 공기업의 민영화가 매우 중요한 개혁조치의 내용이 되었던 것이다.[99]

글로벌 경제상황의 불확실성 때문에 입법자들은 규제의 도입이나 그 완화의 결정에 있어 입법의 기초가 된 경제사회상황의 파악과 변화예측에 있어 심각한 한계에 직면해 있다.[100] 정확한 진단과 분석없이 실무에만 지배되는 세계는 방향을 찾지 못한 채 제자리걸음을 하거나 현재의 상황을 악화시킬 위험도 안고 있다. 법학이론은 현실에 대한 정확한 진단과 처방을 제공함으로써 실무가 관성의 법칙에 따라 형성된 진로를 무비판적으로 따르지 않고 발전에 기여하는 진정한 개혁을 하도록 방향을 지도하여야 한다. 행정부와 국회가 기업들과 소비자들을 위하여 발전과 질서보호를 위하여 필요한 법적 도구들을 미리 준비하여 제공하는 준비기능(Bereitstellungsfunktion des Rechts)을 수행하여야 한다.[101]

유럽에서는 유럽연합의 결속력이 강화되면서 식품법과 같은 한정된 특별행정법 분야뿐만 아니라 행정법의 전영역에 걸쳐 유럽행정법화 현상이 강화되고 있어서 학계에서도 이에 따른 행정법의 변화에 관한 연구가 다양하게 이루어지고 있다.[102] 중국, 일본과 우리나라, 그리고 동남아시아 국가들은 문화적으로 유사한 부

99) Dennis Swann, The Regulatory Scene, in: Kenneth Button & Dennis Swann(ed.), The Age of Regulatory Reform, 1989, p.19ff.

100) 불확실성의 증가는 입법자의 지식에 중대한 제약이 되어 조건명제방식의 전통적 입법방식에 변화를 가져온다. 입법자는 법집행자에게 보다 넓은 재량을 주고 원인보다는 결과를 중시하면서 '배려(Vorsorge)'의 관점에서 사회의 위험을 완화시키려 한다. 하지만, 배려의 과잉이 책임원칙을 무력화시킬 위험도 존재한다. Ivo Appel, Methodik des Umgangs mit Ungewissheit, in: Schmidt-Aßmann & Hoffmann-Riem (Hg.), *Methoden der Verwaltungsrechtswissenschaft*, SS. 327-336.

101) Gunnar Folke Schuppert, Verwaltungsrechtswissenschaft als Steuerungswissenschaft-Zur Steuerung des Verwaltungshandelns durch Verwaltungsrecht-, in: *Reform des Allgemeinen Verwaltungsrechts*, 1993, SS.96-98.

102) 장경원, EU 행정법상의 재량에 관한 연구, 행정법연구 제23호, 2009년 4월, 41-65면; 이희정, EU 행정법상 행정처분절차에 관한 소고, 공법학연구 제12권 제4호, 2011년 11월, 473-499면; 김중권, 유럽행정법상 행정소송을 통한 권리보호시스템에 관한 연구, 공법연구 제41집 제1호, 2012년 10월, 311-345면.

분이 많고 FTA를 체결하기 위한 노력도 전개되고 있지만, 현재까지는 각국의 법제들이 달라 전문법제인력의 지원이 부족한 중소기업들에게 많은 어려움이 발생하고 있다. 보다 넓은 시장에서 개방적 경쟁이 가능하도록 정부는 기업과 소비자들의 핵심적 목표의 달성에 적절한 도움을 줄 수 있는 제도적 인프라의 구축에 노력하여야 할 것이다.

중국과 동남아시아 국가 등 후발 개발도상국가들이 조선산업이나 전자산업 등에서 우리나라를 급격히 추격하고 있는 상황에서 정부와 기업들에게 생명공학산업은 우리 사회의 지속적 발전을 위하여 가장 역점을 두고 육성에 노력하고 있는 산업분야이다. 하지만, 전자산업이나 중화학공업 분야에서 과거 우리나라가 성공했던 시대와는 여러 측면에서 다른 도전들이 제기되고 있어서 성공하기가 쉽지 않은 상황이다. 그 문제상황을 몇 가지로 요약해본다.

첫째, 생명공학산업 중에서도 단순히 농수산식품보다는 의약품이나 건강기능식품 등 가공된 상품의 부가가치가 훨씬 높다. 하지만, 선진국들이 오랫동안 지적 연구를 통해 확보한 지식재산권 때문에 우리 기업들은 부가가치가 낮은 복제의약품의 생산 등에만 집중해왔다. 지식재산권의 장벽을 극복하기가 쉽지 않다.

둘째, 우리나라 산업 내에서 규모에 따라 대기업과 중소기업의 분포상황을 살펴보면, 전자산업, 자동차산업이나 조선산업 등과 비교할 때, 식의약산업의 영역에는 수많은 동종유사의 영세업체들이 좁은 국내시장 내에서 난립하고 있어서 세계적 규모의 다국적 기업들의 자본투입적 연구개발능력을 따라가는 것이 매우 어려운 상황이다. 우리 영세기업들에게 새로운 상품의 개발에 들어가는 과다한 비용은 커다란 진입장벽이 되고 있다.

이러한 상황에서 건강기능식품은 의약품과 달리 그 상품의 개발과 판매에 있어 의약품보다 더 진입규제가 완화되어 있어 개발비용이 훨씬 더 적게 든다. 뿐만 아니라, 전통사회에서부터 축적된 건강에 유용한 기능성 물질에 대한 지식을 활용함으로써 특허권 등 다국적 기업들의 지식재산권의 제약을 피할 수 있는 신제품의 개발이 가능하다. 또 건강기능식품산업은 선진국에서도 신흥산업으로서 그 역사가 짧기 때문에 우리의 신생 기업들은 외국 기업들과 외국 시장에서 경쟁하면서 자체 개발한 건강기능식품(예, 신생 기업인 내츄럴엔도텍의 제품인 백수오의 캐나다시장진출)에 대해 지식재산권의 보호를 받으면서 고가에 판매하는 것이 가능해지고 있다. 이 점은 복제약 중심의 제약회사가 외국 시장에 진출하는 경우와 차별화된 경쟁력이라 할 수 있다. 이상과 같은 이유들 때문에 이 책에서는 정부의 제도적 인프라의 형성책임의 문제를 다루기 위한 대표 산업으로서 건강기능식품산업을 선택하여 다루었다.

2) 개방적 발전을 위한 제도적 인프라의 형성책임

(1) 제도적 인프라의 개념과 의의

경제활동과 관련하여 인프라는 자원의 최적배분이나 경제활동의 활성화, 그리고 교류가 막힌 지역 간 교역의 활성화와 경제통합에 기여하는 지속적 기초의 기능을 하는 것을 말한다.[103] 단순한 물건보다는 보다 기초적이고 지속적인 성격의 것을 의미한다.

경제사회에서 인프라 개념은 사회적 시장경제체제에서 정부의 역할을 정의하고 시장의 자율영역과의 관계에서 정부책임의 한계를 설정하기 위해 매우 중요한 개념으로서, 물적 인프라, 인적 인프라와 제도적 인프라로 나눌 수 있다.[104]

제도적 인프라는 실정법령, 기구와 조직, 절차 등 법적 인프라 이외에 사회관습, 사회심리와 문화, 규범의식 등 지속성을 갖고 있으면서 경제활동의 하부구조를 형성하는 방식으로 경제활동에 영향을 미치는 것을 말한다. 계약제도, 재산권제도, 직업제도, 인·허가제도 등이 경제활동에 영향을 미치는 전형적인 제도적 인프라에 속한다. 법령 이외에 기구와 조직의 존부와 형태, 업무방식과 업무처리절차 등도 여기에 포함된다.

---

103) '인프라스트럭처'를 우리나라에서는 줄여서 '인프라'라고 하는 경우가 많아 여기서도 인프라라고 쓰기로 한다. '인프라'라는 용어는 일반적으로 생산이나 생활의 기반을 형성하는 구조물이나 기본적인 시설을 말하는데, 댐, 도로, 항만, 발전소, 통신 시설 등의 산업 기반 및 학교, 병원, 공원 등의 사회 복지, 환경 시설이 이에 해당한다.
사용되는 영역에 따라 인프라의 구체적인 내용들이 달라질 수 있는데, 예를 들어, 정보기술영역에서 인프라는 컴퓨터와 사용자들을 연결하는 데 사용되는 물리적인 하드웨어로서, 전화회선, 케이블 TV 회선, 인공위성 및 안테나 등과 같은 전송매체와, 라우터, 리피터 등의 전송제어장치 등을 포함한다. 인터넷과 관련하여 인프라는 신호를 보내고 받는 데 사용되는 소프트웨어를 의미하기도 한다.

104) Reimut Jochimsen, *Theorie der Infrastruktur–Grundlagen der Marktwirtschaftlichen Entwicklung–*, 1966, SS.100–101, 117–118.

(2) 기업의 개방적 발전을 위한 제도적 인프라의 형성과제

우리 헌법은 전문 및 제119조 이하의 경제에 관한 장에서 균형있는 국민경제의 성장과 안정, 적정한 소득의 분배, 시장의 지배와 경제력남용의 방지, 경제주체 간의 조화를 통한 경제의 민주화, 균형있는 지역경제의 육성, 중소기업의 보호육성, 소비자보호 등 경제영역에서의 국가목표를 명시적으로 규정하고 있다. 우리 헌법에서 선언된 경제질서는 사유재산제를 바탕으로 하고 자유경쟁을 존중하는 자유시장경제질서를 기본으로 하면서도 이에 수반되는 갖가지 모순을 제거하고 사회복지・사회정의를 실현하기 위하여 국가적 규제와 조정을 용인하는 사회적 시장경제질서이다.[105]

개방적 경쟁이 격화되고 있는 경제사회에서 사회적 시장경제를 통해 국민들의 자유와 발전을 유도해야 하는 정부는 시장의 자율성 보호와 정부개입의 방향 및 한계를 판단함에 있어 지표가 될 수 있는 개념을 새로이 필요로 하고 있다. 제도적 인프라는 정부의 역할을 안내하는 지표개념으로서 기존의 규제와 그의 개혁이라는 관점에서 포착하지 못한 정부의 역할에 초점을 맞추어 우리 경제의 개방적 경쟁력을 높이기 위해 유용한 시사점을 제공해줄 수 있을 것으로 기대한다.

정부의 제도적 인프라의 건설책임론(Recht der Infrastrukturverantwortung)은 기업의 발전이나 소비자의 건강보호 등 법익보호에 있어 시장자율적으로 해결하기 어려운 현재나 장래의 장애에 대해 정부가 미리 예측하고 계획을 세워 제도적 인프라를 형성하고 유지하는 것이 정부책임의 범위 내에 속하는 것으로 이해한다.[106]

제도적 인프라에 대한 정부의 건설책임론의 관점에서 볼 때, 글로벌 경제환경에서 정부가 경제활성화노력에도 불구하고 실패하게 되는 제도적 원인들 중 가장 빈번하게 나타나는 것들은 다음의 것들이라고 할 수 있을 것이다.[107] 글로벌 경제상황에 적합한 정부역할에 대한 디자인이 결여되어 있거나, 입법자가 설정한 목표들이 목표들 간의 조정노력의 부족으로 상호충돌한 채로 실정법령에 규정되어 있

105) 헌재 2001.6.28. 2001헌마132.

106) Gerhard Igl & Felix Welti, *Gesundheitsrecht－eine Systematische Einführung*, 2012, SS.35－39.

107) 프로그램결여로 인한 정부역할의 실패는 디자인실패, 목적충돌과 이론결여로 나타날 수 있다. Gunnar Folke Schuppert, Verwaltungsrechtswissenschaft als Steuerungswissenschaft－Zur Steuerung des Verwaltungshandelns durch Verwaltungsrecht－, in: *Reform des Allgemeinen Verwaltungsrechts*, 1993, S.982.

을 때, 그리고 정부가 동원할 수 있는 수단들에 대한 이론들이 결여되어 개별 수단들이 서로 자충적으로 기능하거나 필수적인 수단들이 결여되어 있을 때 등이다.

3) 공법적 규제개혁의 부작용의 사법적 보완

정부의 규제개혁노력에 있어 전제되어야 할 것은 규제개혁이 무규제의 상태를 창출하는 것이 아니라 대부분 공법적 규제를 완화하거나 철폐할 뿐이라는 점이다. 개혁된 상태에서도 사법규정들은 여전히 기업과 소비자들의 행태를 규율하고 있다. 기업들과 소비자들의 활동을 규율함에 있어 공법과 사법은 서로 보완하거나 대체하는 완충보완관계(Auffangrelation)에 있는데,[108] 완충보완의 기능이 잘 작동하는지 살펴서 법질서의 기능에 문제가 생기면 그의 해결을 위한 노력을 기울여야 한다. 공법적 규제수단들이 철폐되는 경우 계약법이나 불법행위법의 수단들이 거래를 보호하고 공익침해를 방지하기 위해 필요한 보완적 역할을 제대로 수행하지 않을 수도 있기 때문이다.

시장의 자율성을 확대하기 위해 공법적인 진입규제를 철폐하는 경우, 사법적 수단들이 제대로 기능하게 하는 보완조치가 도입되지 않으면 심각한 공익침해가 발생할 수도 있다.[109] 예를 들어, 산업폐기물의 불법적 투기를 규제하고 제재하는 공법적 규제수단 중의 일부가 철폐된 경우, 사법상의 소유물방해배제청구권이나 손해배상청구권이 효과적으로 행사되지 않으면 지역사회에서는 환경오염의 피해로 주민들의 삶의 질이 급격히 악화하게 된다. 지방자치단체의 공유재산인 토지나 농어촌에서 노령인구들이 보유하는 토지에 대해 불법적인 폐기물투기행위가 있어도 소유물방해배제청구권이나 손해배상청구권과 같은 사법적 수단이 작동하기가 매우 어려운 것이 우리의 현실이다.

공법적 규제가 철폐된 규제개혁상황에서 시장이 정상적으로 기능하여 시장에 참가하는 소비자들이나 영세기업 등이 자신의 이익을 보다 잘 보호할 수 있도록

---

108) Eberhard Schmidt-Aßmann, Öffentliches Recht und Privatrecht: Ihre Funktionen als Wechselseitige Auffangordnungen-Einleitende Problemskizze-in: Hoffmann-Riem & Schmidt-Aßmann (Hg.), *Öffentliches Recht und Privatrecht als Wechselseitige Auffangordnungen*, 1996, SS. 11-12.

109) 공법적 규제의 철폐 이후 초래된 부정적 결과가 심각해지면 공법적 규제를 다시 도입하기도 한다. 선정원, 규제개혁과 정부책임: 건설산업의 규제개혁실패와 공법학의 임무, 공법연구 제30집 제1호, 2001.12, 377-401면 참조.

계약의 관행이나 약관규정들을 개선하도록 유도하는 것이 필요할 수도 있다. 다만, 이때에는 공법적 규제의 철폐로 노리던 정책목표인 시장의 자율성확대와 거래비용의 감축목표가 사법적 수단들에 대한 보완조치로 인해 훼손되지 않고 오히려 시장의 기능이 잘 작동하도록 하는 것이 되어야 할 것이다.

2. 건강기능식품법의 기본구조와 규제의 특징

1) 식의약산업 규제개혁의 산물로서 건강기능식품법의 제정

우리나라의 건강기능식품제도는 2003년 건강기능식품에 관한 법률(2003.8.27 시행. 이하 건강기능식품법이라 함)이 제정시행되면서 도입되게 되었다. 건강기능식품법이 시행되기 전에도 건강에 유익한 특수한 기능성을 가진 식품들에 대해 '영양식품'은 1977년, '특수영양식품'은 1987년, 그리고 '건강보조식품'은 1989년 식품위생법에 도입되었다.[110][111]

건강기능식품법은 건강기능식품의 안전성 확보 및 품질향상을 위해 평가기준과 표시기준을 정비하고 그 유형을 다양화하였다. 과거 건강보조식품 등을 생리활성형으로 인정하고 새로운 유형으로 질병발생위험감소형을 도입하였는 데, 이것은 식품의 성격과 관련하여 중대한 의미를 갖는 변화였다.[112]

110) 1980년대 이후 건강기능식품과 유사한 용어로 기능성 식품(functional food), 건강식품(health food), 건강보조식품(health supplement) 등의 명칭이 사용되어 혼용되어 왔다. 우리나라의 건강기능식품제도의 모델제도인 특정보건용식품이라는 특수한 식품제도를 세계적으로 처음 도입한 일본에서는 1980년대 영양소가 아니면서 인체의 기능에 관여하는 성분인 비영양성 기능성을 갖는 성분을 포함한 식품으로 연구자들이 처음에는 기능성 식품이라는 용어를 사용했었다. 食品安全ハンドブック編集委員会, 食品安全ハンドブック, 2010, 475면.

111) 과거 건강보조식품은 안정성과 기능성을 검증하기 위한 제출자료에 대한 규제기준이 불명확하고 기능성 표시의 내용이나 방법, 그리고 소비자에 대한 복용방법의 설명 등에서 미흡하여 소비자의 신뢰를 그다지 얻지 못하였다. 문상덕, 건강기능식품법의 현황과 과제, 법과 정책연구 제9집 제1호, 2009, 52-53면 참조.
건강기능식품은 가공식품의 일종으로서 그 기능성 때문에 건강침해의 위험도 높아지므로 건강침해사고도 빈번히 발생하여 사법상의 책임문제도 제기되므로 규제와 사법상의 책임을 함께 다루는 연구도 필요하다. 이에 관한 문헌으로는, 선정원·박인회, 식품법상 식품의 위험규제와 그 책임에 관한 고찰, 법과 정책연구 제12집 제3호, 2012, 1227-1252면 참조.

112) 전통적으로 중국, 일본과 우리나라에서는 '식약동원(食藥同源)'이라 하여 식품과 의약품의 밀접한 관련성을 인정하는 문화가 존재했는데, 대한민국시대에 들어와서 현대과학 및 현대법제의 도입과 함께 식품과 의약품의 엄격하게 분리되어 유지되었다. 하지만, 건강기능식품, 특히 질병

2) 건강기능식품에 대한 법적 규율의 기본구조

우리나라에서 건강기능식품에 대한 법적 규율은 사업자에 대한 규제와 제품에 대한 규제로 나눌 수 있다. 사업자는 제조업자, 수업업자 및 판매자로 나눌 수 있다. 제품에 대한 규제는 원재료와 완성품에 대한 규제가 있고, 제품의 표시와 광고에 대한 규제가 있다.

(1) 사업자에 대한 규제

건강기능식품의 사업자들에 대해서는 그 종류별로 허가제와 신고제로 나누어 다르게 규율하고 있다. 제조업자가 되고자 하는 자는 기준에 적합한 시설을 갖추어 식품의약품안전처장의 허가를 받아야 한다(건강기능식품법 제4조, 제5조 제1항). 제조업허가를 얻기 위해서는 자격을 갖춘 품질관리인을 두어야 하며 품질관리인은 식품의 안전과 위생 등의 기준에 따라 제조과정을 지도·관리하여야 한다. 제조업자는 품질관리인의 적법한 업무를 방해하지 말아야 하고 제조업자가 품질관리인을 선임하거나 해임하는 때에는 식품의약품안전처장에게 신고하여야 한다(건강기능식품법 제12조).

건강기능식품의 제조업에 대해 허가제로 한 것은 우선 제조업자의 진입조건을 강화하여 소비자의 건강에 유해한 식품이 시장에 등장하는 것을 방지하기 위한 사회적 규제의 취지를 가진다고 보아야 한다.[113]

수입업이나 판매업을 하고자 하는 자는 기준에 적합한 시설을 갖추고 영업소의 소재지를 관할하는 특별자치도지사·시장·군수·구청장에게 신고하여야 한다(건강기능식품법 제6조 제1항, 제2항).

사업자들이나 그 종업원들, 그리고 품질관리인은 품질관리에 관한 교육을 받아

발생위험감소형의 도입은 이 엄격한 분리를 상당히 완화시키는 의미를 갖는다.
이와 관련하여 헌법재판소는 어떠한 식품에 일정한 약리적 효능이 있다면 그에 관한 정확한 정보를 제공하는 것은 국민의 건강수준 향상을 위하여 필요한 일이라고 보지 않을 수 없다고 하고 있다(헌재 2000.3.30. 97헌마108; 헌재 2004.11.25. 2003헌바104).

113) 일반식품사업자들과 달리 특별히 허가제로 도입한 것은 사회적 규제의 목적 이외에 일정한 시설을 갖출 능력도 없고 품질관리인도 둘 수 없는 정도의 영세사업자의 진입방지, 즉 부실자영업자들의 과당경쟁을 막고자 하는 경제적 규제로서의 취지도 갖는다고 보아야 한다. 하지만, 기존의 건강기능식품제조업자에게 기존 여객자동차운수사업자가 신규사업자의 진입허가에 대해서 갖는 법률상 보호되는 이익까지 갖는다고 볼 수는 없을 것이다.

야 한다(건강기능식품법 제13조).

(2) 제품에 대한 규제

가. 제품의 원재료에 대한 규제

제품에 대한 규제는 원료물질에 대한 규제와 완성품에 대한 규제로 나누어 볼 수 있다. 우리나라는 건강기능식품에 대한 규제에 있어 원료물질인 기능성 물질에 대한 규제의 방식을 취하고 있고 완성된 건강기능식품 그 자체의 안전성과 유효성에 대해서는 일반 식품에 대해 적용되는 일반적 규제 이외에 특별한 규제(예, 허가)를 하지 않고 신고제도로 운용하고 있다.

건강기능식품의 원료물질인 기능성 물질은 정형화시켜 고시로 공고한 규격형과 새로운 원료물질인 개별인정형으로 나누어 규제하고 있다.[114] 규격형 기능성 물질에 대해서는 식품의약품안전처장이 그 원료 또는 성분을 고시하고 있다(건강기능식품법 제15조 제1항). 개별인정형 기능성 물질을 인정받고자 하는 사업자는 식품의약품안전처장에게 당해 원료 또는 성분의 안전성 및 기능성 등에 관한 자료를 제출하여 승인을 받아야 건강기능식품의 원료물질로 사용할 수 있다(건강기능식품법 제15조 제2항).

나. 완성품에 대한 규제

우리나라에서 완성품인 건강기능식품에 대해서는 일반 식품과 비슷하게 판매 전 사전심사를 받을 필요가 없다. 건강기능식품제조업의 허가를 받은 자가 건강기능식품을 제조하고자 하는 때에는 그 품목의 제조방법설명서 등을 식품의약품안전처장에게 신고하면 된다(건강기능식품법 제7조 제1항). 즉, 완성품 자체에 대해 사전적 인정이나 허가제도 등이 도입되어 있지 않으므로 신고하고 제조하면 된다. 건강기능식품의 제형에 대한 규제도 철폐되어 있으므로 의약품과 같은 캅셀형태나 일반 식품의 형태로도 제조・판매되고 있다.[115] 수입업자도 식품의약품안전처장에

---

114) 규격형은 2012년 12월 현재 83종(비타민 등 영양소 28종, 인삼, 홍삼 등 기능성 원료 55종)이고, 개별인정형은 153종(동일한 원료에서 2개 이상 기능성이 인정된 경우를 포함하면 175종)이었다. 식품의약품안전처, 건강기능식품의 기능성 원료 인정현황, 2013, 4－7면.

115) 2003년 제정된 건강기능식품법 제3조 제1호에서는 건강기능식품의 제형으로 "정제・캅셀・분말・과립・액상・환 등의 형태", 즉 6개의 제형만을 인정하고 있었다. 하지만, 2008년 9월 22일 개정된 건강기능식품법 제3조 제1호는 제형에 관한 기술을 삭제하고 건강기능식품이란 "인체에 유용한 기능성을 가진 원료나 성분을 사용하여 제조한 식품"을 말한다고 규정하여 산업촉진입

게 신고하고 수입 건강기능식품을 판매할 수 있다(건강기능식품법 제8조 제1항).

다. 제품의 표시와 광고에 대한 규제

건강기능식품의 기능성 표시와 광고는 법정기준에 따라 한국건강기능식품협회의 심의(건강기능식품법 제16조 제1항, 제2항)를 받아 할 수 있도록 하고 있다. 법문에는 '심의'라고 표시되어 있지만, 이것은 허가와 유사한 사전승인의 의미를 갖는 것으로 보아야 한다. 왜냐하면, "심의결과에 대하여 이의가 있는 자는 심의결과를 통지받은 날부터 1개월 이내에 식품의약품안전처장에게 이의를 제기할 수" 있고, 식품의약품안전처장이 한국건강기능식품협회의 자문을 받아 심사의 "결과를 신청인에게 통지"하도록 하고 있기 때문이다(건강기능식품법 제16조의2 제2항). 즉, 신청인은 심의나 자문 등의 문언과 달리 심사결과에 구속되어 다른 표시와 광고를 할 수 없고(건강기능식품법 제18조 제1항 제6호), 그것과 다른 표시와 광고를 하기 위해서는 이의신청 등을 통해 자신의 주장을 관철시킬 수 있을 때 가능하게 된다.

건강기능식품에는 1. 건강기능식품이라는 문자 또는 건강기능식품임을 나타내는 도형, 2. 기능성분 또는 영양소 및 그 영양권장량에 대한 비율, 3. 섭취량 및 섭취방법, 섭취 시 주의사항, 4. 유통기한 및 보관방법, 5. 질병의 예방 및 치료를 위한 의약품이 아니라는 내용의 표현 등을 할 수 있다. 사업자는 누구든지 명칭, 원재료, 제조방법, 영양소, 성분, 사용방법, 품질 및 건강기능식품이력추적관리 등에 관하여 허위·과대·비방의 표시·광고를 하여서는 아니된다. 질병의 예방 및 치료에 효능·효과가 있거나 의약품으로 오인·혼동할 우려가 있는 내용의 표시·광고도 해서는 안된다(건강기능식품법 제17조, 제18조).

3) 건강기능식품에 대한 법적 규제의 이중적 성격

식품에 대한 규제는 국민들의 생존과 건강의 위해를 방지해야 하는 관점에서 보면 가장 강력한 규제가 필요한 사회적 규제의 한 영역에 속한다. 하지만, 식품은 의약품 등과 함께 바이오산업의 중요한 한 부분으로서 우리 경제에서 미래주역이 되어야 할 산업분야에 속하고 있어 산업촉진의 관점에서 접근해야 할 산업영역이

장에서 제형규제를 철폐하였다.

기도 하다.

건강위해방지라는 사회적 규제의 관점에서 입법자는 제조업자에 대해 허가제와 품질관리인의 고용의무를 부과하였고, 새로운 기능성물질후보에 대하여 개별적인 심사를 거쳐 통과해야 인정받는 개별인정형 기능성물질제도를 도입했다. 건강기능식품의 표시에 대해 사전규제의 의미를 갖는 심의절차를 도입하고, 질병의 예방 및 치료의 표시 등 의약품으로 오인·혼동할 우려가 있는 표시를 금지하였다.

하지만, 산업촉진이라는 경제적 규제의 관점에서 입법자는 판매업자나 수입업자에 대해서는 단순한 신고로 사업을 할 수 있도록 하면서 품질관리인의 고용을 의무화하지 않았다. 건강기능식품에 대한 물질규제에 있어 원료물질인 기능성물질에 대해서만 일반 식품에 비해 강화된 규제를 하였다. 다만, 기능성물질에 대해서도 새로운 물질이 아닌 한 고시로 공지한 규격을 갖추기만 하면 개별적인 사전인정심사없이 해당 기능성물질을 포함한 건강기능식품을 제조할 수 있도록 했고 그것을 규격형으로 규정했다. 완성된 건강기능식품에 대해서는 의약품의 경우, 사전허가를 얻어야 판매가능한 것과 달리 일반 식품과 동일하게 사전규제를 부과하지 않았다. 제품의 표시·광고에 있어서도 유형에 해당되기만 하면 질병발생위험감소표시가 가능하도록 하여 기업들이 소비자에 대한 광고효과를 높일 수 있도록 허용했다. 행정입법인 고시단계에서도 계속된 개혁조치를 통해 기능성의 인정심사에 필요한 증빙서류를 간소화하고 절차를 간소화하는 등 시장진입에 필요한 시간과 비용을 감소시키려 노력해왔다.

건강기능식품에 대해 사회적 규제의 관점에서 유해식품의 규제문제로 다루는 것과 식품산업의 한 영역으로서 건강기능식품기업들의 저발전과 부실화위험의 문제를 다루는 것은 일견 서로 분리된 주제인 것처럼 보이지만 상호연결된 측면도 있다. 사회적 규제 관점에서의 소비자 보호문제가 산업촉진적 관점에서의 기업의 지원문제와 충돌하기 때문이다.

3. 건강기능식품법에 의한 식의약산업 규제개혁의 평가

1) 기업들의 자율성에 대한 규제의 완화로서 건강기능식품법

(1) 기업의 자율성확대를 위한 규제개혁의 의의

기업들은 영리활동을 추구하는 것이 그의 속성이어서 보다 적은 비용을 투입하여 보다 많은 수량의 제품을 판매하기 위해 다각도로 노력하고 있다. 헌법상으로도 기업들에게는 직업의 자유(헌법 제15조)의 내용으로서 영업의 자유가 보장되고 있다.

하지만, 헌법이론상 영업의 자유는 정신적 자유권이나 신체의 자유 등 다른 기본권에 비하여 "상대적으로 더욱 넓은 법률상의 제한"(헌재 1997.11.27. 97헌바10)이 가능한 것으로 평가받고 있어서 공익적 이유로 상당한 규제를 받아 왔다. 그렇지만, 경제불황이 장기화하고 경제성장에 대한 국민의 기대가 커지면서 불필요한 규제의 철폐를 목표로 하는 규제개혁이 정부의 핵심적 정책목표로 등장하고 있다.

행정규제기본법 제1조에서 "불필요한 행정규제를 폐지하고 비효율적인 행정규제의 신설을 억제함으로써 사회·경제활동의 자율과 창의를 촉진하여 국민의 삶의 질을 높이고 국가경쟁력이 지속적으로 향상되도록 함"을 입법목적으로 규정하여 규제개혁을 모든 정부의 기본목표 중의 하나로 선언하고 있듯이, 그동안 우리 정부는 정권교체의 과정을 겪으면서도 줄기차게 규제개혁을 통해 시장에서 기업의 자율성을 확대하는 조치를 취해왔다.

건강기능식품제도는 식의약산업에서 규제개혁의 사고를 가장 충실히 따라 산업의 촉진과 기업의 자율성확대를 위해 진입규제를 완화하고 규제심사절차를 신속하고 간소화하는 방향으로 개혁해왔다.

그런데 건강기능식품에 대해 정부가 경제적 규제의 개혁관점에서 취해온 노력의 방향은 우리 건강기능식품기업들에게 어느 정도 유용한 것이었을까, 다른 방향에서의 접근가능성은 없는 것일까 검토가 필요하다.

(2) 건강기능식품법에 의한 산업촉진효과의 한계

오늘날 국제무역이 급증하면서 기업들은 국내시장만을 목표로 상품을 제조하지 않고 있으며 동종유사의 제품을 판매하는 국내·외의 다른 기업들과 격렬한 판매경쟁을 벌이고 있다. 전자산업, 자동차산업이나 조선산업 등과 비교할 때, 식품 산업의 영역에는 수많은 동종유사의 영세업체들이 좁은 국내시장 내에서 난립하고 있다.[116] 이 약점은 신흥산업인 건강기능식품산업의 경우 더욱 심각할 것으로 판단된다.[117][118]

표 4-6 농수산식품의 수출추이

(단위: 백만 달러, %)

구 분	2008	2009	2010	증감률
전체	4,496.5	4,809.3	5,880.0	22.3
농식품 전체	3,048.2	3,298.1	4,081.8	23.8
신선식품	675.0	739.3	873.9	18.2
가공식품	2,313.7	2,457.8	3,096.7	26.0
수산식품	1,448.3	1,511.2	1,798.2	19.0

* 자료출처: 2010년 농림수산식품 수출실적(확정)/농수산물유통공사.

** 농식품은 신선식품과 가공식품으로 나누어 분류함. 농식품 속에는 축산물과 그 가공물도 포함함.

이 통계는 우리 농수산식품이 2008~2010년 평균 22.3% 비율로 수출이 증진되었음을 보여주고 있다. 농식품 중 신선식품도 매년 18.2% 비율로 수출이 증진하고 있으며, 농식품 중 가공식품은 매년 26.0% 비율로 수출이 증진하고 있고, 수산식품은 19.0% 비율로 수출이 증진하고 있다. 2010년 기준으로 전체 농수산식품 수출액 중 신선식품의 비중은 약 14.8%, 가공식품의 비중은 약 52.7%, 수산식품의 비중은 30.5%이다.

이상의 통계내용이 보여주듯이 우리나라에서 외국으로 수출되는 농수산식품

116) 2013년 발간된 '농림축산식품 주요통계지표'에 따를 때, 우리나라에서 음식료 제조업체 수는 2011년 기준으로 10인 이상 고용업체 수만 4,360개에 이르고 월평균종사자 수는 16만 3,602명으로 CJ, 농심, 대상 등 소수의 대기업들 이외에 수많은 중소기업들과 영세기업들이 존재하고 있다. 농림축산식품부, 농림축산식품통계연보, 2013, 310면.

117) 우리나라 건강기능식품 관련 업체는 2012년 12월 말 현재 제조업체 435개소, 수입업체 2,926개소, 일반판매업체 82,246개소, 유통전문판매업체 1,736개소로 집계되고 있으며, 2011년 대비 각각 2.6%, 2.6%, 4.7%, 9.2% 증가하였다. 식품의약품안전처, 식품의약품안전백서, 2013, 253면.

118) 건강기능식품의 수출입실적을 알 수 있는 통계는 찾지 못했다. 다만, 건강기능식품도 가공식품에 속해 있으므로 가공식품의 수출입실적을 통해 간접적으로 건강기능식품의 수출도 증가하고 있는 것으로 추정할 수 있을 것이다.

중 가공식품의 비중이 절반을 넘고 수출신장률도 가장 높다. 그러나 가공식품 전체의 수출규모를 보더라도 2010년의 경우 30억 달러를 약간 넘는 수준에 그치고 있어서 전자, 자동차, 조선 등의 산업과 비교할 수 없을 만큼 규모가 작다. 미국이나 일본의 기업들과 비교하여 자본의 영세성, 전문인력의 부족과 해외판매경험의 부족이 특히 문제되고 있다.

우리나라의 건강기능식품기업들과 같은 영세한 중소기업들은 글로벌 시장에 진출하려 할 때, 국내와 다른 외국의 상이한 규제기준이나 관행 때문에 유형·무형의 강력한 진입장벽에 막혀 많은 어려움을 겪어 왔다. 그럼에도 불구하고 그동안 우리 정부는 기업의 자율성을 확대하는 규제개혁을 통해 주로 국내규제의 철폐에만 중점을 두고 노력해 왔는데, 이는 외국의 규제와 상관행도 준수해야 하는 수많은 영세사업자들의 입장에서는 불충분한 것이었다고 평가할 수 있을 것이다.[119)]

건강기능식품시장에서 사업자들은 일반 식품보다는 높은 가격에 상품을 판매할 수 있어 시장에 참가하고자 하는 유인을 크게 받고 있지만, 좁은 국내시장을 놓고 동종유사제품을 판매하는 기업들을 급격하게 양산시킬 가능성이 크다. 이러한 특성이 존재하는 시장에서 건강기능식품법과 그 이후의 행정입법개혁을 통한 노력과 같이 국내시장 진입자들을 늘리는 개혁조치는 기술혁신을 위한 긍정적 동인으로 작용하기보다는 오히려 기업들 간 과당경쟁을 촉발시켜 불법적인 상거래활동을 양산시키는 부정적 결과를 초래하는 측면도 존재하고 있다. 소비자들의 입장에서도 좁은 국내시장에서 규제완화로 더 많은 영세사업자들이 증가하여 과당경쟁을 벌이게 되면 질낮은 유해식품에 의한 건강침해위험도 크게 높아지고 있다. 생존에 급한 기업들은 사기적인 광고를 하는 경우도 증가하고 있는데, 소비자들은 영세기업들의 빈번한 퇴출로 인해 제품구입 후 부작용방지를 위한 복용안내 등 필요한 서비스도 거의 받지 못하고 있다.

진입규제 완화 중심의 규제개혁만으로는 중소기업 중심의 우리 건강기능식품

119) 이러한 문제는 중견기업에게도 쉽게 극복하기 어려운 것이다. 그래서 건강기능식품법의 제정과 시행에도 불구하고 대상, 풀무원, CJ 등 관련성 있는 것으로 보이는 대기업이나 중견기업들의 주가는 미미한 변화를 보여주었을 뿐이다. 건강개선효과를 표시할 수 있는 건강기능식품의 출현은 기존 식의약품에 대한 규제체계에 커다란 변화를 초래한 것이었지만, 건강기능식품법의 제정·시행 당시 우리 기업들은 이 새로운 기능성 식품의 제조와 판매에 대한 준비가 거의 안되어 있었다. 진현정, 건강기능식품 관리 법률의 공포 및 시행이 관련 기업에 미친 영향에 대한 분석, 식품유통연구 제26권 제1호, 2009.3, 1-25면 참조.

기업들의 발전에 적절한 도움을 주기 어렵다. 정부의 정책결과가 오직 국내시장에서 경쟁을 격화시키만 해서는 안된다. 정부는 우리 건강기능식품기업들이 직면한 핵심문제상황, 기업들의 '영세성'이라는 고질적인 상황을 효과적으로 타개할 수 있는 길을 모색해내야 할 것이다.

2) 글로벌 시장에의 진출능력지원을 위한 제도적 인프라의 필요

오늘날 식품과 의약품 등에 관한 국제무역의 증가와 함께 자유무역협정과 유럽통합 등으로 국내법은 국제거래법에 의해 크게 제약받고 있으며, 국제거래법과 국내법이 융합된 규제시스템이 형성되고 있다.[120] 그러나 유럽연합이나 시장의 규모가 큰 미국 등과 달리,[121] 동아시아 각국은 법제통합의 진전이 느리고 각자 고유의 건강식품 관계법과 규제기준들을 가지고 있어서 우리 신생기업들이나 영세기업들이 이 국가들에서 관련 상품들을 소비자들에게 판매하는 데에는 많은 법적 어려움을 겪고 있다.

우리 대외무역법 제4조 및 제7조에서는 물품의 수출과 수입을 지속적으로 증대하기 위한 조치를 포함하여 무역과 통상의 진흥의무를 정부에게 부과하고 있고, 대외무역법 제8조 제1항은 "산업통상자원부 장관은 기업의 해외 진출을 지원하기 위하여 무역·통상 관련 기관 또는 단체로부터 정보를 체계적으로 수집하고 분석하여 지방자치단체와 기업에 필요한 정보를 제공"하도록 규정하고 있다. 이 규정들에 나타난 정신과 같이 우리 실정법상으로도 기업들을 위한 정부의 책임범위는 국내법을 넘어 외국법에까지 미치고 있는데, 보다 넓은 시장에서 경쟁기업들과의 경쟁에서 이길 수 있도록 제도적 장애를 제거하는 것은 정부의 의무에 속한다 할 것이다. 이는 과거의 법제들과 달리 개방경제에서의 정부책임의 범위가 외국의 법제에

120) David P. Fidler, A globalized Theory of Public Health Law, *The Journal of Law*, Medicine & Ethics, Vol.30, 2002, p.157. 이에 따라, 글로벌 행정법학의 건설이 시급히 요청되고 있다. 이의 필요성에 관해서는, 선정원, 삶의 질, 건강의 보호와 행정법학, 행정법연구 제27호, 2010, 319-320면 참조.

121) 다만, 유럽연합에 속한 국가들의 경우에도 국내법과 유럽연합법은 조화를 이루고 있지만 각국은 일정 범위 내에서 자율성을 가지고 있어 식품에 대한 세부규제기준은 서로 다를 수 있다. Alan Irwin, The Global Context for Risk Governance, in: Belinda Bennett & George F. Tomossy(Ed.), *Globalization and Health*, 2006, pp.71-85. 그럼에도 개별기업 입장에서는 규제법령의 차이가 미세하기 때문에 유럽연합에 속한 다른 국가로의 수출을 위해 필요한 정보를 얻고 장애를 극복하는 데 큰 어려움은 발생하지 않는다.

대한 조사분석과 그의 장벽의 극복에까지 확장되고 있는 최근의 세계적 추세와 그 맥락을 같이하고 있는 것이다.

우리나라의 많은 건강기능식품들은 전통적으로 민간에서 건강의 유지와 개선에 도움이 되는 식물들의 성분을 추출하여 제조되고 있다. 홍삼 이외에 최근 인기를 끌고 있는 헛개나무추출물이나 백수오추출물 등도 이러한 예에 속하는데, 이러한 건강기능식품들은 문화적으로 유사한 중국이나 일본, 그리고 베트남 등 동남아시아에서도 인기를 얻을 가능성이 상당히 높다고 할 수 있다.

정부정책이나 규제수단은 시장에 주는 정부의 신호로서 기업들은 이에 상당한 영향을 받게 된다. 건강기능식품은 강화된 기능성 때문에 외국에서도 일반 식품보다 규제가 강한데, 우리의 영세기업들이 해외시장에 진출하고자 할 때에는 외국의 강화된 규제기준을 준수하여야 하므로 해외시장에의 진출이 더욱 어렵다.[122] 국내시장도 외국의 저가제품들에 의해 잠식되고 있는 상황에서 경쟁력있는 우리의 건강기능식품기업들에게 절실히 필요한 것은 제품을 판매할 수 있는 시장을 해외로까지 넓혀 개방적 경쟁을 할 수 있도록 도와줄 수 있는 정부의 능력이다.[123] 국내법제뿐만 아니라 외국법제와 관련된 법적 장애물들에 대응할 수 있는 제도적 인프라를 구축하여,[124] 기업들이 시장에서 필요한 자본, 기술, 정보와 인력을 보다 쉽게 확충할 수 있도록 지원하여야 할 것이다.

---

122) 소비자들도 건강기능식품의 강화된 기능성 때문에 더욱 커진 건강침해의 위험성에도 불구하고 불완전한 정보와 전문가에 의한 복약지도의 결여 등의 어려움을 겪고 있다.

123) 국내시장에 안주하려는 기업들 사이의 경쟁을 '폐쇄적 경쟁'이라고 부른다면 외국시장을 포함한 글로벌 시장에서의 경쟁을 '개방적 경쟁'이라고 부를 수 있을 것이다. 건강기능식품기업들과 같이 신흥산업 등의 영역에서 정부의 역할은 기업들이 '폐쇄적 경쟁'에 안주하지 않고 기술개발에 매진하여 '개방적 경쟁'으로 나아가게 하는 것이어야 한다.

124) 의료기기의 제조기업들도 좁은 국내시장과 기업규모의 영세성 때문에 외국시장에 진출해야 하지만, "우리나라에서 허가를 받았음에도 불구하고 각 나라별로 개별 인증을 다시 받아야 하는 어려움"이 있어 "한 번 인증받을 때마다 2,000만 원에서 3,000만 원이 나라별로 들고, 1년에서 2년, 3년까지" 걸리는 문제에 부딪쳐 어려움을 겪고 있다. 2014.3.19. SBS 뉴스.

4. 건강기능식품산업의 개방적 발전을 위한 제도적 인프라의 형성과 강화

1) 기업의 개방적 경쟁능력을 지원하는 제도와 법률서비스의 도입과 확대

(1) 의 의

교통통신의 발달과 함께 외국과의 인적·물적 교류는 급격히 늘어나고 있다. 하지만, 국내·외 기업들이나 소비자들은 그 규모와 시장지배력, 기술수준, 문화나 사고방식 등에 기인한 이해관계에 따라 글로벌화의 진전에 대하여 적대적 입장을 취하는 경우도 많다. 자유무역협정을 체결하려는 경우, 농산물 등 1차 산업 상품들과 달리 가공식품이 무역자유화품목에서 제외되는 경우는 드물지만, 교역국가들의 규제기준들이 서로 달라 보다 확대된 시장에서의 개방적 경쟁은 매우 더디게 확대되고 있다.[125]

기업의 개방적 경쟁능력을 지원하는 제도와 법률서비스는 상품과 서비스의 수출입을 보다 원활하게 하는 등의 방법으로 글로벌 시장에서 무역의 법적 장애를 극복하는 데 도움을 주는 제도와 법률서비스를 말하는데,[126] 경제질서의 탈국가화(Entstaatlichung)[127]가 급속히 진행되어 가는 상황에서 중요한 의미를 갖는다. 특히, 건강기능식품산업과 같이 산업의 발전초기단계에 있는 경우에 정부는 우선 개방적 경쟁이 가능한 인접국가들에서 우리 기업의 능력을 촉진시키기 위한 제도와 서비스들을 준비하여 지원하여야 할 것이다.

(2) 최종제품에 대한 표시내용의 다양화 필요

건강기능식품은 의약품이 아니기 때문에 질병의 예방과 치료에 도움이 된다는 표시를 할 수는 없다. 그러나 소비자의 수요를 촉진하기 위하여 기업들은 건강의 유지나 증진 등과 관련하여 제품에 보다 다양하고 구체적인 표시를 하고자 한다. 그런데 우리나라의 건강기능식품의 표시규제시스템은 일본과 달리 기능성 물질 자체에 대해 심사할 뿐 최종제품인 건강기능식품 자체에 대해 심사하지 않는다.[128]

---

125) Thomas Vollmöller, *Die Globalisierung des Öffentlichen Wirtschaftsrechts*, 2001, SS.6－8.

126) 경제사회의 글로벌화가 어떤 의미를 갖는가는 연구자에 따라 차이가 있을 수 있지만, 여기서는 '여러 국가들과 사회들이 여러 차원에서 연결되고 결합되어지는 과정'으로 이해한다. Thomas Vollmöller, *Die Globalisierung des Öffentlichen Wirtschaftsrechts*, 2001, S.2. 글로벌화로 인해 그 결합은 양적으로는 증가하고 있고 질적으로 강화되고 있으며 공간적으로 확대되고 있다.

127) Rolf Stober, *Globales Wirtschaftsverwaltungsrecht*, 2001, SS.4－6.

이러한 차이로 인해 우리의 심사시스템에서 기업들은 최종제품에 효능을 표시할 때 유사제품과의 차이를 구체적으로 표현하지 못하고 획일적인 표시광고만을 할 수밖에 없는 문제점이 발생한다.

제품에 포함시키는 부수적 원료와 첨가물의 차이는 물론 부수적 원료와 기능성 물질의 상호작용에 의해 제품의 효능을 개선시키거나 다양화할 수 있는 가능성들을 표시할 수 있게 할 필요가 있다. 이를 위해 표시광고에 관한 규제를 개선하여 기업들이 자기 회사의 최종제품과 동종유사제품과의 차이를 보다 상세하게 표시광고할 수 있게 해야 할 것이다. 다만, 이 표시의 차이는 그 차이를 뒷받침하는 과학적 근거가 있어야 할 것이다.[129]

(3) 허가심사규정의 국제조화와 식품법제 전문인력의 양성

중소기업들이 외국 시장에 진출하려 할 경우 규제기준들이 달라 부딪치는 문제들을 극복하기 위해 필요한 몇 가지의 개선방안들을 제시해보기로 한다.

첫째, 대만과 중국이 상호협약[130]을 통해 양국의 임상시험기준 등을 통일함으로써 바이오산업의 분야에서 많은 중소기업들이 더 넓은 시장에서 규제장벽없이 거래비용을 줄일 수 있도록 한 것은 중소기업의 개방적 경쟁력을 강화시키는 좋은 사례라 할 것이다. 건강기능식품의 영역에서 동아시아 각국은 유사한 한의약전통을 가지고 있어서 국민들의 취향도 비슷하기 때문에 건강기능식품에 관한 심사기준과 규격의 통일은 기업들에게 글로벌 시장으로의 진출을 위해 매우 커다란 지원이 될 것이다. 건강기능식품에 관한 규제의 기준 및 절차에 대해 통일과 조화를 위한 노력[예, 상호인정협정(MRA) 등]을 적극적으로 전개할 필요가 있다. 그리고 단순한 규격의 통일을 넘어 상대방 국가의 건강기능식품마크의 상호인증 등 시장의 개방성을 촉진할 수 있는 수단들에 대한 연구검토도 필요하다 할 것이다.

---

128) 新開發食品保健研究會 編, Q&A 保健機能食品制度の 手引, Q90, 2001, 205면.

129) 新開發食品保健研究會 編, 上揭書, 159면.

130) 대만과 중국은 2010년 12월에 '해협양안의약위생합작협정(海峽兩岸醫藥衛生合作協議)'을 체결하여, 2011년 6월 26일 이 협정을 발효시켰다. 이 협정을 통해서 대만과 중국은 신약과 의료기자재 개발 시 동일한 임상시험 기준을 채택하는 것에 합의했다. 이에 따라, 양안 간 의약품과 의료기자재 교역 시 추가 임상시험이 필요 없게 되며 이로 인해 많은 시간과 비용이 절감될 것으로 기대되고 있다. 대한무역진흥공사(KOTRA) 홈페이지(www.globalwindow.org) 2012.5.15. 해외시장정보, "양안 간 의약 협력, 날개 단 대만 바이오산업" 참조.

둘째, 중소기업이 중국이나 일본 등 외국 시장에 진출하려면 우선, 현지에서 해당 국가의 언어를 사용할 중 알면서 해당 제품에 관한 현지의 규제를 정확히 이해할 수 있는 인재를 절실히 필요로 한다. 의료기기나 건강기능식품 등은 품목마다 위험등급이 달라 허가나 등록의 절차도 다른 경우가 많은데, 개별 중소기업으로서는 인재의 부족으로 그러한 절차를 진행하는 데 어려움을 겪고 있다.

대외무역법 제8조의2 제1항에서는 “산업통상자원부 장관은 신시장 개척, 신제품 발굴 및 중소기업·중견기업의 수출확대를 위하여 수출실적 및 중소기업 제품 수출비중 등을 고려하여 무역거래자 중에서 전문무역상사를 지정하고 지원할 수 있다.”고 규정하여 전문무역상사 설립의 근거규정을 두고 있지만, 자국민의 건강보호 등을 이유로 점차 강화되고 있는 기능성 식품에 관한 규제기준과 절차를 이해하고 지원할 수 있는 전문무역상사는 현재로서는 존재하지 않는 상황이다.

현지 수입회사들의 사기적 행태 등으로 갈등과 분쟁이 생기는 경우 해당 분야의 국제변호사를 찾기도 어렵고 행정절차와 소송절차 등을 거쳐 법적 권리를 확보하는 것도 시간과 비용이 너무 많이 든다. 우리의 중소 건강기능식품기업들이 외국시장에 진출할 때 범하는 시행착오를 줄이기 위해 식품법제 전문인력의 양성(대외무역법 제7조 제2항 제4호)이 절실히 필요하다.

셋째, 외국의 규제기준에 관한 상세한 정보들이 기업들에게 제공될 필요가 있다. 예를 들어, 중국과 일본 등의 건강식품규제제도에 대한 일반적 정보는 개략적으로 소개되고 있지만,[131] 특정 품목을 수출하고자 하는 기업입장에서는 보다 구체적이고 상세한 정보가 필요하다. 교역상대국의 관련 제도·관행 등으로 인해 기업이 해외에서 겪는 구체적 고충사항을 해결할 수 있는 정보가 제공되어야 한다(대외무역법 제7조 제3항).

대한무역투자진흥공사(KOTRA)의 조직들과 연계하여 건강기능식품기업들이 진출할 수 있는 국가와 지역의 상세한 규제기준과 절차 등에 관한 정보를 제공받고 컨설팅을 받을 수 있도록 정보지원체계를 강화하는 것이 한 방안이 될 수 있을 것이다.[132] 더 나아가, 기업의 해외 진출의 활성화를 위해 자문, 지도, 대외 홍보, 전

131) 박효근, 일본의 건강기능식품법제의 체계 및 분석, 법과 정책연구 제9집 제1호, 2009, 129-151면; 중국의 건강기능식품법제에 관해서는, 박찬호, 식의약 안전성 관리기반구축을 위한 비교법적 연구(Ⅴ)-건강기능식품-, 한국법제연구원, 2009, 76-81면.

132) 소비자를 위해서도 글로벌화하는 식품시장의 특성을 고려한 정부의 새로운 역할이 강화되어야

시, 상담 알선 등도 필요하다(대외무역법 제7조 제2항). 전자문서 교환체계 등 정보기술의 활용성도 높여가야 할 것이다.

넷째, 우리의 심사시스템은 원료물질인 기능성 물질에 대한 심사를 하는 방식인 데 반해, 일본은 최종 건강기능식품 자체에 대해서 심사를 받도록 하고 있다. 그래서 우리 기업들이 일본과 같은 외국 시장에 진출하려고 할 경우, 우리나라와 달리 최종제품 자체의 안전성과 유효성에 관한 심사자료를 제출해서 해당 국가의 규제심사기준을 통과해야 하는데, 이 점은 중소기업들에게는 상당한 부담이 된다. 특히, 우리 법상으로는 최종제품에 포함된 기능성 물질과 여러 원료물질들이 배합되면서 나타나는 상호작용은 심사대상이 아니어서 관련 데이터를 작성하여 제출하는 것은 우리 중소기업들에게는 매우 큰 부담이라 하지 않을 수 없다.[133] 때문에 우리 기업들이 이러한 국가들에 보다 쉽게 진출할 수 있도록 실험의 수행과 데이터의 작성을 위해 필요한 시설의 제공 등 다양한 지원수단이 마련될 필요가 있다. 그리고 중소기업들을 위해서는 외국의 규격인증의 획득에 필요한 경제적 지원도 필요하다.[134]

2) 기업 간 협력촉진적 제도의 도입과 강화

(1) 기업 간 협력촉진적 제도의 도입필요성

정부가 기업 간 협력에 대해 직접적이고 강제적인 개입을 하는 것은 시장의 자율성에 대한 개입으로 특별한 경제위기상황이나 법적 근거가 있는 경우가 아니면 자본주의사회에서 인정되기 어렵다. 예외적인 경제위기상황에서 김대중정부 시절 대기업 간 빅딜을 통해 M&A를 강제했었지만, 그와 같은 경제위기상황이 아닌 한

한다. 인근국가들에 대한 관광객들이 늘어나면서 자가소비를 위해 기능식품을 구매해오는 내국인들이 급증하고 있을 뿐만 아니라 인터넷을 통한 직접구매나 불법적인 수입 등을 통해 외국 등의 기능식품들이 급격히 국내로 들어오고 있어 소비자들을 위해 주요 수입국가들의 기능식품 규제기준 등에 대한 정보를 제공할 필요가 있다.

133) 新開發食品保健研究會 編, 前揭書, 205면. 일본의 경우, 기능성 물질과 부수적 원료가 배합되더라도 기능성 물질의 기능성에 영향을 미치지 않고, 그들의 상호작용에 의해 최종제품의 안전성 및 유효성에 부정적 영향을 미치지 않는다는 점을 설명하는 자료를 제출하도록 요구하고 있다.

134) 이러한 중소기업의 애로사항을 해소해주기 위하여 우리 중소기업청도 해외규격인증획득지원사업을 실시해오고 있다. 예를 들어, 2013년의 경우, 이 사업을 위해 중소기업청은 106.9억 원을 계획하여 지원하였다. 2014년의 경우(2014.4.1. 2차 공지)에도 중소기업청은 동일한 사업을 전개하고 있다. 중소기업청 홈페이지(www.smba.go.kr) 공지사항 참조.

특별한 법적 근거가 없이 시장의 자율성을 침해하는 강제적 개입에 대해서는 위법으로 평가받을 가능성이 크다.

우리 판례는 금융기관의 공공적 성격을 강조하면서 금융기관의 채권에 대해 부실화 방지를 이유로 일반채권에 비하여 우선권을 인정하고 있는 법률에 대해서는 위헌으로 판시한 바 있는데(헌재 1990.6.25. 89헌가98 등), 기업들 간의 관계에서 헌법적 정당화사유없이 채권 간의 우선순위를 정하는 것처럼 법률로 서열관계를 강제하는 것은 위헌이라는 것으로 이해할 수 있을 것이다. 이 판례에 비추어 기업 간 협력관계에 있어서 특정한 종류의 기업에 우위를 부여하는 것은 법률적 근거가 있는 경우에도 헌법적 정당화사유없이 강제적 개입을 하게 되면 위헌으로 판단될 가능성이 있다고 본다.

하지만, 공공복리의 보호필요성이 있고 특별한 법적 근거가 있는 경우 정부는 시장의 자율성에 맡기지 않고 기업 간의 관계에 대해 권력적으로 직접 개입하기도 한다. 예를 들어, 여객자동차운송사업과 같이 공익성이 강하거나 영세유치산업과 같이 사회적 약자의 보호에 관련되어 법적으로 그 이익을 보호하는 규정이 있는 경우, 기존의 기업 등에게 신규기업의 시장참가의 합법성을 승인한 인·허가 등에 대해 법적 보호이익을 인정하고 있다.[135] 정부가 시내버스나 시외버스 사업자들의 노선운행을 허가제로 규제하고 있는 것에 대해 과당경쟁을 막고 소외 노선에의 버스운행을 강제하는 것이 공익에 적합하다고 보기 때문이다. 이러한 영역에서는 이른바 제3자효 행정행위인 수익적 인·허가처분으로 영향받는 경업자들의 이익이 법적 보호이익으로 인정되고 있는 것이다.

특별한 법적 근거가 없는 경우 정부는 기업 간 협력을 촉진하기 위해 개입할

135) 여객자동차운수사업법 제10조 제1항. 이 규정을 근거로 시행된 여객자동차운송사업면허와 관련하여 판례는 “수익적 행정처분의 근거가 되는 법률이 해당 업자들 사이의 과다경쟁으로 인한 경영의 불합리를 방지하는 목적도 가지고 있는 경우, 기존업자가 경업자에 대한 면허나 인·허가 등의 수익적 행정처분의 취소를 구할 원고적격”이 있다고 보았다(대법원 2010.06.10. 선고 2009두10512 판결; 대법원 2010.11.11. 선고 2010두4179 판결 등).
영세사업자의 보호를 위한 특별규정으로는, 유통산업발전법 제12조의2 제1항 대규모점포 등에 대한 영업시간의 제한 규정에서 “특별자치시장·시장·군수·구청장은 건전한 유통질서 확립, 근로자의 건강권 및 대규모점포 등과 중소유통업의 상생발전을 위하여 필요하다고 인정하는 경우 대형마트(대규모점포에 개설된 점포로서 대형마트의 요건을 갖춘 점포를 포함한다)와 준대규모점포에 대하여 다음 각호의 영업시간 제한을 명하거나 의무휴업일을 지정하여 의무휴업을 명할 수 있다.”고 한 것이 있다.

수 없는 것인가? 이러한 경우에도 정부는 비권력적인 수단들을 이용하여 기업 간 협력을 촉진시킬 수 있고 그러한 개입은 경우에 따라서는 정부의 책임범위에 속할 수 있다고 본다. 영세기업들이 그들의 영세성을 극복하여 기술혁신을 하고 자본규모를 확대하여 글로벌 시장에 진출함에 있어서는 정부의 지원없이 성공하기는 매우 어렵기 때문이다. 기업 간 협력을 촉진하는 비권력적 수단으로서 전형적인 것들은 중소기업의 기술지원을 위한 국책연구기관의 설립, 행정지도와 재정적 인센티브의 부여 등이다.

(2) 동업에 대한 금기문화의 극복을 위한 제도적 인프라의 건설과 그의 강화

가. 동업의 개념과 문제상황

동업은 사전적 의미로는 2인 이상의 사업자가 영업을 공동으로 하는 것을 말하는데, 공동사업을 줄여서 부르는 말이다. 국세기본법상 공동사업은 "그 사업이 당사자 전원의 공동의 것으로서 공동으로 경영되고, 따라서 당사자 전원이 그 사업의 성공여부에 대하여 이해관계를 가지는 사업"을 말한다.[136] 동업은 그 구성원이 개인인 경우가 대부분이나 법인이 구성원일 수도 있고, 영업을 공동으로 하지 않고 자본출자만 하는 경우도 있다.[137]

우리나라에서는 동업에 대한 금기의 풍토가 오랫동안 존재해왔다. "동업은 반드시 깨진다", "동업은 피하는 게 상책"이라는 것은 우리 사회에서 굳건한 믿음처럼 존재하면서 동업으로 인해 아무리 친한 사이라도 의를 상하게 하는 것으로 인식되어 왔다.[138] 이 때문에 과거는 물론 현재 은퇴 등으로 자영업에 뛰어드는 사람들은 아무리 사업규모나 자본규모가 영세하더라도 자신이 동원가능한 자본의 한계 내에서 단독으로 사업을 전개하거나 은행 등으로부터 대출에 과도하게 의존하고 있다.[139]

이와 비슷한 이유로 우리 시장에서 대자본에 의한 수직적 M&A는 가끔씩 나타

136) 국세기본법 기본통칙 25－0…2.

137) 김도형, 동업기업과세특례의 적용범위 및 손익배분에 관한 연구, 성균관대 박사학위논문, 2013, 157－158면.

138) 이거산, 지금은 동업시대, 주간조선 1769호, 2003.9.4.

139) 이와 함께 어음의 과도한 사용이 자본이 부족한 영세사업자들의 초기 정착과정에서 도산의 중대한 원인이 되는 경우가 많으므로 이의 개선도 시급하다. 어음사용에 있어 합리적인 한계와 현금의 필수적 사용의무의 부과 등 관련하여 실태조사와 규제기준의 조사검토가 필요하다.

나고 있지만, 비슷한 규모의 자본을 가진 기업들끼리의 수평적 M&A나 자영업에서의 동업은 거의 찾아보기 어렵다. 이에 비해, 중국의 경우만 해도 공동투자를 전개하는 온주상인[140]들처럼 동업형식을 매우 빈번하게 이용하고 있다.

동업은 많은 강점을 가지고 있다. 동업을 하게 되면 초기자본부담이 줄어들고 직원을 별도로 채용할 필요도 없어 인건비도 줄어들며 기술과 영업력의 강점이 상호 보완을 이룰 수도 있다. 은퇴 후 몸이 아프더라도 점포를 비우지 않을 수도 있다. 동업은 상호의 약점을 줄이고 강점을 보완하여 젊은이들에게 창업을 쉽게 해줄 수 있어 최근의 벤처창업활성화를 위한 정부정책의 성공을 위해서도 크게 도움이 될 수도 있다. 그런데 우리의 동업금기문화로 인해 동업의 장점이 전혀 작동되지 못하고 있다.

현대의 개방적 경쟁환경에서 동업금기문화를 타파할 필요성은 더 크다. 수많은 영세기업 단독으로 글로벌 시장에 진출하는 것은 매우 힘든데, 투자, 제조, 판매유통 등에 있어서 다양한 형태의 동업이 활성화될 때, 글로벌 시장에 진출할 수 있는 규모의 자본, 기술과 인재의 확보가 가능하게 될 것이다. 또 과다한 숫자의 자영업자들을 합리적으로 줄일 수 있게 되어 빈번한 파산으로 인한 사회적 문제가 완화될 것이다.

나. 동업 등 기업 간 협력을 촉진시키는 제도의 활성화

동업에 대한 문화적·심리적 저항을 극복하기 위해 동업유인적 조치는 물론 동업의 위험을 감소시켜주는 보험적 안전장치들을 도입할 필요가 있다.[141] 우선, 다음의 동업유인적 정책들을 새로 도입하거나 강화할 필요가 있다.

첫째, 산업클러스터 정책은 관련된 사업을 하는 기업들 간 연계와 협력을 촉진시켜 동업과 비슷한 효과를 거둘 수 있다는 점에서 보다 강화할 필요가 있다.

둘째, 연구개발전문기업, 제조전문기업, 판매유통전문기업 등 전문적인 업무에만 집중하는 기업들의 창업을 가능하게 하고 촉진시켜 상호 장점을 가진 분야에만

140) 맹명관, 상술의 귀재 온주상인, 청림출판, 2009; 이승국, 중국의 원조우상인 성공창업비결, 이문사, 2008. 온주상인은 꼭 동업을 하라고 권하는데, 동업이 활성화된 온주상인집단 내에서 각 상인들은 동업을 하는 경우, 자신에게 이익이 생기면 동업상대방이 얼마나 많은 이익을 챙기는 것은 따지지 않는다는 원칙을 가지고 이익배분에 관한 갈등도 완화시킨다고 한다.

141) 다만, 시장에서 사업성공과 실패에 관한 사업자들의 자기책임원칙을 무력화시키는 정도까지 정부가 과도한 위험배려조치를 통해 동업을 지원할 수는 없을 것이다.

집중한 상태에서 협력을 할 수 있게 하는 정책도 보다 강화될 필요가 있다. 건강기능식품에 관한 법률 시행령 제2조에서 건강기능식품전문제조업, 건강기능식품벤처제조업, 건강기능식품일반판매업, 건강기능식품유통전문판매업 등 전문적 성격의 기업들을 규정한 것은 이러한 취지에 따른 것이고, 정부의 산학협력촉진정책도 이러한 의의를 갖는 것이지만 보다 활성화될 필요가 있다.

셋째, 동업이나 M&A에 금융·재정적 인센티브를 주는 등 기업 간 협력을 장려하는 법적 수단들을 도입할 필요도 있다.

동업유인적 조치들 못지 않게 동업에 따른 상대방의 도덕적 해이 등 동업의 위험을 감소시켜주는 보험적 안전장치들이 필요하다.

첫째, 동업의 필요성과 위험성에 대해 국민들이 충분히 학습할 수 있도록 해야 한다. 동업의 과정을 지도할 전국적인 전문가네트워크를 만들어 위험을 관리해줄 필요도 있다.

둘째, 시장참가자들은 거래활동을 하면서 계약을 통해 스스로의 이익을 지켜야 하는 것이지만,[142] 건설적인 동업을 촉진시키기 위하여 동업의 개시, 계속과 종료의 전 과정에 걸쳐 나타날 위험들을 고려한, 상세한 계약서의 모델을 개발하여 동업과정에서 발생하는 위험을 완화시켜줄 필요가 있다. 동업자들 사이에서 누가 대표를 할 것인지, 역할분담, 급여조건, 수익배분, 의사결정방법, 지출라인, 인사문제 등을 명확하게 해두어야 한다.[143] 사업을 시작하기 전 사업계획서를 세밀하고 철저하게 작성하게 하는 사회운동도 필요하다고 본다.

우리 국민들에게는 정과 의리를 강조하는 과거의 전통적 생활사회의 습관이 아직도 남아 있어 감정적인 1회성 판단에 의존하여 사업 관련 결정을 내리거나 충분히 사려깊게 미래에 나타날 수 있는 제반 위험을 고려하고 나서 계약을 체결하지 않는다. 이로 인해, 우리나라의 경우 선진외국과 비교할 때 계약서들이 지나치게 간략하여 계약과정 중에 나타날 위험들을 거의 반영하지 못하고 있다. 한 사람이

142) 규제가 철폐되더라도 계약법원칙은 지켜져야 한다. 계약법마저 무시되면 정글사회에서 만인의 만인에 대한 투쟁에 의해 폭력과 사기가 지배하는 곳이 되어 시장은 실패하게 되고 규제철폐는 사회에 심각한 부정적 외부효과를 초래해 보다 강력한 재규제를 불러오게 된다. James W. Mckie, US Regulatory Policy, in: Kenneth Button & Dennis Swann(ed.), *The Age of Regulatory Reform*, 1989, p.46.

143) 이를 통해 동업을 하는 경우에도 동업자에 대한 불신에 기초해 경영권에 과도하게 집착하는 우리 기업들의 전근대적인 폐해도 시정될 수 있을 것이다.

지나치게 나태하거나 경비처리가 불명확할 때 어떤 조치가 가능한지 불명확하고 사업실패 시 동업자들 사이에서 책임분담의 내용도 매우 불명확하는 등 동업실패 시의 여러 위험들에 대해 거의 대비하지 못하고 있다. 이러한 이유로 기업 간 계약이나 기업과 소비자 간의 계약에서 외국에서보다 시장의 실패가 빈번히 발생하고 있다.

계약서활용능력의 부족은 우리 국민들이 현대 산업화된 도시사회의 익명적 삶에 아직 충분히 적응하지 못한 결과라고 볼 수 있다. 정부는 각 사업협회들 및 전문가들과 협력하여 사업유형에 따라 상세한 계약서의 모델들을 만들어 보급함으로써 동업을 활성화시키되 그 실패위험을 줄여 영세기업들과 소비자들이 강화되는 개방적 경쟁환경에 대비할 수 있게 하여야 할 것이다.

5. 결 어

경제성장의 촉진을 위한 정부의 정책의지와 필사적인 규제개혁의지에도 불구하고 침체된 경제는 좀처럼 활성화되지 않고 있고 사회의 양극화는 더 심화되고 있다. 법과 제도에 대한 정부의 개혁노력이 단지 기업들의 시장진입 및 시장 내에서의 활동에 대한 제한을 단순히 푸는 것에 그쳐서는 안되고, 각국이 처한 상황은 물론, 산업과 기업들이 처한 상황의 특성을 고려하여 상이한 접근이 필요하다.

경제활동에 영향을 미치는 계약제도, 재산권제도, 직업제도, 인·허가제도 등의 제도적 인프라에 대한 정부의 건설책임을 긍정하는 입장은 기업의 발전이나 소비자의 건강보호 등 법익보호에 있어 시장자율적으로 해결하기 어려운 현재나 장래의 장애에 대해 정부가 미리 예측하고 계획을 세워 대응하는 것이 정부책임의 범위내에 속하는 것으로 이해한다.

이 입장에서 이 책은 건강기능식품산업의 개방적 발전을 위해 정부가 건강기능식품의 제정을 통해 의약산업의 규제완화를 추구했던 패러다임을 발전시켜 글로벌 시장에의 진출능력의 지원을 위해 필요한 제도적 인프라의 건설에 필요한 과제를 다루었다. 아래의 내용은 그 구체적 제안내용들 중 중요한 것들이다.

첫째, 건강기능식품산업과 같이 산업의 발전초기단계에 속해 있는 기업들의 글로벌 시장 진출능력을 강화하기 위해 상품과 서비스의 원활한 수출입에 대한 법적 장애를 제거하는 것은 중요한 의미를 갖는다. 이를 위해 정부는 외국의 규제상황에 관한 구체적 전문정보를 수집하여 기업들에게 제공하고 외국의 법제에 관한 전문지식을 가진 인력을 양성하는 등 교류가 빈번한 국가들에 중소기업들의 진출에 장애가 되는 기본여건들을 개선하도록 노력하여야 한다. 또 바이오산업에 있어 대만과 중국이 상호협약을 체결하여 기준을 통일함으로써 외국에의 진출비용을 줄여준 것처럼 외국과 규제기준의 조화와 통일을 위한 노력도 강화해야 한다.

그리고 우리 기업들이 경쟁국인 일본과 같이 기능성 물질 이외에 부수적 원료와 첨가물의 차별사용에 의해 획득한 효능의 개선사항 등을 최종제품에 표시할 수 있도록 할 필요가 있다. 이를 통해, 기업들은 자기 회사의 최종제품과 동종유사제품과의 차이를 보다 상세하게 표시·광고할 수 있게 될 것이다.

둘째, 기업 간 협력촉진적 제도가 도입되고 강화되어야 한다. 2인 이상의 사업자가 영업을 공동으로 하는 동업은 많은 장점에도 불구하고 우리 사회에서는 금기시하는 분위기가 강력하게 존재하고 있다. 이는 우리 중소기업들이 국제시장에 진출하는 데에도 장애가 되고 있다. 우리 사회전반에 강력하게 존재하는 동업에 대한 문화적·심리적 저항을 극복하기 위해 동업유인적 조치는 물론 동업의 위험을 감소시켜주는 보험적 안전장치들을 도입할 필요가 있다. 동업의 개시, 계속과 종료의 전 과정에 걸쳐 나타날 위험들을 고려한, 상세한 계약서의 모델을 개발하여 동업과정에서 발생하는 위험을 완화시켜주는 것도 그 한 방법일 것이다.

참고문헌

김경식(건설교통부 행정관리담당관)(1999). 『건설교통부문규제, 이렇게 바뀐다(하)』. 국토.
김도형(2013). 동업기업과세특례의 적용범위 및 손익배분에 관한 연구. 성균관대 박사학위논문.
김동욱·이종원·이원희(2001). 기업퇴출·회생제도의 문제점과 개선방안, 건설업을 중심으로.
김미경 외 13인 공저(2010). 『건강기능식품』. 교문사.
김민형·강민석(2000). 부적격업체 퇴출·배제 원활화 방안. 한국건설산업연구원.
김민형·이선희(2001). 상장건설업체 2000년도 경영실적분석. 『건설산업동향』. 한국건설산업연구원.

김재영(2000). 위기에 대한 인식의 전환. 국토.
김정호(2000). 건설업계, 새로운 '패러다임'이 필요하다. 국토.
김중권(2012). 유럽행정법상 행정소송을 통한 권리보호시스템에 관한 연구. 『공법연구』, 41(1).
김흥수·송병관(2001). 미국의 건설보증에 대한 이해와 주요 시사점. 『건설산업동향』.
농림축산식품부(2013). 『농림축산식품통계연보』.
문상덕(2009). 건강기능식품법의 현황과 과제. 『법과 정책연구』, 9(1). 한국법정책학회.
박찬호(2009). 식의약 안전성 관리기반구축을 위한 비교법적 연구(Ⅴ)–건강기능식품–, 한국법제연구원.
박효근(2009). 일본의 건강기능식품법제의 체계 및 분석. 『법과 정책연구』, 9(1).
배순석(1999). 건설교통부 규제개혁평가. 『규제연구』, 8. 특집(김대중행정부의 규제개혁평가).
선정원(2009). 의약법상 자료독점권에 관한 고찰. 『행정법연구』, 25. 행정법이론실무학회.
______(2001). 전자정부와 개인정보보호. 『공법연구』, 29(3).
선정원·박인회(2012). 식품법상 식품의 위험규제와 그 책임에 관한 고찰. 『법과 정책연구』, 12(3).
설재훈(1999). 마을버스와 시내버스의 공생전략이 필요하다. 『도시문제』, 34(369).
食品安全ハンドブック編集委員會(2010). 食品安全ハンドブック.
식품의약품안전처(2013). 건강기능식품의 기능성 원료 인정현황.
______(2013). 『식품의약품안전백서』.
식품의약품안전청(2010). 『식품의약품통계연보』, 12.
新開發食品保健研究會 編(2001). Q&A 保健機能食品制度の 手引. Q90.
신동선(1997). 시내버스 운송사업의 비용구조. 『교통정책연구』, 4(2).
심영(2008). 건강기능식품 산업변화에 따른 법령개선방안에 관한 연구. 『법학연구』, 38. 연세대학교 법학연구소.
유진근(2001). PQ 적격심사기준의 문제점과 개선방안. 『건설산업동향』. 한국건설산업연구원.
윤성순(1998). 대도시의 시내버스 개선방향. 『도시문제』, 33(352).
이상호(2001). 건설규제개혁의 추진현황과 향후과제. 『건설산업동향』. 한국건설산업연구원.
______(1999). 김대중정부의 건설규제개혁 평가.
이세정(2006). 건강기능식품법제에 관한 비교법적 연구. 한국법제연구원.
이희정(2011). EU 행정법상 행정처분절차에 관한 소고. 『공법학연구』, 12(4).
장경원(2009). EU 행정법상의 재량에 관한 연구. 『행정법연구』, 23.
전상경(2000). William A. Niskanen의 관료제모형. 『행정학의 주요이론』(제2판).
진현정(2009). 건강기능식품 관리 법률의 공포 및 시행이 관련기업에 미친 영향에 대한 분석. 『식품유통연구』, 26(1).
황치영(1999a). 서울시내버스의 경영·서비스 실태분석. 『도시문제』, 34(366).
______(1999b). 시내버스 구조조정방안 및 성공전략–서울특별시를 중심으로. 『도시문제』,

34(363).

Alan Irwin(2006). The Global Context for Risk Governance, in: Belinda Bennett & George F. Tomossy(Ed.), *Globalization and Health*.

Bill Reynolds(2002). Canada Prepares for New Supplement Regs, Naturalproductsinsider.com, www.natural-productsinsider.com/articles/2002/07/canada-prepares-for-new-supplement-regs.aspx.

C. A. E. Goodhart(1997). Economics and the Law: Two Much One Way Traffic?. *MLR*.

Cass R. Sunstein(1997). The Autonomy of Law in Law and Economics. *Havard Journal of Law and Public Policy*, Vol.21.

Christian Koenig(1994). *Die Öffentlich-rechtliche Verteilungslenkung*.

David Campbell & Sol Picciotto(1998). Exploring the Interaction Between Law and Economics: the Limits of Formalism. *Legal Studies*, Vol.18.

David P. Fidler(2002). A Globalized Theory of Public Health Law. *The Journal of Law*. Medicine & Ethics, Vol.30.

Dennis Swann(1989). The Regulatory Scene, in: Kenneth Button & Dennis Swann(ed.). *The Age of Regulatory Reform*.

Eberhard Schmidt-Aßmann(1996). Öffentliches Recht und Privatrecht: Ihre Funktionen als Wechselseitige Auffangordnungen-Einleitende Problemskizze-in: Hoffmann-Riem & Schmidt-Aßmann (Hg.). *Öffentliches Recht und Privatrecht als Wechselseitige Auffangordnungen*.

______(1993). Zur Reform des Allgemeinen Verwaltungsrechts-Reformbedarf und Reformansätze-. in; Hofmann-Riem & Schmidt-Aßmann. *Reform des Allgemeinen Verwaltungsrechts*.

Gerhard Igl & Felix Welti(2012). *Gesundheitsrecht-eine Systematische Einführung*.

Greg Lindquist(2009). DIET STARTS MONDAY: AN ANALYSIS OF CURRENT U.S. DIETARY SUPPLEMENT REGULATIONS THROUGH AN INTERNATIONAL COMPARISON. *Saint Louis University Journal of Health Law & Policy*.

Gunnar Folke Schuppert(1999). Schlüsselbegriffe der Perspektivenverklammerung von Verwaltungsrecht und Verwaltungswissenschaft. *Die Wissenschaft vom Verwalungsrecht*.

______(1993). Verwaltungsrechtswissenschaft als Steuerungswissenschaft-Zur Steuerung des Verwaltungshandelns durch Verwaltungsrecht-. in: *Reform des Allgemeinen Verwaltungsrechts*.

______(2000). *Verwaltungswissenschaft*.

Hans-Günter Henneke(1998). *VwVfG*(Knack, 6 Aufl.).

Ivo Appel(2004). Methodik des Umgangs mit Ungewissheit, in: Schmidt-Aßmann &

Hoffmann-Riem (Hg.). *Methoden der Verwaltungsrechtswissenschaft.*

James W. Mckie(1989). US Regulatory Policy, in: Kenneth Button & Dennis Swann(ed.). *The Age of Regulatory Reform.*

Jochen Taupitz(2008). Sicherheit und Wirksamkeit Gesundheitsbezogener Lebensmittel: Rechtsnormen, Bewertung, Risiko, Entscheidung. *Zeitschrift für Gesamte Lebensmittelrecht.*

Len Monheit(2006). Canada: The Status of Natural Health Product Regulations. *Nutraceuticals World*, July-Aug.

Mark Delewski(2005). Risikosteuerung im Nahrungsergänzungsmittelrecht. *Zeitschrift für Gesamte Lebensmittelrecht.*

Mark V. Tushnet(1997). Law, Science, and Law and Economics. *Havard Journal of Law and Public Policy*, Vol.21.

Matthias Schmidt-Preuß(1992). *Koollidierende Privatinteressen im Verwaltungsrecht.*

Patrik Scholl(2004). *Der Private Sachverständige im Verwaltungsrecht.*

Paul Teske(1994). The State of State Regulation, in; Rosenbloom & Schwartz. *Handbook of Regulation and Administrative Law.*

Reimut Jochimsen(1966). *Theorie der Infrastruktur-Grundlagen der Marktwirtschaftlichen Entwicklung-.*

Richard Potomac(2010). ARE YOU SURE YOU WANT TO EAT THAT?: U.S. GOVERNMENT AND PRIVATE REGULATION OF DOMESTICALLY PRODUCED AND MARKETED DIETARY SUPPLEMENTS. *Loyola Consumer Law Review.*

Rolf Stober(2001). *Globales Wirtschaftsverwaltungsrecht.*

S. A. De Smith(1977). *Costitutional and Administrative Law*, 3ed.

Steven L. Schwarcz(1997). Is Law an Autonomous Discipline?. *Havard Journal of Law and Public Policy*, Vol.21.

Susan Rose-Ackerman(1992). *Rethinking the Progressive Agenda-the Reform of the American Regulative State-.*

T. C. Daintith(1982). Legal Analysis of Economic Policy. *Journal of Law and Society*, Vol.9.

Thomas Vollmöller(2001). *Die Globalisierung des Öffentlichen Wirtschaftsrechts.*

William A. Niskanen(1971). *Bureaucracy and Representative Government.*

______(1996). Regulating by Numbers, *Regulation.*

William Gormley(1986). Regulatory Issue Networks in a Federal System, *Policy*, 18.

Wolff, Bachof & Stober(1994). *Verwaltungsrecht1*, 10. Aufl.

찾아보기

ㄱ

ㄴ

ㄷ

ㅁ

ㅂ

ㅅ

ㅇ

ㅈ

ㅊ

ㅌ

ㅍ

ㅎ

선정원

서울대학교 법과대학 졸업, 서울대학교 대학원 법학박사
명지대학교 행정학과 교수
명지대학교 법학과 교수, 법과대학장 역임
중앙선거관리위원회 행정심판위원
독일 Bayreuth 대학교 방문교수
미국 Texas Law School 방문교수

규제개혁과 정부책임

펴낸날 제1판 제1쇄 2017년 1월 2일
지은이 선정원
펴낸이 임춘환
펴낸곳 도서출판 대영문화사
주소 서울특별시 용산구 청파로 61길 5(청파동 1가) 제일빌딩 2층
등록 1975년 12월 26일 제3-16호
전화 (02)716-3883, (02)714-3062
팩스 (02)703-3839
홈페이지 http://www.dymbook.co.kr

ISBN 978-89-7644-575-9
값 15,000원